上海文化发展基金会图书出版专项基金资助

中国近代服装行业研究：
人物篇

张竞琼 林舒琴 著

东华大学出版社
·上海·

图书在版编目(CIP)数据

中国近代服装行业研究. 人物篇 / 张竞琼,林舒琴著. —上海:东华大学出版社,2019.6
ISBN 978-7-5669-1526-9

Ⅰ.①中… Ⅱ.①张… ②林… Ⅲ.①服装工业—产业发展—研究—中国—近代 Ⅳ.①F426.86

中国版本图书馆 CIP 数据核字(2019)第 064887 号

责任编辑　张　静
封面设计　魏依东

中国近代服装行业研究:人物篇

张竞琼　林舒琴　著

出版发行：东华大学出版社(上海市延安西路 1882 号　邮政编码：200051)
营销中心：021-62193056　62373056
出版社网址：http://dhupress.dhu.edu.cn
天猫旗舰店：http://dhdx.tmall.com
印　　刷：上海盛通时代印刷有限公司
开　　本：787 mm×1092 mm　1/16
印　　张：21.75
字　　数：577 千
版　　次：2019 年 6 月第 1 版
印　　次：2019 年 6 月第 1 次印刷
书　　号：ISBN 978-7-5669-1526-9
定　　价：98.00 元

前　言

历史在某种程度上就是"人史",所以《史记》等"二十四史"才会使用纪传体。没错,历史是由人民群众创造的,本书所选之人都来自于千千万万人民群众,他们在各自的领域做出了显著的成就。做出了显著成就的人民群众,更容易被记忆,更值得被书写,这是无法否认的。

他们有的习文,有的习艺,有的经商,也有既习文、习艺且经商的。服装对于他们来说都是"业余"的。但是也有"专业"的,比如红帮裁缝。但不管何人,本书对其生平都一笔带过,着重叙写其与服装相关的事迹、业绩、观念与精神。

近代中国处于一个历史的转折期。在这种时期,更容易催生人才。所谓时势造英雄,就反映了这样一种事实。在这个发生了包括"变服"在内的变革时期,需要有人作为先驱启迪民智;需要有人作为邮差传播思想;需要有人设计,有人生产,有人销售;也需要名媛闺秀们"作秀"一番,以身作则。本书所选之人正是这样的人。

近代中国的转折在某种意义上也是文化基石的转折,客观上表现为西学东渐,内部则发生了由中而西的变化,所以这50人大都是研习西学之人。"德先生"与"赛先生"来了,知识分子的"道"与"器"就变成了人文主义精神与科学主义精神。他们直白地表示,"新文化运动"是"人"的运动;他们坚定地要求,"以美育代宗教";他们"用艺术的手腕来创造超时代的服装",形成了"一道不可不看的风景";他们"以新的企业制度与新的工艺技术来创办新型服装产业",倡导"国货";他们减弱了服装与礼教等秩的勾连,回归了服装作为生活资料的本质;同时,他们也不因为"新衣既制"而使"旧衣自弃",没有中断与古典文化传统之间的脉络。他们就是这样引领了近代中国文化基石的转折,也引领了近代中国服装史的转折。

于是为这些先驱者们记一本小传。

著者

目 录

启蒙篇——先驱者的责任 / 001

◎ "以美育代宗教"的巨人蔡元培 003
  - (一)美育何以代宗教 003
  - (二)美育如何代宗教 005
  - (三)"以美育代宗教"的力量 007

◎ "美"的张竞生 011
  - (一)"美"的源起 011
  - (二)"美"的理论 012
  - (三)"美"的实践 016
  - (四)"美"的意义 017

◎ "摩登另类"的张爱玲 021
  - (一)摩登另类的服装理念 021
  - (二)摩登另类的服装实践 025

◎ 黄觉寺的"人-衣艺术" 030
  - (一)从服装出发——人体美 031
  - (二)从人体美回归服装美 032
  - (三)"人-衣艺术"的形式美法则 033

◎ "布衣博士"邰爽秋 037
  - (一)以节用与平等为核心的民生服装理念 037
  - (二)以实用与经济为核心的战时服装理念 039
  - (三)"布衣博士"的实践 039

◎ "隐士"林语堂 044
  - (一)"隐士"之学 044
  - (二)"隐士"之举 046

◎ 毛吟槎的"变"与"便"之道 051
  - (一)"变"与"便"之道 051
  - (二)如何"变"与"便" 052

◎ 许地山的"落花生"主义 056
  - (一)"落花生"的服装思想 056
  - (二)"落花生"的服装实践 058

◎ 江栋良的"旧上海风情画" 063
  - (一)旧上海的流行趋势 063

（二）旧上海的服装面貌 ·· 066

设计篇——用艺术的手腕创造超时代的服装　　　　　　　　　　/ 069

- 民国服装之"集大成者"——叶浅予 ·· 071
  - （一）"集大成"之设计内容 ·· 071
  - （二）"集大成"之设计风格 ·· 079
  - （三）"集大成"之绘画技法 ·· 080
- 方雪鸪的"浪漫" ·· 084
  - （一）何故"浪漫" ·· 084
  - （二）何谓"浪漫" ·· 087
  - （三）何以"浪漫" ·· 090
- "时装启蒙者"但杜宇 ·· 098
  - （一）专业化的时装设计 ·· 098
  - （二）生活化的时装呈现 ·· 103
  - （三）睿智的时装思想 ·· 104
- "20年代的时尚符号"——陈映霞 ·· 107
  - （一）"很20年代"的服装设计 ·· 107
  - （二）"很20年代"的配饰设计 ·· 111
- 胡亚光的"传承"与"展望" ·· 115
  - （一）胡亚光的服饰"传承" ·· 115
  - （二）胡亚光的服饰"展望" ·· 117
- "一颗炸弹"梁白波 ·· 121
  - （一）蜜蜂小姐 ·· 121
  - （二）童装设计 ·· 124
- 万氏兄弟的"双凤"方针 ·· 128
  - （一）中国风的服装设计 ·· 128
  - （二）西洋风的服装传播 ·· 130
- 张碧梧的"古典与时尚" ·· 135
  - （一）服饰的古典与时尚 ·· 135
  - （二）人物形象的古典与时尚 ·· 136
  - （三）技法背景的古典与时尚 ·· 137
- 张菁英的"真美善" ·· 140
  - （一）"真"的服装思想 ·· 140
  - （二）"美"的服装思想 ·· 141
  - （三）"善"的服装思想 ·· 143
- "历史的记录员"——郑曼陀 ·· 146
  - （一）月份牌画法的转变 ·· 147
  - （二）女性形象的变迁 ·· 147
  - （三）服饰品类的变化 ·· 149

- ◎ 杭穉英的"艺术与商业" …………………………………………………… 154
  - (一) 新"杭女郎" ………………………………………………………… 154
  - (二) 新"穉英画室" ……………………………………………………… 160
  - (三) 新"月份牌" ………………………………………………………… 161
- ◎ "绒线编结宗师"冯秋萍 ………………………………………………… 164
  - (一) 工于设计的实践家 ………………………………………………… 165
  - (二) 长于总结的理论家 ………………………………………………… 167
  - (三) 言传身教的教育家 ………………………………………………… 168

行业篇——尽国民之天职 / 171

- ◎ 开创"鸿翔时代"的"女服之王"——金鸿翔 …………………………… 174
  - (一) 鸿翔的标杆意义 …………………………………………………… 174
  - (二) 鸿翔女装 …………………………………………………………… 177
  - (三) 鸿翔的影响力 ……………………………………………………… 180
- ◎ 徐志摩的诗意服装店 …………………………………………………… 184
  - (一) 云裳之"主"与"顾" ………………………………………………… 184
  - (二) 云裳之营业 ………………………………………………………… 186
  - (三) 云裳之宣传 ………………………………………………………… 187
- ◎ "第一公民"陈嘉庚 ……………………………………………………… 193
  - (一) "复兴民族与服制" ………………………………………………… 193
  - (二) "尽国民之天职" …………………………………………………… 196
- ◎ 宋棐卿的"抵洋梦" ……………………………………………………… 202
  - (一) "抵洋"之理论 ……………………………………………………… 202
  - (二) "抵洋"之实践 ……………………………………………………… 204
- ◎ "衬衫大王"傅良骏 ……………………………………………………… 210
  - (一) "新光"之概况 ……………………………………………………… 210
  - (二) 傅良骏的经营策略 ………………………………………………… 212
  - (三) 商标之纠纷 ………………………………………………………… 214
- ◎ 郭琳爽的"爽"理念 ……………………………………………………… 219
  - (一) "营"理念 …………………………………………………………… 219
  - (二) "销"理念 …………………………………………………………… 221
- ◎ 红帮"教父"——顾天云 ………………………………………………… 226
  - (一) 探求真理,创新技术 ……………………………………………… 226
  - (二) 抛弃艺徒,改革教育 ……………………………………………… 227
  - (三) 不分尊卑,职业兴国 ……………………………………………… 228
  - (四) 勤学立志,人定胜天 ……………………………………………… 230
- ◎ 红帮英才——王才运 …………………………………………………… 233
  - (一) 革新经营,开创伟业 ……………………………………………… 233
  - (二) 领导商界,革命爱国 ……………………………………………… 235

（三）弃商归里，造福一方 ·· 237
◎ 杰出裁剪大师——许达昌 240
　　（一）人生"三部曲" ·· 240
　　（二）经营——敢为人先 ·· 241
　　（三）技术——创新求精 ·· 243
　　（四）人才——聚贤纳士 ·· 244

媒介篇——志在娱悦俗人之耳目　　　　　　　　　　/ 246

◎ 曹聚仁的"近代服装简史" 248
　　（一）大帽子与小帽子 ·· 248
　　（二）中西并存的女装时代 ·· 249
　　（三）长袍与外褂 ·· 251
　　（四）时装公司与成衣铺 ··· 252
◎ 江红蕉的《家庭》 256
　　（一）思想性的服装评论 ··· 256
　　（二）艺术性的流行资讯 ··· 258
　　（三）实用性的服装常识 ··· 260
◎ 林泽苍与《玲珑》 263
　　（一）《玲珑》的新女性 ·· 263
　　（二）《玲珑》的新装画 ·· 266
　　（三）《玲珑》的新知识 ·· 266
　　（四）《玲珑》的新思潮 ·· 267
◎ 冯武越的"时尚生活画报"——《北洋画报》 270
　　（一）人物摄影传播的服饰风尚 ·· 270
　　（二）服装评论传播的服饰风尚 ·· 273
　　（三）广告漫画传播的服饰风尚 ·· 275

交际篇——一道不可不看的风景　　　　　　　　　　/ 277

◎ "皇后"胡蝶 279
　　（一）胡蝶的时尚装束 ·· 280
　　（二）胡蝶的时尚活动 ·· 282
◎ "旗袍女人"阮玲玉 287
　　（一）经典的旗袍款式 ·· 288
　　（二）时尚的旗袍纹样 ·· 289
　　（三）清雅的旗袍色彩 ·· 291
◎ "上海小姐"郭安慈 294
　　（一）"上海小姐"的时尚活动 ··· 294
　　（二）"上海小姐"的时髦装扮 ··· 297

◎ "美丽的小鸟"陈燕燕 ······ 300
    (一) 头上风采——发型与头饰 ······ 300
    (二) 身上景致——服饰 ······ 303
◎ "双面女王"陈玉梅 ······ 306
    (一) "双面女王"之俭约 ······ 306
    (二) "双面女王"之时髦 ······ 308
◎ 梁赛珍的"艺术与生活" ······ 314
    (一) 梁赛珍的"艺术化服装" ······ 314
    (二) 梁赛珍的"生活化服装" ······ 317
◎ "个性先锋"陆小曼 ······ 322
    (一) 一头短短直直的青丝 ······ 322
    (二) 一身翠绿色长袍与酱红色背心 ······ 323
    (三) 一袭银色丝绸旗袍 ······ 324
    (四) 一件白色细绒线背心 ······ 325
◎ 上海最会穿衣的女子——唐瑛 ······ 328
    (一) 一衣一饰,皆为楷模 ······ 328
    (二) 销售时尚,开启潮流 ······ 331
◎ 百变"美人鱼"——杨秀琼 ······ 334
    (一) 清纯可爱的泳装 ······ 335
    (二) 风格百变的日常装 ······ 337

启蒙篇——先驱者的责任

鸦片战争打开了我国近代史的大门,历史翻开了新的篇章。封建社会的根基开始动摇,社会面临巨大的动荡与变革。近代中国开始"睁眼看世界"。一大批知识分子首先觉醒,作为思想先驱,肩负起启迪民智、引导社会发展的历史使命。由此孕育了伟大的思想启蒙运动——新文化运动。这是千百年来中国思想史的一次重要转折与重构,为此我们请来了欧洲启蒙运动的老师"德先生"与"赛先生",在其指导下进行了思想与社会领域的破旧立新。首先是破旧,即破除封建主义,破除封建的等级观、审美观与荣辱观,破除缠足、束胸、吸食鸦片等陋习,将它们扫进历史的垃圾堆;而后是立新,即以人文主义与科学主义思想为基石建构近代中国的新文化,重塑我们的世界观、价值观与审美观。故有人认为:"一部中国现代学术、思想、文化史,严格点说是以新文化运动为起点的。"[1]

服装的思想启蒙是新文化运动这棵大树上的一个分支。启蒙思想家告诉我们:新社会的衣服与旧社会的衣服是不一样的,它不是封建礼教与等秩的工具,而是一种艺术性与实用性兼备的生活资料。启蒙思想家还告诉我们:新时代、新社会可以建立一种新型的人-衣关系。在封建社会中,人须服从作为礼教工具与等级标识的衣;而今要让人重新成为衣的主人,用衣来满足人的心理与生理需要。由此确定了"经济、卫生、合用、美趣"[2]的设计宗旨,被写进了教科书并沿用至今。

具体而言,启蒙思想家告诉我们什么是真、善、美,什么是形式美,什么是摩登,什么是流行,什么是服装的科学与卫生。启蒙思想家把服装作为改善民生的重要手段,试图以此来提升国民的生活质量;启蒙思想家号召妇女们"天足""天乳",号召大家以简便的西式短装代替臃肿的中式长衫;还有思想家对抗战时期等特殊阶段的特殊服装提出了建议。

近代启蒙思想家是新文化运动中的新青年。他们既是伟大的思想先驱,同时也是各自行业内的佼佼者,比如作为哲学家的张竞生、作为作家的许地山、作为画家的黄觉寺与作为教育家的邹爽秋。他们还有一个共同之处,即他们都撰写了不少服装评论文章,思考、架构、宣传了近代服装思想。他们的工作是具有历史意义的,他们关于服装的思想启蒙是近代中国"变服"的思想基础。

近代启蒙思想家已经意识到这场变革运动的艰巨。一方面,旧的东西不容易过去;另一方面,新的东西不容易进来,或者说进来了也不容易被采纳。比如在废除等级制度可以自主选择服装的时候,有不少人感到茫然;比如对于西洋服装等新鲜事物到底应当秉持怎样的态度,有不少人尚在争议中。思想是复杂的,变革是曲折的。所以,近代启蒙思想家预言式地宣告,要勇于分享与吸收世界人类文明的成果,要积极面对新的事物,"如遇有些必要的文化,虽我国数千年未曾有过,虽自人类以来,未曾有过,但我们不能不去提倡";而这样做的目的是"以便引导人们向了新的美的方向去进行"。这是一个正确的方向,它与人类文明进步的方向是一致的。人们也选择了这个方向,因为近代中国服装就是沿着这个方向走过来的。

---

[1] 袁伟时:《告别中世纪——"五四"文献选粹与解读》,广东人民出版社2004年版,第8页。
[2] 张竞生:《美的人生观》,北新书局1925年版,第17页。

蔡元培

1868—1940，浙江绍兴人

身　　份：教育家、革命家、政治家。

简　　历：1884年取秀才，1889年中举人，而后接连中为贡士、进士。1889年9月，任绍兴中西学堂监督，提倡新学。后在上海创办中国教育会并任会长，创立爱国学社、爱国女学。1904年，在上海组织建立光复会（后并入同盟会），为同盟会上海分会负责人。1907年，入德国莱比锡大学听课，研究心理学、美学、哲学诸学科。民国元年，任南京临时政府教育总长。1916年，任北京大学校长，支持新文化运动，提倡学术研究，实行教授治校。1920年允许三位女生入北大文科旁听，并于当年秋季起正式招收女生，开中国公立大学招收女生之先例。

成　　就：发表了大量提倡新学、新思想的演讲及著作；提出"思想自由，兼容并包"的主张，为北大成为新文化运动的主要阵地创造了条件，为近代中国人的思想启蒙创造了条件；首开招收女学生的先例，为近代中国女性的解放与独立开辟了道路。

专业成就：1916年12月，在上海江苏省教育会的演说中提出"以美育代宗教"的主张；1917年8月1日，在北京神州学会发表"以美育代宗教说"的演讲；发表了大量关于"美育"的文章并将"美育"列为国民教育的一个重要方面加以推行，为近现代服装美学观念的树立与普及奠定了基础。

■ "以美育代宗教"的巨人蔡元培

民国时期,各种新旧思潮此起彼伏。在这一片喧嚷声中,新文化运动的主将之一蔡元培先生提出了"以美育代宗教"的著名口号。其"以美育代宗教"的观念与实践,为后来国人树立新的服装风貌及新的服装美学观念铸就了"巨人的肩膀"。

(一)美育何以代宗教

民国元年,蔡元培从德文 Asthetiche Erziehung 译出"美育"①,并在此后发表了大量有关"美育"的演讲和文章,传播美育观念,呼吁"致力文化运动诸君,不要忘了美育"②。"以美育代宗教"是蔡先生美育观念的集中反映。

蔡元培说,"以前都是以宗教代教育,除了宗教外没有另外的教育"。宗教对人们的教化作用不言而喻,它是中古代社会的精神支柱及维持社会秩序的一种方式。"初民时代没有科学,一切人类不易知道的事全赖宗教去代为解释",不论是西方的基督教,还是东方的佛教乃至"儒教"③,都通过各自的教义替民众解答了对这个世界以及人生的"未解之谜",诸如人从哪里来,要到哪里去,要如何做人等问题。基督教说要"十诫",佛教说要"慈悲为怀",儒教说要"克己复礼",这些教义决定了人们的三观,决定了人们的"德智美"。此外,"宗教有跪拜和其他种种繁重的仪式……原来都和体育与卫生有关",这甚至可以说是宗教的"体育"作用。随着社会的发展,"宗教上的道德标准至少是千余年以前的圣贤所定,对于现在的社会当然已经不甚适用";很多事情及自然现象的发生,"科学和工艺书能告诉我们";"现在各项运动,如赛跑、玩球、摇船等等,都有科学的研究,务使身体上无论哪一部分都能平均发达"。这些都意味着近现代的德育、智育、体育不再需要依赖于宗教。宗教的教育作用中,"剩下来的就只有美育",即"宗教上的赞美歌和歌舞,其价值是永远存在的……它能利用音乐和其他一切的美术,使人们被引到别一方面去,到另外一个世界上去,而把具体世界忘掉。这样,一切困苦便可以暂时去掉"。这是美育的作用,也是宗教的作用,但这并不意味着宗教就可以代替美育,"因为宗教上的美育材料是有限制的""宗教常常不许人怎样怎样",而"美育是普及的""美育无限制",所以"宗教可以没有",但作为教育的一部分的美育要留着,要"以美育代宗教",引导现实生活中的人们同时拥有一个美好的精神世界,以美育代替宗教成为人们的情感寄托。④ 如此以美育来占据人们的灵魂,就像中世纪以宗教占据人们的灵魂一样。这便是美育何以代宗教的依据之一。

"教育之目的,在使人人有适当之行为"。美育是教育的一部分,它使人们有能力摆脱"比较利害,考查因果,以冷静之头脑判定之"的智育的限制,而拥有"不顾祸福,不计生死,以热烈之感情奔

---

① 蔡元培:《二十五年来中国之美育》。文艺美学丛书编辑委员会:《蔡元培美学文选》,北京大学出版社1983年版,第186页。
② 蔡元培:《文化运动不要忘了美育》。文艺美学丛书编辑委员会:《蔡元培美学文选》,北京大学出版社1983年版,第83页。
③ 儒教虽然并非一般意义上的宗教,但却极大地限制了人们的思想。在古代中国,儒家拥有宗教的思想统摄力和教化广大民众(教徒)的重要作用,可谓胜似宗教。
④ 蔡元培:《美育代宗教》。文艺美学丛书编辑委员会:《蔡元培美学文选》,北京大学出版社1983年版,第161-163页。

赴之"的高尚情操,"美育者,应用美学之理论于教育,以陶养感情为目的者也"①。陈独秀肯定了蔡元培的美育说,并提出美术与宗教一样"是发宣人类最高的情感的",他引用罗丹的"美是人所有的最好的东西之表示"一语提出,"美术可以代宗教,而合于近代的心理。现在中国没有美术真不得了,这才是最致命的伤"②。陈独秀一方面肯定了"美术"的重要性,而另一方面在这里"美育"和"美术"似乎成了同义词。那么,"美育代宗教"也就是"美术代宗教"吗?蔡元培先生特地就此进行了说明,他划清了"美育"与"美术"的界限,提出可以代宗教的是"美育"而非"美术",这两者的范围和作用是不同的。一方面,"欧洲人所设之美术学校,往往止有建筑、雕刻、图画等科,并音乐、文学,亦未列入;而所谓美育,则自上列五种外,美术馆的设置,剧场与影戏院的管理,园林的点缀,公墓的经营,市乡的布置,个人的谈话与容止,社会的组织与演进,凡有美化的程度者,均在所包"③,也就是说,美育不仅仅是纯艺术层面的,还与人们生活的各方面息息相关,那么,与个人密切相关的"体育"及服装也在美育的范围之内。另一方面,"凡年龄的长幼,习惯的差别,受教育程度的深浅,都令人的审美观念互不相同"④,正因为如此,才需要推行美育以构建人人都懂美、人人都是"精神贵族"的社会。在摆脱了封建专制的桎梏之后,美属于每一个近代中国人。这是一种人人可以追求的精神境界,正如蔡元培所号召的,"美的东西,虽饥不可以为食,寒不可以为衣,可是却省不来"⑤。鼓励人们去追求这种看似没有实际价值的东西,这种超脱也仿佛是一种修行者的态度。这便是美育何以代宗教的依据之二。

　　蔡元培说:"凡与人同乐、舍己为群之得,属于此类,赖美育之助者也。"⑥可见,美育之所以可以代宗教的另一原因在于"美即善",正如华林所言,"古代宗教,本含有真善美诸种的良质……今日之言'美'与'善'互不脱离宗教之范围,所以更有代宗教之说"⑦。亚里士多德也说:"美是一种善,其所以引起快感正因为它是善。"⑧荀子亦言:"形相虽恶而心术善,无害为君子也;形相虽善而心术恶,无害为小人也。"⑨东西方的哲学家对美与善的统一关系有着一致的认识,即善与道德息息相关。善是美的道德支撑,同时善也是宗教的道德支撑,佛教讲的"慈悲为怀"是善,基督教讲的"爱人"也是善。既然善是美与宗教的共同内核,那么就意味着美可以"代"宗教。人们常说"美好","美"与"好"是紧密相连的,好人好事好物才美。"美必有山川花鸟以写其景,音乐、美术、塑像、雕刻,皆不能脱离其真与善而单独成自然之美"⑩,近代国人在探讨美学问题时,也肯定了"美就是善"⑪的观点,认识到了真善美的统一性。针对女性服装,有人提出"所谓真,就是要称他的年龄姿态及容色""所谓善,其中却包着爱国的意义""至于美,与以上二者,自然有密切的关系"⑫。另外,有人提出,"现代美绝不是指外观上加以摩登的修饰,就会简单地产生的东西。它须由女子内心美和外部美综合的捷径。它须根基于个人广博的学识、丰富的情感和显明的性格",所以便有了"时髦

---

① 蔡元培:《美育》。文艺美学丛书编辑委员会:《蔡元培美学文选》,北京大学出版社1983年版,第174页。
② 陈独秀:《新文化运动是什么》,《新青年》1920年第5期。
③ 蔡元培:《以美育代宗教》,《现代学生》1930年第3期。
④ 同上。
⑤ 蔡元培在浙江上虞春晖中学的演讲,1923年5月31日。
⑥ 蔡元培:《美育》。文艺美学丛书编辑委员会:《蔡元培美学文选》,北京大学出版社1983年版,第174页。
⑦ 华林:《美善与宗教》,《广益杂志》1920年第14期。
⑧ 北京大学哲学系美学教研室:《西方美学家论美和美感》,商务印书馆1980年版,第41页。
⑨ 《荀子·非相篇》。安继民注译:《荀子》,中州古籍出版社2006年版,第47页。
⑩ 华林:《美善与宗教》,《广益杂志》1920年第14期。
⑪ 徐庆誉、美惠宇:《什么叫美》(在中央大学区立南京女子中学的演讲),《当代妇女》1929年第10期。
⑫ 王人:《真善美的女性衣服》,《申报本埠增刊(衣服号)》,1925年12月21日。

女子"与"新女性"的区别:"'新女性'在精神方面应该是进步的,'时髦女子'不过是斤斤于外表而已。"①这个精神的进步指的便是"善",是划分美丑的新标准。当然,正如孙中山所说的"精神与物质是相辅为用的,倘无物质,就不能表现精神"②,所以真正的美是外在与内在的统一,美与善缺一不可。随着观念的变化,人们对善恶美丑的判定逐渐摆脱了以"礼"为中心的旧道德,在新的善恶及道德标准中意识到了礼教之下无视与压制人性、强迫女性裹脚、束胸等思想及行为之恶、之丑,并将善作为"美"的支撑,开始解放人,解放双脚,解放双乳,拿回人与服装的自由及权利,寻求真正的、善的"美"。这就是蔡元培所说的"高尚也是一种美",所以"我们人类不愿做丑事,愿做美事"③。这表面上说的是美,实际上说的是善,善在这里是美的动机。这便是美育何以代宗教的依据之三。

(二)美育如何代宗教

首先,"美育是自由的、进步的、普及的"④,它所针对的不是少部分人,而是社会中的每一个人,所以蔡元培先生在《对教育方针之意见》中把美育列为国民教育的宗旨之一。他提出,"军国民主义、实利主义、德育主义"三者为"政治之教育","世界观、美育主义"二者为"超轶政治之教育",此五者"皆今日之教育所不可偏废者也"。其中"为彼(清朝)所不道"的美育,"鄙人尤所注重"。同时,蔡先生提出要想超越物质而达到精神的至高境界,即"由现象世界而引以达于实体世界之观念",则"不可不用美感之教育"。此后,蔡先生又说,"从前将美育包在德育里的。为什么审查教育会要把他分出来呢?因为挽近人士,太把美育忽略了",于是他把体育、智育、德育、美育列为"四育",作为"养成健全的人格,发展共和的精神"的要素,并倡议在普通教育之外进一步发展职业教育,对工业、农业、商业等"大可去专门研究"⑤。由此奠定了美育在教育界的重要地位,为"美育代宗教"的实现规划了一幅美好蓝图。

接着,蔡元培将以"美育代宗教"的观念进一步转化为实践,提出了创办艺术类院校的主张。在创办国立艺术大学的提案中,蔡先生提出要设立"图画院""图案院""工艺美术院""雕塑院"等院系并开设艺术教育相关课程,"以养成高深艺术人才,以谋美育之实施与普及"⑥。此外,他还提出诸多其他普及美育的主张,如"设美术院,以久经鉴定之美术品,如绘画、造像及各种美术工艺,刺绣、雕镂之品,陈列于其中,而有一定之开放时间,以便人观览",这便能开拓人们的视野与胸襟,提高人们的审美鉴赏能力;"设历史博物院,以使人知,一民族之美术,随时代而不同"⑦,这便能使人们不囿于妇女的脚越小越美的旧观念,进而认识到缠脚陋习的惨无人道。这些具体的主张为"美育代宗教"的实现启动了一个切实可行的"A计划"。

"美育为近代教育之骨干,美育之实施,直以艺术为教育,培养美的创造及鉴赏的知识,而普及于社会"⑧。蔡元培先生的"A计划"包括作为"致用美术"⑨的服装的全民教育。蔡先生提出,"手

---

① 吴淇:《对于时髦女子的感想——我的时髦女子观》,《妇女杂志》1931年第11期。
② 转引自许红笙:《妇女新妆与革命》,《妇女新装特刊》1928年第1期。
③ 蔡元培在浙江上虞春晖中学的演讲,1923年5月31日。
④ 蔡元培:《以美育代宗教》,《现代学生》1930年第3期。
⑤ 蔡元培:《普通教育和职业教育》。1920年,蔡元培先生出国考察,12月7日路过新加坡时做此演讲。蔡元培在此次演讲中,把美育特别提出来与体、智、德并列四育。文艺美学丛书编辑委员会:《蔡元培美学文选》,北京大学出版社1983年版,第106-111页。
⑥ 蔡元培:《创办国立艺术大学之提案摘要》,《大学院公报》1928年第2期。
⑦ 蔡元培:《美育》。蔡元培为商务印书馆出版的《教育大辞书》所撰写的《美育》条目,原载于《教育大辞书》1930年版。文艺美学丛书编辑委员会:《蔡元培美学文选》,北京大学出版社1983年版,第177页。
⑧ 蔡元培:《创办国立艺术大学之提案摘要》,《大学院公报》1928年第2期。
⑨ 鲁迅:《拟播布美术意见书》。唐弢辑:《鲁迅全集补遗续编》,上海出版公司1952年版,第93页。

工有日用必须者，有属于美术品者，又有本供日用，而又加以美术之工夫者。美术似无用，非无用也"，强调了"技"与"艺"的统一，强调了"有用"与"无用"的调和，服装不正是可以加以美术的手工吗？故蔡先生有言，"吾人讲美术，最初为身体底美，其次为衣服底美，器具底美，房屋底美。……身体底美和衣服底美，是人身体上的美，不能离人而独立"①，在美育的大论题下，他肯定了人体美与服装美，提出"就是衣饰，也要有一种优美的表示"②，因此他十分欣赏很早就将曲线美融入女装设计的上海鸿翔公司，并为其亲笔题写了"国货津梁"匾额（图1-1-1）。他还极力推崇杜威的"工即学"的教育观念，即理论与实践相结合，"要学校生活与社会生活密接"，故在社会生活中，"比较各民族饮食、衣服、器具的异同，便可讲地理学与人类学。比较古今饮食、衣服、器具的异同，便可讲历史学"，而"就食物的装置、衣服与器具的形式与色彩，可以讲美学与美术"③。

图1-1-1　蔡元培为鸿翔公司题词

根据蔡先生对美育的定义可知，衣饰的美育便是将美术的原理运用于衣饰的选用与创造上，使人们在满足食饱衣暖的基本需要之外，感受到精神需要得到满足所带来的情感体验，正所谓"人之生也，不能无衣、食与宫室。而此三者，常于实用以外，又参以美术之意味。如食物本以适口腹也，而装置又求其悦目；衣服本以御寒暑也，而花样常见其翻新……"④。蔡元培认为，能对服装"参以美术"，是文明发达的表现，而"缠腰、裹足、皮鞋后高前低，都是不自然的美"，都是"野人底遗迹"⑤，"身体之装饰，为未开化时代所尚"，随着人类的进步，"则装饰之道，渐异其范围"⑥，"现在我们剪发，有平头、分头、陆军头等区别。衣服有礼服、常服的分别。做衣服的材料，样子极多"。美育能使人们在面对这些丰富的服装及其穿着方式时，可以做出属于新时代的文明人的判断，而不再沿袭旧习，盲目地保留缠足束胸等"野蛮人的遗迹"⑦。时代的进化催生了新的服装文明，"冠服等类，多为卫生起见，已经渐趋简单"⑧，合于卫生是服装美的前提。与此同时，服装流行的现象日渐兴盛，于是"妇女冠服，尚喜翻新"⑨，"男子时式衣服，以伦敦人为标准；女子时式衣服，以巴黎人为标准"⑩。正如恂子所言，"多数中国人，生活在水平线下，我们该竭力想法，使他们的衣食住行，能够美化；换一句话说，便是使少数人之摩登，变而为大众之摩登"⑪，着眼服装，让服装美化、摩登，这便是从服装入手的美育方针。

---

① 蔡元培：《美术的进化》，《民国日报·觉悟》1920年第10期。
② 蔡元培：《美育实施的方法》，《教育杂志》1922年第6期。
③ 蔡元培：《贫儿院与贫儿教育的关系》，《蔡元培文集》，线装书局2009年版，第99页。
④ 蔡元培：《华工学校讲义》（1916年5月在法国华工学校师资班上课所用讲义，同年6月在《旅欧杂志》上连载）。1919年8月，在法国印成专书，题为《华工学校讲义》。文艺美学丛书编辑委员会：《蔡元培美学文选》，北京大学出版社1983年版，第58页。
⑤ 蔡元培：《美术的进化》，《民国日报·觉悟》1920年第10期。
⑥ 蔡元培：《华工学校讲义》。文艺美学丛书编辑委员会：《蔡元培美学文选》，北京大学出版社1983年版，第60-61页。
⑦ 蔡元培：《美术的进化》，《民国日报·觉悟》1920年第10期。
⑧ 同上。
⑨ 蔡元培：《华工学校讲义》。文艺美学丛书编辑委员会：《蔡元培美学文选》，北京大学出版社1983年版，第60-61页。
⑩ 蔡元培：《美术的进化》，《民国日报·觉悟》1920年第10期。
⑪ 恂子：《摩登无罪》，《申报》，1934年5月1日。

(三)"以美育代宗教"的力量

在几千年的中国古代史上,服装被赋予了"礼器"的功能,有一套以"礼"为标准的"美术",士人以上是"以文为贵""以多为贵""以大为贵",士人以下则是"以素为贵""以少为贵""以小为贵"①。这实际上是分别强调服装实用性和审美性的两个极端,结果是只有少数人可以在礼制的严格规范中享受有限的服装美与艺术。"据多数人见解,总以为美术是一种奢侈品,从不肯和布帛菽粟一样看待,认为生活必需品之一"②,对于大部分普通民众而言,"布帛"只是生活必需品,只有基本的实用价值,少有"奢侈"的审美价值。"以美育代宗教"的目的就是要改变这种状况,让脱离了封建礼教限制的千千万万普通人都可以去理解、享受"布帛"之美,尤其是其中精神享乐的那一部分。随着美育地位的确立与相关艺术类院校、博物馆的创建,近代中国人逐渐改变了以往"美是肤浅的、美是不属于我的"等旧观念,认识到"美的思想是人人同具的",并为在服装上"层出不穷、花样翻新、无美不备"的女性点赞,说"她们是最富有艺术思想的美术家"③。在此基础上继续推进,就可以将"布帛"之美具体化和形式化了。于是有人提出,"讲到衣服美的,完全在'式''色''质'三个字上"④。有人则提出,服装美的基本除了"式样""颜色""花样"等要素之美外,还应合于"整洁""舒服""仪态"等条件。⑤ 还有人提出,"审美是人类的天性,衣服是彰身之具",服装的"真正审美艺术"是服装式样、颜色等要素,而非"金钱的代价"。⑥ 如此,新的美学思想在服装款式、色彩、图案等方面得到了前所未有的细化,开始慢慢渗透到设计者、制作者与穿着者的灵魂中。

与此同时,在科学受到格外重视、物质水平不断提高的新时代,美的熏陶与教育也使人们对人的价值、人生的意义有所反思,使人们对精神需求有所重视,实现"陶冶活泼敏锐之性灵,养成高尚纯洁之人格"⑦的宗旨,而不是"一天天往科学路上跑,盲目地崇尚物质,似乎人活在世上的意义只为了吃面包"⑧。当然,民以食为天,我们必须承认面包的重要性,但人生在世绝非仅此而已,美育能够让人们通过艺术的、审美的视角找到"遗失了的情感","我们每每在听了一支歌,看了一张画,一件雕刻……常会感觉有一种说不出的感觉……似乎觉得自身在这个世界上有一种伟大的使命。这种使命不仅仅是要使人人有饭吃,有衣裳穿,有房子住,他同时还要使人人能在保持生存以外,还能去享受人生。知道了享受人生的乐趣,同时便知道了人生的可爱"⑨。

在蔡元培先生"美育代宗教"的呼声中,人们纷纷加入了探讨"美"、追求"美"的队伍,"那时的教育界、文艺界、学术界的知名人士,几乎没有不谈美学美育者"⑩。鲁迅便针对美术与国计民生的问题提出了深刻见解,他说,"美术可以救援经济。方物见斥,外品流行,中国经济,遂以困匮,然品物材质,诸国所同。其差异者,独在造作。美术弘布,作品自胜。陈诸市肆,足越殊方。……故徒言崇尚国货者末,而发挥美术,实其根本"⑪。由此可以看到,实业救国的途径是要让民众自发地选用国

---

① 〔汉〕戴圣:《礼记·礼器第10》。吕友仁、吕永梅译注:《礼记全译·孝经全译》,贵州人民出版社2008年版,第353页。
② 梁启超:《美术与生活》。俞玉滋、张援编:《中国近现代美育论文选(1840—1949)》,上海教育出版社2011年版,第139页。
③ 许红笙:《妇女新妆与革命》,《妇女新装特刊》1928年第1期。
④ 荻:《装束的美》,《妇女新装特刊》1928年第1期。
⑤ 严芷容:《服装美的基本条件》,《快乐家庭》1936年第2期。
⑥ 佚名:《服装颜色的审美艺术》,《康乐世界》1940年第7期。
⑦ 蔡元培:《创办国立艺术大学之提案摘要》,《大学院公报》1928年第2期。
⑧ 蔡元培:《与时代画报记者谈话》。文艺美学丛书编辑委员会:《蔡元培美学文选》,北京大学出版社1983年版,第214页。
⑨ 同上,第215页。
⑩ 聂振斌:《中国近代美学思想史》,中国社会科学出版社1991年版,第222页。
⑪ 鲁迅:《拟播布美术意见书》。唐弢辑:《鲁迅全集补遗续编》,上海出版公司1952年版,第94页。

货,其最大的驱动力不在于服装质料是不是国货,而在于本国的服装设计是否"得民心",是否"美",是否满足人的审美需要。时人总结,"然所以促物质之发达进步者,必须有美丽之外表,尤须具优美之思想","装饰品也""应用品也",都是如此。① 那么,这些美的"外表"与"思想"都正是美育的产物,是美育渐入人心的结果。

此外,在蔡元培先生的倡议下,国立艺术院、国立北京美术学校等一大批艺术类院校纷纷创建,培养了大量具有美术思想和艺术眼光的人才,为服装美育的广泛普及积蓄了力量。蔡先生的《创办国立艺术大学之提案》直接促成了杭州国立艺术院的建立。② 后来写成服装文化巨作《中国古代服饰史》的周锡保便毕业于该校。周先生的校友袁树森不仅为上海正泰信记橡胶厂的"回力鞋"产品设计了别出心裁的商标,还在该厂负责万里鞋、A字弓形底运动鞋等产品的设计,荣获国家银质奖的565篮球鞋同样出自袁先生之手。③ 毕业于国立北京美术学校的雷圭元在美育的熏陶下绘制了许多染织图案,写成《谈谈衣的装饰》《衣服的科学化》等文论,提出"食不分精粗要视营养,衣亦不分贵贱而求适体,营养和适体即是合理的要求"④等观念,就点、线、面、体等造型元素在服装中的应用方式展开了具体论述,提出"点之作用甚为微妙,倘线过长或过板的时候,在起点或中间加上几个点,顿觉轻松起来,往往用在胸口、袖口、腰部为居多……衣服上之点的使命,往往属于纽扣"⑤等设计、创造美的服装的理论,践行了蔡元培先生所说的"应用美学之理论于教育"⑥的主张,为美育在人们的服装及生活中的普及提供了明确的方向。

蔡元培先生的以"美育代宗教"是基于美的普遍存在。于客观,美是随处可见的,否则罗丹怎么会说"世界上不是没有美,而是缺少发现美的眼睛"呢;于主观,美是人类近乎本能的一种存在,就像蔡元培所说的"乡间农人每逢新年,欢喜买几张花纸贴在壁上,有的或将香烟里的小画片粘贴起来。这在我们看去,或以为不好看,但在他们,却以为是很美的……这都是人类爱美的心情底流露,也可以说是人与动物不同的地方"⑦。既然如此,我们一定要爱美,懂美,避免让自己成为"动物"。既然如此,"此地有这样的好风景,是别处所不易得的,趁现在有机会,要请诸君好好地领略。最要紧的就是现在了"⑧。

附:巨人的语录

摘自后世编纂、北京大学出版社1983年版《蔡元培美学文选》中的《华工学校讲义》《对于教育方针之意见》《以美育代宗教说》《普通教育和职业教育》《对于学生的希望》《以美育代宗教》等篇章,以及蔡元培于1923年5月31日在浙江上虞春晖中学的演讲。

➢ 所谓健全的人格,内分四育,即体育、智育、德育、美育。

➢ 美育是自由的、进步的、普及的。宗教是强制的、保守的、有界的。

➢ 衣服之在我身者,不能兼供他人之温;以其非普遍性也。美则不然。

---

① 胡佩衡:《美术之势力》,《民国美术思潮论集》,上海书画出版社2014年版,第43页。
② 柳红林:《蔡元培与中国早期设计教育的历史考察》,南京艺术学院2015年硕士学位论文。
③ 吴勇毅、陈渊源:《"回力鞋"王者归来,看老字号插上时尚标签》,《现代营销(经营版)》2011年第3期。
④ 雷圭元:《衣服的科学化》,《浙江民众教育》1948年第2期。
⑤ 雷圭元:《谈谈衣的装饰》,《学校生活》1935年第104期。
⑥ 蔡元培:《美育》。文艺美学丛书编辑委员会:《蔡元培美学文选》,北京大学出版社1983年版,第174页。
⑦ 蔡元培在浙江上虞春晖中学的演讲,1923年5月31日。
⑧ 同上。

➢ 美感者,合美丽与尊严而言之,介乎现象世界与实体世界之间,而为之津梁。

➢ 纯粹之美育,所以陶养吾人之感情,使有高尚纯洁之习惯,而使人我之见,利己损人之思念,以渐消沮者也。盖以美为普遍性,决无人我差别之见能参入其中。

➢ 手工,实利主义也,亦可以兴美感。

➢ 人智进步,则装饰之道,渐异其范围。

➢ 我们做人,最要紧的是于一日之中,有一种时候不把计较打算放在心里,久而久之,自然会有时发出美的行为,用了计较打算的态度去看一切,一切都无美可得。

➢ 所谓各事,均即有科学寓乎中。菜即植物学也,肉即动物学也。烹调中有化学,有物理。用尺量布及绸,即为算学。剪刀剪物,亦物理学也。缝衣穿线,有重学,力学寓焉。

➢ 人人都有感情,而并非都有伟大而高尚的行为,这是由于感情推动力的薄弱。要转弱而为强,转薄而为厚,有待于陶养。陶养的工具,为美的对象;陶养的作用,叫作美育。

➢ 吾人固不可不有一种普遍职业,以应利用厚生的需要,而于工作的余暇,又不可不读文学,听音乐,参观美术馆,以谋知识与感情的调和。这样,才算是认识了人生的价值了。

➢ 宗教可以没有,美术可以辅宗教之不足,并且只有长处而没有短处。

➢ 美育是整个的,一时代有一时代的美育。

➢ 有了美术的兴趣,不但觉得人生很有意义,很有价值,就是治科学的时候,也一定添了勇敢活泼的精神。

张竞生
1888—1970，广东饶平人

身　　份：哲学家、美学家、性学家、社会学家。

简　　历：1903年启智开蒙，1910年入上海复旦学校，后赴北京辗转于法文高等学校与京师大学堂。1912年由政府派遣至法国留学。留法七年期间，张竞生先后入巴黎大学哲学系和里昂大学哲学系，并游历了英国、德国、荷兰等国家。哲学博士的学习经历，以及与我国截然不同的欧洲先进文化的直接接触，令其思想达到了近代一般人士难以企及的广度与深度。归国后先后任广东潮洲金山中学校长与北京大学哲学系教授。1927年赴沪，先任开明书店总编辑，后开办"美的书店"。20世纪30年代回广东任职于《广东经济建设》《群声报》等报馆。中华人民共和国成立后任广东文史馆馆员。

成　　就：著述等身的大学者；中国计划生育首倡者；因"性学"调查与"性史"出版而成为中国性学第一人，因而与刘海粟、黎锦晖并列为民国"三大文妖"；后世认为他是文妖也是先贤，因为他"毫无忌惮地击破了旧礼教的最后藩篱"，并在旧礼教的废墟上建起一个以"美"为奠基的世界，"提供了一个独特的观察角度，帮助我们串起了一部'不一样'的中国现代史"①；他又是中国乡村建设先驱，与梁漱溟并称为"南张北梁"；他还是中国现代民俗学先驱。

专业成就：出版了著作《美的人生观》（北新书局1925年版）、《美的社会组织法》（北新书局1926年版），其中《美的衣食住》《美治政策》等文章包含了直接或间接与服装相关的美学思想；由后人编纂的《张竞生文集》（广州出版社1998年版）亦收录了《美的服装和裸体》《美的服装》等文章；曾在北京女子高等师范学院演讲并推广女装改良法；在金山中学任校长时亲自设计学生校服。

---

① 陈平原：《孤独的寻梦人》，《文妖与先知》，生活·读书·新知三联书店2008年版，第4页。

"美"的张竞生

（一）"美"的源起

张竞生生于晚清，亲身体会了封建社会的黑暗，又在民国时期感受到了新时代的光明。在这个新旧社会的转换过程中，张竞生发现了思想的解放，发现了文化的进步。于是，作为哲学家的他更加勤于思考，尤其思考了文化进步与社会进步之间的关系，提出了"先前的社会是'鬼治'的，及到近世一变而为'法治'，今后进化的社会必为'美治'无疑"①的观点。封建社会的"鬼治"是近代知识分子的普遍共识。张竞生的留学经历，让他不仅看到了我国封建主义时期"鬼治"的黑暗，还看到了我国民主主义初期国民精神文明建设不足的局限——"法治"固然是极好的，但仅仅由"法治"替代"鬼治"又是不够全面与完美的。于是，张竞生提出了超越时代的"美治"思想，其核心在于"它不但使人们得到衣食住充分的需求，而且使他们得到种种物质与精神上娱乐的幸福"②。这种物质文明与精神文明建设并重的"美治"思想的前瞻性十分惊人，后人也多次提及。

张竞生"美"的思想根源于其本人的受教育经历与生活经历，同时也离不开当时特殊的社会思潮。张先生"美"的思想既与新文化运动一脉相承，同时也应当是新文化运动的组成部分。蔡元培先生说"我很希望致力文化运动诸君，不要忘了美育"③。故张先生紧随蔡先生的"美育"的步伐，向蔡先生提倡的"陶冶活泼敏锐之性灵，养成高尚纯洁之人格"④的美育目标进发，试图通过"美治"，将"美"落实到民众的衣食住行上，让"美"普及，或者反过来说让人们去发现"美"，让人们在"美"中平等地存在。

张先生首先将目光投向他所认为的人生的基础——服装。辛亥革命推翻了清王朝的统治，同时也瓦解了传统服饰的基础与体制。欧风东渐而来的"窄衣文化"与新思想，使我国传统的"宽衣文化"及其所反映的重衣不重人的服装观念面临不可避免的挑战。张先生正是传统服装观念的挑战者，他以"美"为纲，试图"把这个病态的丑恶的服装改编"，以期"逐渐推及于精神上的改良"。⑤

古代社会的封建思想与体制是无形的围墙，它们将"美"圈在以"劳心者"为中心的围城里。所谓"礼不下庶人"，这座坚不可摧的"美"的围城，使"劳心者"不能随意走出去，"劳力者"亦不能越过城池去寻求美。广大老百姓大部分时候都被排除在服制之外。封建统治者及其御用文人把老百姓的物质需要视作是"人道"的全部，仿佛老百姓是没有七情六欲的木头人。"寒而求衣"是可存的"天理"，但"衣而求美服"则是要灭的"人欲"。⑥ 张竞生则提出，通过"美治"，将那些"最为人当作不是人看的厨夫、东洋车夫及老妈子与听差之辈"变成"一班衣服齐整、打缠腿的雄赳赳东洋车夫，以及

---

① 张竞生：《美治政策》，《张竞生文集（上卷）》，广州出版社1998年版，第184页。
② 同上。
③ 蔡元培：《文化运动不要忘了美育》。文艺美学丛书编辑委员会：《蔡元培美学文选》，北京大学出版社1983年版，第83页。
④ 蔡元培：《创办国立艺术大学之提案摘要》，《大学院公报》1928年第2期。
⑤ 张竞生：《美的人生观》，北新书局1925年版，第20页。
⑥ 张岱年：《中国哲学大纲》，中国社会科学出版社1982年版，第445页。

一班娇滴滴美丽的女佣人与那些清洁知趣、讲仪节、晓得卫生的男佣夫",变成"艺术家"。① 张先生为"美"的普及画了一幅美好蓝图。在这幅蓝图中,传统服装所承载的身份标识(其实质是身份歧视)被弱化,普通民众将获得平等与尊重,成为真正意义上的"人"。正如新文化运动发起人陈独秀在论述新文化运动的本质时所说:"应该令劳动者觉悟他们自己的地位,令资本家要把劳动者当作同类的'人'看待,不要当作机器、牛马、奴隶看待。"②这就是说,自己不要把自己当作机器而当作人,别人才能不把咱们当作机器而当作人。作为一个完整的人,需要人道的精神层面的美,而不是停留在物质层面的"知足常乐"上。这是一种不正常的知足常乐,所以"杨白劳扯了二尺红头绳"的行为显示出一种巨大的张力。这个桥段闪烁着弥足珍贵的人道主义的光芒。如果说陈独秀在"发现人"的过程中强调从人道精神的重塑入手,那么张竞生则更偏重于从人的外在形象入手,试图由外而内来完成重塑人的任务。张竞生专注于生活的美化和服装的美化,并旨在通过这种美化达到"美治",让新时代的人们达成内外兼修的"美"的风貌。

作为新文化运动的一分子,作为打破旧文化、创造新文化的大部队中的一名"新青年",张先生高举"美"的旗帜,试图推翻封建的城墙,解放"美"的围城,让围墙外的"劳力者"亦得以美,而且他不仅追求"二尺红头绳"的点缀之美,还追求由点到面、由个人人生扩展到整个社会组织的全面美化。

(二)"美"的理论

1. 人体美是服装美的基础——新型的人-衣关系

自古沿袭而来的宽袍大袖的服装形制,以及层层叠叠的穿着方式,掩盖了人们的身体曲线,也阻止了人们的精神表露。这套服制根植于封建体制,由此而来的人的身份识别比什么都重要。在它面前,人的形体美与自然美难以借助服装加以表达,更不用说身体的显露了——露出臂膀、凸显腰身等都被视为无礼或无耻的行为。人们对自己缺乏认知,对人-衣关系的认识较为片面。封建体制使这种缺乏和片面更具普遍性,形成了大部分人的共同认知。即使有少数人对人体和人-衣关系有着较为合理的全面认知,但在森严的封建体制下,这种认知也终被扼杀在摇篮里。

张竞生在时尚与浪漫之都法国留学时,曾加入当地的"自然派"组织,并在巴黎近郊的日出岛上享受了数个月的"自然生活"。不穿衣服,即以裸体形态生活,是这个"自然派"组织所推崇的生活常态。张先生自称为"积极的自然主义信奉者"。他对人体的新认知,以及对传统人-衣关系的反思,使其形成了以人体美为服装美的基础的新观念。另一方面,所谓时势造英雄,辛亥革命恰巧为张先生的这种"新认知"驱除了社会制度的障碍,正如民国元年的《服饰刍议》一文所说:"自古帝王易姓受命,必改朔易服,所以示革新之象也。今者大汉光复,发辫之物,在所必去,衣服之制,亦宜定式。"③如是,推翻封建体制的活儿有人干了,张竞生重构的新认知便在新文化运动的巨轮的推动下滚滚向前,其中就包括他关于人体的自然美思想。

具体而言,张先生既欣赏男子躯体的健壮之美,也欣赏女子躯体的优柔之美,且其人体美的判断标准与古代"三寸金莲"等截然不同。张先生强烈反对缠足和束胸等有碍人体自然发育的服装行为,他说"缠足是丑,天足为美",并将"束奶帕"痛斥为"反自然,不卫生,与无美术的束奶头勾当"④。

---

① 张竞生:《美治政策》,《张竞生文集(上卷)》,广州出版社1998年版,第184页。
② 陈独秀:《新文化运动是什么》,《新青年》1920年第5期。
③ 佚名:《服饰刍议》,《申报》,1912年1月7日。
④ 张竞生:《美的人生观》,北新书局1925年版,第27页。

他要摒弃"丑"的服装,解放人体:"我们从小孩就被太不合理的衣服所束缚,以致使身体不能从自然去发展,这是文明社会的一种毛病。为救此病,我们男女应当来解放这种束缚。"①张先生的人体美的基本标准是人体健康,自然发育,不受束缚。在此基础上,他又提出了与当代主流人体美思想完全契合的观点:"女子奶部发达为美,束奶至于平胸是丑;臀部宽大是美,窄小为丑;面色光彩为可爱,病态是可憎。"②这种人体美的标准也是张先生判断服装美丑的根本准则,美的服装是"以衣服一部分把身体美丽处衬托出来,最美处是在把全身衬托出来,似乎全身未曾穿衣服一样"③。这种带着浓厚的古典美学意味的服装观念,与丹纳在《艺术哲学》中所描述的古希腊人的服装观极其相似:"衣着对于他们只是一件松松散散的附属品,不拘束身体,可以随心所欲在一刹那之间扔掉。"④不同的是,古希腊人那"松松散散的附属品"在张先生这里是以一种别样的"美"的形态而存在,改良旗袍即为张先生所推崇的美的存在之一。民国以后的改良旗袍打破了原来宽大直身的形制,收省缩腰,开衩去袖,使女子的身形之美得以表现。张先生为其点赞,他说改良旗袍"能够表现出脚腿部与在上面能够表现出胸奶部,而使全身成为一条曲线美"。⑤

如果说我国古代"天人合一"的传统思想是"既包含着人对自然规律的能动地适应、遵循,也意味着人对主宰、命定的被动地顺从、崇拜"⑥,那么传统服装观念中也包含着类似的"衣人合一"的思想。这种"衣人合一"就是对封建等级秩序与礼制不自觉地顺从和崇拜。在这种人-衣关系中,人们穿的是一件"不合身"的衣服。这件衣服的首要功能是为"礼"服务,即以服装作为标识社会等级的符号,其次再去满足遮羞蔽体、保暖御寒的基本功能。各种严格的服饰制度保证了这套体系的实施与沿袭。人们不想也不敢借服装来表现自己。这就是传统的"衣人合一",重衣不重人,人只是寄生于服装。

张竞生试图用"美"去打破这个传统。他在关注人的同时,也关注人的第二皮肤——服装,而在关注服装的时候,又给予它的主人——人体更加充分的关注。张先生肯定了服装于人体保暖御寒的基本功用,同时毅然推翻了以"礼"为核心的服装观念,他说"衣服不是穿来做'礼教'用的""衣服不是如世人所说的'羞耻'用的"。⑦ 他又说"衣服不是为衣服而是与身体拍合一气,然后才是美丽的"。⑧ 这是一种以美为准、以人为重、先人后衣的新型的"衣人合一"的服装思想,是对人-衣关系的全新标注。这样的衣服才是一件合身的衣服。

2. 人-衣关系的改良——纲领与措施兼备

张竞生对人-衣关系的认识并非是抽象的。他将"衣"列为"美的身体的养成"的方法之一。在"美的服装不是为服装,而是为身体"⑨的理念之下,他要通过"美的体育"来建构美的身体,同时也要通过"美的服装"来补充、完善与表现。在其纲领性文献《美的衣食住》中,张竞生主张改易传统服装,并针对人-衣关系的具体问题提出了具体的改良措施。张先生首先以"用力少而收效大"为大纲,进而提出了"最经济、最卫生、最合用、最美趣"四个标准作为"大纲细目"。这是他心目中"美的

---

① 张竞生:《爱的漩涡·美的服装和裸体》,《张竞生文集(下卷)》,广州出版社1998年版,第208-215页。
② 张竞生:《爱与美的信仰和崇拜》,《张竞生文集(上卷)》,广州出版社1998年版,第179页。
③ 张竞生:《爱的漩涡·美的服装和裸体》,《张竞生文集(下卷)》,广州出版社1998年版,第208-215页。
④ [法]丹纳:《艺术哲学》,人民文学出版社1963年版,第277页。
⑤ 张竞生:《爱的漩涡·美的服装和裸体》,《张竞生文集(下卷)》,广州出版社1998年版,第208-215页。
⑥ 李泽厚:《中国古代思想史论》,人民出版社1986年版,第321页。
⑦ 张竞生:《美的人生观》,北新书局1925年版,第17页。
⑧ 张竞生:《爱的漩涡·美的服装和裸体》,《张竞生文集(下卷)》,广州出版社1998年版,第208-215页。
⑨ 同上。

服装"的标准，无意中也建立了近现代服装设计的基本宗旨（至今，服装设计专业的教科书仍以实用、美观、经济作为设计的基本原则）。同时，张先生指出当时国人服装的普遍问题是"不是有碍于身体的发展，便是有碍于美丽的观瞻"。① 具体而言，男子的"长衣马褂，大鼻鞋，尖头帽"展现的是一副"带水拖泥跛步滑头的腐败样子"；女子的"上衣下裙"不适合于其短小的身材，令女子夏天"好似一张皮的影戏人子"，冬天"竟把一个身子变成大冬瓜"；儿童的服装则是"老成人的怪状"，将儿童的活泼与生机"摧残殆尽"。② 针对这些问题，张先生依次提出了具体的改良措施。

针对男装，张先生否定了当时流行的"开领西装"。他主张男子穿"漂亮的学生装"，即"扣领上衣与操裤，冷时加外套""质料精美，颜色鲜明，做得整齐，穿得讲究，保持得洁净"。另外，张先生还主张男鞋的鞋头不可过尖；男帽则采用"略如哥萨克式样或土耳其形"，因为这种形制的帽子可以"衬高我人的矮身材"。经过这样改良的男装，不仅有御寒、方便做事、相对于长袍更节省费用等实用性与经济性，更"能显示出男子汉的仪容，能使穿者有活泼的气象与振作的态度"③，展现着装者积极向上的精神面貌，是真正"人"的服装，达到了张先生的美的标准。

针对童装，张先生以服装与身体发育的密切关系为主要论点，他说："若推而论全部的服装与身体的养成，其（服装与身体姿态的）关系上当然更大。"他认为传统的长衣马褂和中国鞋让小孩"背不免弯斜了，手不免直垂了，行起路来就不免带摆又拐了""其天然直竖的骨骼已不免逐渐为衣服的格式所改变了"。因而，张先生主张"短裤露膝，与宽博的短衣"，因为这样改良能使少年儿童的"生机上有发展的可能"④，既有利于少儿的身体发育，又有利于少儿的个性展现，是美的童装，更是少儿身心发展的保障。

针对女装，张先生主张"参用我国古女装及西洋妇女装的长处而去其短"，改良"女装的不美处"，这是一种参照东西、取长补短的服装设计思想。以此为准，张先生提出了三种"美"的女装款式（图1-2-1）。一为有助于保温与人体发育的"衣裳连合的内衣"。他强调这种服装对人体的保养功能，即"衣裳连合的内衣"要加上"环束腰背的围带"，以"保护腹背的温度又使腹背不膨胀（不是束细腰）及使腰背不弯曲，与支托乳部不下坠"为目的。二为简便且能突出人体美的"改良的中装"。他认为传统中装仍有利用价值，不要因为"新衣既制"而使"旧衣自弃"，⑤而是可以采取"中西合璧"的方案，以西式裁剪法改造传统中装。他强调"袄的做法须要妥帖身体，使骨骼的美处能够表现出去"。妥帖身体是西式服装的基本特征之一，即袖与手臂、衣片与躯干、领与颈等衣服的部件与人体的部位之间建立了一一对应的密切关系。张先生的这个想法与后来旗袍的改良实践不谋而合，改良旗袍正是这样一种"改良的中装"，既采用了收腰、装袖、省道的西式结构，又保留了大襟、开衩、镶滚的中装款式，是用西装的裁剪结构改造中装的范例。三为有利于做事和外出旅行的"简便的洋装"。这是一种直接借鉴方法，但不是盲目的，而是依然遵从简便、经济、美观的标准施行，如先生说"繁重的洋女装，其件数过复杂，其做法过苛求，我们可不必去学他"⑥。此外，张竞生还提出了女帽、女鞋、花辫等多项女子服饰的改良措施，从多方面入手，来打造女装的多样之美。

---

① 张竞生：《美的人生观》，北新书局1925年版，第19页。
② 同上，第22页。
③ 同上，第21页。
④ 同上，第21-22页。
⑤ 杜亚泉：《何为新思想》，《"五四"前后东西文化问题论战文选》，中国社会科学出版社1985年版，第199页。
⑥ 张竞生：《美的人生观》，北新书局1925版，第23页。

(a) 衣裳连合的内衣　　(b) 改良的中装　　(c) 简便的洋装

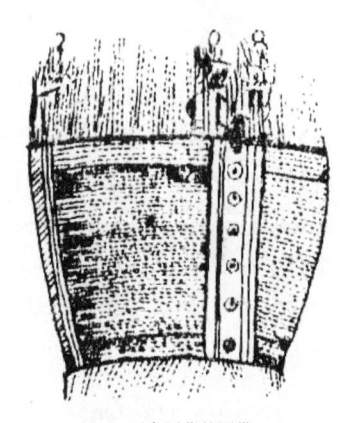

在论述完男装、童装、女装之后，张先生特别单独提出了"内衣与寝衣"的问题。针对当时国人"内衣多是束缚，肮脏，不合用，不好看。寝衣一层竟无其物"的现象，张先生说"内衣比外衣关系更大，因外衣终不如内衣与身体上有许多直接的关系"。① 由于长期以来礼制的束缚，以及宋明理学对"存天理，灭人欲"观念的强调，直至新文化运动后，"中国妇女服饰与身体革命"才开始进行到女性的内衣和胸部。② 顽固的传统观念让这场革命从一开始就充满了阻碍。鲁迅在《忧"天乳"》一文中讽刺道："已经有了'短发犯'了，此外还要增加'天乳犯'，或者，也许还有'天足犯'。"③1925年，张先生在诸多的反对之声中指出中式内衣"误认衣服为礼教之用，又极残忍地把奶部压下的弊病"，并宣传西式内衣"使皮肤免刺激，身体得卫生"的好处（图1-2-2）。他多次强烈提出要废弃危害女性胸部发育的传统内衣，为我国女性内衣的改革打了前锋，也成为

(d) 环束腰背的围带

图1-2-1　张竞生提倡的女装（《美的人生观》，北新书局1925年版）

1927年政府开始全面倡导的"天乳运动"的重要依据与推动力。"至于寝衣，为我们终夜贴身伴侣，其影响与身体尤巨"。在我国传统的服装思想中，不外露的内衣与寝衣难以作为社会等级的标识，故内衣与寝衣便连同"人"一起被忽略。张先生对此不以为然，指出了内衣与寝衣之美的重要性，他说"内衣与寝衣都为自己用的，故内衣与寝衣应该比外衣更加讲究才对"，并主张"内衣与寝衣做得合用，好看，质料又要软柔"。④

---

① 张竞生：《美的人生观》，北新书局1925年版，第23页。
② 吴昊：《中国妇女服饰与身体革命》，东方出版社2008年版，第191-207页。
③ 鲁迅：《忧"天乳"》，《而已集》，北新书局1933年版，第77-81页。
④ 张竞生：《美的人生观》，北新书局1925年版，第30页。

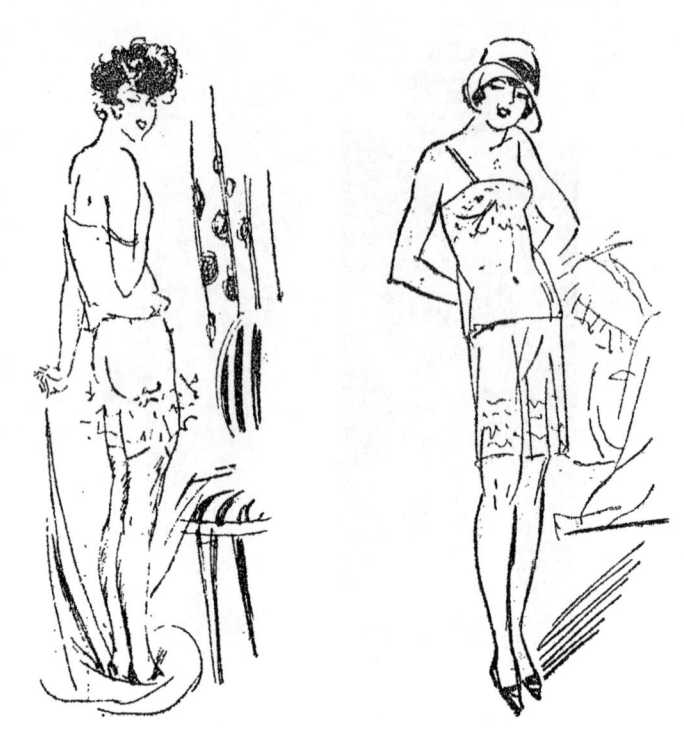

图1-2-2 西式内衣(《北洋画报》,1928年1月21日)

另外,就社会组织层面,基于以人为本的思想,张竞生提出将社会上的事业划分成三大类,分别为男性专事事业、女性专事事业、男性和女性均可从事的事业。如男女分别专事的事业有男女衣服店、男女剪发店等。虽然这种社会分工的观念在如今看来不尽合理,但当时是女性社会活动匮乏的特殊时代,便可知其先进性是在于对"人"的关注,尤其是对女性这个社会群体的生存状态的关注。张先生称女性为"点缀之花",特别强调"一切装饰事业应由女子去铺排,此中第一要紧的为时装女服店",理由是"男子如此代庖,无怪常有极离奇的服装出现。于女子穿着不见得美,而反弄得不合卫生"。① 他所述的"离奇""不见得美"的服装是指有害于女性身心健康的裹脚、束胸等"勾当"。

(三)"美"的实践

张竞生的美学思想不仅具有开创性的理论高度,也具有普遍性的实际意义。他的"美治"体系具有完整的系统性和现实意义,既包括个人人生的建设,也包括社会组织的建设。作为民国初期社会改造的指导思想之一,张先生的思想之所以脱颖而出并产生重要影响,除了得益于当时特殊的社会背景之外,关键还在于先生本人不遗余力地传播这种"美"的思想,并亲自进行"美"的实践。

张先生于1927年在我国近代时尚中心上海开办了美的书店,其名为书店,实为集编辑、出版、发行于一体的文教机构。它是张先生传播"美",引导民众发现"美"的一大阵地。学者张培忠在《文妖与先知》一书中说:"他(张竞生)知道,在这个积贫积弱满目疮痍的老中国,出版乃是当今之急务,因为它是开民智和新民德以至新世界的大事。"② 于是,张先生围绕"美"这个关键词,出版发行了三套系列丛书。先生本人的《美的人生观》第五版与《美的社会组织法》第三版均由美的书店出版,是

---

① 张竞生:《美的社会组织法》,《张竞生文集上卷》,广州出版社1998年版,第148页。
② 张培忠:《文妖与先知》,生活·读书·新知三联书店2008年版,第396-397页。

三套系列丛书的重要组成部分。其中,《美的人生观》一书是先生"美"的思想理论的主要著述成果,也是近代新思想的代表作之一。

据张培忠所述,1928年商务印书馆、中华书局、世界书局三家出版社的出版物之和是1569种,而全国一年的出版物总量是2414种。毗邻商务印书馆和中华书局的美的书店以其特色经营迅速蹿红,生意发展得比一些老店和大店更胜一筹。由此可见,美的书店极大地促进了张竞生"美"的思想的广泛传播,是与先生"美"的思想相得益彰的重要载体。

张先生还在北京女高师演讲时,讲授了他的"美"的服装思想。他畅谈其所主张的女装改良方法,在得知听讲者反映这种女装的加工费很贵后,便亲自查算了一笔账。他"与成衣匠实地谈过",得知其所提倡的女装如若得到普及,价钱会很便宜——"连做费与普通的洋布价在内。若我国的男女装用爱国布做,不过三四元即可得一套外衣服,其用清河呢的当在十元左右已"①,这反映了张先生"由是我们得到一切之美皆是最经济的物,不是如常人所误会的一种奢华品"②的美的经济观,同时也消除了民众的阻碍心理,使"美"的思想能深入人心,使"美"的服装能广泛普及。

张先生之"美"的另一重要实践是任职于广东潮州金山中学时,作为校长,他亲自为该校学生设计校服。采用赤土布质料,童子军式,由上衣一件、短裤一件、布帽一顶、领带一条(领带分四种颜色,每年级一色)组成,另配长袜与半长统帆布鞋,形成了完整的制服套装。"美的服装不妨碍身体发展"③,这套简练、便捷的制服正是先生这种观念的实践成果。过去的私塾没有校服,只有缩小版的成人衣装。孩子们要跑要跳,这些袍袍褂褂皆为束缚。正如"八股取士"是思想的束缚一样,这些衣服也是身体的束缚。这一切在"礼"面前都不是个事,所以千百年来既没有学校,故也没有校服。但近代中国有了学校,且仪容、仪表成为学生身心教育的一部分,于是教哲学的张先生就改行设计服装了。少年强则中国强,他改得值。

(四)"美"的意义

张竞生的"美"是近代百花齐放的思想园地中的一朵奇葩。新文化运动的推动和先生本人为启迪民智的亲身实践,对近代民众建立新的思想观念及进行新的社会实践产生了重要影响。

第一,张先生的"美"集真善美于一体,是近代这一特殊时代背景下破旧立新的产物。这种没有等差的"美",在"鬼治"条件下难以苟活,只有在"法治"的条件下,方能光明正大地存在。所以,是"德先生"为张先生的"美"铺平了道路,使这种别样的"美"能够从无到有、无中生有。

这种别样的"美"亦是张先生个人思想深度的体现。李泽厚认为思想史具有偶然性,有时,整个时代思潮所达到的深度还不及一位思想家。④ 张先生的"美"的思想的"偶然出现",既打破了传统的桎梏,也突破了时代的牵连,指引了现代美学前进的方向。因此,林语堂说"张博士根本是一位具有坚强的意志、丰富的想象力的自由主义学者、思想家,毫无忌惮地击破了旧礼教的最后藩篱"⑤。

第二,张竞生是思想家,也是生活家。他倡导思想的解放,也倡导生活的改良。他构造了一个以"美的衣食住""美的体育""美的职业"等八个项目组成的"美的人生观"系统,并大胆地将"衣食住"列为该系统的基础。"衣"不再与礼教等秩相互关联,而是与人们的实际生活切实关联,把"衣"

---

① 张竞生:《美的人生观》,北新书局1925年版,第31页。
② 张竞生:《美的人生观》,北京大学出版社2010年版,第19页。
③ 张竞生:《爱的漩涡·美的服装和裸体》,《张竞生文集(下卷)》,广州出版社1998年版,第208-215页。
④ 李泽厚:《中国近代思想史论》,《李泽厚十年集(第3卷·中)》,安徽文艺出版社1994年版,第455页。
⑤ 张培忠:《文妖与先知》,生活·读书·新知三联书店2008年版,第396-397页。

从礼的工具回归为人们日常生活实用品的本质,进而在这个层面上进行服装的改良与实践。正如新文化运动的先驱们对"文以载道"的传统文学观念的否定,张先生的服装美是对"衣以载道"的传统服装观念的否定。对此,周作人评价道:"张先生的著作(《美的人生观》)上所最可佩服的是他的大胆,在中国这病理的道学社会里高揭美的衣食住以至娱乐的旗帜。"①

更具体的就是,在人文主义光芒的照耀下,张竞生的服装美被折射为生理的与心理的两个方向。张先生在生理的舒适性构架上提出服装要"为体温""为穿者舒服与快乐",在心理的情感性构架上提出服装"是社交上最要的条件与发生爱情上不可少的要素"。② 这种人本的服装美思想为当时试图摆脱封建礼教的人们提供了一个新的风向标,也提供了一个新的视角,那就是将眼光投向人自身,投向人的衣食住行,在平凡的生活中体验与发现美。

第三,张竞生的"美治"思想与实践是近代"美育"思潮的创造性发展。西学东渐以来,近代民众从学习西方的科学技术到人文艺术,其侧重点从物质文明转向"德先生"与"赛先生"并重并举。在新文化运动的助推下,"美术革命""小说革命"等口号纷纷响起,以蔡元培为代表的"美育"是其中一声高亢的呐喊。在"美育"之声中,与张竞生同为哲学家的蔡先生将音乐、雕刻、图画、文学等文艺形态提升到了前所未有的高度,并将服装作为"贴身的装饰"划入"美育"的范围。张先生的"美治"则是蔡先生的"美育"的更接地气的发展,因为从"美育"到"美治"的跨越,是从思想到社会的跨越。它走出了思想家的"书斋",试图走进"厨夫、东洋车夫及老妈子与听差之辈"的生活,以没有等差的美来塑造没有等差的人的灵魂,与"把自己和革命和无产阶级和劳动人民,紧密地联系在一起"的马克思主义美学相契合。③ 从美学的角度说,"美育"偏向于"为艺术而艺术",而"美治"则偏向于"为人生而艺术",具有对于新文化与新生活的双重启蒙意义。④ 历史证明,"美育"与"美治"同为新文化运动的产儿,是促进社会进步、提升国民素质的有效途径,是近代美学的重要组成部分。

张竞生有中国传统的文化基础,又有长达七年的旅欧经历,最终他的思想更多地倾向于"德先生"与"赛先生"。他为自己改名"竞生",就是源于西学东渐而来的"物竞天择,适者生存"的进化论观点。同时代的思想先驱亦有类似之举,如胡嗣穈改名适之(即胡适),秋瑾改名竞雄。改名是近代思想家们思想变化的直接标志与反映。在这样一种思想基础上,张竞生建立了一个"美的社会"构架,其中,服装被荣耀地列为"美的衣、食、住、交通与坟墓"的首要位置。⑤ 他尤其强调服装的精神享乐意义,否定了衣为"礼"服务的功能,而主张衣为"人"服务的理念。他提出了近现代服装"美趣、经济、合用、卫生"的设计宗旨。他为近代男装、女装与童装都规划了具体的改革方案,有的还在他力所能及的范围内得以实施。

张竞生与蔡元培都是中国近代新文化的伟大倡导者,蔡元培提出了"以美育代宗教"的主张,而"美"的张竞生更像这个主张的践行者。

---

① 张竞生:《序》,《张竞生文集(上卷)》,广州出版社1998年版,第24页。
② 张竞生:《美的人生观》,北新书局1925年版,第32页。
③ 聂振斌:《中国近代美学思想史》,中国社会科学出版社1991年版,第367页。
④ 胡风:《文学与生活》,《胡风评论集(上)》,人民文学出版社1984年版,第268页。
⑤ 张竞生:《美的人生观》,北新书局1925年版,第17—34页。

附："美"的语录

摘自张竞生著、北新书局1925年出版的《美的人生观》。

摘自后世编纂、广州出版社1998年出版的《张竞生文集(上下卷)》中的《美的社会组织法》《浮生漫谈·美的服装》《爱的漩涡·美的服装与裸体》《爱的漩涡·鉴赏的态度》《性育丛书·大奶复兴》等文章。

➢ 美以"用力少而收效大"为大纲，由是我们得到一切之美皆是最经济的物，不是如常人所误会的一种奢华品啊。但美不仅于物质的创造上得到最经济的利益而已。它对于精神上的创造更能得到最刚毅的美德。唯有美，始能使人格高尚，情感热烈，志愿坚忍与宏大。

➢ 就美的性质上说，彼此分子虽无轻重之分别，但就旧系统的排列上说，其次序确有先后之不同。以美的衣食住为生命储力的起始，故列在前头。

➢ 民国改元，仅改了一面国旗和一条辫。其紧要的服装仍然如旧，这个是民国的一大失败。论理，改易心理难，改易外观易。若能把这种病态的丑恶的服装改变，自然可以逐渐推及于精神上的改良。

➢ 凡美与快乐，一边，为他人，一边，更是为自己的。

➢ 因衣服美而使人材美，因人材美而使社会上生出许多你喜我欢的爱情，发展许多热烈的生气。故美的衣服的大用处，不但为体温，不但为穿者舒服与快乐，他是社交上最重要的条件与发生爱情上不可少的要素。

➢ 世无生来的十足美人，全凭如何打扮及表情去养成。中等人材，若肯从事于装饰及讲究风范与表情，则皆可以变成为美人了。

➢ 因为科学能给与人真实的思想与行为，而美学则给与人高尚的观念与欣赏，今后的社会仅有这样的科学与美学和合为一的信仰才能存立。

➢ 爱美是人的天性，只要我们不穿着那些不伦不类的服装，不把时间精力过多地花在衣服的装饰上面，在现有的条件下，我们把自己的服饰打扮得漂亮一些，是完全可以的。人类有爱美的天性。到了社会稍稍文明，物质已有相当的充足，人们就开始讲究美的生活了，而此中，衣着便是最好表示出美丽的外貌。

➢ 美的服装的实在意义，在衬托出穿着者的美貌与神情。

➢ 我所以由美的服装说到美的裸体，因为这其间有互相关系的。无论衣服是为御寒与美观，都是为身体的。

➢ 女子穿衣不是为衣服的繁华，而是在使衣服与她的身体合成一气表现出来。这就是美的服装的标准。

➢ 我无穷地，希望群众视束奶比视缠脚更为变态，更不卫生，更丑恶的举动，努力去改正它，而为我国与人类涤除这个不人道的耻辱！

张爱玲
1920—1995，河北唐山人

身　　份：作家、文学家。

简　　历：张爱玲原名张煐，祖父为清末名臣张佩纶，祖母为李鸿章的长女。1924年，开始接受私塾教育。1930年，入黄氏小学读六年级，并改名张爱玲。1931年至1937年，张爱玲就读于上海圣玛利亚女校，开始发表文章，并显示出绘画天分。1938年，张爱玲持伦敦大学成绩单改入香港大学文科。但港大因1941年年底发生的珍珠港事件而停课，张爱玲的学业受阻，返回上海入圣约翰大学，后因专事写作而辍学。此后，频繁在各大报纸、期刊上发表小说、散文，并从事剧本写作。1955年，张爱玲赴美，从此开始走向人生及写作的相对低潮时期。

成　　就：著述等身；因其优秀的创作及独特的个性在20世纪40年代红极一时；其传奇之名在沉寂了几十年后，又于20世纪80年代开始重新风靡，形成"张爱玲热"和一大批"张迷"，并至今经久不衰；《金锁记》《倾城之恋》《半生缘》《红玫瑰与白玫瑰》《色戒》等作品被改编为影视剧；著名文学评论家夏志清评价道："对于一个研究现代中国文学的人来说，张爱玲该是今日中国最优秀最重要的作家。"

专业成就：于德国人创办的英文期刊《二十世纪》上发表 Chinese Life and Fashions（1943年1月），后由张爱玲本人翻译为中文并发表于《古今》杂志上，即其服装名作《更衣记》（1943年12月），且于次年与其他文章集结为散文集《流言》由中国科学公司出版；以服装为主要内容之一的散文《童言无忌》（1944年5月）；小说作品中不乏对人物服装的描写；绘有许多服装插画作品；本人着装的风格化，人称"张爱玲式""奇装炫人的张爱玲"；为自己设计服装，同时与好友炎樱及其妹妹合作从事商业性服装设计。

■ "摩登另类"的张爱玲

"摩登"本身就是一个摩登的词汇,它随近代西风东渐而来,在20世纪三四十年代红遍上海滩,也红遍大江南北,正如当时红极一时的张爱玲。有人说"妆饰得像花枝般的女子,永远是时代的落伍者"①。但张爱玲绝不同于当时"为了出风头而标新立异"的摩登女郎,她突出的摩登形象所反映的是对个性解放、个人独立与自由的追求,她是摩登中的另类。②

张爱玲在很小的时候就渴望"十岁我要穿高跟鞋",把因为突然长高而不能穿的新衣服视为"终身的遗憾"。③ 她对服装的浓厚兴趣仿佛是与生俱来的,她的摩登另类颇像一种本能,但同时也离不开后天环境的影响。

首先,她生于民国,成长于新文化运动发起之后的"二十世纪中国公民自由空间最大的年代",虽然"修身治国"依然是时代的最强音,但时代的巨轮已碾碎人臣服于封建服制的强制型人-衣关系,这让痴迷于服装的张爱玲可以宛如一个不知亡国恨的"商女",以"奇装"展现个性、独立与自由。④ 其次,张爱玲所生活的上海与香港不论是在今天还是当时,都是无可争议的时尚之都,来自国际的服装资讯常以沪港为中心向外辐射。

除了社会的相对自由与服装资讯丰富的大环境的作用,张爱玲还受其酷爱做衣服的母亲的影响。有其母必有其女,张爱玲那踏着"三寸金莲"横跨了两个时代的母亲本身也是近代的摩登典范,她不仅"出走"到欧洲游学,在国外时还"想学会裁制皮革,自己做手袋销售"。⑤ 张爱玲自小就穿"外国衣服",因为母亲"自己学做洋裁,也常见她车衣"。⑥ 另外,张爱玲在香港大学读书时遇到了一位同样热爱服装的挚友炎樱(今斯里兰卡人),两人在服装上的一拍即合拓宽了张爱玲的摩登另类之路。

摩登另类的张爱玲在近代服装史中自成一派,作为前无古人的服装教主,她从理论与实践两个方面诠释了什么是摩登,什么是另类。

(一) 摩登另类的服装理念

1. 服装是商品,更是艺术品

"布衣菜饭,可乐终生"⑦。对于古人而言,"布衣"是人们可以自给自足的实用品,等级分明的"华服"则是象征权位的奢侈品。对于近代的"新人"而言,服装已跨出自给自足的领域而成为了商品。对于张爱玲而言,视服装为商品是她的摩登,视服装为艺术品是她的另类。

从小的层面看,把服装作为商品的观念逐渐成为近代民众的普遍共识。服装可以盈利且颇具经济价值,故围绕服装行业响起的"实业救国"的呼声此起彼伏。张爱玲不是"实业救国"的中坚力

---

① 《女性的爱美是不是妇运前途的阻力》,《女子月刊》1934年第10期。
② 陈蝶生:《真正摩登》,《三六九画报》1942年卷第16期。
③ 张爱玲:《童言无忌》,《天地》1944年第7-8期。
④ 袁伟时:《告别中世纪》,广东人民出版社2004年版,第6页。
⑤ 张爱玲:《对照记》,花城出版社1997年版,第17页。
⑥ 同上。
⑦ [清]沈复:《浮生六记》,江西人民出版社1980年版,第11页。

量,但她会"省下几百元"去买"今年老是没有销路的乔其绒"作为囤货,以期它们不久后"入时"了,再送到"寄售店"里去卖,赚取差价。①

从大的层面看,张爱玲剖析了我国的时装行业,她认为我国的时装行业不是一种"有计划有组织的实业",缺少真正意义上的服装设计师,有的只是"没主张"的裁缝。当时的服装潮流皆远渡重洋而来,国内的时装行业则尾随西风吹来的"新装"。巴黎的时装行业则较为成熟,有"几个规模宏大的时装公司,如 Lelong's Schiaparellis,垄断一切,影响及整个白种人的世界"②,行业才是潮流的风向标。张爱玲的分析十分准确,我们的时装行业一直在向西方看齐,很多"裁缝"已经意识到并正在往服装行业的领军地位"设计师"的目标努力,只有这样,才能化被动为主动,引领潮流,掌控市场,最大程度地实现服装的商品意义。

服装不仅是具有经济实用性的商品,更是具有审美装饰性的艺术品。所以,张爱玲对于为经济考虑而放到寄售店里的乔其绒所怀的是"又希望卖不掉,可以自己留下它"③的心情。服装与人息息相关,是艺术,且是人文艺术。在张爱玲眼中,生活本身就是一场艺术盛宴,而服装是她尤其享受的一部分。她想象把我国世代相传的服装拿出来一起晾晒的场景:"你在竹竿与竹竿之间走过,两边拦着绫罗绸缎的墙——那是埋在地底下的古代宫室里发掘出来的甬道。"④不禁让人觉得自己置身于艺术气息浓厚的服装博物馆中。张爱玲不仅关注服装面料、色彩及造型的艺术,同时还提倡摩登另类的审美与艺术追求。

张爱玲关注服装面料的艺术。她自幼学习绘画,这让她对服装面料的图案尤为关注。她喜欢"日本花布",因为"一件就是一幅图画";她会叹息衣料店里的衣料被卷起来而不能随便"参观";她在把喜欢的衣料交给裁缝做成衣服之前,还会"几次三番拿出来鉴赏",感受衣料的美,享受精神的愉悦。她认为裁剪复杂的和服会破坏服装图案的艺术感,使"衣料上宽绰些的图案往往被埋没了",不如旗袍"线条简单,予人的印象较为明断",可以较完满地展现服装面料图案的艺术之美。⑤ 另外,她还倾心于花团锦簇的"广东土布",穿着这种面料所做的服装让她觉得自己"仿佛穿着博物院的名画到处走,遍体森森然飘飘欲仙"。⑥ 如此另类的感受,绝非视服装为俗物的普通人所能体会的。

张爱玲关注服装色彩的艺术。正如她自己所述,她对色彩是"极为敏感"的,对服装色彩亦如是。⑦ 她提倡服装配色的形式美。"中国人新从西洋学到了对照与和谐两条规矩",张爱玲认为服装色彩过于强烈的"对照",即对比色在服装上的应用,会使服装"像圣诞树似的,缺少回味",而"和谐"的服装色彩,应注意相同色相之间的明度与纯度的差别,因为"两种不同的绿,其冲突倾轧是非常显著的"。⑧ 张爱玲的挚友炎樱曾写过一篇《女装,女色》,由张爱玲翻译并发表在 1945 年刊行的《天地》杂志《衣食住》特辑上。这位被张爱玲视为服装专家的挚友对服装色彩艺术也颇有见地,她强调说"任何颜色都有许多不同的深浅调子,就连芥末黄,我们也不难找到一种与我们个性吻合,相得益彰的"。这句话讲了两个道理:第一,色相可因纯度与明度变化形成不同的色调;第二,色调的

---

① 张爱玲:《童言无忌》,《天地》1944 年第 7-8 期。
② 张爱玲:《更衣记》,《古今》1943 年第 36 期。
③ 张爱玲:《童言无忌》,《天地》1944 年第 7-8 期。
④ 张爱玲:《更衣记》,《古今》1943 年第 36 期。
⑤ 张爱玲:《童言无忌》,《天地》1944 年第 7-8 期。
⑥ 张爱玲:《对照记》,花城出版社 1997 年版,第 52 页。
⑦ 张爱玲:《天才梦》,《西风(上海)》1940 年第 48 期。
⑧ 张爱玲:《童言无忌》,《天地》1944 年第 7-8 期。

关键是看其能否彰显着装者的外貌与个性,因为"衣服是为人做的,人不是为衣服做的呀"。[1]

张爱玲关注服装造型的艺术。从服装造型的"点"(如绣花、纽扣),到"线"(如服装上的"三镶三滚""五镶五滚"),到"面"(如领、袖),再到由这些造型元素组成的服装的整体之美,张爱玲都一一给予关注并有自己的审美哲学。[2] 她曾给自己设计了一件令许多人叹为观止、笑个不停的"怪装":"橘黄色缎子旗袍,下面却又生着宽紧带收紧,中间放一只大圆圈的藤圈,真像个大灯笼。"[3] 就像当今许多人在看服装艺术设计展时所感慨的"艺术家的世界,我们不懂",张爱玲对服装造型摩登另类的追求,在服装艺术思想远未普及的近代无疑更令人费解。

2. 服装"自私"主义

有人对张爱玲的评价是"非常自私"。张爱玲的这种"自私"在某种意义上是近代人道主义精神的反映。人道主义的"人"强调的是一个一个的人,这是人的个性存在的理论基础,也是服装个性存在的理论基础,尽管这在张爱玲的时代显得有些"触目"。[4]

张爱玲的服装"自私"主义是对个性解放的追求。她喜欢穿能"忠实地将人体轮廓曲曲勾出"的旗袍和张爱玲式的"奇装异服"。[5] 她说:"对于不会说话的人,衣服是一种言语,随身带着的一种袖珍戏剧。"[6] 服装是人们展现自己的方式,是一种视觉语言。所谓衣如其人,不用说话,通过专属的着装风格便能从一定程度上展现个性。根据个性不同而"各服其服",便能成一部"各饰其角"的人生戏剧。张爱玲用"奇装异服"的戏剧装扮展现了她的个性,反映了她坚持服装为塑造人的个性服务的"自私"主义。这正如炎樱所言,"人们尽管赞扬女子的文静,总没有哪个女人情愿做墙壁的一部分,或是家具的一部分"。[7]

张爱玲的服装"自私"主义是对"个人独立与自由"的追求。[8] 作为在新文化运动科学与民主的旗帜下长大的新女性,张爱玲有强烈的独立意识和自由观念。但她不同于同时代积极参与女权运动的新女性,她们刻意强调"不装饰",抑制爱美的天性,以便"不做男子的玩物",获取自己的存在感。[9] 相反,在张爱玲眼里,靠自己的经济能力随性选择并穿着自己喜欢的服装,恰恰凸显了人的独立和自由。她说"我们各人住在各人的衣服里",作为独立的个体,每个人都可以自由地选择自己的服装。[10] 她的自由是"照自己所喜欢的去做,当然也不规避会随之而来的后果"。[11] 她穿着她喜欢的服装,"完全不管别人的观感",不取悦任何人,亦不服从任何约定俗成的戒律,任凭别人品头论足。[12] 她的自由是不妨碍他人的自由,当她看到"米色绿方格的兔子呢制了太紧的袍,脚上穿着女式红绿条纹短袜"的"怪装"男青年时,她说"乍一看觉得可笑,然而为什么不呢,如果他喜欢"。[13] 张爱玲并非立意要"奇装异服",只是她信仰的自由让她在择衣时完全遵循"她喜欢"的"自私"主义原则。所以,"奇装异服"是张爱玲的摩登,"衣不载道"是张爱玲的另类。

---

[1] 炎樱:《女装,女色》,《天地》1945年第20期。
[2] 张爱玲:《更衣记》,《古今》1943年第36期。
[3] 王一心:《深艳艺术的张爱玲》,陕西人民出版社2007年版,第162页。
[4] 张爱玲:《更衣记》,《古今》1943年第36期。
[5] 同上。
[6] 张爱玲:《童言无忌》,《天地》1944年第7-8期。
[7] 炎樱:《女装,女色》,《天地》1945年第20期。
[8] 李泽厚:《中国古代思想史论》,人民出版社1986年版,第173页。
[9] 陈迹:《不要做摩登玩物》,《玲珑》1933年第95期。
[10] 张爱玲:《更衣记》,《古今》1943年第36期。
[11] [英]约翰·密尔:《论自由》,商务印书馆1959年版,第14页。
[12] 张爱玲:《对照记》,花城出版社1997年版,第52页。
[13] 张爱玲:《更衣记》,《古今》1943年第36期。

3. "温旧求新"的服装思想

张爱玲提倡时装,主张服装创新。但她不同于同时代盲目追赶潮流、对"新装"趋之若鹜的女子。她爱看"巴黎时装报告",却视其为"俗物"。① 1945年,《杂志》上刊登了一组漫画,刻画了当时上海当红女作家张爱玲、苏青、潘柳黛三人的形象。张爱玲的漫画形象题名为"'奇装炫人'的张爱玲",卡通张爱玲穿着复古纹样的短袍,手里抱着一本Vogue杂志,十分生动有趣(图1-3-1)。只是漫画的作者不知是否知道,张爱玲关注潮流并不是为了追潮流,而是为了与潮流划清界限,如她本人所言:"像一切潮流一样,我永远是在外面的。"②或者是为了更理性地掌控潮流,如她理性的判断:"今日的上海,女人的时装翻不出什么新花样来,势必向五年前的回忆里去寻找灵感。"③

图1-3-1 "奇装炫人"的张爱玲(《杂志》1945年第2期)

张爱玲有着摩登而另类的"求新"思想,但同时她又有极其另类的"恋旧"情怀。"热衷于中国事物"④的她,不是如众人般回到短短的"五年前",而是追溯到被当时的许多人视为保守的"前清"及其后的时期。她研究了清朝以来的服装文化,著成《更衣记》一文。首先,从清朝长期"形式化"的服装说起。在清王朝"三百年的统治下,女人竟没有什么时装可言!"一语道出旧服的不变之道。再一句"她的本身是不存在的,不过是一个衣架子罢了",又道出古代服装不变的本质。张爱玲详细地描写了清朝层层叠加、穿着方式复杂、服装礼仪苛刻的服装现象,如女裙的颜色规定"逢着喜庆年节,太太穿红的,姨太太穿粉红。寡妇系黑裙,可是丈夫过世多年之后,如有公婆在堂,她可以穿湖色或雪青"。皮衣的穿用原则是"初冬穿'小毛',如青种羊、紫羔、珠羔;然后穿'中毛',如银鼠、灰鼠、灰脊、狐腿、甘肩、倭刀;隆冬穿'大毛'——白狐、青狐、西狐、玄狐、紫貂。'有功名'的人方能穿貂"。然后,张爱玲说到清朝服饰的"第一个严重的变化",即"在光绪三十二三年",因为"火车开始在中国人的生活里占一重要位置。诸大商港的时新款式迅速地传入内地",于是"衣裤渐渐缩小,'阑干'与阔滚条过了时,单剩下一条极窄的。扁的是'韭菜边',圆的是'灯果边'"。接着,到了民国,从民国初年的"领口挖成圆形,方形,鸡心形,金刚钻形""白丝袜脚跟上的黑绣花"等,写到20世纪30年代"喇叭管袖子开始缩小""袖长及肘""袍衩开到大腿上""裤脚上闪着银色花边"等,再到"改用盘花纽扣来代替,不久连纽扣也被捐弃了,改用嵌纽",等等。张爱玲对传统及过去的服装的细节进行了详细而具体的描述。⑤ 张爱玲对旧服的描述不是浮于服装形制的表面,而是联系相应的历史环境与社会背景,剖析服装变化的内在原因。写到民国"全国妇女突然一致采用旗袍"的现象时,张爱玲认为"是因为女子蓄意要模仿男子""她们初受西方文化的熏陶,醉心于男女平权之说,可是四周的实际情形与理想相差太远了,羞愤之下,她们排斥女性化的一切,恨不得将女人的根性斩尽杀绝"。⑥ 这里略微展开一下:20世纪初,中国男子主要着袍,女子主

---

① 张爱玲:《天才梦》,《西风(上海)》1940年第48期。
② 张爱玲:《忆胡适之》,《私语:张爱玲散文集》,花城出版社1990年版,第80页。
③ 张爱玲:《童言无忌》,《天地》1944年第7-8期。
④ 张爱玲:《张爱玲的英文自白》,《记忆张爱玲》,山东画报出版社2006年版,第192页。
⑤ 张爱玲:《更衣记》,《古今》1943年第36期。
⑥ 同上。

要着上袄下裙,故有"三绺梳头,两截穿衣"一说,而女子着袍后以为女同男一样都是"一截穿衣"了,于是就男女平权了。但张爱玲穿旗袍似乎与此无关,因为直到解放后,她依然不改她本性的"自私","还是显得很突出"地穿着改良旗袍,不管它是否象征男女平权,还是象征别的什么。①

张爱玲曾说"为要证明自己的存在,抓住一点真实的,最基本的东西,不能不求助于古老的记忆,人类在一切时代之中生活过的记忆。这比了望将来要明晰,亲切"。②她的"温旧求新"是回望历史,从传统与民俗等旧文化中寻找灵感,进行创新与设计。她否定了当时国人认为古人不懂得配色的看法,她说:"古人的对照不是绝对的,而是参差的对照,譬如说:宝蓝配苹果绿,松花色配大红,葱绿配桃红。我们已经忘记了从前所知道的。"③她会穿一身"拟古式齐膝的夹袄"④,穿"前清老样子的绣花袄裤"⑤(图1-3-2),设计出"喇叭袖唐装单衫"⑥。她会用祖母的被套做衣服。她视"乡下也有婴儿穿的"这样的衣料为"劫后的民间艺术",并乐于用这类衣料做衣服。张爱玲的舅舅曾翻箱倒柜找出一件"大镶大滚宽大的皮袄",叫张爱玲拆掉面子,用里子做皮大衣以便保暖护体。张爱玲如获至宝,心里想的是"我怎么舍得割裂这件古董"⑦。可见张爱玲做"非遗"比冯骥才更早。

图1-3-2 张爱玲的"清装行头"(《对照记》,花城出版社1997年版)

(二) 摩登另类的服装实践

张爱玲说自己是"Clothes-crazy(衣服狂)"⑧。确实,她对衣服的迷恋几近成狂,异常敏感。弹奏钢琴时,她会想象"那八个音符有不同的个性,穿戴了鲜艳的衣帽携手舞蹈"⑨;第一次看到大张的紫菜时,她感觉像"大波纹暗花的丝绸"的紫菜是"中国人的杰作"⑩;谈到生活的艺术、生命的欢悦时,她说"生命是一袭华美的袍"⑪。张爱玲所想之物离不开服装,所见之事亦处处留心服装。看京剧时,坐在第一排"欣赏那青罗战袍,飘开来,露出红里子,玉色裤管里露出玫瑰紫里子"⑫;看《金瓶梅》时,关注的是宋慧莲"穿着大红袄,却借了条紫裙子穿着"⑬的有违色彩原理的服装搭配。张爱玲所做之事更爱以服装为主角,服装是她人生实践的重要组成部分。

---

① 柯灵:《遥寄张爱玲》,《柯灵散文选集》,百花文艺出版社1993年版,第197页。
② 张爱玲:《自己的文章》,《私语:张爱玲散文集》,花城出版社1990年版,第302页。
③ 张爱玲:《童言无忌》,《天地》1944年第7-8期。
④ 柯灵:《遥寄张爱玲》,《柯灵散文选集》,百花文艺出版社1993年版,第195页。
⑤ 张子静:《怀念我的姊姊张爱玲》,《记忆张爱玲》,山东画报出版社2006年版,第18页。
⑥ 张爱玲:《对照记》,花城出版社1997年版,第67页。
⑦ 同上,第52、58页。
⑧ 同上,第26页。
⑨ 张爱玲:《天才梦》,《西风(上海)》1940年第48期。
⑩ 张爱玲:《谈吃与画饼充饥》,《张爱玲散文集》,内蒙古文化出版社1995年版,第447页。
⑪ 张爱玲:《天才梦》,《西风(上海)》1940年第48期。
⑫ 张爱玲:《洋人看京戏及其他》,《流言》,大楚报社1945年版,第109-110页。
⑬ 张爱玲:《童言无忌》,《天地》1944年第7-8期。

张爱玲是一位服装设计师。她留心各式面料,"一有钱就去买布"①,不仅为自己设计"清装行头""灯笼服"等各式创新服装,还和炎樱及其妹妹合办时装店,针对不同的人,进行服装与个人造型的设计,其设计项目包括大衣、旗袍、背心、袄裤、西式衣裙。用张爱玲的话说,这个时装店"其实也不是店——不过替人出主意"②。她们的时装店不仅在《天地》杂志上打"硬广告"③,而且此时已成名的张爱玲还专门写了一篇《炎樱衣谱》,其中描述了她们店中设计出品的多套服装,如有"双大襟,周身略无镶滚。桃红缎的直脚纽,较普通的放大,长三寸左右,领口钉一只,下面另加一只作十字形。双襟的两端各钉一只,向内斜。四只纽扣虚虚组成三角形的图案,使人的下颌显得尖"的墨绿色旗袍。④ 称职的股东张爱玲还在每件推荐款的后面一一附上店名、电话及工作时间,可谓是一篇实实在在的广告软文。

图 1-3-3 《更衣记》英文版(《二十世纪》1943 年第 1 期)

张爱玲也是一位服装插画师。她的插画作品数量丰富且细节描绘精巧。《红玫瑰与白玫瑰》《金锁记》《茉莉香片》等,均附有服装插画,如《红玫瑰与白玫瑰》中的插画《烟鹂的鞋》。《更衣记》中亦有其亲手绘制的附图,并附注文字说明(图 1-3-3)。《倾城之恋》中的服装插图上,卷草纹样的服装图案及服装腰部的细节设计兼具古典与现代之美,让人对服装的全貌充满期待(图 1-3-4)。1944 年,张爱玲执笔为《杂志》画过扉页插图(图 1-3-5)。这些插图作品多以女性服装人物为主角,她们有的身着印花露背泳装;有的身着低开衩中袖过膝旗袍;还有的戴着宽檐帽,打着领带,穿着很有范儿的饿驳领收腰西装。

张爱玲还是一位服装学者。她在其文学作品中根据不同的社会背景和人物角色设计了各种各样的服装。现代作家陶方宣所著《霓裳·张爱玲》一书以张爱玲作品中的服装为切入点,具体地描绘了七十种张爱玲所述的服装。张爱玲不仅将服装作为其文学作品中不可或缺的组成部分,还以服装为研究

---

① 陈子善:《记忆张爱玲》,山东画报出版社 2006 年版,第 221 页。
② 张爱玲:《炎樱衣谱》,《旧闻新知张爱玲》,华东师范大学出版社 2009 年版,第 46-47 页。
③ 佚名:《炎樱姐妹与张爱玲合办》,《天地》1945 年第 19 期。
④ 张爱玲:《炎樱衣谱》,《旧闻新知张爱玲》,华东师范大学出版社 2009 年版,第 46-47 页。

图 1-3-4 《倾城之恋》中的服装插图(《杂志》1943 年第 1 期)

图 1-3-5 《杂志》扉页:"四月的暖和"(《杂志》1944 年第 2 期)

对象著述专文。其中,最知名且最具影响力的莫过于《更衣记》,堪称是一篇内容学术、散文笔触的"准论文"。《更衣记》原文为英文,名为 Chinese Life and Fashions,后由张爱玲自行翻译,重新刊登于《古今》杂志上。文章对清朝及民国服装形制与行业做了具体描述和剖析,对服装史的运行规律进行了探讨,于近现代及未来的服装工作者在服饰文化研究等方面提供了重要的借鉴和参考。

张爱玲是摩登而另类的,她对服装艺术的认识,她的"自私",以及她"温旧求新"的服装理念,立足于当时的时代背景,同时又超越了同时代诸多服装观念。有人说"张爱玲没有真正创造过什么时装,可是我们把稍为突出一点的服式,都管它叫'张爱玲式'"。① 这句话点破了"张爱玲式"的真正内涵,即无论何种背景,都追求一种绝对意义的突出,不能容忍平庸。它不像 Chanel Style 那样是指某些具体的样式,而是包含着一种特立独行的气质,包含着一种超越时代的唯我与唯美。所以,"张爱玲式"亦大可名列为一种经典的服装哲学。

张爱玲的服装哲学不好学。且看当代,就服装艺术之道而言,商业的过多入侵,以及服装本身作为生活必需品和日趋成为快速消费品的特质,让服装创作更多的是基于经济利益的最大化,而非基于对艺术的精神追求,这样要形成唯美的经典就不容易了。张爱玲可谓潮人的鼻祖,但她的"潮"绝不是无聊的哗众取宠。她的"潮"反映的是对个性解放、个人独立与自由的追求,这种"突出"比为了突出而突出要高尚得多。总之,张爱玲的摩登另类不仅超越了她所生活的时代,在当今也依然"触目"。但目前我们还是一如既往地"不赞成太触目",所以要想真正的"自私",无疑需要有张爱玲般强大的内心。

---

① 李君维:《张爱玲的风气》,《1949 年前张爱玲评说》,山东画报出版社 2004 年版,第 54 页。

附:"摩登另类"的语录

摘自张爱玲《童言无忌》,刊载于《天地》1944 年第 7-8 期;《更衣记》,刊载于《古今》1943 年第 36 期。

摘自后世编撰、花城出版社 1990 年出版的《私语:张爱玲散文集》中的《我看苏青》;华东师范大学出版社 2009 年出版的《旧闻新知张爱玲》中的《炎樱衣谱》。

➢ 我最初的回忆之一是我母亲立在镜子跟前,在绿短袄上别上翡翠胸针,我在旁边仰脸看着,羡慕万分,自己简直等不及长大。

➢ 张恨水的理想可以代表一般人的理想。他喜欢一个女人清清爽爽穿件蓝布罩衫,于罩衫下微微露出红绸旗袍,天真老实中带点诱惑性,我没有资格进他的小说,也没有这志愿。

➢ 有时候又嫌日子过得太快了,突然长高了一大截子,新做的外国衣服,葱绿织锦的,一次也没有上身,已经不能穿了。以后一想到那件衣服便伤心,认为是终身的遗憾。

➢ 对于不会说话的人,衣服是一种言语,随身带着的一种袖珍戏剧。

➢ 她(继母)替我做了顶时髦的青丝绒的短袄长裙,向我说:"看我待你多好!你母亲给你们做衣服,总是拿旧的东拼西凑,哪儿舍得用整幅的丝绒?你喜欢我还是喜欢你母亲?"我说:"喜欢你。"因为这次并没有说谎,想起来更觉耿耿于心了。

➢ 我们不大能够想象过去的世界,这么迂缓,安静,齐整——在清王朝(原文为"满清"——作者注)三百年的统治下,女人竟没有什么时装可言!一代又一代的人穿着同样的衣服而不觉得厌烦。

➢ 削肩、细腰,平胸,薄而小的标准美女在这一层层衣衫的重压下失踪了。她的本身是不存在的,不过是一个衣架子罢了。中国人不赞成太触目的女人。

➢ 女人要想出众一点,连这样堂而皇之的途径都有人反对,何况奇装异服,自然那更是伤风败俗了。

➢ 古中国的时装设计家似乎不知道,一个女人到底不是大观园。太多的堆砌使兴趣不能集中。我们的时装的历史,一言以蔽之,就是这些点缀品的逐渐减去。

➢ 时装的日新月异并不一定表现活泼的精神与新颖的思想。恰巧相反。它可以代表呆滞;由于其他活动范围内的失败,所有的创造力都流入衣服的区域里去。

➢ 在政治混乱期间,人们没有能力改良他们的生活情形。他们只能够创造他们贴身的环境——那就是衣服。我们各人住在各人的衣服里。

➢ 究竟谁是时装的首创者,很难证明,因为中国人素不尊重版权,而且作者也不甚介意,既然抄袭是最隆重的赞美。

➢ 目前中国人的西装,固然是谨严而黯淡,遵守西洋绅士的成规,即使中装也长年地在灰色、咖啡色、深青里面打滚,质地与图案也极单调。男子的生活比女子自由得多,然而单凭这一件不自由,我就不愿意做一个男子。

➢ 我有一件蓝绿的薄棉袍,已经穿得很旧,袖口都泛了色了,今年拿出来,才上身,又脱下来,惟其因为就快坏了,更是看中它,总要等再有一件同样的颜色的,才舍得穿。

➢ 我不知道为什么,对于现实表示不满,普通都认为是革命的、好的态度;只有对于现在流行的衣服式样表示不满,却要被斥为奇装异服。

黄觉寺
1901—1988，上海青浦人

身　　份：画家、艺术家、散文家。

简　　历：1913 年，入江苏省吴江县县中。1922 年，入苏州暑期画图学校，同年 9 月入苏州美术专科学校。1924 年，于苏州美术专科学校毕业并留校任教，担任该校 1928 年所创办的校刊《沧浪美》的编辑。1935 年，赴法国学习深造，并据此经历著成系列散文《欧游漫笔》。回国后，继续于苏州美术专科学校就职。1947 年，兼任上海《艺术》月刊主笔。中华人民共和国成立后，兼任苏州公立文化教育学院教授，苏州市文物保管委员会委员。

成　　就：1942 年，在沪联合当地作家办《艺术》月刊；曾于上海、江苏等地多次举办画展；曾发表系列散文《今画禅室杂记》《欧游漫笔》等；著有《素描画述要》《欧洲名画采访录》等专著。

专业成就：1941 年，在《永安月刊》上连续发表《谈美》；1942 年发表《谈谈美容》《今画禅室杂记·露耳》；1943 年，再次于《永安月刊》上连续发表《女性与装饰》《关于动作的美》等，其中均含有丰富的服装美学思想。

黄觉寺的"人-衣艺术"

近代是一个革命的时代,政治家提倡民主革命,思想家提倡文学革命,艺术家则提倡艺术革命。黄觉寺作为艺术革命队伍中的一员,他提出要"在艺术的基地上培养'人'的艺术;发挥'人的意义';同时反映着这个时代的特征"①。这个时代是一个"发现人"的时代,"人"从传统的被动的"衣架子"里走了出来,服装开始由"政治的艺术"向"人的艺术"发生角色转化。于是,黄觉寺主张以人为中心的"人-衣艺术",他以服装为切入点谈到人体美,又从人体美回到服装美,同时提出了"人-衣艺术"的形式美法则,指引"人-衣艺术"走向科学与现代化之路(图1-4-1)。

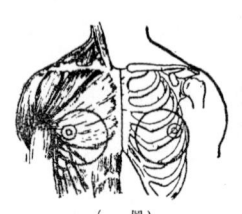

图1-4-1 《谈美》原稿局部(《永安月刊》1941年第30期)

---

① 黄觉寺:《在艺术的基地上培养"人"的艺术》,《美术界》1939年第1期。

（一）从服装出发——人体美

服装为人而存在，与人体紧密相关。站在艺术的角度，黄觉寺先生从人类的穿衣目的出发，开始探讨人体美的艺术。人类穿衣的动机主要出于生理和心理两个方面，生理方面以保暖御寒等护体为目的，心理方面包括以遮羞为目的、以装饰为目的、以异性吸引为目的等。黄先生首先否定了穿衣是为了遮羞的观点，"原始时代大家都赤裸着操作，正不知羞耻为何物""有的民族，羞耻的部分在一双手；有的民族，羞耻的部分却在足部"。① 继而，他又对保暖御寒是穿衣目的这一观点提出异议，"在天气最是严寒的时候，正是一般爱时髦的姑娘们穿得最单薄的时候；同样地在大热的季节，倒有些围着狐狸皮的项巾"②。在此基础上，黄先生提出穿衣的根本目的是源于人类对自身装饰与美化的追求，其中包括为增加异性吸引力而进行装饰美化。他将达尔文在太平洋的一些岛屿上所做的人类学调查作为例证，"达尔文把一些红的绿的布片，分给野蛮民族，意思是叫他们披在身上，当作衣服穿，他们却把布片撕成许多细条，挂在身上，做了装饰品"，说明"赤裸的诱惑力，远不如半遮半露的来得够味。歌德说得好，当我们看到一双美鞋时，便会喝彩着怎样美丽的一双足啊！见到美人的腰带，便会渴羡着那可爱的细腰"③。黄先生对以装饰美化个人为目的的服装动机加以强调，同时也对人体之美加以强调，从根本上揭示了人们追求服装美与人体美的心理动因，且完全符合马克思关于"人也按照美的规律来塑造"的论断，由此推翻了我国古代服装遮羞蔽体、服从礼制的旧观念，翻开了美的新篇章。

何谓人体美？黄觉寺提出了一个广义的解释："只要是健全的一个人，没有不美的，而且这种美倒是自然的美，并不是故意造做出来的。"④"健全"和"自然"是黄先生为人体美所设定的基本标准，这与古代"行动如弱柳扶风"的林妹妹式之美及小脚崇拜赫然对立。立足于上述基本标准，黄先生又具体地阐述了人体美的标准细则。这个标准细则充满了科学与现代化气息。

首先，黄先生认为一个"标准美的体格"关系身高和体重，"增之一分"或"减之一分"都失之完美。他认为我国传统美的标准显得"太是含糊不明"⑤。古代中国有一种"难得糊涂"的哲学，而在服装上不仅是"难得糊涂"，简直就是糊涂。这种糊涂一方面是因为宽袍大袖不需要清晰明确的量体数据，另一方面则是因为人们骨子里的服装礼制观念还未受到现代服装观念的洗礼。于是，黄先生拿起思想的利器，大胆地将人体进行"解剖"，将不可轻易触碰的"身体发肤"划分成颈部、胸部、腰部、臀部等局部，并试图对各部分进行科学的分析与相对精确的标准美的设定。

就科学的分析而言，如在分析人体胸部时，黄先生指明了胸部的组成形态是"由胸骨、锁骨、肩胛骨三者构成，全体上狭下阔"，并分析了男女胸部形态的差异，"女性较男性为短而狭。男性胸与腹阔度相等，女性腹阔于胸"。黄先生所述正是当今的人体解剖学原理，同时也是服装人体艺术学的基础。

就标准美的设定而言，如在分析人体颈部之美时，黄先生说"颈围粗细，男子在十三寸，女子在十二寸，左右为美"，这与传统的"增之一分""减之一分"明显不同，前者的机智在于将"一分"模糊为"左右"，对"增减"所依据的未知数"X"做了明确的设定，"X"的取值不能再如过去一样"模糊"，只能

---

① 黄觉寺：《谈美》，《永安月刊》1941 年第 26 期。
② 同上。
③ 同上。
④ 黄觉寺：《谈美》，《永安月刊》1941 年第 27 期。
⑤ 同上。

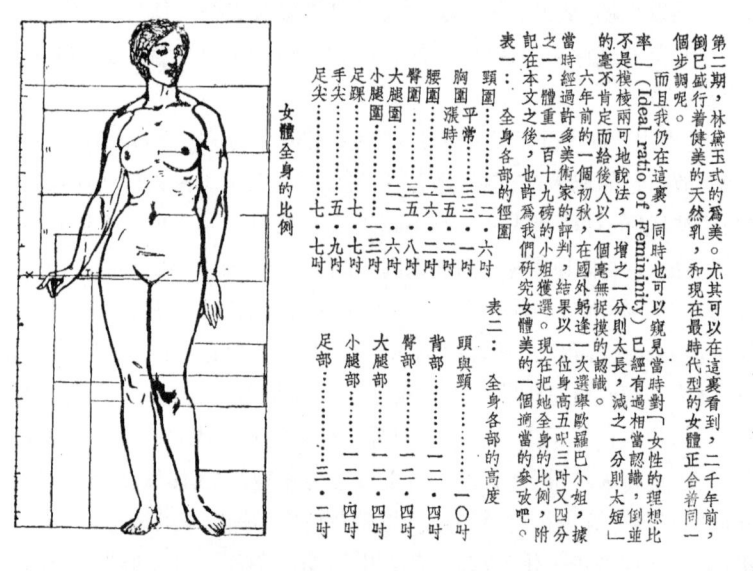

是"男子十三寸""女子十二寸"。① 黄觉寺的标准美参考值如图 1-4-2 所示。

图 1-4-2　黄觉寺的标准美参考值(《永安月刊》1941 年第 34 期)

(二) 从人体美回归服装美

黄觉寺首先肯定了人体美,并为人体美设立了标准依据,那么,接下来的问题是,如何达到人体美的标准呢? 除了通过运动达到身体健美之外,自然是用美的服装来装饰美化人体,满足人们求美和增加异性吸引的心理需求。于是,黄先生提出了服装美应遵循的原则,主要概括为"自然原则""流行原则""含蓄原则"。

首先,基于人体美的基本标准与细则,黄觉寺提出了服装美不可违反的"自然原则"。从人体美的基本标准出发,黄先生批判了膜拜小脚、为女性的"三寸金莲"制定"鞋杯行酒"等封建的服装文化

---

① 黄觉寺:《谈美》,《永安月刊》1941 年第 30 期。

现象,批判了影响人体正常发育的小马甲,主张"解放小马甲"。① 因为人体要有健全和自然之美,所以束缚人体、抑制人体正常发育的服装形制都是丑陋的代名词。考虑人体美的标准细则时,如女性的小腿部,黄先生认为"现代式的长旗袍"比"道地的洋装"更适合东方女性,因为前者可以掩盖东方女性小腿部粗短的弱点,这种掩盖是为了使女性的整体外观形象得到美化,不同于传统为了合于"礼"而用服装对人体所进行的包裹和遮蔽。②

其次,黄觉寺提出了服装美应遵循的"流行原则"。所谓"应注意于时代潮流,因为一时代有一时代的艺术",审美标准会随着时代与环境的变化而变化,只有符合主流审美观念的服装方为美的服装。③ 正如黄先生所言,前清时期风行的小脚已经被美丽的天足代替,而"现在流行的长旗袍,你能够说以后永远不变吗?"④。所以,服装美是离不开潮流的,"没有什么时装可言"⑤的时代已经成为历史,是时候体验"巴黎装束的妙处",享受多变、创新的"时式"服装之美了。

另外,黄先生在强调用服装美化装饰人体的同时,大胆肯定了这种求美心理的根源不乏以增加异性吸引力为目的。因此,他提出了服装美应遵循的"含蓄原则",即既不能像从前那样"把身体整个的部分,隐没在宽衣大袖之中",也不能像当时的服装"无限制地解放",而应该"不太露,使你能够有联想",比如一件薄坎肩,可以"俏皮地露出一点若欲跳出的肩膀和乳峰"。服装美的"含蓄原则"看起来是一种折衷,实际上这与古代封建的封闭及当时极度开放的服装思想都完全不同,其中包含着"犹抱琵琶半遮面"的传统东方美学,同时还包含着深刻的辩证法思想。"遮闭一部分的目的,为的是使显露出来的一部分格外发生美;同样的,显露出来的一部分,无非是使隐藏着的一部分更够味。"⑥

(三) "人-衣艺术"的形式美法则

服装是"人的艺术",是人与服装作为整体而形成的"人-衣艺术",其塑造规则具有一定的章法可循。除了人体美和服装美分别应遵循的标准与原则之外,黄觉寺提出了打造"人-衣艺术"的形式美法则,可概括为对比与调和、统一与变化、比例与尺度。

一是对比与调和。服装美应遵循"自然原则","人-衣艺术"亦如是,通过对比与调和而显得不矫揉做作,成为"自然的情人"。⑦ 作为画家的黄觉寺,主要从色彩的角度论述"人-衣艺术"的对比与调和之美。"白皙一点的皮肤,穿深颜色的衣服,会使白皙的皮肤格外白皙""欢喜穿茜红颜色的衣服,搽在面部或手臂上的粉彩,应当略偏黄色的橘黄"。不同明度、不同色相的对比与调和,是色彩的形式美法则,也是黄先生的"人-衣艺术"的形式美法则。黄先生强调"华丽有华丽的妙,朴素有朴素的好处",关键是人-衣之间的调和,前提是要"知己知彼""美要量己而行",了解个人和服装的特点方能达到"和"之贵。如胖的人"不适宜于浅色",因为"散发性的颜色,能够使你体胖见得格外胖"。⑧

二是统一与变化。黄觉寺说"装饰不可离开的是时代和环境",这是服装美应遵循的"流行原

---

① 黄觉寺:《谈美》,《永安月刊》1941 年第 30 期。
② 黄觉寺:《谈美》,《永安月刊》1942 年第 33 期。
③ 黄觉寺:《新艺术建设的途径》,《沧浪美》1928 年第 2 期。
④ 黄觉寺:《女性与装饰》,《永安月刊》1943 年第 39 期。
⑤ 张爱玲:《更衣记》,《古今》1943 年第 36 期。
⑥ 黄觉寺:《谈美》,《永安月刊》1941 年第 30 期。
⑦ 黄觉寺:《艺术是自然的情人》,《珊瑚》1932 年第 8 期。
⑧ 黄觉寺:《女性与装饰》,《永安月刊》1943 年第 43 期。

则",也是"人-衣艺术"的统一法则,即"人-衣艺术"应与时代的潮流与审美相统一。"廿世纪的新女子,不应当再留恋于旧的,温文的美,应当窄衣短裙穿起来"①,20世纪是一个辞旧迎新的时代,人们纷纷向宽大蔽体的长袍大袖诀别,修身显体的"洋装"是新时代的标志,也是大势所趋。同时,也要在统一中寻求变化,巴黎作为"洋装"的中心,是"永远不为一种美所限制"的。人-衣艺术当然也不能人云亦云,"装饰也并不是每个人都一样的",应根据每个人的形体特征及个性等有所变化。②"必先除旧,但并不是绝对的除旧。必须建设,也不是一味的尚新"③,要求同存异,在统一于"洋装"的大势同时也要不断创新,"不停留于自出心裁的创造"④。

三是比例与尺度。黄觉寺认为,巴黎装束的妙处"式样还在第二,它更妙的是每一种装饰有含蓄,不太露",这是服装美应遵循的"含蓄原则",也是"人-衣艺术"的比例与尺度法则。⑤ 正如黄先生在分析人体腰部时所言"腰以下为五,腰以上为三",人的艺术要合于黄金比例,要把握"人-衣艺术"应"俏常带三分孝"(黄觉寺将此处的"孝"解释为"单薄"),即应把握人体与服装造型遮与显的比例。⑥"一双长手套,不太长,刚恰到好处露出肘弯以上臂膀的动人的一段来",类似于"过犹不及"的中庸哲学方能成就高端的"人-衣艺术"。⑦"服装的美,果然是属于重要的一部",但是"人-衣艺术"绝不能像封建时代一样"只顾衣裳不顾人",用"一件狭长的长衫子包裹一个娇滴滴的美人儿",也不能"近乎赤裸",重要的是要强调人这个"万物的尺度"。⑧

黄觉寺以服装为起点,在打破了以"礼"为中心的服装观念的基础上,构建起以人体美为中心的新美学观。以往是"人去凑着装饰",现在则是"用装饰来凑着人"。⑨ 通过对标准人体美的"分数线"的设定,以及对打造人体美的方法的思考,黄先生又将落脚点回归到服装,以服装美作为实现人体美的重要手段,这突破了我国自古以来凭借经验和感觉的"糊涂"审美模式,同时也肯定了人作为独立个体的求美及吸引异性的心理需要。最后,黄先生将美术中的形式美法则引入人与服装的领域,使"人-衣艺术"的实现"有法可依"。

黄觉寺是现代服装人体美学的重要奠基人,是现代服装人文主义的领跑者,其服装观念是"美的服装不是为服装,而是为身体"⑩等人文主义服装思想的继承与延伸。他在前人以人体美为基础的服装观念中融入了科学,通过人体结构分析、人体美的标准值界定,以及"人-衣艺术"形式美法则的提出,将人体艺术与服装艺术科学化。在他的服装哲学里,充盈着人文主义精神与科学主义精神,这正是新文化运动以来"德先生"与"赛先生"的光耀之处,谁抓住了这一点,谁就抓住了时代的脉络与进步的方向。

附:黄觉寺的艺术语录

摘自黄觉寺《女性与装饰》,刊载于《永安月刊》1943年第39—43期;《谈美》,刊载于《永安月刊》1941年第25—34期;《在艺术的基地上培养人的艺术》,刊载于《美术界》1939年创刊号;《新艺

---

① 黄觉寺:《女性与装饰》,《永安月刊》1943年第40期。
② 黄觉寺:《女性与装饰》,《永安月刊》1943年第39期。
③ 黄觉寺:《新艺术建设的途径》,《沧浪美》1928年第2期。
④ 黄觉寺:《女性与装饰》,《永安月刊》1943年第39期。
⑤ 黄觉寺:《女性与装饰》,《永安月刊》1943年第40期。
⑥ 黄觉寺:《谈美》,《永安月刊》1941年第26期。
⑦ 黄觉寺:《女性与装饰》,《永安月刊》1943年第40期。
⑧ 同上。
⑨ 黄觉寺:《女性与装饰》,《永安月刊》1943年第42期。
⑩ 张竞生:《爱的漩涡·美的服装和裸体》,《张竞生文集(下卷)》,广州出版社1998年版,第208-215页。

术建设的途径》,刊载于《沧浪美》1928年第2期。

➢ 美真是人生最宝贵的需求;没有了美,人生便毫无意味了。

➢ 遮闭着一部分和显露出一部分,这是最合理想的美的主要条件。换一句话说得明白一点,就是遮闭一部分的目的,为的是使显露出来的一部分格外发生美;同样的,显露出来的一部分,无非是使隐藏着的一部分更够味。

➢ 在胸部与腹部的中间,其收缩处,即为腰部。腰以略细,轻盈为美,不过细到像蜂腰一样,不但于健康受到影响,而且也并不美;腰部在全身部位中,最好占五与三之比,就是腰以下为五,腰以上为三,那是最合黄金律的。

➢ 当时(两千年前)对女性的理想化比率已经有过相当认识,倒并不是模棱两可的说法,增之一分则太长,减之一分则太短的好不肯定而给后人以一个毫无着墨的认识。

➢ 装饰不可离开的是时代和环境,有时这时代认为美的,到了那时代就感不到美了;甲国认为美的,乙国或更反以为丑。

➢ 装饰也并不是每个人都一样的。在这个人以为美的,不一定移在别的人也美。

➢ 装饰最要的条件,不能人云亦云。抄老文章的,他的文章,无论如何,知识落在人后,装饰也是如此。人家流行长,你便短;人家花园锦簇,你便来一个朴素。

➢ 一提到装饰,会使人立刻联想到巴黎,巴黎是时髦的中心。但整个巴黎装束的妙处,式样还在第二,它更妙的是每一种装束有含蓄,不太露,使你能够有联想。

➢ 中国服装,有一个时期,把身体整个的部分,隐没在宽衣大袖之中,你要是想留心发现些女性应该有的美点来,真有些太不可能的事。

➢ 欧洲十六世纪后已鲜见长衣曳地的习惯,廿世纪的新女子,不应当再留恋于旧的,温文的美,应当窄衣短裙穿起来,造成一个活泼强健的女子。

➢ 以往装饰,有一个共通病,就是"人去凑着装饰,而不是用装饰来凑着人",人去凑装饰,容易在某个人的身上,是条件适合的,但一到另一个人,不一定会得见好。

➢ 我们要在艺术的基地上培养着"人"的艺术;发挥"人的意义"同时反映着这个时代的特性。

➢ 在今日而言新艺术的建设,其第一目的,便应注意于时代潮流,因为一时代有一时代的艺术,此时代和彼时代,决不能完全一致,其完全一致的,便不是真艺术。

邰爽秋
1897—1976，江苏东台人

身　　份：教育家、思想家。曾担任中山大学与河南大学等高校的教授。
简　　历：1914年，考取江苏省立第五师范学校。1923年，毕业于国立东南大学教育系；同年公派留美，后取得芝加哥大学教育硕士学位与哥伦比亚大学教育博士学位。1928年起，先后任省立南京中学校长兼中央大学教授、上海大厦大学教育学院院长、河南大学教授，并任中国民生教育会理事长、中国民生建设实验院院长。积极投身教育事业，提倡民生本位教育。1931年，倡议设立"教师节"。1933年，发起"土布运动"（即"念二运动"）。1935年，与蔡元培、叶圣陶、巴金等发起推行简体字活动。曾积极参与爱国民主运动。中华人民共和国成立后任北京师范大学教授。
成　　就：我国现代教育事业的先驱，著有大量教育学著作；其民生本位教育思想在我国近代教育思潮中占据重要地位；其特别的思想理论与实践活动，使其和陶行知、晏阳初、梁漱溟并称为"中国教育界四大怪杰"；我国倡导"教师节"的第一人。
专业成就：1933年，发起"土布运动"，带头穿着土布服装，倡导民众穿着土布服装，故而被称为"布衣博士"；1938年12月，发表题为《抗战期中民众服装改良问题》的演讲。

"布衣博士"邰爽秋

辛亥革命宣告了清朝的灭亡,同时也宣告了民国的诞生。《史记》有云:"王者易姓受命,必慎始初,改正朔,易服色,推本天元,顺承厥意。"①服装作为社会风貌的重要组成部分,往往随着政治革新而产生变化。民国元年,一纸提倡"各国的长处,样样取来效法"的《服制草案》,加上蜂拥而至的外来文化的影响,中式的长袍马褂、西式的礼服西装,以及中西合璧的各类服装形制纷纷登上我国近代服装史的舞台,追求个性解放、时髦摩登的潮流在城市中风起云涌。但到了战争与革命的号角愈发响亮的20世纪30年代,这种追求则略显"乌托邦",略显不够脚踏实地。在"救亡与启蒙的双重变奏"②的时刻,邰爽秋站了出来,对"狂热、激昂然而华而不实"的"与农村关系疏远的典型的小资产阶级学生知识分子群"③提出抗议,并紧随《新青年》提倡的"修身治国之道"④,构建了围绕民生的服装观念,其中既有传统的服装节用思想,又有符合当时时代主题的平等思想。"九·一八"事变后,邰先生的服装观又立足于抗战时代背景,形成了一种以实用与经济为核心的战时服装理念。理论之外,邰爽秋先生还设计并穿用土布服装,传播"布衣哲学"。邰先生走"群众路线"、关注民生的实践活动,使其获得了"布衣博士"的尊称。

(一) 以节用与平等为核心的民生服装理念

作为一名海归的教育博士,邰爽秋在教育上有自成一派的理念——民生本位教育,即"以适合人类需要与社会需要的民生经济活动为中心,以造就大多数的民生建设人才,以造成民生社会"。⑤ 这里的民生是以经济发展为中心,使民得以生,使人民生活更美满。邰爽秋的民生服装理念亦以此为出发点,服装节用与服装平等为其民生服装理念的主要构成部分。

1. 服装节用思想

近代国门大开,传统男耕女织的小农经济开始瓦解,民族工业开始起步。服装是人们生活美满的物质基础,服装业与国家经济的发展息息相关。然而,大量物美价廉的洋货对我国民族服装业与国家经济的发展产生了巨大冲击。国民经济受挫,与经济紧密相关的民生社会的实现显得遥不可及。于是,邰爽秋试图通过"易服",通过服装上省下来的巨款改善民生。于是,他从衣帽鞋袜四方面出发,在服装的款式、结构及当时的服装风貌上,算了一笔又一笔精明的服装账。这笔服装账和他对服装细节的关注,直观地反映了他的服装节用思想。

在衣服方面,邰爽秋提出了当时我国服装的不经济、不合民生的缺点。在款式上,邰先生否定了当时我国"通行的标准便服"——长衣,以及"夏天除少数摩登女子穿短袖衣服外,差不多没有不穿"的"长袖和长裤脚"。邰先生说的长衣,不仅包括男子的长衫,还包括女子的长旗袍。此时(1937年)女子的旗袍长度达到了相对"浮夸"的阶段。他说"穿长服比穿短服比起来至少多费三分之一的

---

① [汉]司马迁:《历书第4》,《史记》(上),黑龙江人民出版社2004年版,第108页。
② 李泽厚:《中国现代思想史论》,东方出版社1987年版,第7-49页。
③ 李泽厚:《中国近代思想史论》,《李泽厚十年集合》(第3卷·中),安徽文艺出版社1994年版,第451页。
④ 袁伟时:《告别中世纪的思想革命》,《告别中世纪:"五四"文献选粹与解读》,广东人民出版社2004年版,第2-7页。
⑤ 章妙英:《邰爽秋访问记》,《现代教育丛刊》1947年第1期。

材料"。然后,他客观地用数学方法求证。邰爽秋先生做了一个假设:全国有五千万人,平均每年每人做一件长衣,而每件衣服的平均费用为六元(当时的货币为法币——作者注)。经过这个假设,算出了那"三分之一"的浪费高达一万万元。用同样的假设方法,邰先生得出长袖和长裤脚的浪费更加惊人,每年达六千二百五十万元。此外,邰先生特别指出了西服的不经济。他说西服虽然是对襟短衣,但种种面辅料及相对高昂的劳动力成本令西服"比一套通俗装至少要贵五六倍"。在服装结构上,邰先生否定了有里襟的服装款式。我国流传千古的偏襟服装通常需要里襟,起先是因为没有纽扣需要里襟防止"走光",后来有了纽扣也需要里襟以便钉扣。但从经济的角度来说,里襟确实无用。当时,较少的人穿着的对襟服装比通用的偏襟服装节约人力、物力、财力。正如先生的数学假设得出的,有里襟将导致每年约七千五百万元的浪费。在服装形制外,邰先生又针对千变万化的服装风貌,提出了女性追赶时髦的不经济。据邰先生估算,女性因为赶时髦多添置的服装将导致每年约四百万元的浪费。①

在帽子、鞋子、袜子三个方面,邰先生否定了"博士帽"的宽边、皮鞋和高跟鞋之昂贵、长统袜之长统,并分别做了假设和估算。最后,邰先生做了一个总计,估算出当时衣帽鞋袜所造成的浪费达到了两万七千三百万元。②

2. 服装平等思想

服装作为一种重要的等级符号,其等级意义在辛亥革命之后大大削弱。但服装本身约定俗成的身份标识含义在近代依然显而易见,正如《长衫西装制服》一文所述,"除了穿短衣的劳工苦力外,现在社会上着长衫、西装、制服三个阶级"③。服装形制的不同意味着人们阶层地位的不同。短衣是"劳力"的平民形象,而长衫、西装、制服则是"劳心"的知识分子形象。在"劳力者"中,服装形制大同小异。在"劳心者"中,服装的象征意义因服装形制差异又有所不同:穿长衫的主要是具有中方背景的知识分子,穿西装的主要是洋行买办、具有西方背景的知识分子,而穿制服的主要是机关公务人员。其中,自古沿袭而来的长衫作为"劳心者"象征的观念普遍存在。于是,邰爽秋呼吁知识分子放下身段,脱下象征"士大夫阶级"的长衫,穿上平民所穿着的短衫,以便深入群众,开展以民生为本的教育工作。他说"我们看透中国的士大夫阶级都是因为一件长衫而不顾和平民为伍,所以要解脱去这因袭的束缚"④。这就是邰先生的服装平等思想。张爱玲穿着配给布做的长衫裤时被误认为是普通农工时的窃喜,不是因为趋时避祸,不是妄想冒充农工,也不是反知识分子,而是"反对有些知识分子的望之俨然,不够举重若轻"⑤。古来满脑子礼教的儒生,用不实用、不经济、不便于活动的长衫,划出"礼不下庶人,刑不上大夫"的领地,以维护阶级的权威与地位。⑥ 后来,封建王朝虽已覆灭,但鲁迅笔下的"孔乙己"们并没有意识到时代将把他们不愿脱下的长衫连同他们自以为是的封建思想一起丢进历史的杂物堆里。这其中的一部分人还玩起"穿越",来到当代,换了件用专家、学者等标签缝制而成的"长衫",依旧满口让普通人"不明觉厉"的高谈阔论。这样硬要装出某种腕、某种范,就不好了,还是表里一致的好。

近代以来,知识分子的外在形象虽慢慢有所改变,但"改易心理难,改易外观易"⑦,不愿"降低

---

① 中国第二历史档案馆藏:《抗战期中民众服装改良问题》(邰爽秋演讲稿),全宗号12-6,案卷号18166,1938年。
② 同上。
③ 毛可人:《长衫西装制服》,《文友》1944年第3期。
④ 俞洽成:《邰爽秋先生访问记》,《长城》1939年第9期。
⑤ 张爱玲:《对照记》,花城出版社1997年版,第67页。
⑥ 冯国超:《中国传统文化读本·礼记》,吉林人民出版社2005年版,第24页。
⑦ 张竞生:《美的人生观》,北新书局1925年版,第29页。

自己的生活,提高他们(民众)的生活,同到水平线"①的大有人在。故邵先生提倡通过外在形象的"冒充",减少阶级之间的隔阂,因为"要接近民众的人穿着士大夫的服装,那便不能打成一片"②。邵博士的服装平等观念及其善意的"冒充"让他成为了一个受民众拥戴的"布衣博士"——既有平民的普通外表,又有博士的高尚情操。

(二)以实用与经济为核心的战时服装理念

近代以来,政治动荡,战争频发。战争给服装风貌与服装思想带来的影响,往往导致对服装功能性的强调和服装实用思想的传播。20世纪30年代初,日本侵华战争蓄势待发,邵爽秋的服装理念在烽烟四起的环境下构建起来。针对战时需要,1937年12月,邵爽秋发表了题为《抗战期中民众服装改良问题》的演讲,提出了抗战民众的服装应"合于战时的需要"和"适于经济条件"的思想,反映了其以实用与经济为核心的战时服装理念。③

服装要适应战争的需要,则须以实用为主。不实用、不合抗战的设计,都是多余的。便于活动,便于逃命,强调服装实用性,才是王道。邵爽秋先生依旧从衣帽鞋袜四方面出发,论述他的战时服装理念。在衣服方面,他否定了长衣和西装。邵先生说,长衣既不利于冲锋杀敌,又不利于后方接济,更重要的是"逃难或避飞机的时候穿长衣跑路也是跑不快的";西装则构造复杂,穿着的时候还要打领带、扣纽扣,"很费功夫",不实用。在帽子方面,邵先生给我国当时已有的帽子分类列出优缺点,不利于瞄准、帽檐太宽的帽子,均属不实用、不合抗战之列。在鞋子方面,他否定了"奔跑时易脱落"的布鞋、"鞋筒太长,穿脱不便"的靴子等。在袜子方面,他亦提出了洋袜容易脱落的问题。④

邵先生在做服装账时说,衣帽鞋袜所造成的浪费巨大,"若买飞机,假定每架三十万,就可买九百一十架"⑤。战争需要巨额的经济支持,国家会出台各种战时政策以保存经济实力,最直接的表现是在衣食住行上实行苛刻的配给制度。无独有偶,法国也实行过战时纺织品限制消费制度。故针对当时战争中财力匮乏、民不聊生的现状,邵爽秋先生强调了以经济为中心的服装思想。其民生服装理念中的节用思想所包含的正是经济之意,是其战时服装思想的重要组成部分。

(三)"布衣博士"的实践

邵爽秋不仅是理论家,更是脚踏实地的实践者。他以民生服装理念与战时服装理念为指导,发起了"土布运动",他以身作则,设计并穿着土布服装,鼓动群众穿着土布服装,传授民众纺织技艺。出于抗战的需要,他还设计了合于抗战的服装。

1. "土布运动"

20世纪20年代末,资本主义世界爆发有史以来最严重的经济危机,各国为了转嫁危机,纷纷将目标转向中国这个大市场,向中国倾销过剩商品。1931年,日本制造了"九·一八"事变,一方面加紧侵华战争,另一方面则抓紧向中国推销日货。于是,我们的抗战也必须包含军事与经济两条战线,"国货运动"就是经济战线中的重大战役。当代学者认为,这个重大战役的实施也将我国以辛亥

---

① 俞治成:《邵爽秋先生访问记》,《长城》1939年第9期。
② 同上。
③ 中国第二历史档案馆藏:《抗战期中民众服装改良问题》(邵爽秋演讲稿),全宗号12-6,案卷号18166,1938年。
④ 同上。
⑤ 同上。

革命为开端的国货运动又一次推向高潮。①

民国二十二年(1933)被政府定为"国货年",在广东有抵制文具侵略运动,在上海有国货运动。② 正是在这股浪潮中,邰爽秋发起了"土布运动",他说"我将空洞的理论实际化了,具体的就是土布运动"。③ 邰先生的"土布运动"是近代国货运动的衍生物,更是登上近代历史舞台的知识分子强烈的爱国精神的反映。只是邰爽秋作为第四代知识分子,他所表现出的不是典型的那种"与农村关系疏远""华而不实"的状态,而是"走上与工农兵相结合的路途",成为了"布衣博士"。④

圣雄甘地在其领导印度人民抵制英国的经济侵略时发起的"土布运动"中穿上土布装——"拖地"(1920),而邰爽秋则在其发起的"土布运动"中穿上他自己设计的土布装——"念二装"(1933),且一穿就是十七年。"念二装"是用蓝土布所制的对襟短衣,其形制与邰先生在抗战演讲中所提的改良上衣极为相似,大致为"衣袖长至手臂中半截,衣长约到大腿中部""前面有三个口袋,有袋盖,纽扣""冬季或天冷时着对襟长袖有领,土式纽扣上衣和长裤脚的下衣",⑤简练精干,没有多余装饰,没有拖泥带水,是邰先生经济实用服装思想的代表作。在"布衣博士"的倡导下,民国时期还出现了一位"布衣市长",即被称为"民国以来第一清官"的南京市市长石瑛。他"本人衣履均土布制",且"对市属各机关学校服务人员亦要求服用国货"。⑥ 故尽管有人反对邰爽秋的"土布运动",认为它是倒退,但正如甘地所言"热爱祖国的人们,对'土布运动'都有信心"⑦。热爱祖国的邰先生和甘地一样,对"土布运动"充满了信心,并且两人所持的"土布运动观"也颇为相似。甘地发起的"土布运动",其目的在于传授民众纺织技艺,增加土布的生产,改善民生;邰先生的"土布运动"亦有此意。两个"土布运动"可谓跨越时空,遥相呼应。

邰先生认为所谓国货服装大多也依赖外国机器,且原料多含洋货,不利于民生;而穿着民众手工织造的土布,通过纺织工艺的普及与土布市场的扩大,提高国民经济,改善民生,方为服装救国之策。要让民众穿着不及国货与洋货服装美观的土布服装,便要对民众进行思想引导,传播服装节用、平等等服装理念,并通过教育实践活动,教授且提高纺织技艺。他开办了"念二社",其社员公约之一便为社员要服用及推行土布服装。"念二社"分有"纺织团""编团""洗衣团"等生产集团,对民众"在生活的利害中分别给予教育"⑧。邰爽秋先生的方法是"从土货介绍、小手工业训练、纺纱训练各方面先使民众和团体发生经济关系""逐步推广实行产销合作"。⑨ 这种自力更生、改造农业及手工业的思想与模式,与我国中华人民共和国成立初推行的"三大改造"中的农业、手工业合作社有异曲同工之妙。

2. 战时服装的设计与改良

针对我国民众服装"不合抗战""不经济"的缺点,邰先生提出了战时服装的设计与改良"要适于经济条件"和"合于抗战需要",即遵循实用与经济的原则。赵武灵王为提高军事实力而进行的"胡服骑射"是对外来服饰的直接采用。邰爽秋先生则立足于抗战的需要,选择自己当设计师,改易服

---

① 潘君祥:《中国近代国货运动》,中国文史出版社 1996 年版,第 1—9 页。
② 《教育参考资料选辑》,教育编译馆 1933 年版,第 63 页。
③ 俞治成:《邰爽秋先生访问记》,《长城》1939 年第 9 期。
④ 李泽厚:《中国近代思想史论》,《李泽厚十年集合》(第 3 卷·中),安徽文艺出版社 1994 年版,第 451 页。
⑤ 中国第二历史档案馆藏:《抗战期中民众服装改良问题》(邰爽秋演讲稿),全宗号 12-6,案卷号 18166,1938 年。
⑥ 吴相湘:《民国百人传》第 2 册,传记文学出版社 1979 年版,第 80 页。
⑦ 甘地:《甘地自传·我体验真理的故事》,商务印书馆 1959 年版,第 429 页。
⑧ 司琦:《中国国民教育发展史》,三民书局 1981 年版,第 291 页。
⑨ 俞治成:《邰爽秋先生访问记》,《长城》1939 年第 9 期。

饰。他的战时服装的设计与改良实践依旧是衣帽鞋袜一个不漏。在衣服方面,他设计了一款"对襟,短袖,无领,土式纽扣上衣和短裤脚的下衣"。他连服装上小小的纽扣都提倡要采用土布编成的"土式纽扣",因为比洋式的实用经济——"扣得牢,费用省,不用制造枪炮原料的金属品"。就帽子、鞋子、袜子易脱落、不利于抗战的缺点,郐先生在其提倡的鸭舌帽、布鞋和袜子上一一缝上带子作为改良之策。此外,在颜色上,他提出了避免用黑色、白色和红色这些"最易被飞机注意"的颜色设计方案。①

郐爽秋的服装理念与实践紧紧地围绕着普通民众,围绕着民生,且立足于当时的社会背景与时代主题,其中有对传统服装思想的传承与发扬,也有对新时代服装风貌的关注与思考。

第一,郐爽秋的节用与平等、实用与经济的服装思想,是以近代民不聊生、连年战乱等社会现状为立足点的。任何一种思想的产生,都不可能脱离客观物质。服装思想的产生也如是。一定的服装观念反映了一定的社会现状。如今看起来并不完全合理的观念和想法,在特定的社会背景下往往有特别的意义。郐爽秋先生的服装观念,尤其是其节用、实用、经济的思想,尤其突出地反映了战时的社会现状。郐先生曾说"两年来我没穿西装,又减少了四百元;而这两年所着的完全是土布衣服,即就每年二十元计算,可以抵一个人的收入,等于救了一个人的命"②。他这种从下层生产者出发,强调绝对的节用、绝对的排斥对外贸易的土布哲学,对中国走向现代化并非有利。但在抗战的社会背景下,这种以经济为中心的服装节用思想对于支持抗战却具有明显的积极意义。到中华人民共和国成立后,国家逐渐和平安定,郐先生的服装观念也逐渐改变。他穿了十七年的"念二装"虽已脱下,却显然成为了一份纪念品、一种精神象征。

第二,郐爽秋的民生与节用思想并非空穴来风,他所提倡的布衣哲学及其相应的种种实践,具有墨家思想的印迹。墨子言"其为衣裘,何以为? 冬以圉寒,夏以圉暑",说明了服装最基本的意义与价值。墨子又言"去无用之费,圣王之道,天下之大利也"③,则说明了节用的终极目的。这样的优秀思想因为汉武帝罢黜百家而一度凋零,但作为我国小生产劳动者的思想典型,墨家思想却从未消失。④ 一方面,"孔子必用墨子,墨子必用孔子"⑤。墨家的许多思想均渗入或融合在儒家思想中而得到传承。⑥ 另一方面,墨家中某些越出儒家接受限度或为正统儒家所排斥、拒绝的东西,时而在儒学"异端"人物身上出现,如颜元就特别提倡墨家的实用、均约等思想。⑦ 至近代,墨学又有复兴之兆。梁启超曾在《新民丛报》上宣扬"杨学遂亡中国,今欲救之,厥惟学墨"⑧。作为梁先生后辈的郐爽秋的救亡图存之心和围绕民生的节用思想,与墨家思想亦具有一定的亲缘关系,其深入民众的实践可谓是对墨家思想的发扬。

第三,辛亥革命瓦解了封建的服饰等级体制,服装的相对自由让官民之间的服饰差别大大减弱。由于传播的限制,服装所承载的阶级象征性由传统的官民之差逐渐转向城乡之别。城市里的服装风貌借着西风产生了翻天覆地的变化,而在广大农村里,随处可览前清沿袭而来的平民服饰。在普遍穿着短衫的民众之间,服装的身份标识作用相对较弱,但长衫为"士"、短衫为"民"的观念依

---

① 中国第二历史档案馆藏:《抗战期中民众服装改良问题》(郐爽秋演讲稿),全宗号12-6,案卷号18166,1938年。
② 同上。
③ 朱经农、王云五:《学生国学丛书》之《墨子·节用上》,商务印书馆1930年版,第56-59页。
④ 李泽厚:《中国古代思想史论》,人民出版社1986年版,第52-76页。
⑤ [唐]韩愈:《韩愈文选·读墨子》,人民文学出版社1980年版,第242页。
⑥ 李泽厚:《中国古代思想史论》,人民出版社1986年版,第52-76页。
⑦ 同上。
⑧ 梁启超:《子墨子学说》,中华书局1937年版,第4页。

然根深蒂固。邰爽秋先生提倡知识分子穿上普通民众的短衫,到农村去,到民众中去。这是他服装平等思想的反映,同时也是他为缩小"士民之差""城乡之别",并试图通过服装的平等消除阶级隔阂,与民众"共患难"以图民生发展所做的努力。

新文化运动以后,城市中追求个性解放和思想解放的很多知识分子,在为自身所肩负的启迪民智的使命而努力时,忽略了传播的局限性,甚至忽略了人类历史的发展规律,"人们首先必须吃、喝、住、穿,然后才能从事政治、科学、艺术、宗教等等"[①]。然而,邰先生强调了这条规律,他立足于民生,在教授民众技艺的过程中,通过"发送三民主义千字课,或在生产训练中教授与生产有关系的文字""将教育送上门"。[②] 他离开了进步发展中的城市,来到民众们更多的是在求"食饱衣暖"而非"食甘衣美"的农村,成为缩小城乡差距及拉近士民距离的使者。同时,他又针对抗战的现状,致力于服装实用与经济理念的宣传及服装设计与改良。邰先生的理念与实践,在当时的社会背景下,对民生发展与民族解放都具有一定的现实意义。

附:"布衣博士"语录

摘自《长城》1939 第 9 期刊载的《邰爽秋先生访问记》,《现代教育丛刊》1947 年第 1 期刊载的《邰爽秋先生访问记》,《江苏教育》1935 年第 5—6 期刊载的《作者小传·邰爽秋》。

➢ 我们看透中国的士大夫阶级都是因为一件长衫而不顾和平民为伍,所以要解脱去这因袭的束缚。

➢ 我们不主张民众以士大夫的生活作标准,而主张要下去度一般民众生活;不要提高生活欲望,而要以觉悟的份子去到民众中间去救他们于水火。同时降低自己的生活,提高他们的生活,同到水平线。如果要接近民众的人穿着士大夫的服装,那便不能打成一片。

➢ 我认为目前的中国是整个的糟在士大夫阶级手里,他们只是唱高调;所以,我将空洞的理论实际化了,具体的就是"念二运动",它是适合中国经济状况的。同时,我觉得以往一切空洞的理论都是不对的!

➢ 两年来我没有穿西装,又减少了四百元;而这两年所着的完全是土布衣服,即就每年二十元计算,可以抵一个人的收入,等于救了一个人的命。

➢ 西装没有穿破的人如果顾虑到西装,好,等到西装穿破再来。没有结婚的人顾虑到伴侣,好,等到养出儿子再说。

➢ 吾等教育者之责任,在拯斯民出于水火,然吾等力量微亦惟尽吾力之所及,求吾心之所安而已!

➢ 民生本位教育则以宇宙知识中最合于民生需要的为最有价值,现今中国民生所迫切需要的亦即是民生教育科目中应注重的部分,它以民生经济活动为中心,而灌输各种与民生经济有关的最迫切需要的知识。

---

① [德]马克思、恩格斯:《马克思恩格斯选集》,人民出版社 1966 年版,第 123 页。
② 俞治成:《邰爽秋先生访问记》,《长城》1939 年第 9 期。

林语堂
1895—1976,福建漳州人

身　　份：作家、学者、翻译家、语言学家。
简　　历：生于牧师家庭。1900 年始,先后入漳州坂仔镇与厦门鼓浪屿的基督教会所办小学。中学就读于厦门鼓浪屿寻源书院。1911 年,入上海圣约翰大学。毕业后应邀于清华大学任职。1919 年起留学海外,先后入哈佛大学、耶拿大学与莱比锡大学,并获得硕士与博士学位。回国后于北京大学、北京师范大学、厦门大学等高校任教,并开始发表文章。1932—1935 年,先后创办《论语》《宇宙风》《人间世》等杂志。1936 年起赴欧美等地,时有回国,一直致力于写作。1950 年后定居纽约,著述译作,并获得美国专利局批准的"明快中文打字机"专利。1966 年,返回台湾定居。此后任香港中文大学教授、《国语日报》董事、世界笔会副会长等职。
成　　就：著《京华烟云》《啼笑皆非》《生活的艺术》等大量脍炙人口的作品;将《桃花源记》《浮生六记》《声声慢》等中国文学作品翻译为英文,同时有部分英译汉作品;创办《论语》《宇宙风》《人间世》等杂志;发明"明快中文打字机";将"humour"一词译为"幽默",并在我国传播"幽默"的文化,被称为"幽默大师"。
专业成就：1934 年,于《论语》半月刊第 39 期上发表《论西装》一文,主张服用中装,并得到读者的来稿反馈;创办的《论语》《宇宙风》《人间世》杂志刊载了许多与服装相关的图文作品,成为传播服装思想的阵地。

■ "隐士"林语堂

林语堂是牧师之子,自幼入基督教会所办学校,接触西方思想文化,大学毕业后则开始钻研中国文化。他说自己曾"确信西洋生活为正当之基础",而觉得"故乡所存在的种种传说为一种神秘",而留学经历使他"对于我们自己的文明之欣赏和批评能有客观的,局外观察的态度"。[①] 于服装之学,林语堂像一个置身"世"外的"隐士"追求"自然随性"。对中西文化的深刻了解让他能以全新的视角构建"中装中服"的服装思想,且在实践中奉行并传播他的"隐士"之学。

(一)"隐士"之学

随着新文化运动的展开,对近代服装解放与自由之路的探索,从人体转向人心、人性。服装应展现天足、天乳,同时也应展现天性。林语堂是这场探索之旅中的高人,正如宇航员所言,在太空看地球与在地球看地球看到的是两个地球一样,林语堂"两脚踏中西文化,一心评宇宙文章",从新的高度"一览众衣"后,提出"自然随性"和"中装中服"的服装思想,反映了对人的关注,对个性与自由的追求。[②]

1. "自然随性"

服装"自然"意味着服装要有益于身心的健康舒适,让人自由自在、活动自如。就衣服来说,林语堂提倡穿着要"舒服温暖"。[③] 如"寝衣"的"中装",即我国传统的长袍,宽松舒适,结构简单,穿着方便,不像西装那么修身,且西装穿着时要搭配衬衫、领带,令人"自由不得"。[④] 就鞋子来说,要是问林先生皮鞋好不好,林先生必曰"赤足好",因为"赤足之快活灵便"是"怎样好的轻软皮鞋,都办不到,比不上"的,"束之缚之,敲之折之,五趾已失其本形,脚步不胜其龙钟,不亦大可哀乎"。[⑤] 可见,鞋好不好,关键得看脚,正如林先生的太太所言:"脚是美的基础。"[⑥]无碍于脚的健康美丽,让人感觉舒适自在、活动自如的鞋,方为合于"自然"的好鞋。

服装"随性"意味着服装要合于各人的个性与追求。就林语堂个人而言,他有"大隐于市"的情怀,"我何人斯,走一条街,没人认识,最是乐事"[⑦],所以即便有"要几套不是名士派但亦不甚时髦的长褂,及两双称脚的鞋子"[⑧]这样朴素的服装理想,林先生到了纽约也穿上西装"入乡随俗",以免"招摇过市,触人耳目"[⑨]。他十分坦然地承认"张大千弟兄来纽约,仍穿中装;甘地游伦敦,仍然赤膊,他人可以,我则未能"[⑩]。作家的个性往往比画家收敛,多年的留学生涯与"隐士"的个性让林先生懂得并更愿意遵守社交礼仪和服装的 WTO 原则,即根据种类(What)、时间(Time)、地点(Occasion)

[①] 林语堂:《林语堂自传》,河北人民出版社 1991 年版,第 21 页。
[②] 林语堂:《杂说》,《林语堂散文(一)》,河北人民出版社 1991 年版,第 251 页。
[③] 林语堂:《谈中西文化》,《人间世》1935 年第 26 期。
[④] 林语堂:《论西装》,《论语》1934 年第 39 期。
[⑤] 林语堂:《谈赤足之美》,《林语堂散文(三)》,河北人民出版社 1991 年版,第 64 页。
[⑥] 林语堂:《林语堂自传》,河北人民出版社 1991 年版,第 186 页。
[⑦] 林语堂:《说纽约的饮食起居》,《林语堂散文(二)》,河北人民出版社 1991 年版,第 87 页。
[⑧] 林语堂:《言志篇》,《论语》1934 年第 42 期。
[⑨] 林语堂:《说纽约的饮食起居》,《林语堂散文(二)》,河北人民出版社 1991 年版,第 87 页。
[⑩] 同上。

着装。人的个性与追求不同,其穿着服装的方式也不同,服装是"随性"的。甘地赤膊,其极端的绝食行为均为其领导民众进行的非暴力不合作运动的一部分,强调了个人为民族牺牲的集体精神。林语堂偏爱有益于个人身心的长衫,则强调了个人为个人而活的个体精神。林先生批判了"各地当局取缔长衫"①的服装禁令,并在爱国狂潮汹涌的时代中强调"保持自己之个性"②,要"享受我的自由"③。

就性别不同导致的个性差异而言,林语堂认为"女孩较男孩为侥幸,因为可有美丽的衣服穿"④。女装相对于男装而言变化较多,且男女的本性有天生的差异,所谓"爱美是女人的天性",女性对服装美的渴望与追求往往较男性强烈。我国的封建服饰体制与观念压抑了女性的爱美之心,本该随着女人爱美的天性而丰富多彩的服装,却只能随着等级秩序的不同而单调、程序化地改变,这种改变中"随礼"的成分很多,"随性"的成分很少。难怪林先生想做一个"女衣的成衣匠",去"给贵妇们的服装打样""变更中国的服装成许多不用的式样"。⑤

2. "中装中服"

林语堂从宇航员的角度给中西服装做了一个客观的评价。他认为,中西文化各有特点,中西服装亦各有长处,中西服装哲学的不同在于"西装意在表现人身形体,而中装意在遮盖身体"。⑥ 在此基础之上,林先生从伦理、美感、卫生三方面进行论述。他说,伦理上,"中装中服"合于中国人的个性。了解中国文化的博大精深之人,必定有穿"中服"的自信与从容,而不会盲目"震于西洋文物之名而好为效颦"去穿"西装";美感上,"中服很合于德谟克拉西的精神","中装"于展现人体美方面虽不比"西装",但它们却有掩盖身材缺陷的功能,"中装"相对而言更"一视同仁,自由平等";卫生上,"中装"宽大舒适,以免人体受制于修身的"西服"及其配套的领带、腰带等束缚物,便于"脏腑之循环""呼吸之自由",可谓"自然随性",有益身心健康。⑦ 据此,林语堂提出中服是"唯一的合理的人类的服装"⑧的观点。对于以文为生、无需挑担提篮的作家来说,中国长袍确实更舒坦、更便捷、更随性。

林语堂以"思想服老庄"为"律己的名言"。⑨ 他"自然随性"与"中装中服"的思想均有关心"个体存在的身心问题"⑩的老庄特色。首先,林先生的"自然随性"合于老庄回归自然与本性的追求,突出了人体的健康舒适与人性的解放。林先生说"居家时,我要能随便闲散的自由。虽然不比顾千里裸体读经,但在热度九十五以上之热天,却应许我在佣人面前露了肩膀,穿一短背心了事""我要有能做自己的自由和敢做自己的胆量"。⑪ 这不免让人想到同样崇庄的阮籍、嵇康,他们从理论上和行动上反映了庄学对个性与自由的追求。⑫ 林先生和他们一样,同样是随意的敞开宽衣,同样是自由的写作表意,同样是追求身心之快、"隐士"之乐。

另外,林先生的"中装中服"亦是老庄派的"中",突出"人"的"中"。林先生曾谦逊地说:"我并不是在创作。我所表现的观念早由许多中西思想家再三思虑过、表现过。"⑬洞悉中西文化的林先生

---

① 林语堂:《裁缝道德》,《论语》1935 年第 60 期。
② 林语堂:《希特勒与魏忠贤:世界笔会大会演讲词》,《宇宙风》1939 年第 17 期。
③ 林语堂:《林语堂自传》,河北人民出版社 1991 年版,50。
④ 林无双、林如斯:《父亲对于各种事物的见解》,《林语堂自传》,河北人民出版社 1991 年版,第 223 页。
⑤ 同上。
⑥ 同上。
⑦ 林语堂:《论西装》,《论语》1934 年第 39 期。
⑧ 同上。
⑨ 徐学:《孔孟风骨幽默文章(代序)》,《林语堂自传》,河北人民出版社 1991 年版,第 2 页。
⑩ 李泽厚:《中国古代思想史论》,人民出版社 1986 年版,第 181 页。
⑪ 林语堂:《言志篇》,《论语》1934 年第 42 期。
⑫ 李泽厚:《中国古代思想史论》,人民出版社 1986 年版,第 191-198 页。
⑬ 林语堂:《生活的艺术》自序,《林语堂散文(一)》,河北人民出版社 1991 年版,第 331 页。

知道,"人",以及个性、自由等思想,早已内含于他所拜服的老庄之学中,并非大部分人所认为的是西方所特有的思想。林先生认为,"中装中服,暗中是与中国人之性格相合的,有时也从此可以看出一人中文之进步"。他认为"中装"客观上是最合理的服装,故呼吁国人不用"趋俗"穿"西装"。这是要告诉国人,中国文化亦十分博大精深,个性与自由等西方吹来的进步思想早在先秦时期就已存在,能体会中国思想与文化的深度之人,便能有享受"唯一的合理的""中装"的自信与从容,而不必刻意勉强自己穿不合理的"西装"。林先生提倡的"中装中服",不仅是要人们享有身体的自在,亦是要人们享有精神的自由。

换个角度看,"中装中服"从一定程度上也反映了长久以来国人对"中"文化的忠。此处的"中"更多的是儒学的"中",准确地说是封建社会以"礼"为核心的尊卑等级等封建思想下的"中"。文官穿绣禽的补服,武官穿绣兽的补服,"太太穿红,姨太太穿粉红,寡妇系黑裙","规律化"得很彻底。① 对于以"礼"为最高信仰与追求的封建社会而言,服装主要是礼教和等级地位的标志。如果把封建社会比作一场巨型的游戏,那么服装就是这场游戏的道具,而祖上传来的"礼"就是这场游戏的主宰,人们完全拜倒于"礼"所规定的"中装中服"之下(图1-6-1)。这也回应了张爱玲的感叹:"在满清三百年的统治下,女人竟没有什么时装可言! 一代又一代的人穿着同样的衣服而不觉得厌烦。"② 为何不厌烦? 因为人们信仰"礼",崇拜礼制下的"中装中服",所以甘心恪守"礼"所制定的游戏规则。为了维护"礼"和提高等级地位的需要,人们忽略了人的其他需要,也忽略了服装美化人体、表现人性等精神作用,直到新时代打破对"礼"的盲目崇拜,推出"人"这个真正的主宰。从马斯洛的需求理论的角度来说,"礼"与"人"为主宰的最大区别在于,前者是直接追求满足人的高级需要,如社会需要、自我实现的需要,而后者则是从低级到高级,追求满足人们身心各方面的需要,包括前者所忽略的生理需要、审美需要等。林语堂的"中装中服",实为"旧瓶装新酒",这新酒里少了封建之"礼",多了汉武帝独尊儒术后所丢弃的重要配料,那便是老庄之学中的"人"、个性、自由等思想,这些思想使人们开始摆脱"礼",走向真正的独立,成为有不同个性和需要、有主动权的"人",并开始自己制定游戏规则,追求"礼"和等级地位之外的一些东西。服装也由此开始脱离封建的枷锁,发挥出其原有的实用、审美等功能,成为人们关心个体生存,追求个性与自由,实现各种需要的标志。

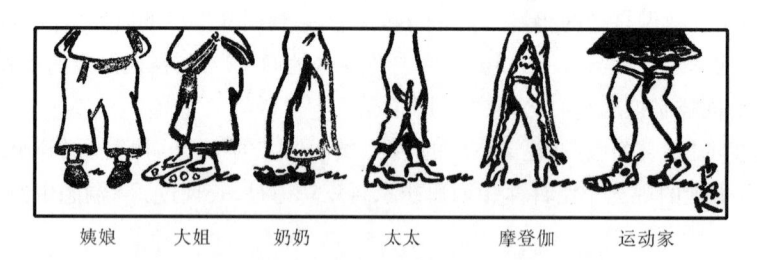

图1-6-1 下层服装之意识形态(《论语》1932年第5期)

(二)"隐士"之举

林语堂在自己的着装中践行其"隐士"之学,与此同时,他还撰写与服装相关的文章,创办杂志,以实际行动传播其"隐士"之学。

---

① 张爱玲:《更衣记》,《古今》1943年第36期。
② 同上。

首先,就林语堂的着装而言,他说"我的头脑是西洋产品,而我的心却是中国的"①。对中西文化的深刻了解,让林先生选择了穿着符合自己随意、自由的个性的服装。林先生觉得"赤足之快活灵便,童年时的快乐自由"②是穿任何形制的鞋子都无法比拟的,他便脱了鞋在办公室的地毯上走,体会这"生活中最奢侈的享受之一"③。他觉得"中国小帽"相对"洋帽"而言"较适合逻辑和较为舒服",因此他戴"中国小帽"。④ 他觉得穿西装太束缚、不够"闲适",他便穿一身自在的长衫。林先生有"行为尊孔孟"⑤之言,因而他在西方国家会脱下长衫入乡随俗;在正式场合会待主人的"随便宽衣"之令,才脱下"天炎既不可减,天凉也无从加"⑥的西服套装。林先生说,我国日常用语中,自己最佩服的便是"随便宽衣"四字。⑦ 有一次,林先生赴酒席,大家穿着西装"热昏昏受罪",忽然听到主人说"宽衣",顿有"如蒙大赦"的快感。⑧ "随便宽衣",意味着可以不拘于礼,这在传统习惯了揖让鞠躬、以礼为上的正式场合,可谓是莫大的自由,"礼后乎? 礼后也"⑨。

其次,林语堂写了很多与服装相关的文章。《论西装》一文是林先生写服装的专文。该文以"我为何不穿西装"起笔,从"伦理""美感""卫生"三方面论述了中西服装的不同特点,阐明自己不穿西装的种种原因,以及中装的合理性,是林先生"中装中服"思想的集中体现,同时也反映了其"自然随性"的服装思想。文中有"然一人的年事渐长,素养渐深,理事渐达,心气渐平,也必断然弃其洋装""中国衣服之好处,正在不单能通毛孔呼吸,并且无论冬夏皆宽适如意,四通八达,何部痒处,皆搔得着"等想法。⑩ 另外,在四次获得"诺贝尔文学奖"提名的巨著《京华烟云》中,林先生从光绪二十六年(1900)写到民国二十七年(1938),从有"宽大的袖子"的短裾写到有着"把早年宽大飘洒的大袖子取而代之"的"极细瘦的袖子"的裾子,再写到使"身段儿的自然之美完全显露出来"的旗袍。⑪ 服装从蔽体的宽袍大袖演变为显体的修身窄袖,反映了时代的变化,以及在新文化的影响下,人们对人-衣关系的认知逐渐由"衣重于人"向"人重于衣"的质变。矜持保守的曼娘穿的是"袖子比较宽大"的"老式的衣裳";激进的环儿穿的是"一件红紫色的短夹大衣,紧扣在腰以下,黑长裤,高跟鞋",一副"新青年"的形象;虚荣、轻佻的莺莺则是"淡红色的上衣,左肩上插着一支牡丹""领子高,又紧又短的袖子"的摩登造型。⑫ 不同人物的服装各有不同,分别反映了不同人物的思想与个性,正是林先生服装"随性"之学的体现。此外,还有孔夫子的"短右袂"是便于写作的中服文化,"穿洋服把背心上最下一个扣子敞开,是应当如此。那叫作剑桥式"的西服文化等。⑬ 服装描写虽只占《京华烟云》中人物肖像描写的一小部分,却有点睛之妙,大可见林先生对服装的了如指掌。

再者,林语堂创办了《论语》《宇宙风》《人间世》等杂志,为服装思想的传播提供了平台。林先生的《论西装》一文便刊登于1934年发行的《论语》杂志的第39期。先生在杂志中设置了"群言堂"一栏,用于刊登读者来稿。该杂志第41期在该栏刊登了《穿中装才是怕老婆》《卸西装法》两篇针对林

---

① 林语堂:《林语堂自传》,河北人民出版社1991年版,第21页。
② 林语堂:《谈赤足之美》,《林语堂散文(三)》,河北人民出版社1991年版,第64页。
③ 林语堂:《林语堂自传》,河北人民出版社1991年版,第98页。
④ 林语堂:《林语堂自传》,河北人民出版社1991年版,第32页。
⑤ 徐学:《孔孟风骨幽默文章(代序)》,《林语堂自传》,河北人民出版社1991年版,第2页。
⑥ 林语堂:《论西装》,《论语》1934年第39期。
⑦ 林语堂:《瑞士风光》,《林语堂散文(二)》,河北人民出版社1991年版,第67页。
⑧ 林语堂:《来台后二十四快事》,《林语堂散文(二)》,河北人民出版社1991年版,第53页。
⑨ 林语堂:《瑞士风光》,《林语堂散文(二)》,河北人民出版社1991年版,第67页。
⑩ 林语堂:《论西装》,《论语》1934年第39期。
⑪ 林语堂:《京华烟云》,时代文艺出版社1987年版,第2-3、224、696页。
⑫ 同上,第563、427、438-440页。
⑬ 同上,第254、296页。

先生的《论西装》的读者来稿,且文后刊登了先生执笔的"敬复者",即给选登来稿读者的回复。这么来来回回的交流互动,进一步促进了服装思想的传播。

林语堂创办的杂志中还刊登了其他许多与服装相关的图文作品,其中有不少与他的"隐士"之学相通的服装思想,如《论女子的衣领》一文强烈批判了当时流行的领子:"每次扣上,粉颈上立起红痕,实可有上吊未遂之误会;而谈必低声,后顾必赖于'向后转',仰视必赖于突肚,俯视必赖于弯腰,左右顾必赖于瞟眼斜视,以致领节骨之转动无形麻痹,声带亦遂而变态",①可见作者亦是服装"自然"思想的支持者;《服装论》一文则幽默地敦促政府制定"最吉利的服装",以使"彼倭奴日本,不抗自退",所谓"天下一统,正朔虽改,而标准服装则迟迟未制定,以至无知小民,奇装异服,招摇市面,不冠者有之,不袜不履者有之……近年内忧外患,天灾人祸,未必不由于此",②十分犀利地讽刺了政府的服装禁令,与林语堂先生"一朝下令不许皮鞋店制高跟鞋,不许理发师烫头发,大中华岂不扶摇直上"③的反问有异曲同工之妙,二者均包含服装自由的思想。除此之外,林语堂所创办的杂志中也不乏有不合于他的"隐士"之学的思想,如《论衣服》一文认为林先生提倡的长袍"就像一个小足妇女在欧洲",是"失时"的。④ 不论这些文章的思想与观点是否和林先生为同道,它们的成功发表通常少不了林先生这位"隐士",且它们均是那个时代思想争鸣的写照,是思想启蒙过程中的重要部分,正如林先生所言:"报界就是舆论的机关,可以代表舆论,左右政治,是文明社会上一种大力量。虽然天天可印发几百万言,明日都塞进字纸篓去,但影响国人的思想甚深。"⑤

"想宇宙万类,应时生灭,然必尽其性"⑥,林语堂有着"隐士"的情怀与个性追求,其服装思想带着明显的老庄特色,突出了"人"和对个性与自由的追求。"中装中服"是"自然随性"的、从容的,但需要有林语堂式的境界、有对"中装中服"思想的深刻领悟,方能穿出这份"自然随性"与从容。林先生穿"中装中服",享受服装的"自然随性",享受人生的"自然随性",同时也是在享受一些更高层面的东西。更重要的是,林先生不是一个人在享受,而是通过撰写文章、创办杂志的实践,使其"自然随性""中装中服"的"隐士"之学得以传播。

附:"隐士"的语录

摘自林语堂撰写的《论西装》,刊载于《论语》1934年第39期。

摘自后世编撰、河北人民出版社1991年出版的《林语堂散文(二)》中的《来台后二十四快事》,河北人民出版社1991年出版的《林语堂自传》中的《父亲对各种事物的见解》(林语堂的女儿林无双、林如斯所作)。

➢ 大约中西服装哲学上之不同,在于西装意在表现人身形体,而中装意在遮盖身体。

➢ 因为中国服装是比较一视同仁,自由平等,美者固然不能尽量表扬其身体美于大庭广众之前,而丑者也较便于藏拙,不至于大露行迹了。所以中服很合于德谟克拉西的精神。

➢ 戴这(西装)领子,冬天妨碍御寒,夏天妨碍通气,而四季都是妨碍思想,令人自由不得。

➢ 至于冬夏四时之变易,中服得以随时增减,西装却很少商量之余地,至少非一层里衣一层衬

---

① 徐訏:《论女子的衣领》,《论语》1934年第34期。
② 钟汉:《服装论》,《论语》1936年第99期。
③ 林语堂:《裁缝道德》,《论语》1935年第60期。
④ 傅举孚:《论衣服》,《宇宙风·乙刊》1940年第35期。
⑤ 林语堂:《谈新闻事业与现代社会》,《林语堂散文(三)》,河北人民出版社1991年版,第264页。
⑥ 林语堂:《孤崖一枝花》,《宇宙风》1935年第1期。

衫一层外衣不可。天炎既不可减,天凉也无从加。

➢ 我常徘徊于两个世界之间,而逼着我自己要选择一个,或为旧者,或为新者,由两足所穿的鞋子以至头顶所戴的帽子。现在我不穿西服了,但仍保留着皮鞋。至最近,我始行决定旧式的中国小帽是比洋帽较适合逻辑和较为舒服的,戴上洋帽我总觉得形容古怪。一向我都要选择我的哲学,一如决定戴哪种帽子一样。

➢ 我要享受我的自由,不愿别人干涉我。犹如一个山地人站在英国皇太子旁边而不认识他一样。他爱说话,就快人快语,没兴致时,就闭口不言。

➢ 我是没有一刻安静,遇事乐观,对人生是采取游戏人间的态度,一切约束限制的东西我都恨。诸如领带,裤腰带,鞋带儿。

➢ 直到现在我仍喜欢穿着袜子在我系办公室的地毯上行走,视之为生活中最奢侈的享受之一。我以为人的双脚,即因为上帝为了叫人行走而造成它们,所以是完美的。对于它们,不能再有什么改良,而穿鞋是一种人类退化的形态。

➢ 外国的服装有许多的变更。你能穿许多的种类。但中国的服装可不能。因此我想做一个女衣的成衣匠,给贵妇们的服装打样。我将去变更中国的服装成许多不同的式样。

毛吟槎
1891—1992,江苏苏州人

身　　份：牧师、教师。

简　　历：1903年毕业于苏州教会圣日学校。次年,受洗礼入教并任教于苏州胜浦镇北里巷教会小学。1911年,调至吴江县平望镇传教。1913年,由美国监理会保送至南京金陵神学院深造。1916年毕业,先后于江苏、云南、重庆等地传教,同时积极办学。曾于苏州办教会学堂,于重庆办启明小学等多所学校。曾任美国监理会无锡牧区副牧师长,苏州圣约翰教堂牧师,常州市基督教协会名誉会长,《福音光》杂志主编等职务。积极参与抗日救亡运动。曾创立苏州第一所工人俱乐部,开办夜校,为进步青年提供宣传革命思想的场所。曾与爱国将军冯玉祥办"抗日战争基督徒全国联合会",冯将军赞其"爱教更爱国"。中华人民共和国成立后,任常州市三自爱国运动委员会主席等职。

成　　就：著《旧约故事读本》《太平洋专刊》《归主运动》等作品;著有长篇《回忆录》,为我国教会史提供了有益材料;致力于传道办学,为国民思想教育做贡献;为抗日救亡战线的积极人士。

专业成就：1922年,上海《家庭》杂志组织了一个系列的服装评论文章,以"装饰号"名义(即1922年第7期)集辑出版。毛吟槎的大作《男子服饰应改的我见》亦列其中,且是其中唯一一篇专门讨论男装变革的文章。1937年,该文更名为《男子衣服应改的我见》,重新刊载于《现代家庭》;1924年,在《兴华》杂志上发表独幕剧《泊来品的服装》。

毛吟槎的"变"与"便"之道

作为新思想的传播者之一,毛吟槎同大部分先驱一样,具有新派的西方文化背景。但这个背景的来源不是留学海外,直接感受西方文化,而是接受国内教会学校和神学院的教育。"不要单注重外表的妆饰,就如卷头发、戴金饰、穿华丽衣服;却要在里面存着温柔安静的心灵,作不能毁坏的妆饰,这在上帝面前是极宝贵的①",物质生活讲究朴素的基督教理念使毛吟槎先生形成了与我国传统有异的新思想。其"变"与"便"的服装观念,看似简单,实则内涵丰富,对于近代服装新思想的建构具有特殊意义。

(一)"变"与"便"之道

在《男子服饰应改的我见》一文中,毛吟槎先生就我国古代服饰变化的动因做出总结,并提出以"便"为核心的新型服装"变"之道。所谓"变",即服装的演变,是毛先生纵观古今,对服装随着时代产生变化的动因和历史规律的认识。所谓"便",即服装形制、结构的简化,以及穿着方式的便捷,是毛先生立足近代,对未来服装变化目的的把握。

首先,"原始人民"穿衣的动机是"蔽体御寒",而后来之所以讲究"服饰的美丽",是由于"人民的智识进化。工艺发明"②。原始服装到古代服装的演变是人类对服装的基本生理需要向精神需要的转变,服装变化之道的动因是文明的进步与社会的发展。这是毛吟槎对我国服装演变规律的一大发现。同时,正如近代人们对儿童、妇女、底层人民等的"发现"一样,毛吟槎先生的"服变大发现"也是对服装于人的精神需要的充分肯定。

其次,如梁漱溟所说"中国文化是一成不变的",中国人"安遇知足"。③ 不喜欢变,这一点在服饰上的表现很明显,正所谓"一代又一代的人穿着同样的衣服而不觉得厌烦"④。毛吟槎总结了古代男性服饰的变化之道:"我国的服饰历来没有多大的变迁。大概只有'汉服''胡服'的分别,这两种服饰的兴替。就是顾着国家的改变。"⑤古代"汉服""胡服"的演变多是由于"历史和种族的关系"的改变,这种服装变化之道的动因是出于掌握国家政权的"种族"的改变和维护王权的需要。⑥ 这是毛吟槎的又一"服变大发现"。古代服装的演变正是画地为牢,服饰的改变紧随中国文化变迁的潮流,即多是"对于自己的意思变换、调和、持中"⑦。人们"戒不掉"身子里的礼教观念,也"戒不掉"身子外的宽袍大袖。且看清朝满族人入关,"十从十不从",看似要"强变",实则为"调和",所以服饰最终呈现的是满族服饰、汉族服饰,以及相对于官服的民间服饰三足鼎立的局面。这"三国服饰"都属于中国服饰,其宽大蔽体的主流并未改变。

在刚刚摆脱传统"服装教义"的近代社会,毛吟槎对自古以来服饰变化规律的把握相当准确。

---

① 中文圣经新译会翻译:《彼得前书》三章,《新约全书(新译本)》,1976年版,第354页。
② 毛吟槎:《男子服饰应改的我见》,《家庭》(上海)1922年第7期。
③ 梁漱溟:《东西方文化及其哲学》,商务印书馆1999年版,第73、159页。
④ 张爱玲:《更衣记》,《古今》1943年第36期。
⑤ 毛吟槎:《男子服饰应改的我见》,《家庭》(上海)1922年第7期。
⑥ 同上。
⑦ 梁漱溟:《东西方文化及其哲学》,商务印书馆1999年版,第63页。

从需要的角度看,服装从原始社会到奴隶社会的变化,很大程度上反映了人类生理需要向精神需要的转变。而进入封建社会后,对服装的精神需要主要表现为社会需要,即服装作为维护社会秩序、维护王权与等级地位的工具,其作用远远超过了为个人精神需要服务。自古以来,改朔易服那一般是摊上大事儿了,往往意味着王朝的更迭和皇室血脉的更新。而毛先生将服装拉回到了个人需要的层面,他的变服不是为了"种族问题",而是为了"适便与不便"和"讲究美丽",且"为了这种意思,服饰与人民不可谓不是一个重要的问题呀",个人需要首先是大事儿。

毛吟槎先生以对古代服装的演变规律的认识为基础,开始对近代服装变化规律进行探索。他否定了民国初年"断其发,短其衣,则变蛮夷矣"①的说法,而将变服之道建立在"便"的个人需要上。"变亦变,不变亦变"②,东西方文化的相互碰撞所引起的"变"是清末以来社会发展的主旋律。辛亥革命与新文化运动是这一变奏曲的高潮,同时也是一个全新的起点。毛吟槎提出,变服之道的关键是不"跑偏",不离开"便"的宗旨。虽然"国体已改",但服饰的改变"原不应有种族的意见",这意味着服装变化之道应博采众长,而且在剥离了"国体""种族"等附加意义之后,可以无所顾忌地借鉴人家实用性方面的因素,也就是说可以将"适便与不便"作为服装改变的依据。

毛先生这种为"便"而"变"的服装变化之道,出于多角度考虑。首先是时代的变化,以及近代以来轮船、火车、汽车等新式交通工具的发展,使"处处打算长居久安"的国人的"迁徙"和"旅行"的频率和速度大大增加。不改变自古袭来的宽衣长袍,则"时常有牵住或是被踏牢的危险","不便于旅行",故要变。其次,毛吟槎先生批判了文人学子"稍能通文,就要肩不挑担,手不提篮"的习气和国人"厌恶劳动的本业"的心理。宽衣长袍在大部分时候都是"装样摆着",束缚了劳动,"不便操作",故要变。③《礼拜六》上曾有刊文道"今世则视劳动为神圣。凡所云云。举成往事。故男子服饰亦随以俱改"④。毛吟槎新型服装变化之道的产生,看似是基于社会发展的需要,实则是基于人的需要。毛先生说"人穿衣服的真意"是"使人有便利、能操作,不受衣服的束缚"⑤。"变"是为了"便","便"是以人为本。

(二) 如何"变"与"便"

针对男装,毛吟槎先生设立了三个变服的标准:灵巧、简便、美丽。

首先,就灵巧而言,他认为服装应便于工作与旅行,"短小点""于旅行做事不觉累赘"。这是提倡服装形制的简单和精炼,即以短打替代亘古不变的长衫;就简便而言,他认为服装应便于操作,"穿起来可以不多费光阴""旅行起来能携带便利"。这是提倡服装品种与结构的简化。服装品种上,没有那么多内、外、主、副的考究。服装结构上,没有费时又费解的一字扣、系带等。这两个以"便"为核心的变服标准正是后来服装变化的历史潮流,亦如后来者张爱玲所言,我们的时装的历史,就是各种"点缀品"的逐渐减去。⑥

在具体式样上,毛吟槎否定了传统的宽衣长袍,并为"短小点"的西装点了赞,这也是对广义的西装,即西式短装的肯定。与此同时,他给了狭义的西装上那"多费金钱和束缚人"的硬领和硬袖差

---

① 佚名:《服饰刍议》,《申报》,1912年1月7日。
② 梁启超著、何光宇评注:《变法通议》,华夏出版社2002年版,第15页。
③ 毛吟槎:《男子服饰应改的我见》,《家庭》1922年第7期。
④ 阿诺裴纳原著、刘幼新译:《妇女装饰之原理》,《礼拜六》1921年第137期。
⑤ 毛吟槎:《男子服饰应改的我见》,《家庭》1922年第7期。
⑥ 张爱玲:《更衣记》,《古今》1943年第36期。

评,并提出修改方案"改用软领软袖"。① 西装加衬垫的做法可追溯至文艺复兴时期。事实上,早在中世纪后期,西方服装造型发生了由宽衣向窄衣的转化,借助省道来表现"自然的人"。进入文艺复兴之后,这种"合体的衣"塑造出来的"自然的人"已不能满足日益突进的审美趣味,裁缝工匠们发明了紧身胸衣、裙撑、胸衬、肩垫等各种构架物与填充物,以此来塑造"理想的人"——一个 X 型的女人与一个 Y 型的男人。西装的胸肩结构,以及硬领、硬袖等,通过衬垫使人理想化的做法,正是这条线索的延续。要让身处不同时间、不同空间的近代中国知识分子看到这一点,要求有点偏高。所以,我们对包括毛吟槎在内的一大批近代知识分子不喜欢狭义的西装表示理解。

再者,就美丽而言,毛先生认为服饰的颜色,是让服饰美丽起来的重要因素。他打破了传统服饰色彩的禁忌,他说服饰的颜色要有"优雅的秀气"②。这里的"优雅"与"秀气"也是被剥离了"种族""等秩"等条件的纯粹的"优雅"与"秀气"。毛先生是关注男性服饰颜色的先锋,后来方有张爱玲所说的"男子服色的限制是现代文明的特征"③这种相对封建时代而言已是相对自由的"服色限制",以及当代普遍男性服色的绝对自由与百无禁忌。

作为牧师,传教布道是毛吟槎先生尽其一生的事业。毛先生的服装思想离不开他所信仰的基督教教义。在这个教义中,"凡遵行上帝旨意的人就是我的弟兄姐妹和母亲了"④,于是基督教徒之间不论年龄辈分,均互称兄弟姐妹,没有等差。这与我国自古以来知识分子所信仰的类似宗教的儒教,以"礼"为中心、"君君臣臣父父子子"的思想截然不同。反映在服装上,前者,服装偏向于为没有等差的人服务,人重于衣,故有"身体不比衣服重要吗?"⑤的反问;后者,服装随人分成三六九等,衣重于人,强调服装为等级秩序服务。毛先生对变服标准的详解打破了等级秩序的观念,历史证明,它们确是服饰发展的趋势。如何才能灵巧、简便、美丽,让服饰如天生的"第二层皮肤",既具功能性又具装饰性,便于人的活动与生活,这至今仍是许多服装设计师求索的变服之道。

附:毛吟槎的服装语录

摘自毛吟槎《男子服饰应改的我见》,刊载于《家庭》1922 年第 7 期;毛吟槎《泊来品的服装》(独幕剧),刊载于《兴华》1924 年第 29 期。

➤ 后来人民的智识进化,工艺发明。于是服饰就要讲究美丽,不像古人的只求蔽体御寒了。为了这种意思,服饰与人民不可谓不是一个重要的问题呀。

➤ 我国的服饰历来没有多大的变迁。大概只有"汉服""胡服"的分别,这两种服饰的兴替,就是顾着国家的改变。

➤ 如今我国国体已改。服饰仍旧是胡服。这是为了共和国。原不应有种族的意见。必定要改去胡服仍旧汉服。但是今日我说要改的意见不为种族问题,是为适便与不便的缘故。

➤ 这些宽大的衣服时常有牵住或被人踏牢的危险。在火车和电车上,乃是我们时见这种危险的事情。并且这种宽大的衣服穿在身上,在旅行时或是热了不易脱掉,冷了不易加上。脱了太冷。加了太笨,就有转身不灵。所以要改。

---

① 毛吟槎:《男子服饰应改的我见》,《家庭》1922 年第 7 期。
② 同上。
③ 张爱玲:《更衣记》,《古今》1943 年第 36 期。
④ 中文圣经新译会翻译:《马可福音四章》,《新约全书(新译本)》,1976 年版,第 55 页。
⑤ 中文圣经新译会翻译:《马太福音六章》,《新约全书(新译本)》,1976 年版,第 9 页。

➢ 服饰的式样应当有灵巧、美丽、简便三种。怎样会灵巧,就是要短小点,于旅行做事不觉累赘。怎样会美丽,就是服饰的颜色有优雅的秀气。怎样能简便,就是要穿起来可以不多费光阴,旅行起来能携带便利。

➢ 人穿着服饰终要使人有便利,能操作,不受衣服的束缚。那才算是得着衣服的好处了。

➢ 《泊来品的服装》(独幕剧)节选:

母亲:女儿,我如今为你从外国购来一件最时髦的新衣服,你穿了以后一定要增长许多美丽。

女儿:谢谢母亲,你这样为我打算,真是显出你浓厚的爱心。

母亲:不要客气,父母为子女打算一切是应尽的本分,——你今日要到母舅家去作客,真可穿这件新衣服了!

女儿:好啊,母亲,衣服在哪里呢?

母亲:我去拿出来,你可以穿着了。穿了以后,我想你一定喜欢。

女儿:母亲,衣服很有趣,可是不知怎么穿法!

母亲:女儿啊,你太笨了,有了衣服还不会穿吗?

女儿:是的,这衣服我没有看见过,怎样会穿呢?母亲你来帮我一穿吧。

母亲:很好,这件是这样的穿,那件是那样的穿,帽子是这样的戴上。一身的衣服不是全备穿好吗?

女儿:是的,母亲哪,衣服是穿好了,在买衣服的时候,可惜!母亲没有量女儿的身材。如今这件衣觉得太宽,那件觉得太小,身子上觉得不大舒服哩!

母亲:女儿哪,这套衣服外国式最新式的,你为什么要嫌大嫌小,真叫我母亲难受呢。

(解读:传统中式服装宽大离体,与身材的关系不大,而近代中国引进的西式服装紧身合体,需要量体裁衣,这样才能避免嫌大嫌小,实现灵巧、简便而美丽。当然,换一个角度又可以看到传统中装的优势,那就是大小皆宜、适应性强。)

许地山

1893—1941，广东揭阳人

身　　份：作家、教育家。

简　　历：1896 年入私塾读书，后入广州邵午讲习所、广州随宦中学堂学习。1911 年开始，先后任教于缅甸仰光中华学校、漳州华英中学等。1917 年，入燕京大学文学院读书，其间作为学生代表参加"五四"示威游行，并与瞿秋白、郑振铎等创办《新社会》旬刊。1920 年，获燕京大学文学院学士学位。曾任燕京大学助教与平明大学教员，并与周作人、郑振铎、沈雁冰等十二人发起并成立文学研究会。1923 年赴欧美留学，1927 年至 1935 年任教于燕京大学，后由胡适推荐入香港大学，兼任香港中英文化协会主席与中华全国文艺界抗敌协会香港分会常务理事。在此期间，热心支持文化教育事业，积极参加抗日救亡运动。

成　　就：著述等身的大文豪，《落花生》《缀网劳蛛》《国粹与国学》等具有重要影响力，《道学史》《印度文学》具有很高的学术价值，译作《孟加拉民间故事》《二十夜问》等促进了中外文化的传播与交流；学识渊博，品行高尚，其"落花生"的本性与精神影响了很多人。

专业成就：于《新社会》上发表《女子的服饰》(1920 年第 8 期)；于《大公报》上发表连载文章《近三百年来的中国女装》(1935 年 5 月 11 日至 8 月 13 日)；1939 年，以"三百年来底中国女装"为主题，为中英文化协会会员做演讲；作为张爱玲在香港大学的老师，对张爱玲的服装观产生了一定的影响；曾搜集资料，打算编写《中国服装史》；曾自己设计棉布大衫。

许地山的"落花生"主义

许地山,笔名"落华生",源于落花生"花小而丑,但结出来的果实很大很多很好吃,是个很有用的植物果实"①,意为"要做有用的人,不要做伟大、体面的人"②。"落花生"是许地山的代名词,"落花生"主义中涵盖的自然朴素、脚踏实地、"实而不华,用而不炫"③等思想,是许先生终其一生所秉持的。他将这些思想融入他的"个人的癖好"④——服装研究之中,形成了"落花生"式的服装思想与实践。

(一)"落花生"的服装思想

1. 从女性视角出发的服装"落花生"主义

"在家从父,出嫁从夫,夫死从子",自古以来,我国女性作为男性的附属品,大多被豢养在深闺,是要恪守"三从四德"的"内人",极少参加社会事务,难以拥有"主外"的人权。新文化运动后,女性的普遍觉醒及女权的逐渐扩大,正是得益于如许地山一般关注女性、构建各种"女性观念"的思想先驱。许地山是新文化运动中的新青年,他不仅参加了"五四"示威游行活动,还积极参与当时的文学革命,发起并成立了文学研究会,以"思想革命"为己任。⑤ 他的《女子的服饰》与《近三百年来的中国女装》均从女性视角出发,直接反映了新文化运动的重要阵地《新青年》创刊号中所提倡的人文精神。

首先,从人的自由与女性的社会权利出发,许地山提出了女装以尚用、平权为内涵的服装"落花生"主义。许先生主张服装是"可以随意改换的"的观念,不论男女,均有改换服装的自由。女性自古以来因礼仪的束缚而穿长久不变的裙子,可以改换成实用的、"便于操作"的裤子,因为"女子忙的时候快到了"⑥。新社会正敞开怀抱,等待新时代的女性去享有个人生存权、发展权,以及参与社会事务的权利,需要用大把时间制作和穿用的华丽袄裙太不实用,无法适应相对快节奏的新社会。此外,许先生主张"断发男服"。"断发",即不留长发,因为"梳一个头就要费了大半天的工夫",而要拥有社会权利的女性"如果还是一天用了半天的工夫去装饰身体,那么女子的工作可就不能和男子平等了";"男服",即穿着和男子一样的服装,"若是女子能够做某种事业,就当和做那事业的男子的服饰一样。平常的女子也就可以和平常的男子一样。"⑦ 总之,服装要实用,要对于女性适应新社会、从事新工作、获得自由与权利"有用"。许地山认为要通过服装"泯灭性的区别"⑧,正如康有为在其《大同书》中提倡的"女子与男子衣服装饰当同"⑨,旨在通过服装的同化,使女性更好地获得应有的权利,使男女平权之路更畅通。这种从群体权利出发,追求男女平权或阶级平等的服装思想,是近

---

① 老戴:《许地山,取名落花生》,《纪事报》1946年第17期。
② 许地山:《落花生》,《许地山散文全编》,浙江文艺出版社1992年版,第86页。
③ 李镜池:《吾师许地山》,《宇宙风》1934年第123期。
④ 许地山:《近三百年来的中国女装》,《许地山散文全编》,浙江文艺出版社1992年版,第381页。
⑤ 仲密(周作人):《思想革命》,《每周评论》,1919年3月2日。
⑥ 许地山:《女子的服饰》,《新社会》1920年第8期。
⑦ 同上。
⑧ 同上。
⑨ 康有为:《大同书》,上海古籍出版社1956年版,第163页。

代服装思想最原始的形式,虽略带空想主义色彩,却打碎了等级的枷锁,逐渐走向后来为个人的个性解放服务的新风貌。

其次,从女性的独立出发,许地山提出了以"自然、不做作"为内涵的服装"落花生"主义。许先生批判了"缠脚娘走路的婀娜模样",并主张将女装中的耳环、手镯、指环等饰品弃绝,因为它们曾经是身份歧视的标记,如耳环是源于"古时希伯来人的风俗,凡奴隶服役到期满以后不愿离开主人的,主人就可以在家神面前把那奴隶的耳朵穿孔,为的是表明他已经永远服从那一家"①。许先生要从源头上斩断女性"当奴隶"、依赖主人的生存状态。他说要废除"有害的文饰",使"身上的一丝一毫都有真美的价值"②,正如民国元年发布的《社会改良会章程》所列,要"废缠足、穿耳、敷脂粉",且"衣饰宜崇质素"。③ 只有这样,女性才能离开"当自己做玩具的倾向",才能成为独立的新女性。④（图1-8-1）

图 1-8-1　妇女运动服装(《中国大观图画年鉴》1930 年)

---

① 许地山:《女子的服饰》,《新社会》1920 年第 8 期。
② 同上。
③ 唐绍仪、蔡元培等:《社会改良会章程》,《告别中世纪:"五四"文献选粹与解读》,广东人民出版社 2004 年版,第 40 页。
④ 许地山:《女子的服饰》,《新社会》1920 年第 8 期。

2. 服装学术思想

所谓"不学无术","学"是观察事物、发明真理,"术"是取所发明的真理付诸应用。① 自古以来,传统知识分子的人生追求与信仰便是"学而优则仕"而非"科学改变世界",他们多有吟诗作画的高尚情怀,却少有学术研究的精神,在服装这个与孔孟之道等国学仿佛八竿子打不着的身外之物上更如是。新文化的到来,让近代知识分子开始重新审视传统文化,对"国故"的关注、对"国粹"的讨论,成为新的研究方向之一。"落花生"许地山作为新时代的知识分子,他受过西方学术思想的洗礼,一生秉持着科学而严谨的学术精神,在对"国粹"与"国学"的思考中,将学术思想传播到了服装这个"不体面"的领域,构建了科学严谨、脚踏实地的服装学术思想。

许地山提倡服装学术化,将与人们切身相关的服装纳入学术研究的范围,打破了传统服装文化毫无科学可言的观念,他说"这衣,食,住,行,卫五种民族必要的知识,中国学者一向就没曾感觉到应当括入学术底范围"②。服装学术是通过研究观察各种服装现象,得出规律,并将研究结果加以实际应用。许先生说,"服装等装饰艺术可以显示民族文化的程度"③,服装的研究是"社会学家、历史家、美术家、家政家应当努力的"④。他认为我们对历史服装应该要有正确的认识,仅就美术家而言,对服装的研究与正确认识可以"免掉画汉朝人物着宋朝衣物的谬误"⑤。在对我国女性服饰的研究中,许先生剖析了20世纪30年代左右我国除改良旗袍外"全部抄袭国外"的服装风貌,他说"在服装上,我们底男女多半变了被他人装饰底人形衣架,看不出什么民族性来"⑥,正如他的高徒张爱玲所言:"我们的裁缝却是没主张的"⑦,师徒观点一致,并且两人有如出一辙的服装"恋旧"情结。所谓"以史为鉴",对服装历史文化的研究,不仅可知服装的变迁与兴替,更可以从历史与传统中找到创作的灵感,形成具有"民族性"的服装风格,以免做服装潮流应声虫的宿命。

许地山本人科学严谨、脚踏实地的"落花生"式的治学态度,是其服装学术思想的一部分。郁达夫曾说,许地山的治学精神是自己"无时无地不在佩服的"⑧。当时的文献资料共享不像现在这样轻而易举,而许先生在燕京大学的研究室里"四面墙倒有三面是书架,而这三面的书架上倒有两面全摆的是他自己手抄的东西"⑨。许先生将"落花生"精神贯彻到服装学术研究中,哪怕是研究小小的纽扣的起源,他也会细心地查古画像、古雕刻和其他许多相关的资料。⑩ 许地山没有留下关于治学态度的只言片语,但"桃李不言,下自成蹊",许先生自身的形象便是其服装学术思想最真切的反映。同时,他对最能反映事实的一手资料的注重,亦为后来的服装学者做了很好的榜样。尤其是在当今这个各种资料"秒享"的时代,学术论文与成果以迅雷不及掩耳之势进行"大生产",某些"产品"的原创性与可信度恐怕还有待于"落花生"式学术精神的洗礼。

(二)"落花生"的服装实践

许地山是一个名副其实的"落花生",他不仅在理论上提倡服装"落花生"主义,而且在实践中努

---

① 廖:《何谓学术》,《文化先锋》1945年第9期。
② 许地山:《国粹与国学》,《读者文摘》1941年第1期。
③ 邵迎建:《女装·时装·更衣记·爱——张爱玲与恩师许地山》,《新文学史料》2011年第1期。
④ 许地山:《近三百年来的中国女装》,《许地山散文全编》,浙江文艺出版社1992年版,第391页。
⑤ 许地山:《中国美术家的责任》,《晨报副刊》,1927年1月8日。
⑥ 许地山:《近三百年来的中国女装》,《许地山散文全编》,浙江文艺出版社1992年版,第413页。
⑦ 张爱玲:《更衣记》,《古今》1943年第36期。
⑧ 郁达夫:《敬悼许地山先生》,《许地山研究集》,南京大学出版社1989年版,第411页。
⑨ 张鸣琦:《我与许地山先生》,《中国文艺》1941年第1期。
⑩ 郑振铎:《悼许地山先生》,《文艺复兴》1946年第6期。

力奉行。作为一个"有用"的"落花生",他自行设计"落花生"式的服装,并致力于服装学术研究,奔走于各大高校和文化组织,通过三尺讲台将他的思想传达给他的学生和听众,对人们产生了"有用"的影响。

首先,许地山本人的服装实践正奉行了他的内在"有用"而非外在"体面"的"落花生"主义。这里的"有用"在于服装的舒适、实用,而所谓的不用"体面"则为衣着朴素自然,不刻意追求"无用"的装饰。许地山先生的太太周俟松回忆起与先生初见时的印象,她说:"这个人棉袍子上套夹袍子穿,必是不讲求服装的。"①他曾自行设计了一件深黄色的"长仅及膝,对襟不翻领的棉布大衫",搭配着"布鞋布袜"。如此不摩登的另类设计,"人以为怪",但许先生却"穿着自适"。② 舒适不舒适,只有先生自己知道;我们不是先生,我们就不知道先生舒适不舒适。但一部分人的视觉可能会不适。此时有三个选项:(1)注重个人生理舒适;(2)注重集体审美趣味;(3)个人生理舒适与集体审美趣味相结合。这些选项还可以与穿着场合结合起来考虑。所以,这是一道十分复杂的难题。但先生的选择如此简单,简单到让衣服回归最初始的动机。这样的选择真正是一个"落花生"式的选择。

设计实践之外,许地山还通过研究进行服装学术实践,写成《近三百年来的中国女装》一文。这篇于1935年在《大公报》上连载三个月方完结的"大论文"(全文约两万两千字)分为导言和正文两个部分,配有风俗图、年画、嫁妆图、灯笼画等图像八十二幅,全文结构清晰且有理有据。③ 在导言部分,许先生提出人类穿衣的动机为护体、遮羞、装饰,这至今仍是服装起源的三大基本观点。同时,如现代服装学著述一般,他在文中将服装按形式进行了分类,其中有"性别的表示""职业的表示""地域的表示"等先进的分类法。在正文部分,许先生分别论述了公服、礼服、常服、旗装。许先生奉行脚踏实地的"落花生"主义,以及"从中国历史与社会组织、经济制度的研究入手"的学术理念。从康熙时代到光绪末年,按时间轴,以皇帝的诏书及朝廷的法规、命令为依据,用实证的方法,将清朝至民国初期的服装史绵密细致地加以考察,图文并茂地"比较了各时代的女装变化底轨迹",通过对《大清会典》中的服装规定细则的考查,很有说服力地提出了女装不变的根本原因:"依例律,女人用的衣服材料不但是受规定,甚至装饰品……都不能随意。所以在帝制下的装束很不容易改变。"④1939年,许地山在中英文化协会上以《近三百年来的中国女装》为主题做了讲演。⑤

许地山的服装研究与实践,对此知道的人并不多,但通过他的学生张爱玲,间接地产生了重要影响。这就不得不提到张爱玲于1943年发表的服装著作《更衣记》。邵迎建对《更衣记》与《近三百年来的中国女装》做过详细的研究分析,得出了两篇文章的内容与观点极为相似、张爱玲之文源于许地山的影响的结论。《更衣记》也许正应了许地山在《近三百年来的中国女装》文后的话:"如果能引其几篇好文,那就算作者抛砖引玉了。"⑥其实,许先生的研究成果本身就是"玉",只是因为各种原因未被世人察觉,而张爱玲站在巨人的肩膀上,她将老师的"玉"重新抛光,使其重现光彩,成就了服装文化的杰作。

其实,许地山先生早在1930年就打算编写一部前无古人的《中国服装史》。为此,许先生搜集了不少古画的影印本和照片,做了很多卡片资料,进行了不少田野调查。⑦ 他经常去逛寺庙,他认

---

① 周俟松:《怀念地山》,《许地山研究集》,南京大学出版社1989年版,第426页。
② 周俟松:《许地山年表》,《许地山研究集》,南京大学出版社1989年版,第480页。
③ 邵迎建:《女装·时装·更衣记·爱——张爱玲与恩师许地山》,《新文学史料》2011年第1期。
④ 同上。
⑤ 周俟松:《许地山年表》,《许地山研究集》,南京大学出版社1989年版,第500页。
⑥ 邵迎建:《女装·时装·更衣记·爱——张爱玲与恩师许地山》,《新文学史料》2011年第1期。
⑦ 周俟松:《许地山年表》,《许地山研究集》,南京大学出版社1989年版,第480页。

为庙里的泥塑木雕为后人研究古代服饰提供了可信的证据。通过观察北京齐化门外关厢的东岳庙里的塑像,他发现"这些塑像是元朝著名雕塑家刘元创作的,但这些人物所着的服饰却都是宋朝流行的""它们(塑像)大部分都是所谓庶民,而这种打扮,不会像帝王的服饰那样列入记载的",①所以十分具有研究价值。历代《舆服制》的记录均以帝王将相为主,庶民服饰的记录只能依赖于此。张鸣琦在回忆许地山时提到,自己曾为了要研究中国历代服饰而去找过许先生,可见许先生的准备工作已经做得很不错。②《近三百年来的中国女装》可能只是许先生服装学术实践的冰山一角,但因为种种原因,先生未能完成更伟大的实践。有意思的是,后来完成《中国古代服饰研究》的沈从文先生曾在 1930 年发表过一篇文章《论落华生》,文中高度评价了许地山先生的散文,认为其风格可谓是中国"唯一的散文作家",同时也肯定了许先生融于文中的"各种思想学问"。③ 所谓英雄所见略同,两位前辈的思想想必有共鸣之处。

许地山先生立足于女性的视角考虑服装问题,关注自由、权利和独立,其以实用、自然为内涵的服装"落花生"主义充满了现代人文主义色彩。他将服装列入了科学的范畴,且让人们知道"理工科"是科学,"文科"也是科学。他严谨的学术思想指引了服装研究的科学化之路。总之,许地山的"落花生"主义服装思想与实践兼具了"德先生"与"赛先生"的双重气质,是新文化运动以后服装新思想的首批代表之一。

附:"落花生"的服装语录

摘自许地山撰写的《女子的服饰》,刊载于《新社会》1920 年第 8 期;《中国美术家的责任》,刊载于《晨报副刊》1927 年 1 月 8 日;《国粹与国学》,刊载于《读者文摘》1941 年第 1 期。

摘自后世编撰、浙江文艺出版社 1992 年出版的《许地山散文全编》中的《近三百年来的中国女装》。

➢ 美要出于自然才有价值,若故意弄成一种不自然的美,那缠脚娘走路底婀娜模样也可以在美学上占位置了。

➢ 我以为现时女子底事业比往时宽广得多,若还不想去改换她们底服饰,就恐怕不能和事业适应了。

➢ 在现在的世界里头,男女底服饰是应当一样底。

➢ 女子所用底手镯、脚钏、指环、耳环等等物件,现在底人都想那是美术的安置;其实从历史上看来,这些东西都是以前女子当奴隶底大记号,是新女子应当弃绝的。

➢ 人越忙越觉得时间短少,现在底女子忙底时候快到了,如果还是一天用了半天底工夫去装饰身体,那么女子底工作可就不能和男子平等了。这又是给反对妇女社会活动底人做口实了。

➢ 我们底戏剧,音乐,建筑,衣服等等并不是完全坏,完全不美,完全不适用,只因一般工匠与艺术家隔绝了,他们底美感缺乏,才会走到今日底地步。故乐器底改造,衣服底更拟,等等于日常生活底事物,我们当有相当底贡献。

➢ 没有本国底事物,就不能表现国性;没有美底事物,美感亦无从表现。我们认识古人底成就和遗留下来底优越事物,目的在温故知新,绝不是要我们守残复古。学术本无所谓新旧,只问其能

---

① 张心愉:《许地山与中国女装》,《美化生活》1985 年第 1-2 期。
② 张鸣琦:《我与许地山先生》,《中国文艺》1941 年第 1 期。
③ 沈从文:《论落华生》,《读书月刊》1930 年第 1 期。

否适应时代底需要。

➢ 这衣,食,住,行,卫五种民族必要的知识,中国学者一向就没曾感觉到应当括入学术底范围,操知识与智慧源泉底纯粹科学更谈不到了。

➢ 穿衣服底动机有三:一为护体,二为遮羞,三为装饰。这三种中以装饰为最多变化。衣服底形式所以屡次变迁,都系在装饰底趣味上。

➢ 在服装上,我们底男女多半变了被他人装饰底人形衣架,看不出什么民族性来。

➢ 营业上底自由竞争,加上穿衣服底人们底夸奇炫异,使裁缝和装饰家得以时常翻新花样。

江栋良

1911—1986，江苏苏州人

身　　份：漫画家、现代连环画家、插画家。

简　　历：别名义夫，生于苏州，世居上海。抗日战争爆发后，成为上海漫画界救亡协会的成员与《救亡漫画》五日刊的主要作者之一。1949年后，先后在上海新美术出版社、上海人民美术出版社从事连环画创作，画风带有漫画笔意。为中国美术家协会上海分会会员、上海市文史馆馆员。[1]

成　　就：江栋良是20世纪三四十年代活跃于上海的插画家和漫画家之一。经常在《上海漫画》《明星画报》《独立漫画》《时代漫画》《文汇报》等报刊上发表漫画，作品数量十分丰富。除漫画外，还绘制了大量的连环画，曾在报刊上连载连环画性质的《金瓶梅插图》，代表作有《甲午海战》《郑成功》《杨乃武与小白菜》等。[2]

专业成就：江栋良在服装领域颇具影响力，一方面，其大量的漫画作品中，不乏以描绘时装趋势与服装现象为主的时装漫画，采用或夸张或暗示或讽刺的漫画形式，展现当时的服装时尚；另一方面，他绘有许多服装设计图，切实地传播服饰流行，为当时的大众着装提供参照与引领。代表作有《海上妇女服装沿革》《"横"的流行》《美发论相》《都市妇女动态》《中国女性美创造》等。

---

[1] 徐昌酩：《上海美术志》，上海书画出版社2004年版，第490页。
[2] 同上。

江栋良的"旧上海风情画"

风情画原指描绘某个地域风土人情的绘画类型,后来逐渐引申为记录与展现一个地域"人事"与"风景"的艺术手段。除了绘画作品外,亦可以是文学与影视作品,如《香岛风情画》便是一部以香港为背景的小说,《美国风情画》则是一部美国的喜剧片。作为画家的江栋良诠释着风情画最原始的定义,用他的画笔描绘着旧上海的百般摩登。

上海被称作是"东方的巴黎,西方的纽约",作为我国最早对外开埠的通商口岸之一,较早地开始接触与制作西方时装,近代中国的服装时尚更以其为中心向四周进行辐射,是当时公认的亚洲地区的一大时尚中心。未必生于斯但长于斯的上海女性,自然成为了最摩登的一批人,其着装成为当时最具有代表性的时髦装束,成为了全国女性的模仿对象,旧上海的时尚也成为了近代思想家与艺术家笔下展现上海风情的绝佳题材。江栋良亦然,其笔下之"旧上海风情画"多取材于上海的时髦现象,以展现上海的服装流行为主。他生于苏州,却世居上海,是一位地道的上海人,故而对上海的风土人情十分了解,其笔下之上海的服饰风貌与各式上海时髦人物的描绘,也尤为生动与形象。

其"旧上海风情画"主要描绘了上海服装的两个方面:一为上海的服装流行趋势,可分为服装本身的变迁与服装流行的社会现象;二为上海的服装面貌,即对服装的设计表现。

(一)旧上海的流行趋势

流行,是指一段时期内人们对某类服装相对一致的偏好及由此形成的普遍的服装风尚,是由"少数人倡之,多数人效之"①而产生的一种社会现象:少数的一部分人穿上最新式的服装展现独特个性并成为流行的先导,另一部分多数人为了突出个性或与社会风尚保持一致进行仿效。旧上海作为近代服饰时尚的中心,自然是作为少数的领导者引领着时尚的变迁,而"在上海生活了的女性,早已分明自觉着这种自己所具的光荣"②;或是"不惜以全部的时间与精神,在自己的服装上作功夫,今天时髦这样,明天流行那样"③,为服装时尚贡献着不竭动力;或是"以适合为美",却又"有创新",④在兼顾生理、经济的同时不失美观与摩登。江栋良笔下的"旧上海风情画"真实、全面地展现了上海的服饰流行,主要分为以下两方面:

第一,对上海流行现象的分析。作为时尚中心的上海,其服饰的流行总是变幻莫测的,正如俗语所说,"昨日盛行,今日已成黄花"。江栋良的"旧上海风情画"展现了这多样的流行,且多是基于上海市井生活的真切描绘,或展现了其时横条纹的风靡,或夸张描绘了近代过于暴露的女性时装,或揭露了女性对时髦的盲目追求,或展露了女性勇于追求个性自由的无畏。总之,是从上海近代的世俗生活中取材,从服装时尚与时尚现象着手,以展现真切的上海流行。

首先是对服饰时尚的陈述。代表作为《"横"的流行》⑤,展现了其时上海的旗袍、鞋子、发型,乃

---

① 荻:《装束的美》,《妇女新装特刊》1928年第1期。
② 洛文:《上海的少女》,《申报月刊》1933年第9期。
③ 亦敏:《流行观——时装大众化的根本办法》,《机联会刊》1934年第92期。
④ 金筘:《妇女的衣装问题》,《机联会刊》1934年第92期。
⑤ 江栋良:《"横"的流行》,《永安月刊》1941年第26期。

至社会现象上的"横"之流行(图1-9-1)。首先是"横条子旗袍",即横条纹样之旗袍。民国时期,几何纹样尤为风靡,横条纹旗袍几乎成为"人各一件"的时尚必需品。江栋良幽默地形容这一横条旗袍的流行现象为斑马出游。其次是"横条子皮鞋",为横条纹鞋面的露趾粗跟凉鞋。这一款式和当下流行的凉拖样式如出一辙,可见江栋良时尚眼光之长远。再者是发式上的"横",有"把头发横梳在头顶"的前卫发型,亦有将发髻在脑后梳成横S状的"横爱司头"。江栋良称横爱司头为"一般姨太太的徐娘心目中最有吸动力的妆饰品"。此话不假,当时的上海妇女上至官太太,下至保姆,都时兴梳爱司头。此种发髻几乎成为上海近代贤妻良母的标准发型,就连张爱玲也从小便嚷嚷着"八岁就梳爱司头,十岁要穿高跟鞋"①。再次,江栋良影射了其时官员横行不法、男女关系横行不正等混乱的社会现象。进而,从现象到本质,全面剖析近代"横"的流行。

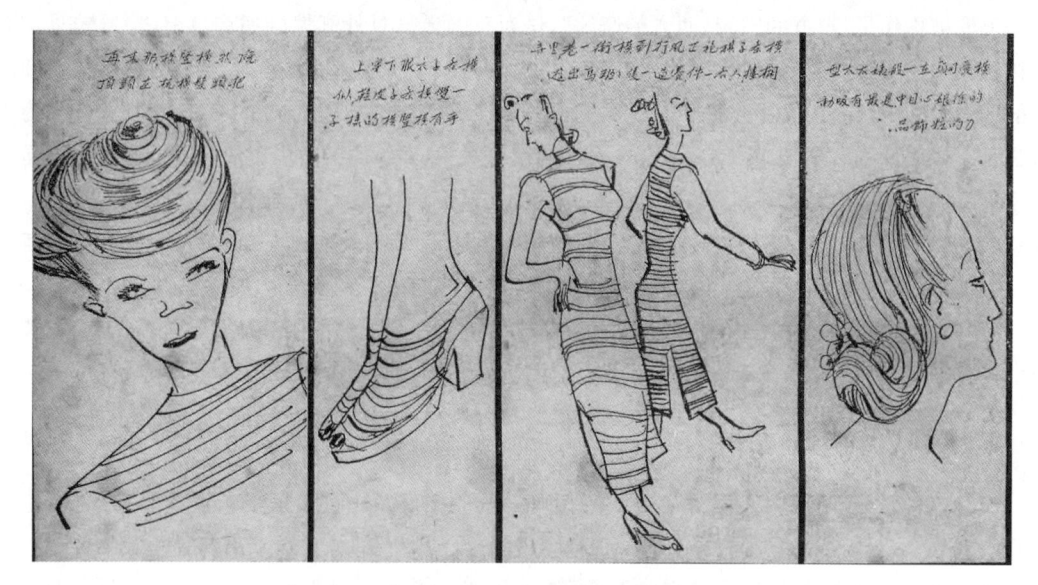

图1-9-1 "横"的流行(《永安月刊》1941年第26期)

其次是对时尚现象的描绘。江栋良将女性追求时髦的各种现象在其"风情画"中呈现出来,有正面案例亦有反面教材,均反映了真实的上海时尚。如《新效颦》②,采用讽刺的手法批判了近代妇女不考虑自身情况,只知盲目随大流,造成了东施效颦的状况(图1-9-2)。又如《除此三简单的东西外,恐不能再减少了吧》,③用夸张的手法描绘了近代摩登女性着装的日益简化与暴露,画面上仅为一件无袖改良短旗袍、一条内裤、一双凉鞋与一位赤身裸体的美女背影,简洁却准确到位(图1-9-3)。《本地风光》④与《一定打扮得花枝展招,招摇过市》⑤中对于摩登女性日常的夸张描绘,则展现了其时上海女性勇于装饰自己、展现自己的个性与自信。

第二,上海服装流行的变迁。与"女人竟没有什么时装可言!一代又一代的人穿着同样的衣服"⑥的旧社会不同,近代中国"妇女的衣饰是最容易过时的"⑦,故而这一时期服装时尚的变迁速

---

① 张爱玲:《童言无忌》,《天地》1944年第7-8期。
② 江栋良:《新效颦》,《上海市之国货事业》1933年第1期。
③ 江栋良:《除此三简单的东西外,恐不能再减少了吧》,《永安月刊》1940年第17期。
④ 江栋良:《本地风光》,《健康家庭》1940年第2卷第8期。
⑤ 江栋良:《一定打扮得花枝展招,招摇过市》,《明星》1936年第2期。
⑥ 张爱玲:《更衣记》,《古今》1943年第36期。
⑦ 佚名:《新式的旗袍》,《礼拜六》1947年第775期。

图 1-9-2　新效颦(《上海市之国货事业》1933 年第 1 期)

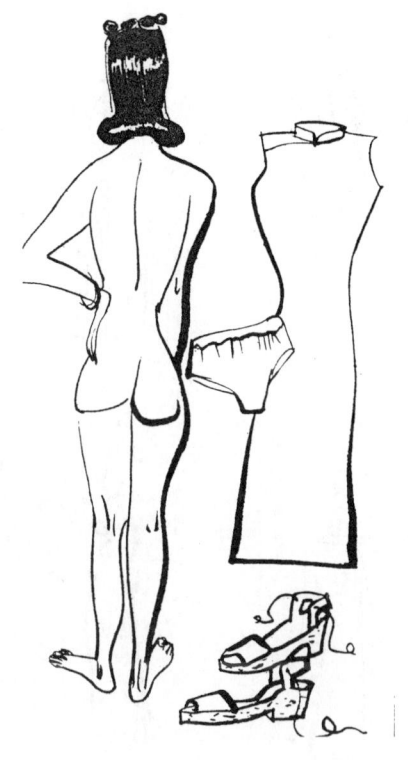

图 1-9-3　除此三简单的东西外,恐不能再减少了吧(《永安月刊》1940 年第 17 期)

度极快,且随着审美的变化而不断变化。江栋良抓住了这个形势,用漫画的形式描绘了上海女子自民国初年至 40 年代初期的时髦变迁。在其所绘的《海上妇女服装沿革》中,用概括性的线条描绘了九位不同时代的摩登女郎,她们各自代表着不同时期的服装流行,以及其时发型与形体上的转变(图 1-9-4)。① 第一位应是一位闺中小姐,脑后梳着一个低髻,身上穿着一袭长袄长裤,领子高耸,衣长至大腿部;第五位则穿着一身 20 世纪 20 年代典型的倒大袖旗袍,衣长至脚踝,渐而收身露出身形曲线;代表 20 世纪 40 年代初服饰风尚的第九位是一位不折不扣的摩登女郎,一袭改良旗袍十分紧窄,将女性胸腰臀间的曲线全然呈现出来,下摆提高至小腿处,手臂大方地暴露在外,头上变成卷曲的短发,脚穿一双高跟鞋。九幅着装图,从大处着眼,折射出由上袄下裤、上袄下裙至改良旗袍的品种的变迁,依小处则可看出袄的长与短、摆的圆与方等细节的变迁,淋漓尽致,一目了然,将近代几十年的服装由长变短、由宽变窄、由中而西的变迁颇为直观地呈现出来。江栋良亦附文对这一系列服装进行了说明,"妇女的服装,随时演变着。上图九幅,拿第九幅眼光来看第一幅,未免太过陈旧,若拿第一幅眼光来看第九幅,又太恶形了,其实在每一个时代看来,都是非常时髦的"。他还对服装的流行趋势进行了总结:"时代之轮,不断地旋转,说不定将来会把最陈旧的变为最时髦的呢!"这话一不小心就道出了流行周而复始的真谛,今日旧上海风情被视为时髦而一次又一次地被"朝花夕拾"起来,长乐路上定制旗袍店的兴旺,以"摩登 1930"命名的现代商场,都在证明着其话语的正确性。

---

① 江栋良:《海上妇女服装沿革》,《永安月刊》1940 年第 18 期。

图 1-9-4　海上妇女服装沿革(《永安月刊》1940 年第 18 期)

(二) 旧上海的服装面貌

江栋良的"旧上海风情画"不仅记录着旧上海的服装流行,更进行着海派风格的新装设计,引领与影响着上海的服饰流行。其设计作品虽不似其漫画作品之丰富,但却颇负艺术眼光与多样化美感,主要包括服饰设计与发式设计两方面。

首先是服饰设计。代表作之一为《中国女性美创造:春·夏·秋·冬》[①],简洁的笔触却将春夏秋冬四季的人物着装状态描绘得尤为生动:春季之活泼轻灵与春装之轻柔飘逸,夏季之热情洋溢与夏装之清爽靓丽,秋天的期盼收获与秋装之优雅唯美,冬天之静谧与冬装之温暖(图 1-9-5)。每一个季节的感觉都在江栋良的笔下形象化了,且每个季节的着装都被概念化、艺术化了,具体的服装款式与细节都被弱化,仅剩下一个整体形态,如春装仅保留了短袖、波浪形开衩裙摆、腰部与腋下褶皱这几根极简的线条,具体形制全然模糊,却又完美展现出了春装的飘逸与柔美,即在进行新装设计的同时,将着装状态的人体美完美展现。代表作之二为《都市妇女的动态》[②],侧重于对服饰的表现,共描绘了四款裙装,每款都展现出都市摩登女郎的摇曳风姿与性感妩媚。其一为波点中袖衫与收腰蓬蓬裙的搭配,上衣的低领形制与下裙之侧开衩彰显了多姿的身形;其二为一袭低领吊带裙与无袖短马甲之套装,配以松糕底凉鞋,尤为个性摩登;其三为窄身开衩长裙与中长款蕾丝外套之搭配,十分浪漫柔美;其四为一款富有异域风情的裙装,上身仅用一抹胸带简单包裹,并缠绕一条头

---

① 江栋良:《中国女性美创造:春·夏·秋·冬》,《妇人画报》1934 年第 17 期。
② 江栋良:《都市妇女的动态》,《永安月刊》1940 年第 14 期。

巾，下身则是一袭不规则长裙。四款不同形制的裙装各有风格，亦为其时之上海女性提供了不同的服饰参照。

图 1-9-5　中国女性美创造：春·夏·秋·冬（《妇人画报》1934 年第 17 期）

图 1-9-6　美发论相（《小姐》1940 年第 2 期）

其次是发式设计。传统女性的头发变换方式一般仅在于一个"梳"字，将一头青丝梳成或高或低、或大或小、或简或繁的各种发髻。近代以来，"中国女子的头发形式完全学习西洋风气"[①]，或是为了"少费金钱、节省时间、合于卫生、便于工作、打破歧视男女的心理"[②]将头发剪去，或是"把头发很平滑的拉向后面，在根头微微的揉成波浪形"[③]。女性头发的装饰手段也从单一的"梳"变为了"梳""剪""烫"方式的丰富结合。江栋良的《美发论相》全面展现了近代女性发式之百态，共十一款发式，被称为"都会妇女的众生相"（图 1-9-6）。他不仅进行了设计，还依照"怎样的头发才能够适合你的身份"，对每款发式做了详细说明。他指出在服饰的年龄标识已然渐渐模糊的民国，"女性头发的式样是一个确切不移的寒暑表。一个十六七岁的小姑娘的头发式样不能与一个三十来岁的中年妇人打比（义为比较、相比——作者注），同时女学生与交际花的区别也在头发上面可以判断出她

---

① 张实权：《中国女子服饰的演变》，《新东方杂志》1943 年第 5 期。
② 惠权：《再论女子剪发问题》，《民国日报·觉悟》1920 年 10 月 12 日。
③ 张实权：《中国女子服饰的演变》，《新东方杂志》1943 年第 5 期。

的身份"。并将每一款发型对号入座,如向后梳理整齐的中长卷发与同样卷曲的前刘海的搭配是属于"浪漫活泼的中学生"的,并指出这一类型的女性爱摩登,且西洋味太重;而发尾略微向外翘起,前刘海部分在头顶梳成精致卷曲状的中长发式则是"一个闺阁名门的贵族小姐",并认为此类女性是"姿态秀丽,性情娴淑"的;又如将一头长发仅在脑后卷起,梳成一个低髻的则是"家庭妇女之标准人物",并推测出其多是"年在廿八九,面目清秀,衣着简洁而不俗"的女性。诸如此类,十一款发式中有长发有短发,有直发有卷发,所对应之女性有摩登的交际花与女学生,有闺阁中之小姐,亦有家庭主妇。虽不能断定江栋良的对号入座是否准确,但在这画面与文字间能确定的则是"江君平日关心于妇女生活的一斑"①。

服装是最能直观展现社会面貌变化的,江栋良的"旧上海风情画"便从服装方面着手,用其所擅长的漫画形式生动展现着近代上海女郎的摩登日常及服装百态。不仅对上海的服饰流行与时尚现象进行呈现与分析,更对上海服装流行的变迁进行了总结,还进一步为上海女性设计着新装。其流行趋势的分析是形象而幽默的,服装面貌的呈现则是大胆与艺术化的,均在记录旧上海服装流行的同时引领着服饰的潮流。而作为时尚中心的上海,其服饰流行的变迁与时尚的现象都具有代表性意义,故而江栋良对上海人服饰时尚的记录,亦折射出了整个近代服饰的流行与发展轨迹,而其所绘之"旧上海风情画"也成为了当代历史研究的一份可靠史料。

附:江栋良服装语录

摘自江栋良《海上妇女服装沿革》,刊载于《永安月刊》1940年第18期;《浮世绘》,刊载于《现象》1935年第7期;《美发论相》,刊载于《小姐》1940年第2期。

➢ 妇女的服装,随时演变着。上图九幅,拿第九幅眼光来看第一幅,未免太过陈旧,若拿第一幅眼光来看第九幅,又太恶形了,其实在每一个时代看来,都是非常时髦的,但是时代之轮,不断地旋转,说不定将来会把最陈旧的变为最时髦的呢!

➢ 没有女人,天下太平。有了女人,心绪不宁。女人万能!万能女人!

➢ 在目前,只有女性头发的式样是一个确切不移的寒暑表。一个十六七岁的小姑娘的头发式样不能与一个三十来岁的中年妇人打比,同时女学生与交际花的区别也在头发上面,可以判断出她的身份,这年头,理发师已操纵着女性美容的权威,勾心斗角,标新立异……

---

① 江栋良:《美发论相》,《小姐》1940年第2期。

设计篇——用艺术的手腕创造超时代的服装

思想家告诉我们，新社会要穿新衣服。那么什么样的衣服才是新衣服呢？近代服装设计师为我们做了具体的描绘：按用途有礼服、常服、家居服与运动服等，按款式分有大衣、夹克、连衣裙、改良旗袍、泳装与文胸等。这些衣服都是封建社会的人们没见过的新衣服。

这些新衣服是怎么设计出来的？近代中国人民获得了自主选择服装的权力，于是为人民服务的设计师们可以天马行空地想象、描画他们的设计蓝图。他们通常以唯美、健康、个性、自由等颠覆性的设计观为指导思想，并采用中西结合的设计方法。他们一手伸向传统，一手伸向西方，古为今用，洋为中用。他们的作品富有文化的多样性，既有东方元素也有西方元素，既有直线型也有曲线型，既有简洁风也有繁复风，呈现出或浪漫或实用、或古典或摩登的丰富多变的设计风格。他们解放了服装款式，也解放了服装色彩。过去的种种禁忌色，而今都可以无所顾忌地使用，不讲究色彩等秩，只讲究色彩和谐。他们重新诠释了服装整体搭配的意义与方式，那些帽、衣、裙、裤、鞋、袜所构成的完整形象，不一定是为了标识等级身份，也可以是纯粹为了美。

设计出这些新衣服的设计师是些什么人？说来其实他们还都是"业余"的。他们大多是画家，兼职从事服装设计这一行。绘画与服装都是视觉艺术，都是造型艺术，因此当时由画家兼职服装设计工作是顺理成章的。更何况这些画家还都是名家大腕，比如叶浅予、陈映霞、江小鹣与方雪鸪。当然也有少见的职业服装设计师，比如张菁英。他们有艺术的思维，有敏锐的审美，有犀利的眼光与娴熟的技艺，这使得他们可以将新的思想与美的概念图像化、实物化，可以将思想家的理想化作老百姓的现实。更为宝贵的是，他们有先进的思想。尽管身处乱世，尽管社会文明的进步尚不彻底（比如孙传芳会把画女人体的刘海粟投入监狱），但他们总体上却都不因循守旧，而是勇于创新，勇于从事这样一个全新的职业，勇于用人文主义与科学主义精神激励自己的创作。所以，时人评价说"你们是美术家。你们是革命家。你们是美术的革命家"[①]。同时，他们不仅是纸上谈兵，他们还有丰富的设计实践，比如江小鹣、叶浅予是云裳的设计师，张菁英是锦霓的设计师。他们的设计开创了一个富于创造性的、充满活力的、成果丰富的摩登时代。

辛亥革命推翻帝制，目的就是建立一个文明社会。有人用真善美来概括文明社会的基本特征，这是有道理的。诚信的契约精神，利他的良好品行，和谐的美好生活，包括近代服装设计师在内的大多数近代知识分子，都是胸怀这样的抱负来做事情的。服装也许算不上是高大上的产品，服装设计师也许算不上是高大上的精英，但是他们以及他们作品的美好，无疑也是建构文明社会的一个重要的助推器，而这一点在民国时期那样一个试图将一切推倒重建的开创性时代尤其有意义。

---

① 许红笙：《妇女新妆与革命》，《妇女新装特刊》1928年第1期。

叶浅予
1907—1995，浙江桐庐人

身　　份：漫画家、国画家、美术教育家。

简　　历：原名叶纶绮，字绿琴，笔名初萌、性天、浅予等。他对浅予之名尤为钟情（此名源于一本名为《浅草》的日本刊物），认为"一个浅字，显得自己多么肤浅，我应该警告自己，更应该直告朋辈：我很肤浅"①。1922年考上盐务中学，并成为学校西画组组长，在校期间摹习中国画并进行西画写生，这便是叶浅予美术之路的开端。十八岁到上海三友实业社当学徒，兼画广告、教科书插图、舞台美术布景、印染厂绘图与时装设计等。后从事漫画创作，于1927年与丁悚、张光宇、黄文农等人筹组"漫画会"，第二年任《上海漫画》《时代画报》等刊的专职编辑。抗战爆发后以漫画的形式投身到抗日宣传工作中。1942年于贵州苗区写生，开始转向中国人物画创作。曾任北平艺术专科学校教授与国画系主任、中国美术家协会副主席兼秘书长、中央美术学院中国画系主任、中国画研究院副院长与全国政协委员等职。

成　　就：现代漫画与生活速写的奠基人，以漫画、速写与舞蹈人物中国画之"三绝"蜚声海内外，一生作品数以万计，出版画集文集共几十种。其漫画成就在20世纪30年代的中国漫画史上与丰子恺、张光宇齐名，著有连环漫画《王先生》《小陈留京外史》及速写漫画《浅予速写》《旅程画眼》等。亦擅中国画，创作了大量的舞蹈人物，著有《浅予画舞》等。作为艺术教育者，创立了以白描为造型基础，"临摹、写生、创作"三结合，"传统、生活、创造"三位一体的现代中国画教学体系，并撰有《叶浅予谈速写》《画余论画》《画余论艺》等文集，是中国美术教育界的先驱者。

专业成就：在服装设计领域颇有建树，不仅拥有大量的"纸上硝烟"服装画作品，还参加了各种"真枪实弹"的服装实践。其作品主要包括大量新装设计，如在《妇女杂志》《玲珑》《良友》《万象》《时代》《上海画报》等杂志上以服装画形式发表的设计作品，还包括以表现服装

---

① 解波：《叶浅予倒霉记》，作家出版社2008年版，第50页。

流行趋势为主的服装漫画。叶先生的实践活动也同样丰富,曾任上海云裳时装公司设计员;曾在玄彩薇等人的帮助下,于上海惠罗公司举办时装表演,被奉为中国时装表演的"开山老祖"①;曾创办了上海时装研究社。除此之外,他还参加过舞台服装设计工作,②并创作了一系列二十多套的《大马戏团服装设计》。

■ 民国服装之"集大成者"——叶浅予

服装在封建社会中的功能被明确为服务于"礼"。辛亥革命在推翻封建统治的同时也解除了服装"礼"的束缚,使人们获得了根据个人喜恶选择服装的自由。新文化运动在带来民主与科学的同时也带来了西方的服饰文化与审美思想。自此,中国社会动荡着一股西方服饰时尚的新浪潮,中西服饰文化碰撞、融合,出现了新旧土洋混杂的乱穿衣现象,媒体评论此种局面为"洋洋洒洒,陆离光怪,如入五都之市,令人目不暇接"③。此番"乱世"需有人主持大局,引领时尚。

画家群体自然成为担此重任的不二人选。艺术的思维、独特敏锐的审美,以及娴熟的绘画技艺,使他们在进行服装设计时更能驾轻就熟。由此,"隐"于现世的画家们逐渐走向商业绘画,参与到服装设计中来,出现了民国时期的设计师多由画家兼任的现象。叶浅予即为其中的一员。

叶浅予首先是一位画家,他一生主张绘画要"吞吐古今,涉猎中外",认为"画种之间、流派之间的关系,不是我高你低争当老大的关系,而是发挥特长、互相促进的关系"④,提倡"要接触外国的东西,中国的东西要学透,学外国的,范围要广"⑤。黄苗子也评价"叶浅予的道路",就是"在传统中遵循着继承、扬弃与发展的原则"。⑥ 这样的绘画理念转移到服装设计上,使叶浅予成为倡导中西服饰融合的"折衷派"。他设计的作品不仅融汇了中西服饰风格与款式造型,还将两者的审美、功能与工艺结合在一起,取双方之优点,使服装效果更佳,并自成一格,成为民国服装设计的"集大成者"。

(一)"集大成"之设计内容

1. "包罗万象"的新装设计

随着洋务运动的开展和中西方文明的接轨,西方的生活方式被逐渐引入。西式服装的分类方式也随着生活方式的引入而被引入,于是有了日常服、社交装、家居服、运动服、制服与舞台服等新式分类法。叶浅予的设计作品几乎包罗所有门类,各种式样,一应俱全,是谓中西服装门类之"集大成"(表2-1-1)。

---

① 叶浅予:《叶浅予回忆录——细叙沧桑记流年》,江苏文艺出版社2012年版,第30页。
② 叶浅予:《画余论画》,天津古籍出版社1985年版,第279页。
③ 佚名:《梦游新民国》,《申报》,1912年9月14日。
④ 叶浅予:《画余论画》,天津古籍出版社1985年版,第274页。
⑤ 同上,第62页。
⑥ 黄苗子:《山高水长——叶浅予三题》,《青灯琐记》,大众文艺出版社2001年版,第155页。

表 2-1-1 叶浅予设计作品分类概况

服装品类	具体款式(数量)	代表作品	杂志名称(期号)
日常服	改良旗袍(29)	初秋新装	玲珑 1931(25)
		初秋新装	玲珑 1931(27)
		秋之长袍	玲珑 1931(30)
		新装	玲珑 1932(60)
	大衣(23)	新春的皮大衣	玲珑 1932(47)
		狐领短外套	玲珑 1932(75)
		白大衣	玲珑 1932(74)
		白狐短大衣	玲珑 1933(82)
		化装的艺术品	玲珑 1932(42)
	裙装(15)	初夏新装	玲珑 1932(52)
		半西式便装	玲珑 1932(57)
		少女夏装	玲珑 1932(61)
社交装	晚礼服(9)	夏季新装	玲珑 1931(19)
		秋夜礼服	玲珑 1931(32)
		新秋时装	玲珑 1932(65)
		晚礼服	玲珑 1932(72)
家居服	晨装(2)	夏季新装	玲珑 1931(22)
		晨装	玲珑 1932(63)
	休闲服(3)	夏季新装	玲珑 1931(17)
		实用的装束美	良友 1927(13)
运动服	网球服(3)	网球装	玲珑 1932(53)
		写在新秋之装束前面	妇女杂志 1930(8)
		夏秋新装	良友 1930(49)
	篮球服(1)	写在新秋之装束前面	妇女杂志 1930(8)
	排球服(1)	海滨游戏装	玲珑 1932(62)
制服	学生装(2)	时髦的学生装	玲珑 1931(38)
		轻爽的校服	玲珑 1932(64)

日常服即日常生活所穿着的服装,包括外出服、旅行服和上班服等。叶浅予称其为便装,主要包括改良旗袍、大衣与裙装,用以"游春时穿着"①与"下午或出门之用"②。此类服装对功能性要求较高,叶浅予更是将其提升到了美用一体的高度,并针对旗袍进行了多方面的改进设计。首先,倡导在炎热的夏季将领子省去,其废领(即无领、敞领)旗袍的设计多达五款。如《初秋新装》,提

---

① 叶浅予:《春装》,《玲珑》1932 年第 48 期。
② 叶浅予:《最流行之新装》,《玲珑》1931 年第 18 期。

图 2-1-1　废领旗袍
(《初秋新装》,《玲珑》
1931 年第 25 期)

图 2-1-2　改良旗袍
(《初秋新装》,《玲珑》
1931 年第 27 期)

图 2-1-3　改良旗袍(《新装》,《玲珑》1932 年第 60 期)

及夏季的衣料"单薄的像片蝉翼,凉快的程度可说到了极致,可是长旗袍的高衣领究竟是美中不足",于是主张"把领头完全废去",①由此带来舒适凉爽;又以浅色的阔镶边装饰与袖口、衣摆开衩处的圆弧形增添几分美感,使"美"与"用"得以同步实现(图 2-1-1)。领子的撤除解放了脖子。叶先生又将眼光放到袖子的改良上,认为夏季旗袍的袖子过于窄短,限制了手臂的伸展,因而想出了一条补救的法则,就是把袖子开一条圆缺口。此举不但解除了手臂的束缚,而且"从这缺口里,露出手臂的肉来,尤觉新美"②(图 2-1-2)。再如《新装》,对袖子进行了另一番改良,在"短袖背面开一直缝,露出肉色,既美观,又风凉"③(图 2-1-3)。

大衣是民国时期摩登女郎们不可或缺的时尚单品,在羊绒羊毛面料后又开始流行起皮大衣来,只是这皮衣原是"将灰鼠黄狐等皮做了里子的",如今却"一反历来穿皮里子的习惯",而是将"皮做了外表,缎子做了衬里"。④ 叶浅予的设计多将皮草运用于领部与袖口,并认为在大衣的变迁中"领子自然占着最重要的地位,几乎每一件大衣有她特殊的形式",如《化装的艺

图 2-1-4　皮大衣(《新春的皮大衣》,《玲珑》1932 年第 47 期)

---

① 叶浅予:《初秋新装》,《玲珑》1931 年第 27 期。
② 同上。
③ 叶浅予:《新装》,《玲珑》1932 年第 60 期。
④ 叶浅予:《白狐短大衣》,《玲珑》1933 年第 81 期。

术品》,素花色的呢大衣在领部与袖口饰以近似色的花色皮草,既相互呼应又起"点睛"作用,收腰设计更显雍容典雅。整件运用皮草的则较为罕见,《新春的皮大衣》便是经典,将皮草设计以横向纹理,此种设计在民国时实为摩登新颖的"非主流"造型,但如今却发展成为"主流"的皮草款式,当今的皮草流行便有此种横向形态(图2-1-4)。

裙装的款式变化多端,长短宽窄各不相同,各具特色。不变的是色彩与印花总是作为设计亮点,纯色裙装显得简洁清爽,几何印花长裙则更摩登入时,田园印花裙更显清新别致。如《少女夏装》,便是一款纯色短袖裙装,没有过多的装饰细节,极为简单,却更令人觉得舒适畅快,裙摆处借鉴旗袍形制设计的开衩又透露出一丝妩媚(图2-1-5)。又如《初夏新装》,是一款"深底小白点"的几何印花长裙,宽大的上衣收进紧窄的裙腰中,"浑身极觉朴素活泼",颇有现代裙装的休闲姿态(图2-1-6)。

图 2-1-5　纯色裙(《少女夏装》,《玲珑》1932 年第 61 期) 　　图 2-1-6　波点裙(《初夏新装》,《玲珑》1932 年第 52 期) 　　图 2-1-7　晚礼服(《秋夜礼服》,《玲珑》1931 年第 32 期)

社交装是指在社交场合穿着的正式礼服。叶浅予设计的社交装主要为晚礼服,作品达九套之多,均为改良旗袍与西式长裙。代表作为《夏季新装》,是一款典型的改良旗袍式礼服,长及脚背,开衩约为九寸,在开衩的上端还将滚边延伸至九寸,使得视觉上呈现高开衩的效果,还嘱咐"因为这是晚装,必需穿高跟鞋",且"耳环和手镯亦不能缺少"。① 《秋夜礼服》则是一款高领修身的西式鱼尾裙礼服,长及地面,在腰部用白、灰、青或粉红、银灰、黑三色由内及外、由深至浅地做出几何形态的渐变,更显腰肢纤细,人体更富曲线美感(图2-1-7)。

家居服原指"欧美妇女在早晨料理家务时的装束"②,故也是舶来品,亦可指睡衣、起居服③或室内衣④,总之是在家中等室内穿着的非正式的轻便服装(图2-1-8)。在社会氛围宽松与活跃的

---

① 叶浅予:《夏季新装》,《玲珑》1931 年第 19 期。
② 台湾辅仁大学织品服装学系编委会:《图解服饰辞典》,南天书局 1985 年版,第 220 页。
③ 同上,第 587 页。
④ 施素筠:《服饰辞典》,后乐文化出版社 1984 年版,第 91 页。

今日,对其要求已发生了根本性改变,不仅限于便捷与舒适,而是提高到了时尚、性感、温馨与文化象征的地位。但在民国时期,"妇人们只知道出门要打扮,却忘记了在家里应该怎样装饰才合宜"①,太太小姐们的日常居家服装多为对襟小衫或旧式旗袍,即便是"鄙弃这种打扮的,也不过一件长旗袍便算整齐了"②。基于这样的现状,民国的设计师们纷纷开始设计方便实用的家常服装,叶浅予也参与其中。其家居服的款式设计多为上衣下裤,"中国人因为习惯的关系,裤子向来不登大雅之堂"③,但裤装用于居家时穿着,却是再合适不过了。纵观同时期设计师们的家居服设计也多为上衣下裤,方雪鸪的寝衣设计也是如此。故《实用的装束美》完全体现了叶浅予的功能性设计,并阐明因"家庭间自己动手做事情,袖子大了,很不方便",便将袖子"用两根宽紧带把他束起来,袄子做成屈襟,裤子把脚管做斜"④。这些细节设计均服务于实用,而心形图案的印花面料使服装增添了一份温馨,体现了叶先生的美用思想。《夏季新装》⑤则充分诠释了均衡的形式美法则,黑白色的搭配本是"最爽适明快的色调"⑥,纯白的上衣领口饰黑色阔镶边,与黑色长裤的白色镶边相互呼应,使服装整体凸显出均衡美感。

图 2-1-8　家居服(《实用的装束美》,《良友》1927 年第 13 期)

　　运动服是人们在参加体育运动时所穿着的服装,且根据所适宜的运动方式的不同而再有细分。叶浅予的运动装设计有网球服、排球服与篮球服等,其设计的三款网球服风格均不相同。如"网球服一",是女性意味较浓的上衣下裙式,活泼的海军领无袖上衣搭配中长款百褶裙,白色底饰红色条纹尤显灵巧活跃(图 2-1-9)。"网球服二"为中性化的设计,上衣和男子的西装衬衫相同,下装则是较女性化的中长裙,裙的侧面有褶裥装饰也方便运动(图 2-1-10)。"网球服三"则是潇洒的男装女穿,上着简洁大方的男式短袖衬衫,下穿宽松笔直的长裤,配以造型清爽的短发,塑造了一位英姿飒爽的美女子形象,印证了叶先生"有时女子穿了男子的装束却比穿在男子身上要美"⑦的观点(图 2-1-11)。

　　制服是指社会中特殊职业人群所穿着的具有规定式样的服装。叶浅予的制服设计均为学生装,代表作为《轻爽的校服》《时髦的学生装》,服如其名,一款"轻爽",一款"时髦"。前者为短袖衬衣配长裙的简洁设计,颜色上也为纯粹的黑白,无过多装饰与细节设计,实为"轻爽"(图 2-1-12)。后者的时髦之处在于上衣运用到了"既轻便又温暖"的绒线材质,这种新晋的舶来品广为流行,且用于女生校服,颇能体现婉约的柔性(图 2-1-13)。

---

① 叶浅予:《夏季服装》,《玲珑》1931 年第 22 期。
② 同上。
③ 叶浅予:《夏季服装》,《玲珑》1931 年第 17 期。
④ 叶浅予:《实用的装束美》,《良友》1927 年第 13 期。
⑤ 叶浅予:《夏季服装》,《玲珑》1931 年第 17 期。
⑥ 叶浅予:《晚礼服》,《玲珑》1932 年第 72 期。
⑦ 叶浅予:《网球服》,《玲珑》1932 年第 53 期。

图 2-1-9　网球服一(《良友》1930 年第 49 期)

图 2-1-10　网球服二(《妇女杂志》1930 年第 8 期)

图 2-1-11　网球服三(《玲珑》1932 年第 53 期)

图 2-1-12　轻爽的校服(《玲珑》1932 年第 64 期)

图 2-1-13　时髦的学生装(《玲珑》1931 年第 38 期)

舞台服即舞台演出专用的服装,是根据剧目的需要或强调演员的个性与风格而设计的一种展示性服装。① 叶浅予在20世纪三四十年代参加过舞台服的设计,在为《夏亚——服装设计手册》所作的序言中,他强调了舞台服的重要性,并主张运用"夸张、变形、象征、弄假等手法",使"舞台形象极度醒目,极度传神,在观众心目中造成强烈的印象,留下想象的幻境"。其舞台服的设计少有流传至今的,目前仅存《大马戏团服装设计》。此系列作品共二十多套,涵盖了小丑、驯兽师、魔术师、乐队指挥、舞者、歌者与导演等角色的服装,采用了中西融汇的服装风格。如驯兽师的服装为纯西式的骑士服设计,贴身的双排扣燕尾礼服线条流畅、精致优雅,充分彰显了驯兽师的英姿;舞者的服装是中式的蓝色阔镶边旗袍与右衽大襟长衫;小丑服则为典型的中西合璧式,头戴中式孔雀羽翎官帽,身着西式黄蓝双色拼接的小丑连体衣,还饰有小丑标志性的拉夫领。

2. "算无遗策"的趋势分析

担负着服装设计师之重任的叶浅予,其工作除设计新装以引导大众外,还包括对服装流行趋势的分析,又分为对历史总体方向的把握与对商业流行趋势的预测,其作用不单是准确表达与总结时尚的变化与社会生活的变迁,还在于能根据趋势的分析"算"出下一季的流行方向。

首先是对时代趋势的分析。叶浅予认为中西服装呈合流之势,为此他画了一幅漫画《东西渐进之妇女服装》(图2-1-14)。画中,中西服饰在双方的互相熏陶下日渐相似,中式旗袍与西式连衣裙

图 2-1-14　东西渐进之妇女服装(《上海画报》1928年1月13日)

---

① 袁仄:《服装设计学》,中国纺织出版社2000年版,第6页。

变得裙长相仿、袖长相近、裙身收紧,区别仅在领型的高低与裙摆的装饰上,如同俗语所说"两个人在一起久了会有夫妻相"。这预示着进入20世纪,服装再也不是一个国家一个民族内部的事,地球村的村民之间频繁走动,交流与互相影响将成为时代之势。

其次是对年代趋势的总结,如旗袍的演变"已经由宽而窄、由窄而短,由短而长,经过三五次变化"①。作为画家的叶浅予,他的观点不是通过文章而是通过漫画来表达的。《旗袍之演变》就是一组反映20世纪最初20多年中旗袍演变过程的服装漫画,他总结出腰身逐步收紧、袖子变窄变短、下摆上升并变小,以及装饰逐渐减少等变化趋势(图2-1-15)。到了20世纪30年代,长旗袍开始流行且"几乎碰到地面"②。叶先生曾发表过一幅《长旗袍的最长度》③:旗袍长及脚面,几近地面,在当时这样的旗袍形制被形象地称为"扫地旗袍"。

图2-1-15　旗袍之演变(《上海画报》1927年12月18日)

再次是对流行趋势的解析。叶浅予认为"大衣夺取了斗篷的地位,也由宽而窄,由窄而短,由短而长,由长而缩成半截"④,并预测1932年大衣的衣长将走向两个极端,"一方是往下逐渐延长,一方却向上缩短"⑤。这种预测与今日商业流行趋势发布有些相似。《新春的皮大衣》就是一件最新式样的短款大衣,长度仅及腰部。《大衣之新倾向》则是顺应"本季制出的新样,大半有增加长度的倾向"之趋势而设计的一款超长大衣,并提醒太太小姐们在裁剪时应注意"新大衣的下摆,要格外宽大,以不碍行动为本"。⑥

---

① 叶浅予:《狐领短外套》,《玲珑》1932年第75期。
② 叶浅予:《大衣之新倾向》,《玲珑》1932年第77期。
③ 叶浅予:《长旗袍的最长度》,《玲珑》1932年第71期。
④ 叶浅予:《狐领短外套》,《玲珑》1932年第75期。
⑤ 叶浅予:《新春的皮大衣》,《玲珑》1932年第47期。
⑥ 叶浅予:《大衣之新倾向》,《玲珑》1932年第77期。

(二)"集大成"之设计风格

叶浅予的服装设计风格集中式、西式与中西合璧式于一体,并做到了"中而新""洋而新""中合洋",千式百样,卓尔不群。

1."中而新"

叶浅予的设计中含有大量的中式服装,并采取"中而新"的方式,给予传统服饰新的血液。其代表作为《旗袍外之背心》,此"纯东方式的背心及旗袍"的外观与20世纪20年代流行的马甲式旗袍有几分相像,只是将长马甲变短并罩在长旗袍外,深色的马甲配以"金或银色"的"阔回纹边",显得格外高贵,旗袍下摆的蝴蝶绣花则更添精致与中国风(图2-1-16)。又如《实用的装束美》,上着衫袄下着裤,是中国传统农工阶级标志性的"短打扮",但恰如其分的勾边与圆弧下摆却变"粗俗"为"小资"。再如叶浅予的"花色袄裤,罩上一件玄色小马甲",也是十分"飘逸有致"的中装设计。

图2-1-16　中式旗袍(《旗袍外之背心》,《玲珑》1932年第51期)

图2-1-17　西式裙装(《夏秋新装》,《良友》1930年第49期)

2."洋而新"

叶浅予所设计的大衣、连衣裙、裙套装(图2-1-17)、网球服与排球服,是伴随着西方生活方式进入中国的西式服装品类。中国封建社会的土壤与传统生活方式不可能孕育出晚礼服、海滨装等类别的服装。于是,叶浅予在进行此类西式服装的设计时,得照顾一些我们的传统。他的《夏令便装及晚装》[①]属于西洋式晚装,但他担心西式晚礼服的袒胸露背造型还不能被当时的中国所容纳,故在设计时加了领子,这反而不小心弄出了一丝新意。

---

① 叶浅予:《夏令便装及晚装》,《玲珑》1932年第55期。

3."中合洋"

作为民国中西服饰之"集大成者",叶浅予设计中西结合的服装更为拿手,其中西融汇之道不仅表现在服装整体搭配的美观上,更在于叶先生对中西服饰弃之糟粕而取之精华的人性化设计理念。如"上中下西"的《半西式便装》,元宝领、大襟与一字扣均为中式服装的标志性元素,但喇叭式的荷叶袖子与小 A 字裙的样式却是纯西式的,这种方式的中西结合既保留了东方的含蓄美,又增强了服装的舒适与实用性,体现了鲜明的时代感(图 2-1-18)。诸如此类的设计在其作品中屡见不鲜,如《新秋之装束》中的两款裙装设计即为如此,取中式小立领的精致与西式装袖、伞裙的便利于一身。

叶浅予的中西搭配也很是大方入时,以大衣与旗袍的搭配最为美观,且极为丰富多样,既有长配长、长配短与短配短,又有花配花、花配素与素配素。如《初冬新装》①即为长配长与花配花之式,黑底小白点的长旗袍搭配斜格纹的长大衣,颈上再"围一条有花点的围丝巾",所用元素虽多,但颜色深浅与比例的搭配得当,使服装不显

图 2-1-18 半西式便装(《玲珑》1932 年第 57 期)

繁杂,反觉摩登前卫。《白狐短大衣》②则是长与短、花与素的搭配,深色印花长旗袍外罩白狐短大衣,显得活泼又优雅。《冬季装束美》③为中西杂糅、张弛有致的范例:袍为中,衣为西;摆为中,领为西;内收敛,外张扬。

(三)"集大成"之绘画技法

作为一代宗师,叶浅予的服装画形式汇集了中西绘画技法,包罗了西式水彩画法、传统中国画的白描画法与水墨画法,并将这些技法综合运用,信手拈来,融中西之优点,以完美恰当地展现服装。

1. 用线——白描画法

白描画法强调以纯粹的线条表现事物,讲究线条的精简概括与自然流畅。叶浅予对用线有自己的一番见解,"不要光是追求线条的流畅,表面的华丽,重要的是线条所刻画的东西是否充实,内容是否完备"④,这是白描画法的真谛。同时,他还十分注重绘画作品的形与神,认为"凡是画,都要求形神兼备……神是依附于形的,形不准,神也就失其真,所以我们常说'以形写神'"⑤,这是白描画法的境界。其白描画法的服装画充分体现了他的主张,用笔干脆畅达,极为简洁,但展现出形神兼备的风貌。

其代表作之一为《薄纱晚装》⑥,每笔都物尽其用,全无多余的用线,虽寥寥几笔,却将晚装的轻薄、马甲的随性与下摆的飘逸展露无遗,更精准地把握了人物的形体比例、姿态与神色。在这里,

---

① 叶浅予:《初冬新装》,《玲珑》1931 年第 39 期。
② 叶浅予:《白狐短大衣》,《玲珑》1933 年第 81 期。
③ 叶浅予:《冬季装束美》,《良友》1928 年第 32 期。
④ 叶浅予:《关于叶欣"速写日记的信"》,《美术》1981 年第 2 期。
⑤ 叶浅予:《叶浅予速写集》,吉林人民出版社 1982 年版,第 1 页。
⑥ 叶浅予:《薄纱晚装》,《玲珑》1932 年第 49 期。

"少"就是"多","形"就是"神"。又如《最流行之新装》①,则用白描画法表现出精致生动的感觉,旗袍的斜方格图案等细节交代得简练清楚,流畅的线条贯穿相连,一位迈着轻松步伐的摩登女郎形象呼之欲出。

2. 用墨——水墨画法

中国画又被称为水墨画,可见墨法于国画之重要地位。水墨的画法称为"用墨",此画法拥有丰富的表现语言,既能表现大气磅礴,又能描绘唯美浪漫,运用在服装画中可充分诠释出服装的风格与变化。叶浅予水墨画法的时装画简洁潇洒,大气洒脱。其代表作之一为《阔镶边》②,用笔简单却笔笔有效,将几道阔镶边的形态勾画得潇洒有力,又渲染了一些局部的暗影以衬出人的温婉(图2-1-19)。同时,这一切又是在运动的节奏与韵律中展现出来,简直把水墨画法用活了。后来,叶浅予将此画法广泛地运用到舞蹈人物创作中,成为了一代"舞画大师"。

3. 用色——水彩画法

西洋水彩画在19世纪末传入我国,因其色彩鲜艳明亮、细腻通透而被广泛运用于服装画中。叶浅予的水彩服装画有两大特点,一是颜色鲜艳亮丽,二是搭配生动活泼。其代表作之一为《夏秋新装》③,用色绚丽多彩,大胆选用红色、黄色、蓝色与白色等高纯度色,但将红黄蓝三色以恰当的比例与灰度调整运用,凸显了着装者的"小清新"。《秋之长袍》④的用色则较为厚重,两款长旗袍均采用红与蓝的搭配。中国有句俗语"红配蓝,讨人嫌",叶浅予却拒绝庸常,硬将两种颜色"撮合"在一起,营造出非常活泼热烈的色彩效果,在对比中体现了均衡的形式美,且两种颜色的配置比例恰好满足著名的"二八法则"(图2-1-20)。这种经典搭配常用于现代设计中,如百事可乐的红蓝色标志。

图 2-1-19　白描画法晚装(《阔镶边》,《玲珑》1932 年第 49 期)

图 2-1-20　水彩画法旗袍(《秋之长袍》,《玲珑》1931 年第 30 期)

---

① 叶浅予:《最流行之新装》,《玲珑》1931 年第 18 期。
② 叶浅予:《阔镶边》,《玲珑》1932 年第 49 期。
③ 叶浅予:《夏秋新装》,《良友》1930 年第 49 期。
④ 叶浅予:《秋之长袍》,《玲珑》1931 年第 30 期。

叶浅予当之无愧是近代服装设计之集大成者。他的作品几乎包罗所有中西服装之品类，功能齐全，足以应付一位摩登女郎在所有场合的着装需求，居家或交际、运动或学习、生活或舞台，一应俱全，吻合他"坚持面向生活、反映生活"[1]的艺术观。同时，他在服装的功能性得到满足的基础上，不遗余力地追求风格的多样化与形式美感，其"中而新""洋而新""中合洋"的设计体现了他的"中西结婚"主张与"折衷派"的立场。他还将中西绘画之技法综合运用于创作中，这使其画成为一代典范，使其人成为一代宗师。叶先生还参与诸多面料设计工作，这使他不仅是美术界的宗师，更是商业美术界的宗师。

附：叶浅予语录

摘自《玲珑》1931年第42期刊载的《化装的艺术品》，《玲珑》1931年第54期刊载的《废领旗袍》，《玲珑》1932年第72期刊载的《晚礼服》，《玲珑》1932年第75期刊载的《狐领短外套》，《妇女杂志》1930年第8期刊载的《写在新秋之装束前面》。

➤ 服装之在现代，已不仅是御寒的工具，必须在衬托式补充女性美的条件下成为一种化妆的艺术品，所以要严格地酌量，每一个样子就只适合于每一个人的条件。

➤ 中国妇女因为身体的关系，大都不宜穿袒胸的装束。但近来由于提倡运动及游泳跳舞的普遍，健康大有进步，在炎热的夏季里，何妨把旗袍的高领废去呢。

➤ 黑白是最爽适明快的色调，本来极合于在夏季的环境，但在这运用色彩最自由的时期，秋天冬天试用的也不少。

➤ 如今旗袍已经由宽而窄，由窄而短，由短而长，经过三五次变化；大衣则夺取了斗篷的地位，也由宽而窄，由窄而短，由短而长，由长而缩成半截。

➤ 装束之在现代，已逐渐进化而成为一种艺术的表现。一袭新装应合于美的条件，根据剪裁、色调、图案三者的调和，而以适合服者的身段及地位为必然的理由。

➤ 试观目前中国妇女界装束的现象，大概已经从旧的束缚中跳了出来，渐渐地走上了正确之路；不过一般的人仍是盲从着趋时的风气，所以半老徐娘会学着少女的时髦，穿了紧窄短俏的旗袍，表现出一种丑态；有时年轻的小姑娘也照着她妈妈的式样缝成一袭新衣，掩没了她青春的美丽。

---

[1] 单应桂：《叶浅予的艺术》，《叶浅予》，人民美术出版社1997年版，第176页。

方雪鸪
生卒年与籍贯不详

身　　份：现代画家、艺术教育家。

简　　历：又名方之庆，由于自小体弱，医生嘱咐不应勤苦读书，以免伤脑，故走上了艺术之路，进入上海美术专科学校（简称"上海美专"）。[1] 1923年肄业于上海美专，第二年与陈秋草、潘思同等创办白鹅画会（1928年改名为白鹅绘画研究所，1934年又改名为白鹅绘画补习学校），招收职工和业余美术爱好者为学员，有"上海最早之职工业余美术学校"之称。曾任上海美专水彩画教授，亦在上海四大百货公司之一的新新公司工作过。1925年参加北伐军政治部工作，后加入中国第一个漫画家团体"漫画会"。

成　　就：绘画成就斐然，作品百花齐放，包括水彩画、色粉画、油画、漫画与素描等，并在各类报纸、杂志上发表，其作品数量之多，不胜枚举。与陈秋草、潘思同称为"上海美专三杰"。

专业成就：其服装设计作品可大致概括为准专业与专业两种类型，这里粗略地将以表现人物为主、表现服装为辅的仕女画归为"准专业"类，而将以展现服装为主的新装设计归为"专业"类。前者含《今代妇女》第24期至第30期封面，其中的摩登女郎均衣着时尚，赏心悦目。后者含1926年与陈秋草合绘刊行的《装束美》画册中的二十幅精品仕女画、《大众画报》第1期至第4期封面、《美术杂志》中的专业设计作品，以及在《良友》《妇人画报》《白鹅艺术半月刊》《新新画报》等杂志上以服装画形式发表的大量作品，以唯美浪漫的风格为人所熟知。

---

[1] 紫虹：《刘海粟的冤家方雪鸪》，《快活林》1947年第54期。

方雪鸪的"浪漫"

（一）何故"浪漫"

1. "美观念"转变——审美的西化

清末民初，随着新思想、新文化的传播，西方的审美观念进入中国，并逐渐被人们所接受，出现了"民国初年的时装，大部分的灵感是得自西方"[①]的情况，自然美、曲线美、健康美和个性美的审美氛围开始形成。这样的审美氛围直接促成了方雪鸪的浪漫思想及其笔下服装风格的形成。

自然美是其中最需迫切推行的，因为中国封建社会后期素以小脚、平胸为美。这种人为改变身形的审美观，持续了数百年之久，妨碍了女子身体的发育和健康。新文化运动后人们的观念得以转变，开始以人的自然身形为美，崇尚"天足"和"天乳"，以新式的"艺术线"取代传统的弓形，且认为脚踝处须有"巧妙的雕刻线"[②]；对胸部的耸起不以为难堪，而看作是自然现象，并认为那是"女子一种美像的表征"[③]。思想家们还进一步指出"美的服装不是为服装，而是为身体"[④]和"最自然的，更是最美的"[⑤]等观点。方雪鸪的设计亦深受影响，以顺应自然的人体美作为设计要旨。

曲线美是外在的最显著的转变。原先"削肩、细腰、平胸、薄而小"[⑥]是中国古典式的标准美女，为了塑造这样一个人，衣服当然也以平面直筒为好。但在"舶来品不分皂白地被接受"[⑦]的民国，以曲线为美的观念被吸收，人们认为"妇女的衣装，曲线意味愈多，愈能表现女子的美点"[⑧]。故此时的服装多由贴身收腰的曲线造型取代松身直摆的直线造型。方雪鸪的设计亦如此，在其《夏季的新装》中，几款改良旗袍均为丰胸细腰肥臀的 S 型设计，完全体现了那个年代的审美趣味。

健康美是由内而外散发的美感。林黛玉似的"病态美"在很长一段时间内受到男性的推崇。但受于病痛之苦和自身的觉悟，也仰赖于新思想的传入和有识之士的提倡，人们的目光开始从柔弱纤瘦的美转向健康活泼的美。健美被解释为"有丰满体格，健康的颜色，和活泼的举动"[⑨]，并被广为推崇。报纸、杂志也开始介绍健美之术。一时间，女性们都开始以健美为尚。设计师们开始注重服装的健美与舒适性表达，甚至开始设计沙滩装等各式运动服装。方雪鸪亦认为服装的舒适性和运动性是服装美的重要标准。

个性美则体现了审美的人性化。"中国人不赞成太触目的女人"[⑩]，故大众推崇的才为美，且在着装上不考虑是否合乎体格、年龄和肤色等因素，着装的意义似乎就是为了表现服装本身或具体等级。随着封建制度的瓦解和人性的解放，对服装美的定义发生了质的变化，服装以"可以代表你的

[①] 张爱玲：《更衣记》，《古今》1943 年第 36 期。
[②] 聚：《闲话脚》，《玲珑》1935 年第 29 期。
[③] 张竞生：《美的人生观》，北新书局 1925 年版，第 17-33 页。
[④] 张竞生：《张竞生文集》，广州出版社 1998 年版，第 208-215 页。
[⑤] 李寓一：《衣装"美"的判断》，《妇女杂志》1928 年第 3 期。
[⑥] 张爱玲：《更衣记》，《古今》1943 年第 36 期。
[⑦] 同上。
[⑧] 李寓一：《衣装"美"的判断》，《妇女杂志》1928 年第 3 期。
[⑨] 珍玲：《现代男子对女性美目光之转移》，《玲珑》1933 年第 15 期。
[⑩] 张爱玲：《更衣记》，《古今》1943 年第 36 期。

个性的,适合你的个性"①为美。方雪鸪也认为"服装是个性聪慧的表征"②,服装的式样以能够"依照个人的身材"③为美。他还提倡每个人应根据个性选择服装,不模仿跟风,因为"一种新装束决不是全智全能的,可能只适合于某一个体态和个性者的穿着",一味的模仿"是不会讨好的"④。

2. "衣生活"洋化——时尚的变迁

随着西方文明的引入和传播,报纸、杂志开始介绍欧美、苏联的时尚趋势和服装新样式,"衣生活"逐步洋化,变得掺合东西或全盘西化。方雪鸪的设计也深受西方服饰的影响,但并未因此失掉他的个人风格,依然保留着中国味道的浪漫。

首先,面料是服装设计的基本要素之一。在款式设计还比较单一的民国时期,面料对于设计的重要性更加明显。此时的面料主要来自"舶来品"的引进和本土纺织行业的生产,即"洋布"和"土布"两种。"洋布"由于花色多、质量佳、价格低在很长一段时间内垄断了中国市场,但中国民族纺织业也在模仿中摸索前进,使面料市场日趋丰富多元。相对于传统的织锦、织绣而言,轻薄艳丽的印花面料更显新颖别致,故几何条纹和格子印花变得十分流行,成为设计师竞相使用的元素。方雪鸪的《秋季新装》就采用了圆点、方形、格纹等元素,使原本平面形态的面料增加了层次感(图2-2-1)。

图 2-2-1　方雪鸪所作《秋季新装》(《良友》1930 年第 50 期)

其次,表现在服装款式上,方雪鸪的 42 套设计可大致分为曲线型、双扇型、方型、梯型与三角型

---

① 李寓一:《衣装'美'的判断》,《妇女杂志》1928 年第 3 期。
② 方雪鸪:《新装》,《妇人画报》1933 年第 1 期。
③ 方雪鸪、陈康俭:《夏季的新装》,《新新画报》1939 年第 1 期。
④ 方雪鸪:《关于女子新装束的话》,《美术杂志》1934 年第 1 期。

五种廓型,其中曲线型为28套,双扇型为3套,方型、梯型和三角型共11套,可见有胸腰省的曲线型和双扇型占了绝大部分。曲线型多为改良旗袍,共17款旗袍中有15款都是收腰设计,如《新装》中身着改良旗袍的女性正侧面,曲线毕露,更添妩媚(图2-2-2)。双扇型多为蝴蝶袖或泡泡袖造型的大衣,在肩部加以衬垫,被称为"美人肩",如《夏季的新装》中,两款短外套均为垫肩设计。由此可知当时的服装已广泛运用胸腰省、装袖和肩缝等西式的立体裁剪工艺,使服装结构由平面变得立体,女性的身体曲线得以体现。

图 2-2-2　方雪鸪所作《新装》(《妇人画报》1937 年第 46 期)

3. "洋画潮"推进——绘画的革新

民初时中西方绘画碰撞与融合,形成了提倡学习西方绘画的"洋画运动"。不少人留学海外学习西方艺术,致力于西方绘画的传播和中国绘画的改革,在学成归国后创办美术学校和设立美术团体。这里面就包括创办了上海美专的刘海粟。上海美专拥有新式办学宗旨,是第一所使用女性模特儿做人体写生教学的学校,且一马当先地开设了素描、速写、油画、水彩画、色粉画等西洋画课程,被誉为中国美术教育的先驱。方雪鸪就在刘海粟创办的上海美专学习,与陈秋草、潘思同并称为"上海美专三杰"。

这段研学经历对方雪鸪的服装创作具有重要影响。西洋画的学习首先决定了方雪鸪的表现技法,其服装画常用的素描、水彩和色粉画法均为西洋画法。人体写生的课程锻炼了他对人体的认识和表现,使之擅长刻画女性体态并营造精准的比例关系,对于表现近代西式服装而言,这是一个重要的基础。西洋画也影响了方雪鸪的审美趣味,陈秋草说过"雪鸪独爱 John La Gatta 的画,他画仕女画,很受 John 的影响"[①]。方雪鸪的时装画精致浪漫,由此可见"洋画潮"对其个人风格形成的触

---

① 方雪鸪、陈秋草:《装束美》,白鹅画会装饰画研究部 1926 年版,第 52 页。

动与影响。

(二) 何谓"浪漫"

1. 设计理念

方雪鸪浪漫的设计理念具体落实为经济实用、适合变换与个性审美三个方面，与美学家张竞生"最经济、最卫生、最合用与最美趣"的服装美的标准不谋而合。

经济实用是物质基础。民国服装虽从宽袍大袖的费料、不经济中解放出来，但是却落入了另一个追求奢侈和时髦的境地中，有些人因虚荣心的驱使在装饰上"过分的消耗浪费，过量的趋向奢华"①。方雪鸪试图以经济实用的设计原则扭转现状，且在设计实践中多有体现。在制作方面主张"裁剪工做得好，不单是能够显出她们身体上的线条的美丽玲珑，同时也能切合经济实用的条件"②，故他的设计多为符合身形的窄衣造型，既节约面料，又拥有曲线美感。《初春的新装》就是以实用为准则进行的设计，主张在春寒料峭的初春，服装应兼顾保暖与方便行动，并嘱咐在"剪料时不要忘了采用国货"③。

适合与变换是对服装功能的提升。首先应合于季节变换，此时的服装尽管已经"从旧的束缚中跳了出来"，且"渐渐的走上了正确之路"，但是还存在着诸多弊病，其中较为普遍的一点便是"不能随气候的转变和适合时令的环境"④。方雪鸪主张服装设计应根据季节和温度的变换而变化，且对不同季节的服装应采取的款式、色彩和面料进行了设计和说明。春季的装束样式应"轻灵活泼自然潇洒"⑤，以衬显女性所特有的妩媚身形和优雅姿态。夏季的服装应飘逸，在展现女性美的同时保持清凉；色彩的运用讲究简单，避免大红大绿等过于刺眼的颜色，主张选择淡蓝、浅绿、奶黄或粉红等清新的色彩；采用绸或纱等轻薄面料，花纹选用以"细巧别致为宜"⑥。秋冬季的面料则多用毛呢、皮草等保温性较好的面料。其次应满足场合变化的需要。方雪鸪主张依场合和用途不同进行专门设计，其服饰设计分类清晰，包括旅行服、宴会装、运动装、舞会装、晨服、家居服等。例如，专门为春天旅行时设计的领子和下摆特别宽大的便于行动的大衣，⑦适合赴宴时穿着、搭配在旗袍外、采用华丽的皮草和丝绒面料的短款大衣，为简单的运动和散步设计、采用柔软的印花绸和宽松飘逸的荷叶式袖子的轻便夏装。此外，方雪鸪还设计了搭配在舞会装外的短外套、专门的寝衣等，可谓变化丰富、门类齐全。只有门类齐全了，选择自由而多样了，才能浪漫得起来。

物质基础达到满足后开始追求上层建筑——个性审美。方雪鸪认为服装"在美丽，实用之外还需要的是个性"⑧。此种个性不是单纯的新颖奇特，而在于"能把体态美充分地衬显出来而使装饰的美和体态的美相吻合"⑨，即服装适合个性的美。每个人由于体型、年龄与气质不同，所适合的服装也不尽相同，"'美'是要各个人适合各个人的个性"⑩，所谓"风格即人"，方雪鸪认为他的浪漫是可以通过个性来表现的。

---

① 吴淇：《对于时髦女子的感想——我的时髦女子观》，《妇女杂志》1931年第11期。
② 方雪鸪：《新装》，《妇人画报》1937年第46期。
③ 方雪鸪：《初春的新装》，《妇人画报》1933年第1期。
④ 叶浅予：《写在新秋之装束前面》，《妇女杂志》1930年第8期。
⑤ 方雪鸪：《初春的新装》，《妇人画报》1933年第1期。
⑥ 方雪鸪、陈康俭：《夏季的新装》，《新新画报》1939年第1期。
⑦ 方雪鸪：《春装》，《妇人画报》1933年第3期。
⑧ 方雪鸪：《关于女子新装束的话》，《美术杂志》1934年第1期。
⑨ 方雪鸪：《春装》，《妇人画报》1933年第3期。
⑩ 李寓一：《衣装"美"的判断》，《妇女杂志》1928年第3期。

具体而言，个性涉及体型、年龄与气质。就体型而言，方雪鸪认为"怎样掩护你体态的缺点，和显示你身段的美"①是服装设计的基本原则，"体格的美，也是最精到的美。依体格而制成的装束，自然更是美的衣装了"②。所以应该依照身材进行裁剪，如"短旗袍并不能适应每个人的身材，其间还须加以调整"③，并提倡以健美的体态为美。就年龄而言，方雪鸪的设计说明中也常提及应根据年龄穿衣。民国时"中年或且及于迈年之妇人，亦效少女时装"④的现象很是普遍，盲目的从众心理使女性只知一味模仿。所以，方雪鸪认为年龄因素不可忽视，如朱红色的大衣"是合于年轻而娇小的姑娘们的"⑤，又如短大衣"适合一般年龄较轻"⑥的姑娘。就气质而言，方雪鸪认为短款的服装较适合举动活泼且生性开朗的女性，而长款的外衣是"适合于相反地位的妇女们的"⑦。

2. 设计风格

方雪鸪表达的浪漫是中国式的浪漫，其设计风格也是基于国情的，依据其设计的服装中所含民族元素的多寡，将其风格具体分为中式改良、西式创新和中西结合三种类型。

改良的中式服装以改良旗袍为其代表作。对旗袍的改良主要体现在领型、袖型、腰身和下摆等处。在《夏季的新装》中，其设计保留了传统旗袍的立领、开衩和袍身结构，改良之处为无袖和拼接（图2-2-3）。旗人之袍本没有无袖的形制，故无袖可以说是改良旗袍的一大变化，这点从《更衣记》中"近年来最重要的变化是衣袖的废除"⑧亦可得到证明。尽管拼接的工艺由来已久，但将拼接线设计在公主线位置，则显示出几分浪漫主义的戏剧化成分，这也是吸收了外来养料"以夷变夏"的结果。此举尤为巧妙，不但能够丰富人体曲线，而且内浅外深的色彩搭配使女性的身形在视觉上显得更为苗条。另一代表作是《秋季新装》，三款旗袍在面料、滚边和袖子处做了改良设计。面料上采用几何细布、泰西纱等新型面料；滚边上设计了多色搭配新颖别致的阔镶边；袖子上长短兼顾，并设计了一款荷叶边造型的喇叭袖，尽显浪漫飘逸。

方雪鸪的不少西式创新设计也颇为经典。大衣、寝衣和运动服等，本就是西方的产物，而方雪鸪因地制宜，根据中国人的体型和审美对这些服装进行移植与创新设计。其大衣代表作为《春大衣的新设计》，三件大衣各有其设计亮点。第一件是"浅灰绿色的薄呢大衣"，在领部和袖子用格子面料做点缀，并创新运用了方形纽扣和麂皮腰带。第二件是紫罗兰色软缎大衣，蓬松的泡泡袖和硕大的蝴蝶结是浪漫女装的标志性元素，尽管这些元素均源自西方，但方雪鸪信手拈来，尽显

图2-2-3 方雪鸪所作改良旗袍（《夏季的新装》，《新新画报》1939年第7期）

---

① 方雪鸪、陈康俭：《夏季的新装》，《新新画报》1939年第1期。
② 李寓一：《衣装"美"的判断》，《妇女杂志》1928年第3期。
③ 方雪鸪、陈康俭：《夏季的新装》，《新新画报》1939年第1期。
④ 李寓一：《一个妇女衣装的适切问题》，《妇女杂志》1930年第5期。
⑤ 方雪鸪：《春装》，《妇人画报》1933年第3期。
⑥ 方雪鸪：《关于女子新装束的话》，《美术杂志》1934年第1期。
⑦ 同上。
⑧ 张爱玲：《更衣记》，《古今》1943年第36期。

浪漫气质且不生硬做作（图2-2-4）。第三件为淡黄色的素呢大衣，无过多装饰的翻领造型，最是简洁大方。

图2-2-4　方雪鸹所作西式大衣（《春大衣的新设计》，《妇人画报》1937年第45期）

图2-2-5　方雪鸹所作运动装（《大众画报》1933年第1期）

方雪鸹的寝衣代表作为《初夏寝衣的新设计》，他描述其功能为"在夏季浴后乘凉，或是运动散步"，这一概念类似于今日之家居服。采用的造型为宽松舒适的上衣下裤，面料为柔软轻薄的丝绸，还用了白色、粉绿、咖啡色、法国蓝等传统中装少见的色彩。

运动服亦兴于西方，民国时传入我国，并成为设计师们热衷创作的服装款式之一。方雪鸹的代表作是《活跃的青春》，头戴束发带，身穿白色翻领短袖，搭配黑色短裤，裤子侧边以红色条带装饰，与"阿迪达斯"有几分神似（图2-2-5）。

作为一名学习了西方文化的中国人，中西结合的服装设计更是方雪鸹的拿手好戏，尤其在服装的整体搭配上，中西结合优势尽显。如改良旗袍与西式大衣的搭配，是民国时期最时髦的装扮，也是服装设计师们争相设计的重点，在方雪鸹的作品中也多有体现。在其代表作《春装》中，三件不同款式的西式大衣里面都搭配了相应的中式旗袍，并说明因单夹旗袍"无法御寒"，故外面穿"西式大衣一袭，为现代装束上之必须物件"，而轻便的短大衣在"赴宴会时，加在华丽的旗袍上面，最是适宜的"。[①]

民国时期女装的配饰既有传统的沿袭，也有颇多舶来品。这些老古董与舶来品的种类繁多，从上至下，囊括了身体的各个部位，且在方雪鸹的设计中能够糅合在一起，达到亦古亦今、亦中亦西的浪漫效果：头上戴着西式遮阳帽、发带，也贴中式头花。《秋季新装》中既设计了半透明的印花披肩，

---

① 方雪鸹：《春装》，《妇人画报》1933年第3期。

也披有传统大斗篷；腰上系着腰带，包括麂皮、漆皮、丝绸等材质，长短宽窄又按具体形制而定；再加各类皮包、阳伞、高跟皮鞋、玻璃丝袜。于是，一位十里洋场的摩登女郎呼之欲出。

（三）何以"浪漫"

1. 人物形象"浪漫"

浪漫的设计风格需要塑造浪漫的人物形象来表达。画如其人，方雪鸪亦是如此。他的人与他的作品一样"沉默而温柔"[1]，表面上细腻优雅，但又透出一丝骨子里的浪漫与性感。

方雪鸪所绘女性动态，或低眉细吟，纤体微侧；或娇羞拂面，亭亭玉立。其身高基本在7～9个头长（头长即人体头部的长度，是一种身高的计量方式，被广泛运用于服装画创作中）且多集中在7.5个头长，而成年女性的身高一般在7～7.5个头长。这说明民国时期服装画采用的是近于人体实际身高的尺寸，并没有进行夸张处理，但其所呈现的女性形体的胸腰臀差值较大，这是在曲线审美的浸染下，打造了一个富有凹凸美感的理想女性形象。

方雪鸪笔下之女性，在发型和妆容上都呈现出中西结合的浪漫风格。烫着西式大波浪卷发，又保留着中式鬓角微卷的美，且无一例外，均为短发，这从侧面反映出当时剪发风潮之盛，也表现出方雪鸪推动革新意志之坚定。点樱桃红唇，画柳叶细眉，保留中式的丹凤眼审美，但又不完全如传统，双眼皮的杏仁大眼在其笔下也偶有出现，如《今代妇女》第29期的封面（图2-2-6）。[2] 如此之女性形象便是方雪鸪定制出来的衣服架子，只有这套衣架才能展现并匹配他的衣服。所以，方雪鸪服装的浪漫，首先在于他塑造了一群浪漫的人。

图2-2-6 方雪鸪所作人物封面（《今代妇女》1931年第29期）

2. 表现技法"浪漫"

具体而言，无论是浪漫的人还是浪漫的衣，方雪鸪均用线描、素描、水彩和色粉三种画法表现。目前检索到的44幅作品中，线描画法为20幅，素描画法为12幅，色粉画法为9幅，水彩画法有3幅，各种画法之间风格鲜明，所展现的艺术效果亦各不相同（表2-2-1）。

表2-2-1 方雪鸪服装画作品概览

绘画技法	作品名称	文献名称年份（期号）	设计说明
线描画法	仕女画——仕女画二十	装束美1926年版	20款，多印花，多蕾丝、花朵、流苏与羽毛等装饰，款式浪漫，装饰繁复
素描画法	关于女子新装束的话	美术杂志1934(2)	2套，改良旗袍，搭配长短形态不一的大衣，领和袖为皮草

---

[1] 马国亮：《良友人影——方雪鸪》，《良友》1934年第85期。
[2] 方雪鸪：《人物》，《今代妇女》1931年第29期。

续表

绘画技法	作品名称	文献名称 年份(期号)	设计说明
素描画法	夏季的新装	新新画报 1939(7)	6套,改良旗袍,短袖,收腰,开衩,配以短外套
	新装	妇人画报 1933(1)	3套,改良旗袍,配泡泡袖造型短大衣、长斗篷、泡泡袖长大衣
	初春的新装	妇人画报 1933(1)	3套,细镶边高开衩旗袍,搭配皮草领大衣,几何印花面料
	春装	妇人画报 1933(3)	3套,高领旗袍,搭配披肩式收腰大衣、皮草领短大衣、大翻领长大衣
	春大衣的新设计	妇人画报 1937(45)	3套,印花旗袍,搭配泡泡袖蝴蝶结大衣或收腰大衣
	新装	妇人画报 1937(46)	3套,改良旗袍,短袖,收腰,高开衩,细镶边
	新装	妇人画报 1937(47)	3套,改良旗袍,条纹、波点、树叶印花,其一搭配短袖印花外套
	初夏寝衣的新设计	妇人画报 1937(48)	3套,薄绸制衫,宽松,上衣下裤,饰纽扣、蝴蝶结、缀腰带、手镯
	新装	美术杂志 1934(2)	3套,短袖、高开衩改良旗袍,皮草边短袖、高领、开衩连衣裙,裘领短大衣
	新装	美术杂志 1934(3)	3套,短袖、高开衩改良旗袍,搭配围巾、短斗篷与小马甲,花与素、深与浅之间的搭配
	舞罢	装束美 1926年版	1套,连衣裙,小高领、泡泡袖、长及地、大摆圆裙
色粉画法	女性头像封面	今代妇女 1931(24)	1人,短烫卷发,改良印花旗袍,配皮草披肩
	女性头像封面	今代妇女 1931(25)	1人,短烫卷发,双层细镶边红色改良旗袍
	女性头像封面	今代妇女 1931(26)	1人,平刘海,短烫卷发,红色印花改良旗袍
	女性头像封面	今代妇女 1931(27)	1人,短烫卷发,圆圈形大耳环
	女性头像封面	今代妇女 1931(28)	1人,短发,平刘海,不对称耳坠
	女性头像封面	今代妇女 1931(29)	1人,短烫卷发,蓝色改良旗袍
	女性头像封面	今代妇女 1931(30)	1人,短发烫卷,自然蓬松,深眼窝高鼻梁,似西洋美女
	活跃的青春	大众画报 1933(1)	1套,短烫卷发束发带,白色翻领短袖运动服,黑短裤饰红条,白袜黑鞋
	冬夜	大众画报 1933(2)	1套,高领、短袖、高开衩之粉紫色改良旗袍

续表

绘画技法	作品名称	文献名称年份（期号）	设计说明
色粉画法	冬天的黄昏	大众画报1933(3)	1套，浅绿色细镶边旗袍，配白色毛领呢大衣
	都会之夜	大众画报1933(4)	2款，一男一女，男为灰色西装、白围巾，女为红色印花旗袍、裘领大衣
水彩画法	秋季新装	良友1930(50)	4套，改良旗袍，搭配披肩或马甲，几何印花，用色为灰色、浅色
	冬装	良友1931(53)	3套，改良旗袍，搭配毛领大衣、披肩式大衣和立领收腰大衣，颜色为黑灰色、淡紫色、褐色
	春季新装	良友1931(55)	3套，一为上衣下裙，二为改良旗袍搭配马甲，用色淡雅，波浪纹、树叶图案印花

第一，线描画法，是指用黑白双色对物体进行勾画与装饰的画法。方雪鸪的线描画区别于中国传统的白描画法，不追求线条的简洁与干脆，而是类似于西画中的装饰线描，崇尚画面中的黑白对比，通过点线面塑造画面的黑白灰层次，注重画面的装饰美感。方雪鸪与陈秋草合绘刊行的《装束美》画册中的20幅仕女画，全部使用此画法，且服装款式之浪漫、装饰之精致繁复，均达到了极致，印花、蕾丝、流苏、羽毛、珠串、立体花与堆叠等装饰手法被大量运用。如《仕女画十》[①]，为一袭华贵精美的裙装，裙身处采用环绕形的龙纹印花，裙摆前短后长并以流苏装饰，腰部则垂坠两根珠串，袖子为喇叭形且袖口饰有几何形印花与流苏（图2-2-7）。服装整体颇为繁复，但方雪鸪利用黑白

图2-2-7　仕女画十（《装束美》，白鹅画会装饰画研究部1926年版）

图2-2-8　仕女画十二（《装束美》，白鹅画会装饰画研究部1926年版）

---

① 方雪鸪、陈秋草：《装束美》，白鹅画会装饰画研究部1926年版。

灰之间的深浅搭配,以及点线面之间的疏密关系,使画面主次分明、疏密有致,虽繁但不乱。又如《仕女画十二》①,为旗袍与裘领斗篷的搭配,服装整体铺满波点与格子印花、皮草与流苏等装饰,但皮草领的黑与斗篷的格子灰形成鲜明对比,斗篷衣身的疏又与旗袍的印花及下摆流苏的密产生错落关系,繁复的装饰凸显的是精致美(图2-2-8)。《装束美》一书被赞誉为"中国妇女界服装革新之先"与"服装楷范"等。②

第二,素描画法。素描画法是指一切单色绘画的形式,"五四"运动时引入中国并逐渐普及。因其可利用黑白色的深浅、浓淡精确塑造形体和图案,并能丰富地表现服装的转折起伏、明暗结构,成为方雪鸪所发表的设计作品中最常见的画法。不可否认,另一个主要原因是受印刷条件的限制,彩印的成本高而难以普及。

此画法的代表作为《初夏寝衣的新设计》(图2-2-9)。素描的明暗关系充分诠释了人的着装状态,表现了服装造型。首先,精准客观地体现了服装的悬垂感,尤见于下摆部分,用颜色的深浅将面料的褶皱起伏和转折表现得自然、真实。其次,展现了着装的立体感,体现于女性面颊、手臂阴影处和服装上对光影的描绘。再者,处理了主次和虚实的空间关系,见于服装细节上,对腰带、领部、扣子的重点刻画,能够突出亮点,而背景的虚化又能够衬托出服装的主体性,表现出整体的空间关系。

第三,水彩画法。从广义上讲,凡是用水作为调和剂的色彩画,皆可称为水彩画。它于19世纪末传入我国,后逐渐普及,并被方雪鸪运用到服装画创作中。他的水彩画具有色相素净淡雅、色调搭配和谐、光影效果鲜明等特点。

方雪鸪在色相方面讲究清新简单,用色多为浅粉色系。《秋季新装》中的几款旗袍均采用浅绿、枣红、浅蓝和灰等较为淡雅的颜色。方雪鸪提倡夏季的服装色彩应清爽自然,以衬显女性特有的柔美气质,并建议春装的用色不宜过于鲜艳、跳跃,而应采用淡紫、浅绿与浅咖啡等素净的色彩,使视觉效果清新淡雅,与其服装的唯美浪漫相呼应。

图2-2-9 方雪鸪所作《初夏寝衣的新设计》(《妇人画报》1937年第48期)

方雪鸪在色调方面讲究"调和"相宜,即使如今看来也依旧优雅时髦。《冬装》中黑色与灰色拼接的大衣,配以黑色高跟鞋,再饰一粒红色纽扣。此灰色与黑色的经典搭配形成了沉稳的基调,而纽扣的红色又使这个基调不再沉闷。又如印有褐色水波纹的浅咖啡色大衣,内着黄绿相间花纹的小立领旗袍,所有的色彩都统一在近似色的色调中,既有适当的梯度变化,又保持了整体的格调。

方雪鸪还善用色彩表现光影,用不同的颜色和深浅展现服装的立体感、空间感及面料质感。《冬装》中皮草大衣的灰紫色深浅有致,皮草的厚度和大衣的立体感被充分幻化出来,且细致刻画了

---

① 方雪鸪、陈秋草:《装束美》,白鹅画会装饰画研究部1926年版。
② 但杜宇:《装束美·序》,白鹅画会装饰画研究部1926年版。

图 2-2-10　方雪鸪所作《冬装》(《良友》1931 年第 53 期)

旗袍、丝袜和皮鞋的暗部亮部及高光,使整体的着装状态更为真实(图 2-2-10)。

第四,色粉画法。色粉画是在素描的基础上用一种特制的彩色粉笔进行着色的绘画,始于意大利,盛行于 18 世纪,民初时传入我国。上海美专首先开设色粉画课程,由将此画法引入中国的李超士担任教授,成就了中国一代优秀的色粉画家,如陈秋草、潘思同,方雪鸪也为其中之一。

色粉画色彩优雅柔和,极富表现力,且绘制成本低,操作便捷,是当时颇为流行的画法。美术教育家周碧初评价说,用色粉做肖像能够呈现出"一种特别生动美丽温雅的调子,而且另有柔软像天鹅绒光润的色彩"[①]。

方雪鸪的服装画也多采用色粉画法,并着重利用此法表现服装面料的肌理与质感。代表作为《冬天的黄昏》:黄绿色高领旗袍,外搭一件浅咖啡色大衣,大衣上点缀的黄色波点与旗袍颜色相得益彰,羊绒质料的大衣因色粉笔的描绘而更显细腻温暖,且白色的皮草领子和袖口尤其显出毛绒柔软的质感,黄昏下的雪地背景也被描绘得温和朦胧(图 2-2-11)。另有作品《冬夜》,其改良旗袍的丝绸质地在色粉的描绘下尤其有光泽,女性皮肤的红润粉嫩与卷发微弱的光泽也因色粉而表现得既亮丽又柔和(图 2-2-12)。细腻温雅的色粉画似乎成为了方雪鸪笔下浪漫温婉女性的最佳诠释方法。

作为专业的服装画家,方雪鸪的作品还有两个特点:

其一是图文并茂。图像能使人直观形象地理解服装的色彩和款式,但难以详尽表达服装的面料和其他细节,而文字语言可以清楚地予以表示,两者功能互为补充。此时的服装画还少见彩色,

---

① 周碧初:《色粉画的研究》,《艺风》1933 年第 7 期。

图 2-2-11　方雪鸪所作《冬天的黄昏》(《大众画报》1933 年第 3 期)

图 2-2-12　方雪鸪所作《冬夜》(《大众画报》1933 年第 2 期)

故用文字对服装色彩加以说明尤为必要,同时期的画师们大多也如此操作。但方雪鸪的文字篇幅明显较多,涉及内容也更丰富,不仅对服装款式、面料、色彩进行详细阐述,还对服装所适配的年龄、体型、气质及所适宜的季节、场合等给出具体建议。在《初春的新装》中,方雪鸪认为初春乍暖还寒,仍需春捂秋冻,皮草虽能御寒但稍显笨重,关键是仍拖着冬天的尾巴,而用厚绒既能"避免这种弊病,同时又不忽略御寒的本意"①。在《夏季的新装》中,他对不同身材应采用何种镶边等这样的细节都予以详细指导,"身材颀长的,衣缘不妨配以稍阔的边,而矮胖的身材,则应镶以流线型的线条,以增体态的婀娜,这都是调整身材的方法"②。

其二是构图精巧。民国时期的服装画构图多为平行、对称的直线结构,而方雪鸪的画面构图则较为丰富。除直线形外,还包含大量的三角形、曲线形与梯形结构,以此来配置模特之间的位置与动态关系,使画面布局饶有趣味,且如此自由多变的构图形式又丰富了方雪鸪浪漫的表达。如《秋季新装》在构图上采用从左至右升高的梯形,依次为三个站姿一个坐姿,右边最高处的坐姿恰好平衡画面重心,尤为巧妙。

作为民国时期画家兼职服装设计师中的佼佼者,方雪鸪设计的作品形成了其特有的浪漫优雅的风格,且此风格持续稳定,辨识度高,具体体现于淡雅柔和的用色、曲线毕露的款式、妩媚多姿的人物形象与充满想象力的亦中亦西的服饰搭配与用料方式上。他扎实的美术功底在服装画中亦有精彩表现,尤其是西画技法运用得出色娴熟,既影响了当时的同行,也影响了后世服装画的前进方向。

---

① 方雪鸪:《初春的新装》,《妇人画报》1933 年第 1 期。
② 方雪鸪、陈康俭:《夏季的新装》,《新新画报》1939 年第 1 期。

相对而言，方雪鸪的设计理念有几分朴实无华，而这恰恰是其浪漫主义作品可以"落地"的一条通道。既唯美又能为大众接受，才能在现实中引领时尚。因此，方雪鸪为民国大众的"变服"提供了十分具体的建议、样板、启蒙与引导，他是浪漫的画家，他也是践行新思想、新文化的设计师。

附：方雪鸪语录

摘自《新新画报》1939年第1期刊载的《夏季的新装》，《妇人画报》1933年第3期刊载的《春装》，《美术杂志》1934年第1期刊载的《关于女子新装束的话》与《新装》，《妇人画报》1933年第1期刊载的《新装》。

➢ 怎样掩护你体态的缺点，和显示你身段的美，是制定夏季新装的式样、衣料和色彩的原则。

➢ 式样美化的先决条件，是依照个人的身材去配合剪裁。

➢ 创造一种特殊的装束，不是一件难事，但是装束并不专赖奇特来提高他的价值。最重要点，还是在怎样能把体态美充分地衬显出来而使装饰的美和体态的美相吻合。

➢ 在美丽，实用之外，还需要的是个性。

➢ 因为在某一个创造一种新装束者。他决不是全智全能的，或者是只适合于某一个体态和个性者的穿着。倘若大家都不管它的一切来照样的模仿。那么不论你所用的质料是何等的优美，色调何等的调和，将来的成绩终是不会讨好的。

➢ 服装是个性聪慧的表征，是人类表现内心情绪和暴露两性间的体态的美的必要条件，因此为人类尤其是妇女日常生活艺术之一种。

➢ 我们在着手设计一种女性新装的时候，觉得并不是偶然的就能有良好的成就，因为在衣服的本身，除开应该具有的几种功用之外，尚还要顾虑到气候的转变和服装的颜色、式样，以及质料所发生的关系，我们可以举一个最普通例，譬如深颜色的宜于冬令，浅颜色的宜于暑期，等等。

但杜宇
1897—1972，贵州广顺人

身　　份：电影艺术家、画家。

简　　历：原名祖龄，号绳武，是清末第一个批注《聊斋志异》的文人但明伦之曾孙。1916年到上海谋生。刻苦自学绘画，掌握了基本的造型能力和创作漫画、月份牌画、油画与水彩画的技巧。此后便以画仕女月份牌和替报纸、杂志画封面、插图为生，常为上海《小说新报》《新声杂志》等报刊作画。① 由于喜爱摄影和电影，他从一个法国人手中买到一架摄影机，经过自主钻研，学会了摄制电影的基本技艺，并于1921年创办上海影戏公司，开始自编、自导、自摄影片。1922年，处女作《海誓》在上海夏令配克影戏园首映。后相继拍摄了《盘丝洞》《杨贵妃》《豆腐西施》等影片。1931年至1937年间，在上海影戏公司、上海有声影片公司拍摄了《南海美人》《健美运动》《国色天香》等影片。1937年"八·一三"事变后，但杜宇赴香港，先后在大中华、亚洲、永华等影片公司任导演。1954年退出影坛，主要为《星岛日报》创作讽刺漫画。1972年在香港去世。

成　　就：但杜宇是中国电影的创始人之一，对我国电影事业的发展具有突出贡献，其自编自导的电影处女作《海誓》，是中国最早的三部故事长片之一。代表作有《豆腐西施》《桃花梦》《人间仙子》等33部影片。他创作有大量的爱国漫画，在1919年出版了中国第一本个人漫画集《国耻画谱》，揭露了日本帝国主义的侵略，以及反动军阀和亲日派政客的卖国罪行，赞扬了中国人民的反帝斗争。②

专业成就：但杜宇是一位颇为优秀的仕女画家，曾出版《杜宇百美图》《杜宇百美图续集》《最新时装杜宇百美图续集》《美人世界》等画集，其中《美人世界》采用较为罕见的三色铜版纸精印，上市数日便销售一空。他在服装设计领域也颇有建树，常在《时报图画周刊》《解放画报》《小说丛报》等报刊上发表时装画作品。他所绘的仕女画与服装画作品成为20世纪初的"时装启蒙读物"，其本人亦成为"时装启蒙者"。

---

① 徐昌酪：《上海美术志》，上海书画出版社2004年版，第435页。
② 同上。

■ "时装启蒙者"但杜宇

"启蒙"在《辞海》中的释义为"开发蒙昧,使明白事理"与"普及新知,使社会接受新事物"。前者多指启蒙教育,亦可谓之"开蒙";后者指通过宣传教育普及新知识,使社会能够接受新事物而得到进步。两者不尽相同,然而在但杜宇的"时装启蒙"中均有涉及,即他的"启蒙"涵盖了"开蒙"与"普及"两方面,两者是相互递进、相辅相成的关系。

首先是要开蒙。几千年封建统治下的女性服饰受到当时社会规范所形成的风俗、道德、利益的制约,其核心价值是围绕政治等级和伦理秩序形成的,于是服装形制都是"礼"的核心内容的折射,"正色贵,间色贱""太太穿红的,姨太太穿粉红"①都是服饰等级的体现。近代社会的变革使这些等级制度不再适用,传统服装秩序被打破,人的等级消失了,服装庞杂的标识体系也随之消失,人没有等级之分了,附属于人的衣服哪有等级之分呢。然而,人总是害怕改变,对新观念与新事物的接受总是需要时间。所以,叫女人放足比当初让她们缠足更困难;所以,即使社会变革了还要穿着小马甲束胸;所以,同样的衣服穿了三百年也不觉得厌烦。所以,但杜宇的时装启蒙第一步便是要解放思想,以"开蒙"作为"普及"之基础。

而后便是普及。既然服装已经不用来象征人的等级,那么服装的表现性就转移到了其他方面,这就给"时装"的产生创造了机会。然而,刚刚获得时装选择权的女性在西风东渐的社会形势下总是显得有些迷茫,于是20世纪初成为一个"乱穿衣"时代。作为近代第一批"设计师",他们的首要任务便是对女性消费者进行各式舶来品的科普教育。在宣传西洋新事物的同时,还要利用他们对时尚潮流的犀利眼光,将西方服装依照东方女性的身形与气质进行再设计,或者将西服的结构与中式服装款式进行巧妙结合,并介绍到群众中去,以做好"时装启蒙"的"普及"之功课。

但杜宇的"时装启蒙"更可以用"专业""生活""睿智"三个词精简概括,即专业化的时装设计、生活化的时装呈现、睿智的时装思想。

(一) 专业化的时装设计

民国初期罕见真正意义上的服装设计师,这项工作是由有绘画基础的其他行业者兼任的,画家便自然而然地成为其中之主力,如叶浅予、方雪鸪与陈映霞等,但杜宇亦是其中之一。虽说但杜宇并非专业设计师,但他有着专业设计师所需的多项专业素养,如良好的绘图能力、多样性的设计思想与巧妙的服饰搭配手法等。

第一,他拥有良好的人物画基础与博采众长的能力,绘制的服装画惟妙惟肖且活泼生动。但杜宇是绘制月份牌画出身的,所以他不仅"善画人体,了解人体结构和运动变化的一般规律",而且能"在这基础上加上衣着,内体外形,结合起来",使得"人物的形象,画得很准确,形象多姿多态,其美感之强烈,是不言可喻的了",他的人物画被誉为"画得惟妙惟肖,似乎呼之欲出"。② 众所周知,月份牌画的鼻祖是郑曼陀先生,而当时却有"杜宇的天资,较曼陀高得多"③的时评,可见其能力之高。

---

① 张爱玲:《更衣记》,《古今》1943年第36期。
② 郑逸梅:《影坛旧闻——但杜宇和殷明珠》,上海文艺出版社1982年版,第7-14页。
③ 同上。

但杜宇还有博采众长的能力,能够将各国优秀画作的精髓进行巧搬妙运,以"符合国人的眼光,博得大众的欢迎"①。

他就是如此有才,所以他的《杜宇百美图》一版再版,不仅出了续集,还出了续集之续集;所以才有"坊间风行百美图,最早有吴友如的百美图,此后有沈泊尘的百美图,丁慕琴的百美图,继之即有杜宇的百美图,杜宇所作,新颖妩媚,大有后来居上之概"②的评价;所以才有"月份牌、小说杂志封面,以及报刊的插图,到处都看到杜宇的大名"③之现象;所以他所绘制的《美人世界》才会在"数日之间,倾销一空,抱向隅之叹者,不知有多少人"④。但杜宇精湛的绘图能力为其开展服饰启蒙之路铺好了基石,因为只有他画得好,才会有人看他的画,才有人买他画的书,进而才会有人注意到他所设计的时装,他便可以在潜移默化中影响民众的服装思想,做到"开蒙"与"普及"。

第二,他所设计的服装品类十分齐全。作为"时装启蒙者"的但杜宇深知,处于时装迷茫期与探索期的近代女子,所需的是对各种新事物、新潮流的广泛认知,是广泛的普及型教育。故而,他的设计从各式服装品类到各种服饰配件,从内衣到裙装与外套,从中式到西式,从春夏到秋冬,各类品种均有涉及。

其一是服装品类,可分为中式与西式。

但杜宇的中式服装包括上袄下裙与上衣下裤。

上袄下裙是华夏民族服装中历史最悠久的一个品种,源于商周时期的上衣下裳。在近代,上袄下裙在保持基本形制的基础上发生了款式上的变化,包括20世纪初的窄袖、高领与长袄,包括20世纪20年代的倒大袖、低领、短袄与收腰。但杜宇的《绣野停车画意娇图》⑤所展现的便是20世纪初流行的窄袖、小高领与长袄。又如《新装束》⑥,其中的三套上袄下裙呈现的是20世纪20年代的潮流:均为低领收腰的短袄,领型既有小V领亦有方型领,裙子都为阔摆长裙,并崇尚简洁大方的几何纹样(图2-3-1)。

图2-3-1　上袄下裙(《新装束》,《时报图画周刊》,1920年10月9日)

---

① 郑逸梅:《影坛旧闻——但杜宇和殷明珠》,上海文艺出版社1982年版,第7-14页。
② 同上。
③ 同上。
④ 同上。
⑤ 但杜宇:《绣野停车画意娇图》,《小说丛报》1916年第3期。
⑥ 但杜宇:《新装束》,《时报图画周刊》,1920年10月9日。

上衣下裤并非近代之发明，只是从前一般仅作为内衣或劳动妇女服饰，近代以来演变成为代表个性前卫的新装。但杜宇绘有许多穿裤之女子，且不仅在居家时穿着，还大方地穿至户外。《杜宇百美图》中有各式裤装，或是白底小碎花或是黑底大繁花，或是几何纹样或是极简纯色，或是仅及膝下或是长及小腿，共同之处便是均为窄小裤型。① 如《小说丛报》1916年第5期②的《美女图》：深色暗纹小脚裤与黑底白点长袄搭配，裤子紧贴身形，长度仅达小腿，性感地露出一大截玉腿，外搭的浅色几何纹样短外套则增添了摩登感（图2-3-2）。

图2-3-2 上衣下裤（《小说丛报》1916年第5期）　　图2-3-3 西式连衣裙（《解放画报》1921年第7期）

但杜宇描绘的西式服装种类更加丰富。

一方面包括裙套装、背带裙与连衣裙等各式裙装。首先是裙套装。所谓西式裙套装，其实就是舶来的上衣下裙，同为上下分离式，但在服装结构上存在有无省道与是否立体的不同。《杜宇百美图正集》中有一款裙式套装，上装为低领、短袖与收腰形制，领口与袖口处装饰浪漫的荷叶边，下装则为黑白几何纹样百褶裙，上装领边处的黑色细镶边与深色下装相呼应。③ 其次是背带裙。背带裙原是西方的工装，是具有劳工色彩的时尚。但杜宇的背带裙设计可见于《留美女学生之新装束》，内着长袖衫，外着背带裙，浅色长衫与深色背带裙搭配成经典的黑白。④ 再者是连衣裙，可见于《解放画报》1921年第7期（图2-3-3）：经典的浅色西式连衣裙，上身为V型低领短袖衫，高腰处束有一条同色腰带，下装为长至小腿的蓬松长裙，上紧下松、上小下大，既经典优雅又不失性感风情。⑤《杜宇百美图》中还有芭蕾舞裙的呈现，为上紧下阔、裙摆蓬大的吊带裙。⑥

---

① 但杜宇：《杜宇百美图正集》，新民图书馆1924年版，第50页。
② 但杜宇：《美女图》，《小说丛报》1916年第5期。
③ 但杜宇：《杜宇百美图正集》，新民图书馆1924年版，第2页。
④ 但杜宇：《留美女学生之新装束》，《时报图画周刊》，1920年8月29日。
⑤ 但杜宇：《美术画》，《解放画报》1921年第7期。
⑥ 但杜宇：《杜宇百美图》，新民图书馆1920年版。

另一方面包括大衣、内衣等多种类型。首先是内衣。但杜宇所绘之内衣多为吊带背心与小脚裤的搭配,纹样上较简单朴素,可见于《杜宇百美图》,或是竖条纹背心与深色短裤之搭配,或是浅色吊带背心与及膝短裤,在衣摆与裤脚处装饰有小碎花。① 泳装亦见于《杜宇百美图》,是一袭浅色连体泳衣,短袖短裤形制,V型领略显性感,而紧身形制则将身体曲线暴露无遗。② 再者是大衣。大衣在此时开始映入人们的眼帘,并成为摩登必备之一。但杜宇独爱长款收腰大衣,如《海上新装束》:一袭长及脚踝的收腰大衣,所用面料为"蓝地金花之中国绸缎",在领部、袖口与衣摆处均"缘以洁白兔毛",足履为"清新异常亦雅合于卫生"的浅色低跟皮鞋,在色彩、面料与纹样上都极尽繁华(图2-3-4)。③又如《杜宇百美图》中的一身浅色大衣,缘以深色花纹,腰部系以细腰带,并在后中线开衩以便行动;或是几何纹样的收腰长大衣,深色细腰带凸显玲珑身形,浅色毛领则增添雍容华贵。④

图2-3-4 海上新装束(《时报图画周刊》,1920年12月12日)　　图2-3-5 流行之新装束品(《时报图画周刊》,1920年12月19日)

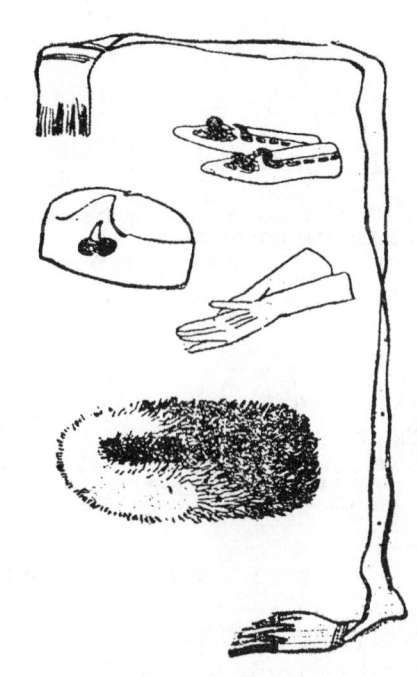

其二是各种服饰配件。

但杜宇的配饰设计不仅点缀在其服装画中,还颇为重视地进行单独设计。在罕见专业服装设计师的民国,能够如此专业地将配件进行专门设计,足可见其专业精神与素养。他所设计的品类十分广泛,包括帽子、手套、手筒、围巾,以及钱袋、高跟鞋与压发等(图2-3-5)。帽子为"白呢之帽"⑤,是瓜皮帽的时尚化,采用舶来的毛呢面料,大胆运用中国传统忌讳的白色,并在帽上装饰了两个绿色绒球,再搭配一双同样装饰的平底小皮鞋,散发着清纯浪漫气息。若说此款帽子是中西合

---

① 但杜宇:《杜宇百美图正集》,新民图书馆1924年版,第7页。
② 但杜宇:《杜宇百美图》,新民图书馆1920年版。
③ 但杜宇:《海上新装束》,《时报图画周刊》,1920年12月12日。
④ 但杜宇:《杜宇百美图》,新民图书馆1920年版。
⑤ 但杜宇:《流行之新装束品》,《时报图画周刊》,1920年12月19日。

璧的产物,那么手筒则是纯粹的舶来品,且多与皮草大衣搭配,更有"手筒的皮料要选取与领口皮同类的一种"①之说法。但杜宇的设计便是"獭皮或银鼠灰鼠之手筒"②。"白皮手套"与"轻而暖的各色毛冷围颈"亦属舶来之列,且是百搭基础款,更是"宜于御寒"的"今日女界装饰之新流品"。③ 钱袋便是手提袋,不仅可装现金与各种化妆品,还可增添美丽,所以"女子出外多喜携以钱袋",其材质有"银制丝制革制多种"④。但杜宇设计了一款经济简单的DIY钱袋(图2-3-6),费用"不过三四角绸缎",制法亦十分简单:"取花边一段,叠之洋布,一方同大为里缝之去下方之二角,于花边洋布之间以绵绳二贯之而袋成,松紧随意。"⑤高跟鞋则是但杜宇的配饰设计之重点,其设计"有革质者有丝质者颜色极多",如"竹叶之丝履"⑥、"豆绿色之革履"⑦、"跳舞之高底鞋"(图2-3-7)⑧等。其中"跳舞之高底鞋"最是丰富多姿,色彩纹样上有经典的黑白纯色与性感的豹纹条格;装饰上不乏时尚的几何形宝石、金属片,以及甜美的蝴蝶结;形制上有柔和的圆头鞋与摩登的尖头鞋等,色彩、形态、风格各异的高跟鞋共七双,排成一排尤为壮观。最后是压发。此压发并非舶来之束发带,而是用于固定头发的发夹,但杜宇只是普及新用法:"以前女子多用压发二枚,分压鬓之左右,今只用一枚,多在鬓之左,其戴花依然。"⑨

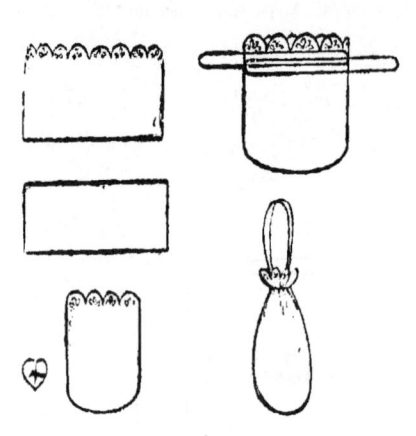

图 2-3-6 DIY 钱袋(《时报图画周刊》,1920 年 9 月 19 日)

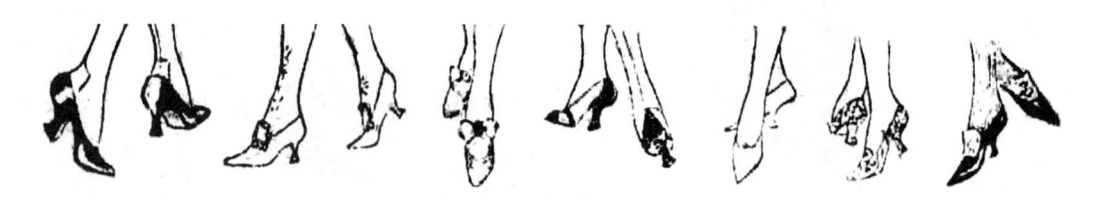

图 2-3-7 跳舞之高底鞋(《时报图画周刊》,1920 年 9 月 19 日)

第三,是他深谙服饰穿搭的技巧。

首先在色彩上。但杜宇作为一位擅长水彩画与油画的画家,色彩的调和自然不在话下。⑩ 他偏爱将百搭的白色作为搭配色,白色与深紫色、黑色、绛色、湘妃色、蓝色、青色、灰色及粉红色的搭配均在他的设计中出现过,如"青与白条印度绸之衣"与"淡蓝纯丝葛西式裙"的蓝色系搭配中装饰以少量的白色,再配以紫色花边,在冷色调中进行变化搭配。⑪ 但杜宇不仅讲究调和,还十分敢于用色,湖蓝色与粉色、翠蓝色与红色等各种对照色搭配起来亦不怕唐突,因他懂得调和的技巧,如秋

---

① 叶浅予:《手筒》,《玲珑》1932 年第 78 期。
② 但杜宇:《流行之新装束品》,《时报图画周刊》,1920 年 12 月 19 日。
③ 同上。
④ 但杜宇:《新装束》,《时报图画周刊》,1920 年 9 月 5 日。
⑤ 但杜宇:《新装束》,《时报图画周刊》,1920 年 9 月 19 日。
⑥ 但杜宇:《新装束》,《时报图画周刊》,1920 年 9 月 5 日。
⑦ 同上。
⑧ 但杜宇:《新装束》,《时报图画周刊》,1920 年 9 月 19 日。
⑨ 但杜宇:《新装束》,《时报图画周刊》,1920 年 9 月 5 日。
⑩ 郑逸梅:《影坛旧闻——但杜宇和殷明珠》,上海文艺出版社 1982 年版,第 7-14 页。
⑪ 但杜宇:《留美女学生之新装束》,《时报图画周刊》,1920 年 8 月 29 日。

香色的皮袄与紫色毛皮边搭配便是大胆的对照色,再使用面积的差异与纯度的变化使二者协调,再配以黑色裙,便使得整体更为稳重。①

其次在款式上。纵观但杜宇的设计,款式搭配上均十分大方得体。如《新装饰:折衷服》,为淡紫色对襟外套与白色裙装的搭配,领边与袖口处镶嵌精致的图案花纹,再加上一条深色领巾,大方中不失优雅。② 面料上的搭配,他喜用绸缎、麻纱、丝葛、杭纺与夏布等面料,或是印度绸装饰麻纱花边,搭配丝葛裙;或是葛皮衣缘以毛皮边,搭配哔叽裙;或是纯色杭纺做夏装;或是细夏布配以蓝绸等。这些都是卫生舒适且东方味道十足的面料搭配。

(二) 生活化的时装呈现

所谓生活化的时装,便是符合女性日常生活需求的时装,是真正基于着装者的生活,关注其不同生活需要的服装,根据场合不同,便有不同功用、不同品种、不同款式的时装。但杜宇的时装启蒙是完全生活化的,其时装的呈现均有相应的生活背景,包括卧室、书房、浴室、客厅、餐厅、庭院等居家生活环境,以及街上、船上、郊外、海边、公园等户外活动环境。他的笔下所绘的女性也都处于洗漱、梳妆、穿衣、看书、打麻将、荡秋千、打高尔夫、郊游、逛街与拉小提琴等日常生活场景中。他利用此种生活化的呈现方式为女性们的日常着装给予更为具体细致、全面周到的指导,他是一位"服装"设计师,他更是一位"生活"设计师。

其一为居家生活着装。但杜宇为每套服装设置了相应的生活场景,如内衣搭配在浴室洗漱或梳妆的场景,日常的上袄下裙与上衣下裤则搭配做家务、看书、闲坐或打麻将、拉小提琴等场景。他的场景绘制精致逼真,但不会喧宾夺主地抢了主体人物的风头,而是真正做到了烘托画面氛围。如《杜宇百美图》中的看书之场景,用线描的形式绘制了一面窗、一个摆满书籍的书架与一把仅露出一半的靠椅,物体不多,但形成了一个完整的画面,营造出一个书房的氛围,而手执书卷、踱步远眺的女子则作为主体被安排在画面的黄金分割点附近,其所着之小碎花短袄与长裤亦是符合画面环境的舒适休闲装扮。③《新声》1921 年第 3 期描绘了一位"匆匆晓妆刚理,独坐蛋儿窗前"的女子,窗外纷飞的杨柳与一双燕子,则是为了诠释此女子"为何不肯回头,厌见双双燕子"④的孤独心境(图 2-3-8)。

图 2-3-8 居家之场景(《新声》1921 年第 3 期)

---

① 但杜宇:《留美女学生之新装束》,《时报图画周刊》,1920 年 8 月 29 日。
② 但杜宇:《新装饰:折衷服》,《时报图画周刊》,1920 年 10 月 17 日。
③ 但杜宇:《杜宇百美图》,新民图书馆 1920 年版。
④ 但杜宇、尘戏:《美术画》,《新声》1921 年第 3 期。

其二为户外活动着装。户外服装相较于家居服装的运用更广，品类更多，也更为时尚，服饰的功能性更加突出。如滑冰应着便利的上衣下裤，郊游应穿美丽优雅的裙装，去海边游玩应搭配飘逸的上衣下裙，游泳应换上泳装，而在寒冷天气，大衣、帽子与手筒均不可少。但杜宇不愧是一位导演，他的每一幅画都好似电影中的一帧镜头，是一个场景中一个动态中的静止，是"动"的。《杜宇百美图》中有一位女子手握栏杆、立于船边的场景，从画面中便能感觉到海面上的习习微风：被轻轻吹起的裙摆，轻微向后倾的身体，以及身后荡漾的水波，都展示出风吹过的痕迹。① 此书中还有一位打高尔夫的女子形象，身穿休闲的短衫与裙装，手执球杆正向后挥动，似乎下一秒就会响起胜利的欢呼声。

（三）睿智的时装思想

作为一位优秀的服装设计师，不仅要有各种专业素养，更需有长远的眼光与睿智的服装思想。但杜宇妥妥地做到了这一点，他甚至可以称得上是民国时期兼职服装设计师中的劳动模范，不仅在时装设计上做到专业称职、具体细致与全面周到，更是深谋远虑地将视线放到了留学生的装束上。除此之外，他还放下了画笔，睿智地将服装活动延伸至摄制时装片与举办时装舞会中。也许可以用"不想办舞会的导演，就不是好设计师"调侃但杜宇。

其一为介绍留美女学生之装束。民国时期，介绍欧美流行服饰的报刊并不少，杂志上常常能见到金发碧眼的西方美女，这是欧风东渐的潮流所趋，而将眼光放至欧美留学生身上的报刊却屈指可数。事实上，留学生之装束相较于欧美影星更具有借鉴意义：东西方人种的肤色、身形与气质均不相同，西方影星的服饰妆容不一定适合东方人，故只能参考，不能照搬；留学欧美的中国学生是中西结合服装实践的第一批人，她们既是"具有高深之知识与美术之眼光"之人，又是"接触西方之文化较多"之人，她们的服装已经是"融合中西之优点而一之"的中西合璧式。② 故介绍她们的服装，对于只知照搬、不懂变通的处于时装启蒙期的中国女性来说更有价值（图2-3-9）。

其二是参与各类服装活动。首先，他利用自己导演身份的便利，邀请云裳时装公司合作拍摄时装片，云裳是由当时上海一流人物创办的一流时装公司，名导演加上名人名店，自然反响不小。③ 当时的《上海画报》记载："杜宇君来访小鹣，谓上海影戏公司愿与云裳合作，云裳每有新装束出，可由上海摄为影片，映之银幕，其足以引起社会之注意，自不待言，他日银灯影里，可常见云裳花园锦簇之新装矣。"④同时，但杜宇还将心思放在举办时装舞会上："杜宇主张与云裳联合举行一艳妆舞会或乔装舞会于大华饭店，一旦成为事实，则轰动沪渎，又可知也。"⑤

但杜宇作为近代第一批的"设计师"，肩上扛着"开蒙""普及"时装的重任，而今看来，他的时装启蒙落到了实处，而且尽职尽责、尽心尽力地完成了。首先，他有优秀的绘图能力、全面多样的设计与服饰搭配技巧等多项专业素养：惟妙惟肖的人物画是其开展时装启蒙的基础，涵盖各式服装品类与各种服饰配件的多样性设计是其时装启蒙的重要方面，而服饰穿搭的技巧则是其中的点睛之笔。其次，他的时装呈现尤为生活化，为了使启蒙作用最大化，他为每款服装搭配了相应的着装场景，为女性的着装给予更为全面周到的指导。除此之外，但杜宇还拥有远大的理想和睿智的服装思想，不

---

① 但杜宇：《杜宇百美图》，新民图书馆1920年版。
② 但杜宇：《留美女学生之新装束》，《时报图画周刊》，1921年1月9日。
③ 曹聚仁：《上海春秋》，生活·读书·新知三联书店2007年版，第245页。
④ 周瘦鹃：《云裳碎锦录》，《上海画报》，1927年8月15日。
⑤ 同上。

图 2-3-9　留美女学生之新装束(《时报图画周刊》,1920 年 1 月 9 日)

仅将其设计师的眼光放至留美女学生的装束上,用合理的方式将西式服装介绍到群众中,而且积极参与各类服装活动,奔波辛劳,只为尽善尽美地完成"时装启蒙"之工作,真可谓是劳模"时装启蒙者"。

附:但杜宇语录

摘自但杜宇为方雪鸪、陈秋草著,白鹅画会装饰画研究部 1926 年出版的《装束美》所作的序言。

➢ 衣服为文身之具,世界愈文明,社会交际愈繁,服装亦因之而愈讲求。所以欧美各国交际名人,辄由美术家为之特制新装,别出心裁,务求美观;一袭制成,群向倾倒,观念为之一新。

➢ 吾中国古来美人,亦有发明新妆,后世传为佳话;惟中国妇女界,与社会交际极少,故装束之革新较缓,近年来风气开通,社交渐为注重,于是新装二字,於社会上颇为需要。

设计篇——用艺术的手腕创造超时代的服装

陈映霞
1896—1966，江苏常熟人

身　　份：仕女画家。

简　　历：字应镛，号凡千居士，别署六品丹桂轩主人。出身书香门第，早年就读于常熟县立学校，在校时成绩一直名列前茅。中学毕业考入江苏省商业专科学校，由于成绩优异，自1918年毕业后便留校担任美术科教师，后兼任上海清心中学美术教师，执教生涯长达几十年。早年致力于学习西洋画，后转而专攻国画，并以国画见长。[①] 因晚年双耳失聪，素有"陈聋""陈氏聋子"之雅号。

成　　就：陈映霞的国画作品"从古艺术技法种种，渗透进西洋画的写实"，故而十分生动素朴，工整周密，丝毫不苟。擅于画人物与草虫蔬果，亦多喜古趣的作风。他教学的成绩十分突出，"可说与专门学校并驾齐驱，在外展览，屡次获赏，其对艺术教育之苦心，于此可见一斑"[②]。参加中华民国第一届全国美术展览会，在常熟和上海举办过个人画展。其作品在1989年被编入施仁编纂的《常熟历代书画名人录》。著有《映霞书画作品集》。

专业成就：陈映霞尤擅仕女画，且衷情于时装仕女，著有《映霞新装百美图》《最新式时装百美图》等书。其服装设计类作品十分丰富，在《北洋画报》《时报图画周刊》《紫罗兰》《紫兰花片》等报纸、杂志上发表了大量服装画作品，在展现当时服饰风貌的同时，还为当时的女性着装提供参考与引领，并成为后世进行服饰研究的重要史料。

[①] 王隅人：《两个国画家》，《太平洋周报》1942年第25期。
[②] 同上。

■ "20年代的时尚符号"——陈映霞

所谓"符号",是指具有某种代表意义或性质的标识,是指"某种用来代替或再现另一件事物的事物,尤其是那些被用来代替或再现某种抽象事物或概念的事物,即有意义的媒介物"①。所谓"时尚符号",可以理解为体现时尚的标识或媒介,其更多时候被定义为骷髅头、心形与红唇等具体元素,或是旗袍、晚礼服与皮夹克等服装品类,多象征着一种具体的服装风格。"20年代的时尚符号"则是指能体现20世纪20年代(简称"20年代")时尚特征的标识或媒介。

法国著名作家法郎士说过:"妇女的着装……所告诉我的有关未来人类的知识将比所有的哲学家、小说家、传教士或者科学家还多。"②如此看来,妇女的服装便是传播社会人文的一个重要媒介,那么陈映霞便担当着我国20年代服饰时尚传播者的重要身份,并且是传播者中的领军人物。他凭借其仕女画家的特殊身份,通过仕女画来体现其服装设计,让古典的东方女性穿上了富有时代特征的时装。他的时装仕女画代表了20年代的服装潮流,反映了那个年代千姿百态的服装时尚,完美诠释着当时的时尚潮流与社会人文的变迁,几乎可以说是20年代服装的缩影,故而将他称为"20年代的时尚符号"。他的仕女画无论是服装的设计,还是配饰的设计,都是"很20年代"的,充分展现着20年代的时尚趋势、服装审美观念与女性的自我认知。

(一)"很20年代"的服装设计

20年代是一个重要的过渡期,封建思想逐渐接纳现代文明,东方文化逐渐与西方文化交织融合。此时的服装处于一个传统向现代、东方向西方的过渡时期,散发出与封建时期截然不同的活力,却并未达到全面西化,而是游离于东方与西方之中,徘徊在含蓄与直率之间,折衷于传统与时尚之内,处于初步尝试跳出传统并小心走向时尚的过程中。此时的服装款式区别于清末的宽大平直,又非后期"狭窄得非凡"③的造型,而是逐渐窄小的款式;面料上多为洋货,且呈现出轻薄、简洁、多印花的特点;色彩上更是自由无拘地达到了百花齐放。陈映霞的服装设计全然体现着这些20年代的特征,具体可从款式、面料与色彩三个方面进行分析。

其一,款式。传统服装宽大蔽体,重衣而轻人,宽松、直线、含蓄而不凸显人体,而到了20年代,随着现代文明的传播,在与西方服饰文化相融合的基础上,服装款式发生了变化:渐次收窄做小,提高下摆,露出手臂。黄觉寺说过:"二十世纪的新女子,不应当再留恋于陈旧的、温文的美,应当窄衣短裙起来!"④陈映霞笔下的女性着装便是逐渐合体的款式,小心翼翼地展现着女性的身形曲线、小腿与手臂等部位,其主要特征为上俭下丰、下摆提高、袖子渐短。

首先是上俭下丰。20年代的女性已经意识到"宽衣博带的袍褂,已不甚适合现代个人生业的处理和现实社会中生活的方便"⑤,但还缺少些将"窄衣短裙穿起来"的勇气,于是这种上身紧窄、下

---

① 张凌浩:《符号学产品设计方法》,中国建筑工业出版社2011年版,第19-20页。
② [美]玛里琳·霍恩:《服饰:人的第二皮肤》,上海人民出版社1991年版,第34页。
③ 缪曙初:《从服装上谈到卫生问题》,《卫生杂志》1932年第6期。
④ 黄觉寺:《女性与装饰(二)》,《永安月刊》1942年第40期。
⑤ 佚名:《改进我们服装应有的条件》,《申报》,1926年12月26日。

身较宽的上俭下丰式成为当时的流行,这一形制与当时流行的小马甲一致,由于"中国改良的服装式样凸显胸部……使这些人觉得'不雅'"①。故当时的时髦女性为了避免显露身段,穿上了束胸的小马甲。此形制常出现于陈映霞笔下,《海上流行之旗袍》便是上下相连式的典型,其胸围到下摆逐渐变大,很有些小A字裙的优雅风姿(图2-4-1),"一加改良,倍觉新颖不过"。② 又如《风吹帘影动,疑是恋人来》则是上衣下裳式的代表,一袭短衫,在腋下部分收紧,而后向腰部缓缓变宽,裙身接着上衣的线条向下倾泻开来,使女性的身体曲线变得略微突出,人体美初显现。③

其次是下摆提高。这条"盘桓起伏于女子膝部与足部之间"的下摆线无疑是女子时装变化中的一大焦点,亦表现着"女子服装显著的变迁"与"中国女子思想的急进"。④ 纵观陈映霞所设计的服装,亦能感受到这条下摆线从20年代初的仅及小腿肚到20年代末几近膝盖的时尚变迁。如1921年间发表于《时报图画周刊》上的《花朝女儿图》⑤、《上海女子新装束》⑥与《上海新装束》⑦,均为长及小腿肚的设计,此种微微露出一小截玉腿的长度很有股含蓄优雅的风度,又不失雍容华贵的气质,展现了一种低调的性感。又如1929年发表于《北洋画报》上的《海上新装》⑧与《海上新装之二》⑨,均为及膝裙,这一裙长在当代是标准的职业装裙长,是庄重与优雅的象征,而在20年代彰显的则是万种风情(图2-4-2)。再如《海上新装》⑩,窄小收身的旗袍勾勒出迷人身材曲线,并衬托出身材的修长,长及膝下的裙长既体现了前卫时尚又不会过于冒进,恰如其分地游走于性感与优雅之间,与飘飘欲仙的开衩长袖口相搭配,举手回眸间都演绎着窈窕风情。

图2-4-1 海上流行之旗袍(《时报图画周刊》,1922年1月16日)

再者是袖子渐短。衣袖的长度与宽窄是20年代服装款式变化的又一重点。倒大袖是这一时期最具代表性的袖子式样,长及肘部,上俭下丰,呈喇叭状张开。这一袖型被称为20年代中式女装最典型的特征,在20年代的女装中一直沿用。陈映霞的中式服装设计多采用此袖型。如《孔雀美人》⑪便是标准的倒大袖袄裙,上装为腰身收紧的大襟短袄,长及腰部且下摆为尖角形,袖子及肘呈

---

① 克士:《束胸习惯与性知识》,《妇女杂志》1923年第5期。
② 陈映霞:《海上流行之旗袍》,《时报图画周刊》,1922年1月16日。
③ 陈映霞:《风吹帘影动,疑是恋人来》,《紫罗兰》1927年第12期。
④ 佚名:《旗袍的旋律》,《良友》1940年第150期。
⑤ 陈映霞:《花朝女儿图》,《时报图画周刊》,1921年3月27日。
⑥ 陈映霞:《上海女子新装束》,《时报图画周刊》,1921年12月5日。
⑦ 陈映霞:《上海新装束》,《时报图画周刊》,1921年6月26日。
⑧ 陈映霞:《海上新装》,《北洋画报》,1929年2月16日。
⑨ 陈映霞:《海上新装之二》,《北洋画报》,1929年2月28日。
⑩ 陈映霞:《海上新装》,《北洋画报》,1929年2月16日。
⑪ 陈映霞:《孔雀美人》,《紫罗兰》1927年第11期。

喇叭形，露出一截纤纤玉臂，袖摆处饰有抽象纹样与深色细卷边，十分简洁又不失精致；下身为白底大花长裙，裙摆饰有流苏装饰。上下装的搭配散发着东方的古典韵味，而那一截玉腕则为其平添了一抹妩媚。《花朝女儿图》①的袄裙搭配则流露着一股清新田园风，白底小碎花倒大袖短袄长至臀部，同色系七分长裙随风摇曳，手臂与小腿都稍露一截，勾勒出一幅"春风拂拂，花香满室"②的画面。

其二，面料。以往的服装面料以丝绸棉麻为主，且装饰工艺复杂、纹饰细腻，织物纹样多为写生手法，百兽、百鸟、百花都是常用题材，但由于服制规定而受到一定限制，"五爪龙缎、立龙缎、团补服等，官民不许穿用"③及"庶民男女僭用上述违禁衣料，官民各杖一百，徒三年"④，人们需依照规章制度选择服装的面料与纹样。到了20年代，服装面料走向自由化与多元化，西方的印花布、羽纱、呢绒、蕾丝与洋绸等面料大量占据国内市场。从陈映霞附有设计说明的一些时装画中，能知晓当时面料种类的丰富，有华丝葛、蓝色缎、彩霞缎、铁机缎与轻纺等丝质面料，还有貂皮、麂皮、银鼠皮与狐皮等皮草类面料，亦不乏"机器抽空之边"、花带、阔花带等蕾丝面料，以及黑绒等呢绒面料。面料的纹样与装饰也趋向简约，纯粹的圆点、条纹、格子等几何纹样在旗袍上占据一席之地，"女子服装近颇流行格子布，格子大小不一……"⑤，改变了传统纹样垄断的局面。如陈映霞1922年发表于《时报图画周刊》上的《新装束》⑥，为一袭浅色大衣，在腰部位置用圆点纹样做不规则的环绕装饰（图2-4-3）。此种大圆点纹样之前十分罕见，而在20年代已较普遍。此运用位置与手法属于陈映霞的独特设计，将深色图案置于腰部，能够达到视觉上更显瘦的目的，而不规则的布局手法展现了一种自由随性，是追求自我、突出个性的体现。除了圆点之外，陈映霞还尤其热爱条纹与格子图案，《上海新装束》⑦、《郎去不归来》⑧与《秋季新装束》⑨等的上下装都使用了条格图案的设计，其中《上海新装束》是上衣为格子、下裤为条纹的几何纹样搭配设计，同样宽度的条格既统一又有节奏的韵律，既富有形式美感又尤显简洁质朴（图2-4-4）。《海上之新装束》⑩是一款几何图案变幻使用的中长款大衣，领子与袖口为白色，其余部位均为方格，且为空心、实心相结合的方格，并在腰部及口袋位置旋转成为菱形，简单的格子图案在统一之中又富有变化（图2-4-5）。《映霞新装百美图》中的纹样更加丰富多变，有深浅粗细相搭配的，也有棋盘状的，还如巴宝莉款的经典格纹。

图2-4-2 海上新装之二（《北洋画报》，1929年2月28日）

---

① 陈映霞：《花朝女儿图》，《时报图画周刊》，1921年3月27日。
② 同上。
③ 葛承雍：《中国古代等级社会》，陕西人民出版社1992年版，第55页。
④ 同上，第59页。
⑤ 陈映霞：《上海新装束》，《时报图画周刊》，1921年6月26日。
⑥ 陈映霞：《新装束》，《时报图画周刊》，1922年9月18日。
⑦ 陈映霞：《上海新装束》，《时报图画周刊》，1921年6月26日。
⑧ 陈映霞：《郎去不归来》，《紫罗兰》1927年第12期。
⑨ 陈映霞：《秋季新装束》，《时报图画周刊》，1921年9月19日。
⑩ 陈映霞：《海上之新装束》，《时报图画周刊》，1921年1月23日。

图 2-4-3　新装束(《时报图画周刊》,1922 年 9 月 18 日) 　　图 2-4-4　上海新装束(《时报图画周刊》,1921 年 6 月 26 日) 　　图 2-4-5　海上之新装束(《时报图画周刊》,1921 年 1 月 23 日)

其三,色彩。封建时期的服装从属于服饰等级的需要,对色彩使用有严格的规定与禁忌。到了 20 年代,服装的色彩从压迫中得以解放,其使用也更自由。陈映霞喜用各种色彩,虽从现存的黑白资料中无法领会,但在其设计说明中可窥见一二,有艳丽的菊花红色、绯色、金色、蓝色、蜜色与银地蓝色,还有淡雅的棕色、水灰色、淡青色、银色、白色与黑色。与此同时,因受到西方文化和审美的影响,一系列"色彩不足表现人格者,其衣装亦必不能尽美"①及"服装择色的必要条件,就是要应和服者的性格与肤色的深浅,次要的呢,还是得看体格的强弱去分配服装的颜色"②的审美观逐渐被接受,人们开始注重服装色彩与自我的搭配。陈映霞亦十分讲究色彩的搭配和谐。《海上流行之旗袍》③是一款用色大胆且十分"挑人"的设计:一袭菊花红色旗袍,在领部及袖口处将银鼠毛反露,而"女子衣之者以支腰瘦削者为宜"。陈映霞的这一观点与当代暖色在视觉上较为膨胀而显胖,以及冷色为收缩色而显瘦的观点相一致。《上海女子新装束》④是一款多色和谐搭配的设计,内为"金色彩霞缎,银鼠袄",外穿"水灰素华丝葛外套",外套上装饰有"青色绣花领口"与内装相呼应,内彩外素,很有股含蓄的妩媚,再配上"白鸡皮手套,足登玄色丝袜,黑油革履"等无彩色,使服装整体多了份沉稳。

20 年代的服装款式、颜色、纹样和质料丰富且变化多端,人们的服装观点从相对落后而保守转变为相对进步而开放,并开始追求自我与审美。陈映霞的服装设计亦紧随着时代步伐不断地翻新,始终诠释着 20 年代的时尚潮流。

---

① 李寓一:《美装新装与奇装异服》,《妇女杂志》1928 年第 9 期。
② 陈宫:《服装是表现个性的重要物》,《社会晚报时装特刊》1930 年。
③ 陈映霞:《海上流行之旗袍》,《时报图画周刊》,1922 年 1 月 16 日。
④ 陈映霞:《上海女子新装束》,《时报图画周刊》,1921 年 12 月 5 日。

（二）"很20年代"的配饰设计

20年代的女性配饰亦是中西混杂的，"近代中国之装饰问题是为杂乱"①。在这一过渡期中，"有舶来之风式，有旧存之习俗"②，中式的配饰整体上依然保留传统的样子，而纹样、质料与细节则受到西方审美思想的影响而转变，抹额依然是常见的帽饰之一，折扇依旧执于手间。同时，大量的舶来品随着西风东渐而来，并开始逐渐占领女性的衣橱，以至于当时摩登女子的必备大多是各种舶来品，有帽子、披肩、围巾、手袋、手套、手筒、丝袜、皮鞋与各种首饰等。陈映霞的配饰设计展现了20年代这一中西合璧的特征，其中式配饰设计的代表为抹额与折扇，西式配饰中则以帽子、围巾、手筒、手套、丝袜与皮鞋为典型。

第一，中式配饰。抹额为陈映霞的中式配饰设计之重点，其描绘的女性形象中有近半数佩戴抹额。抹额是我国妇女包在额前的一种巾饰，多以刺绣或珠玉为装饰，陈映霞称其为女帽，他认为"女子装束急待研究者为帽，因其不独有益身体且有关于观瞻"③，并设计了两款形制相似、细节不同的中式女帽。其一为发表于1921年8月7日《时报图画周刊》的《新式之女帽》④，帽身较宽，上可微微露出头顶，下至眉处，"压低额际，蓬鬓外露"；帽子为雅致的蓝白配色，用"蓝色缎所制，四边绣以白色之花"，再搭配一件"菊花红华丝葛衿，白色缘诸领沿"，诚为最美"冬季御寒装扮"（图2-4-6）。其二为发表于1921年11月28日《时报图画周刊》的《新式之女帽》⑤，帽身采用"白底黑柳条海虎绒"，帽沿为"白底黑条缎带"，简洁的黑白条十分前卫摩登，而右侧装饰的"绯色绢花衬以绿叶"为极简的黑白条纹增添了些柔情，"卷发外露，倍觉新颖美观"（图2-4-7）。除了这种以御寒为主要目的的宽抹额，陈映霞设计了几款以装饰为首要目标的细抹额，此种抹额在形制上更接近发带，但使用的位置、方法与发带不同，抹额绕于额际，发带则绕于发际。《上海女子新装束》⑥中的女子所戴发饰便是一款以珍珠串成的"珠带"，且贴合发际曲线呈现三角状，好似一个珠冠。《新装束》⑦中的抹

图2-4-6　新式之女帽（《时报图画周刊》，1921年8月7日）

图2-4-7　新式之女帽（《时报图画周刊》，1921年11月28日）

---

① 何海鸣：《求幸福斋妆饰谭》，《家庭》1922年第7期。
② 同上。
③ 陈映霞：《新式之女帽》，《时报图画周刊》，1921年11月28日。
④ 陈映霞：《新式之女帽》，《时报图画周刊》，1921年8月7日。
⑤ 陈映霞：《新式之女帽》，《时报图画周刊》，1921年11月28日。
⑥ 陈映霞：《上海女子新装束》，《时报图画周刊》，1921年12月5日。
⑦ 陈映霞：《新装束》，《时报图画周刊》，1922年1月9日。

额则是一条极简的"银丝带","云鬟下垂银丝带,环绕额际",极为简单,却为厚重的冬装增添了一抹时尚。陈映霞还为其描绘的《孔雀美人》专门设计了一款与其服装相搭配的折扇,折扇的纹样与裙身的印花相得益彰,扇沿处的羽毛边亦与裙摆的流苏相呼应。

第二,西式配饰。服饰品的三个要项为"一帽,二手,三足",而这三项之中又以"帽为顶要紧,因为帽是最易触目,换一句话说,就是无论什么东西,没有比那戴了一顶难看的帽儿,这样容易使人憎恶"①。因此,得先从"一帽"说起,此"帽"非彼"帽",是可以覆盖整个头部的舶来之帽,陈映霞的设计更是风格多样。如《映霞新装百美图》②中的一款浅色窄檐小礼帽走的是优雅风:帽檐与眉齐平,并饰有一圈绢花,搭配微翘的齐耳短发,很有 Coco Chanel 小姐的优雅风范。又如《新式之女帽》③则是两款前卫十足的帽饰,分别由"黑色金花彩霞缎"与"墨青素缎"制成,均为一侧方、一侧尖的不对称造型,其中一款缀有长流苏装饰,造型富有建筑感,十分摩登(图2-4-8)。从头到颈,便说到了围巾。围巾本是御寒之用品,但其在20年代,"在女子一方面,除了能御寒以外,对于姿态上,确另有一种潜势力发生出来",这种"潜势力"便是美,所以当时妇女系围巾的第一要旨是"为着装束美一方面着想"④。陈映霞的《初冬新装》⑤中有一款经济美丽的"丝织之巾",随意地绕于颈间,垂至膝部,下摆绣有纹样并有流苏状装饰,"不但温暖及时,且亦新颖可爱,姿态自然"。又如《映霞新装百美图》中的一款格子围巾⑥,应用方式尤为前卫:舒展地披于肩部,腰际处则用一根腰带将围巾系住,温暖的同时又不失摩登风范。

图 2-4-8 西式女帽(《时报图画周刊》,1922 年 2 月 13 日)

"二手"为手套与手筒,与围巾同属保暖用品;但在 20 年代,女人戴手套则多为高雅美丽。陈映霞为其笔下的新女性们一一戴上手套,且多为白鹿皮手套,与黑皮鞋相映衬;所设计的手筒多为貂皮筒,与"貂皮领""棕色呢大衣"组合成一袭"冬季新装束"(图2-4-9)。⑦

"三足"为丝袜与高跟鞋。丝袜在 20 年代的流行"已可算极盛"⑧,此种轻薄透明的时髦单品因集保暖、美丽与修饰为一身而备受追捧。陈映霞笔下的女性最喜穿着白色与黑色丝袜,与高跟鞋的色彩容易搭配。近代妇女心上的一个翻天覆地的变化便是足部,有缠足、放足、天足三种女足的形态,且各有对应的鞋子,天足对应的就是高跟鞋。高跟鞋的优点总体可归为两方面。一方面为增加高度,不仅显腿长,"女子的腿部,尤其是中国人,生得太短的,对于整个身体的美观,都会有不能淹没的缺憾。但是穿了高跟鞋,因为后跟的高度增加了腿部的高度,便很巧妙地弥补了这

---

① 佚名:《帽和美容的关系》,《妇女杂志》1920 年第 4 期。
② 陈映霞:《映霞新装百美图》,上海东亚书局 1923 年版,第 14 页。
③ 陈映霞:《新式之女帽》,《时报图画周刊》,1922 年 2 月 13 日。
④ 佚名:《妇女御用围巾之要旨》,《申报》,1926 年 12 月 26 日。
⑤ 陈映霞:《初冬新装》,《紫罗兰》1926 年第 1 期。
⑥ 陈映霞:《映霞新装百美图》,上海东亚书局 1923 年版,第 25 页。
⑦ 陈映霞:《新装束》,《时报图画周刊》,1922 年 1 月 9 日。
⑧ 青:《丝袜的小史》,《妇女杂志》1921 年第 9 期。

个缺憾"①,更能显高挑,"近代妇女多身材矮,所谓玉立亭亭之风致,百人中难见其一二,惟此高跟履足以救济也"②。陈映霞笔下的女性几乎全部穿着丝袜,或为黑色玻璃丝袜,或为黑色麂皮袜套,且都踏着高跟皮鞋。他设计的鞋子或为极简无装饰款,或为鞋口交叉款,或为鞋面矩形镂空款,或在鞋面处加一个几何形的金属装饰,但万变不离其宗,都是经典的尖头中跟浅口鞋。如《郎去不归来》③中便是一款一字扣浅口粗跟鞋,小尖头搭配一字扣,浅口处饰有镂空装饰,简洁且秀气(图 2-4-10)。

图 2-4-9　冬季新装束(《时报图画周刊》,1922年1月9日)

图 2-4-10　郎去不归来(《紫罗兰》1927 年第 12 期)

一个时代优秀的服装设计作品,是这个时代现实生活的写照,是这个时代精神的表达,是这个时代千变万化的社会百态图和人物心理线,是这个时代审美与自我认知的体现。陈映霞设计的作品,具体从服装的款式、面料、色彩,以及中西式配饰两方面,将当时"种种不同之装饰毕现于吾人眼之前"④,诠释着 20 年代古典与现代结合的时尚潮流,再现着 20 年代中西并行不悖的服饰状态,传达着 20 年代服装的审美观念与女性的自我认知的变化。他兢兢业业地担当着 20 年代服装时尚的传播者,名副其实为"20 年代的时尚符号"。

---

① 丽菲:《为什么要穿高跟鞋》,《玲珑》1932 年第 73 期。
② 何海鸣:《求幸福斋妆饰谭》,《家庭》1922 年第 7 期。
③ 陈映霞:《郎去不归来》,《紫罗兰》1927 年第 12 期。
④ 何海鸣:《求幸福斋妆饰谭》,《家庭》1922 年第 7 期。

胡亚光

1901—1986，浙江杭州人

身　　份：画家。

简　　历：原名文球，后改为亚光，字芝园，号梦蝶楼主、安定居士。为晚清著名红顶商人胡雪岩之曾孙、大书画家戴熙之曾外孙。早年受教于张聿光学西画。1922年，与施蛰存、戴望舒等在杭州成立兰社，从事新文学活动。1923年，创办亚光绘画研究所、杭州暑期绘画学校，培养美术青年，造就人才不少。抗日战争爆发后移居上海，先后在大经中学、晋元中学、肇光中学等处任劳美教员，并任《新闻报》"每日漫画"专栏特约作者，常作讽刺漫画刊登于沪上各报刊。中华人民共和国成立后，积极参加市美术工作者协会和新国画研究会组织的活动。历任浙江美术会会长、中国工商业美术作家协会监事兼杭州分会理事长、新华大学浙江分校教师、上海市文史馆馆员。

成　　就："海上画派"著名书画家，善诗文，能用中西画法绘画。擅国画、油画、漫画，尤擅画像，早年曾为章太炎画像，后为宋庆龄、张大千等人画像，被章太炎称赞为"东亚之光"。他还十分擅长画熊猫，被称为熊猫画家，据说他对熊猫的痴迷达到了生活用品均要使用熊猫图案之程度。他亦是一位多产的画家，出版有《亚光国画集》《亚光油画集》《亚光题画诗》《百美图引》等作品。[1]

专业成就：以"亚光"之笔名为《良友》《北洋画报》《新月》《快活林》《中国摄影学会画报》等杂志画过时装画，代表作有《新装》《上海新装》《时装》《未来派的海上新妆》《未来之装束》等，体现了其"传承"与"展望"的服装理念。

---

[1] 徐昌酩：《上海美术志》，上海书画出版社2004年版，第454页。

胡亚光的"传承"与"展望"

（一）胡亚光的服饰"传承"

近代以来，随着舶来品的大量涌入，西洋服饰文明逐渐渗透进我国服饰文明，传统服饰被注入了新血液，拥有了新发展。中国古典服装体系中原有的制度、秩序、形制被打破，根据近代服饰的潮流与生活需要进行重新调整，以"中西合璧"的形态得到继承。胡亚光的服饰传承便是此种洋为中用的继承。若按照中国古典服装的形制来分，应当分为这样两条线索：一是从"上衣下裳"到"上袄下裙"，二是从"深衣"到"长袍"，这两条基本线索贯穿了整个中国古代服装史变迁的主干。胡亚光的服饰传承亦是这两条线索的延续。

其一，从上衣下裳到上袄下裙。上衣下裳是公认的最初成形的中国服装样式，上袄下裙则在其基础上演变而来。它们之间的渊源脉络关系十分清楚：二者都是"三绺梳头，两截穿衣"的"二段式"，古代之"衣"与近代之"袄"都是直身、大襟、右衽、连袖。区别在于："衣"为交领，"袄"为立领；"衣"无纽扣（但它有掩襟与系带），"袄"有纽扣；"衣"是大袖、小袖兼而有之，"袄"通常只有小袖；古代之"裳"是一块矩形布幅围系而穿的，近代之"裙"则借鉴了西式裙装腰围预先合拢的形制。这一系列从上衣下裳到上袄下裙的变化，都是在保留继承了中国古典服装基本造型、装饰工艺的基础上的细节变化，而这些细节便是受了西方服饰文明的影响。

胡亚光始终遵循这一原则进行新装设计。如《海上新装》①是20世纪20年代十分寻常的倒大袖小袄与长裙的搭配；短袄紧小收身，使得女性的身体曲线开始显露；及肘的"'喇叭管袖子'飘飘欲仙，露出一大截玉腕"②；长至脚踝的黑色裙装在裙摆处装饰了一圈印花与流苏装饰；脚上穿着黑色系带高跟鞋，象征着缠足的封建习俗被推进了故纸堆，亦昭示着西方服饰文明已融入我国妇女的日常生活（图2-5-1）。《新妆》③同样是倒大袖的上袄下裙，将西方的波点纹样用在中式的短袄与长裙上，并在袖口与衣摆处装饰西化的波浪形深色细镶边。综上可知，此时的上袄下裙在传承上衣下裳之基本形制的同时，开始大方地展现出女性的玲珑身形与纤纤玉臂，这是对传统的新继承，亦是服装在时代潮流中的进步表现（图2-5-2）。

图 2-5-1　海上新装（《良友》1926年第4期）

---

① 胡亚光、丁惠康：《海上新装》，《良友》1926年第4期。
② 张爱玲：《更衣记》，《古今》1943年第36期。
③ 胡亚光：《新妆》，《新月》1926年第1期。

其二,从"深衣"到"长袍"。深衣是"不分衣裳"或"衣裳连属"的最初形制,往后便沿袭为"袍",是我国服装造型纵向传承的另一条基本线索。起初深衣的"续衽钩边",将下衽接以曲裾而掩于腰后——曲裾的绕襟深衣颇有"缠裹型"的味道;到了汉代的"袍",这种绕襟的宽博的形制被收敛而越来越少;再往后的"缺胯袍"更是增添了"胡"服的元素,离后世的袍越来越近。再就是清时之满汉交融的旗袍,也带有强烈的北方游牧民族色彩。再至近代,传统旗袍发生了一系列腰身由直到曲、衣袖从有到无、装饰由繁到简的变化,发展成为中西合璧式的改良旗袍,此形制被誉为中国长袍的典型,成为永恒的经典。之后,大大小小的变化均在此基础形制上进行,万变而不离其宗。

图 2-5-2 新妆(《新月》1926 年第 1 期)　　图 2-5-3 仕女(《太平洋画报》1926 年第 3 期)

　　胡亚光所设计的旗袍便是满汉交融旗袍至改良旗袍的过渡期款式;腰身开始变窄、袖子逐渐变短与装饰慢慢简化。如《仕女》①中的旗袍款式便属于改良旗袍的雏形,是 20 年代出现的一种新式马甲旗袍(图 2-5-3)。它保留了清末满族的基本旗袍形制——平面直筒的造型;两侧线条平直,衣身宽松,长及脚面,两边开衩,腋下略收。其改良之处为:将原袖子重叠的部分省去,将长马甲罩在短袄外面,改成了带有袖子的样式,其显著的特征就是倒大袖,袖长及肘,呈喇叭状,袖口饰有各种细滚边装饰,但较之于清末已是简化了许多。《时装》②向着改良旗袍又前进了一步:衣身逐渐收紧成曲线;袖子变得纤细合体,长度短至肘部以上,并在袖口开衩(图 2-5-4)。这一袖型是美与用兼顾的设计。叶浅予亦曾试图在衣袖设计中采用开衩来达到美用一体的目的。这种变化使女性的胸部、腰部和臀部的曲线略微变得突出,女性的人体美逐渐表现出来。《新装》③属于纯粹的改良旗袍,衣身进一步收紧并完全露出身体曲线;下摆高至膝下且裙摆收紧;几何纹样的印花面料尤显时

---

① 胡亚光:《仕女》,《太平洋画报》1926 年第 3 期。
② 胡亚光:《时装》,《北洋画报》,1927 年 4 月 9 日。
③ 胡亚光:《新装》,《中国摄影学会画报》1927 年第 115 期。

尚;搭配短卷发与高跟皮鞋则更添摩登妩媚;其设计与搭配将中式的长袍穿出了浑然不同的味道,却又不失东方韵味(图 2-5-5)。

图 2-5-4　时装(《北洋画报》,1927 年 4 月 9 日)　　图 2-5-5　新装(《中国摄影学会画报》1927 年第 115 期)

胡亚光笔下的上衣下裳与长袍,论出身都是传统服装,但都被赋予了时代意义,根据服饰潮流与生活需求进行改良,得到了被继承的一席之地。这是一种新的继承方式——变化后的继承。

(二) 胡亚光的服饰"展望"

近代服装的日新月异,使得不少知识分子都饶有兴趣地对未来服饰的面貌展开各种设想,这些设想依照当时的眼光分为实际的与荒诞的两种类型,而用如今之眼光看应分为短期与长期两个方面。

其一是短期的,主要是基于当时的服饰流行而进行的后一季、后一年或几年的流行趋势预测。久清整理编辑的《新式的旗袍:潘明霞小姐的话》,根据当时"妇女的衣饰是最容易过时的,虽然上海现在正流行着长仅及膝的短旗袍"的现状,对旗袍即将流行的裙长、袖子的式样、面料与装饰做了"也许不久的将来,'长裾曳地'式的服装会很快地流行起来"等一系列预测。① 鸿翔公司金泰钧撰写的《春季时装》精确地基于上一季与这一季的服饰流行,以及女性的心理开展预测,认为"这一季的式样还是趋向于宽袖大腰,宽阔的袖子及有三四个波浪的后背,比上一季还要大,当然这种畸形的发展,决不会一直这样下去,可是它的命运,还有几个季节,而继续地被一般妇女们所倾心的",并从服装的色彩、衣料,以及袖子、后背的式样与长短等方面,细致地对当年春季的流行趋势进行展望。②《今年的大衣》根据"去年冬季到今春"的流行变化推测出今年大衣的长短、袖型与衣料等方面的趋势。③

---

① 久清:《新式的旗袍:潘明霞小姐的话》,《礼拜六》1947 年第 72 期。
② 金泰钧:《春季时装》,《礼拜六》1947 年第 72 期。
③ 黛:《今年的大衣》,《礼拜六》1947 年第 72 期。

其二是长期的,即对未来服饰风貌的遐想。这些"未来派"服装的表现多采用手法较为夸张的漫画形式,所描绘的服装式样看似荒诞无稽、不着边际,然而其中大部分款式均在几年、十年或几十年后成为现实。万籁鸣设计的《将来之鞋底》①就是当代的松糕厚底鞋。丁宁设想的"玻璃服装"②则是随着玻璃丝袜的流行而猜想出来的透明时装,与当代的透视装实在是不约而同。1936年的《知识画报》第1期也设想了《未来世界一九七〇年后的理想社会》,并对女子服装做出"显露自然的体格而不如现代人般加以虚伪的掩饰"的预测,其在此后不久便得到了事实的验证。

胡亚光的服装"展望"便属于长期的,是他对未来服饰的大胆遐想,均设计于20年代中期。20年代还是倒大袖、立领风靡的时代,露出一小截纤纤玉臂都显得十分小心翼翼。胡亚光却敢于在这样一个时代设计出无袖、低领的连衣裙,敢于在那样一个初获自由但还相对保守的时代进行如此夸张的想象并表达出来,可见其思想之无畏与前卫。更难得的是,他于20年代进行的服装预测在30年代便全部变为现实。

如其一为《未来派的海上新妆》③,这是一款无袖圆领连衣裙,此种连衣裙形制被称为是最完美单品,在30年代时更以晚礼服的形式广泛流行开来。其修身的设计与微向内收的裙摆展示出女性美好的身体曲线,无袖与圆领的设计则恰到好处地裸露了身体,在展现性感美的同时又不至过度裸露(图2-5-6)。其二为《滑稽画:未来之装束》④,这是一袭V形低领的无袖中长款连衣裙,进一步露出前胸、小腿等部位。与前者相比,这款裙装直接和性感发生联系,以至在30年代仅有少数女明星或交际花穿着,远没有达到前者的普及程度,直到40年代才变得相当广泛(图2-5-7)。《时髦妇女之心理(讽刺画)》⑤虽不属于服装预测,却颇有远见地预示了女性对于男性"有票子、有车子、有

图2-5-6 未来派的海上新妆(《游艺画报》,1925年10月26日)

图2-5-7 滑稽画:未来之装束(《半月》1925年第12期)

---

① 万籁鸣:《将来之鞋底》,《孔雀画报》,1925年7月20日。
② 丁宁:《玻璃丝袜发明后,将来定有玻璃服装出现》,《海潮周报》1946年第4期。
③ 胡亚光:《未来派的海上新妆》,《游艺画报》,1925年10月26日。
④ 胡亚光:《滑稽画:未来之装束》,《半月》1925年第12期。
⑤ 胡亚光:《时髦妇女之心理(讽刺画)》,《红玫瑰》1924年第20期。

房子、有样子"的现实版"四有"要求,暗讽了"爱情诚可贵,金钱价更高"的思想,不仅从服装本身,而且从着装者入手进行服装"展望"。

　　胡亚光毋庸置疑是一位有思想、有责任、有勇气、有远见的"四有青年"。其中有思想、有责任的部分主要体现在他对于服饰的"传承",他能够将西式服装的优点融进中国传统服饰中,在保留古典服装的基本造型与精神基础的同时,为其"旧貌换新颜"而转化为现代服装,使传统服装在中西并行中得到传承。而其中有勇气、有远见的部分则展现于他对服饰的"展望"中,在一片保守的环境中敢于开放,于传统中敢于前卫,说明其确实具有勇气;而能够将所有的大胆预测在最终转化为现实,则说明其确实富有远见。

梁白波
1911—1987，广东中山人

身　　份：画家、决澜社成员。

简　　历：在上海新华艺术专科学校与杭州西湖艺术专科学校学习油画，并于1931年参加中国第一个油画艺术团体决澜社。后参与进步学生运动，为避难而远走新加坡、菲律宾，在一所华侨中学教美术。1935年初回到上海，受叶浅予长篇连环漫画《王先生》的影响，开始创作连环漫画《蜜蜂小姐》，于同年9月起连载于新创刊的上海《立报》上。抗日战争爆发后参加叶浅予为领队的抗日漫画宣传队工作，在《抗战漫画》上发表了不少洋溢着抗日爱国热情、动员妇女参战的漫画和宣传画。在漫画宣传队抵武汉后结识空军轰炸机飞行员陈恩杰并结婚。抗日战争胜利后随夫回上海，后迁居台湾。曾在台南龙门窑厂任美工，经作家林海音介绍，为台北《联合报》副刊连载小说作插图。①

成　　就：擅长漫画、油画与插画，在漫画界被誉为民国时期唯一"可以同第一流的男漫画家并驾齐驱的"女漫画家，所作连环漫画《蜜蜂小姐》与同时代的《王先生与小陈》《三毛》《牛鼻子》《阿斗画传》，被公认为是20世纪30年代最富代表性的漫画。所作抗战漫画《妇女参战》被选送至苏联展出。其油画的风格接近欧洲的现代派，造型和色彩简洁明快，富有中国情调和女性特有的细致轻盈，风韵诱人。② 她的插画亦富有个人风格，如以抽象的现代构成手法为小说《风弱小姐别传》《彩虹膜炎》画的插图，以及为殷夫的诗集《孩儿塔》作的插画等。

专业成就：所作连环漫画《蜜蜂小姐》由于"造型可爱，线条柔美，题材风趣"，一经刊登"就引起同行的注目及读者的欢迎"，③漫画中塑造的摩登女性腰细臀肥犹如蜜蜂，其时髦的形象与前卫的作风对时尚领域产生了一定影响。梁白波还兼职设计童装，1935年在《美术生活》第19期上以彩版形式发表。

---

① 徐昌酩：《上海美术志》，上海书画出版社2004年版，第492页。
② 黄苗子：《风雨落花——忆梁白波》，《蜜蜂小姐》，山东画报出版社1998年版，第64页。
③ 魏绍昌：《王先生与蜜蜂小姐》，《蜜蜂小姐》，山东画报出版社1998年版，第3页。

"一颗炸弹"梁白波

说梁白波是一颗炸弹,源于她的笔名"Bomb",意为"炸弹""轰炸",寓意炸毁旧世界。[①] 她将这样一个夸张又不羁的词取为自己的笔名,表达了她的抗争思想与态度。也许她就是要让自己成为一颗炸弹,奋不顾身地炸向束缚女性自由解放的封建社会。这点从她无畏的思想、自我的着装、特立独行的艺术作品中可见一斑。

"长得不算美,但是有种艺术家的风度与魅力"[②],一件衬衫搭配一条吊带裤,或一件套头毛衣搭配一条长裤,总喜欢将手插在裤子侧袋中,这便是特立独行的"炸弹"梁白波。此种中性化的着装在梁白波现存的几张照片中最为常见,也充分表达了她的自我与随性。她不仅在生活装中体现自我,交际装亦展现随性:1946年深秋,白波受邀到国际饭店参加一场舞会,在充斥着盛装华服的舞会上,她却身穿"一件宽大的红棉袄,一条蓝印花布棉裤,大摇大摆地和打扮得花枝招展的女明星们分庭抗礼"[③]。招揽来许多诧异的目光,"全场仕女,对于这位村姑打扮人物的出现,都在窃窃私语"[④],但她却旁若无人般"兴致勃勃地一心享受这大都市的气氛,到了意兴阑珊,她就一个人先告退了"[⑤]。这种不惧怕不胆怯只是勇敢地做自己的精神,确实强大得令人敬畏。叶浅予也评价梁白波"不是一个寻常的女性,她有不吝施舍的精神,也有大胆占有一切的勇气……在我的世俗眼光中,简直像一个星外来客。她的一切生活方式、艺术思维、人生观念,对我来说都是新鲜的、诱人的,我无法抗拒"[⑥]。

她最负盛名的艺术是漫画,存留至今的作品虽数量不多,但仅凭"她那些'少而精'的漫画作品",就"完全可以理直气壮地排在第一流的行列之中"[⑦]。更难能可贵的是,女性在民国时期的漫画家队伍中屈指可数,"在当初第二三流的漫画家中,也找不出一位女性。所以梁白波在30年代的漫画家中,既是唯一的女性,又是一位第一流的女漫画家"。[⑧] 她参加了由叶浅予牵头组织的抗日漫画宣传队,是队中唯一的女性成员,亦是漫画宣传队的主力。她还担任《抗战漫画》杂志的主要作者。《抗战漫画》是全国战时漫画运动的中心刊物,是画家群体用自己的方式投向侵略者的一枚炸弹,而梁白波则以其特有的女性视角,创作了许多动员女同胞参与抗战的漫画,其作品《妇女参战》被选送至苏联展览。作为一位女画家,她与敌人抗争的手段仅是她勇敢的内心与手上的一支画笔,但这支无畏的画笔亦能唤醒人们抗战的觉悟。拥有这样的强大内心和武器,身为女性的她亦能走在抗日宣传的最前沿。

她最著名的漫画作品属《蜜蜂小姐》。在女性自由解放的初期,《蜜蜂小姐》泼辣干脆的笔触、性感时髦的造型与夸诞诙谐的情节,迅速席卷了漫画界。梁白波不仅在漫画界影响巨大,在童装设计界亦有不小影响。在几千年来照搬成人服装模式几乎没有什么设计可言的童装界,梁白波用她少量的作品使童装拥有了自己的设计,不再依附于成人服装。凡此种种艺术成就,都是她特立独行的

---

① 解波:《叶浅予倒霉记》,作家出版社2008年版,第88页。
② 黄苗子:《风雨落花——忆梁白波》,《蜜蜂小姐》,山东画报出版社1998年版,第59页。
③ 同上,第64页。
④ 同上。
⑤ 同上。
⑥ 叶浅予:《细叙沧桑记流年》,群言出版社1992年版,第483页。
⑦ 魏绍昌:《难忘的梁白波》,《蜜蜂小姐》,山东画报出版社1998年版,第55页。
⑧ 同上。

个性使然。

(一) 蜜蜂小姐

《蜜蜂小姐》是梁白波的长篇连环漫画,于 1935 年 9 月起刊载在上海《立报》上,与《立报》的创刊同时诞生,并被固定在头版下的横栏,连载了 25 天,共 26 幅作品。① 这些漫画展示了上海大都会中的一位思想前卫、着装时尚的摩登女郎,她会为经济独立参加工作,为了爱情勇敢大胆追求,为了一磅的体重斤斤计较,为了一次舞会数度换装,为了美丽时髦无视政府的限令,为了登上杂志精心装扮。她就如同当代漫画"涩女郎",美丽而又时尚,鲜活而又精彩。梁白波用一种"到了荒唐程度"②的夸张展现了这位新女性的"新生活"与"新思想",她的外形、着装与行为都反映并影响了民国时期的审美观、流行观与女性思想,这一切与封建主义格格不入,这是一枚丢进时尚界与思想界的炸弹。

第一,蜜蜂小姐的外形。其丰乳细腰肥臀的外形反映了民国时期审美观的变化与人性的解放。中国封建社会是"衣服穿人",服装作为礼制的工具被看得重于人,所以自古的观念是"人不如衣""衣重人轻",所以才要"人隐于衣",将身形遮掩在宽衫大袍中,扁平与直线才成为美。民国时期是"人穿衣服",服装的功能从礼制变为装饰,人成为主体,故而"藏形"的观念被抛弃,取而代之的是凹凸的曲线。这种审美趣味源于西方,这是中世纪的袍子被掀开的产物。当自然体态显露出来后,就用服装的省道去塑造自然的人,再用裙撑与紧身胸衣去试图塑造理想的人。这一切均是文艺复兴后个性思想解放的表现。所以说细腰肥臀的蜜蜂小姐不仅说明了审美趣味的变化,而且是社会人性解放的证明,是人们得以走出衣服的控制而去控制衣服的表现。她的短发也表明了女性个人意识的苏醒。剪发在旧社会是一件大逆不道之事,别说是女子,就是男子,也不能随意剪发。到民国时期才开始盛行男子剪发,于是短发与长发成为区分男女性别的重要标志,但这一时期的女子"很容易地就多了心"③,并蓄意要打破这种男女区别,故剪去了长发,穿起了长袍,模仿男子以争取男女平等的权利。

第二,蜜蜂小姐的着装。其着装涵盖了中式、西式与中西合璧等各种风格,揭示了民国时期的服饰流行。中式着装多为长及膝的短袖或无袖的改良旗袍,变化多在花纹上,有素色、条纹印花、波点印花与其他各式印花。西式着装则更为多变,有几何印花长大衣、毛领短大衣等西式大衣,也有长短不一的运动服、连体泳衣、睡袍、西式裙套装、深 V 露背晚礼服与拖尾晚礼服等服饰品类,配饰更无一例外全是舶来品,有丝巾、发带、遮阳帽、蝴蝶结、披肩、手套、高跟鞋与手提包等。中西结合风格多为改良旗袍与西式大衣的搭配,另外西式头纱与改良旗袍的婚礼服饰亦有出现。蜜蜂小姐的着装还深层次地表达了女性的身体解放。各个服装部位的发展都是最好的见证。袖子由长变短甚至无袖;裙长逐渐缩短至膝部,露出了小腿;领子不仅被取消,而且出现了深 V 低领服装。泳衣在中国的出现更确切地证实了女性的身体解放。所以说,蜜蜂小姐的服饰也是对民国女性身体从束缚到松绑到开放状态的最好说明。

第三,蜜蜂小姐的时尚行为。其漫画内容虽夸张又滑稽,但所反映的时尚现象却是真实无妄的,展现时尚法则的同时,也反映了民国时期的流行观。当时,一套西式的社交礼仪随着西方文化进入中国,相应地出现了依据时间、地点与目的选择着装的现象。中国传统的"礼"对服装有一套详

---

① 魏绍昌:《王先生与蜜蜂小姐》,《蜜蜂小姐》,山东画报出版社 1998 年版,第 3 页。
② 叶浅予:《细叙沧桑记流年》,群言出版社 1992 年版,第 480 页。
③ 张爱玲:《更衣记》,《古今》1943 年第 36 期。

细的规定,但用法却是在分尊卑的阶层限制上;中西文化交融后形成了一套新的"礼",根据社交场合选择着装也成为其中一个方面。蜜蜂小姐便为我们展示了舞会服装的挑选原则:有位先生打电话邀请蜜蜂小姐去跳舞,她欣然应邀后便开始精心挑选参加舞会所穿的服装,认为改良旗袍在这样的场合太过平常,舞会应该穿着大摆连衣裙加西式外套,一会儿又改变主意换上了罗马式长裙,但又觉得不够漂亮,最后还是认为华丽又性感的"梅蕙丝"式更适合(图2-6-1)。可见,舞会服装不应过于生活化,要兼顾华丽与个性。蜜蜂小姐还为我们展现了流行的两个特征——选择性与时效性。中国封建社会没有流行,一是由于没有自主选择权,每个阶层服装的款式、色彩、面料与纹样等方方面面都被强制规定了;二是服装没有时效性可言,"一代又一代的人穿着同样的衣服"①,服装成为可以代代相传的宝贝,这样的社会环境中,流行无法生存。到了民国,服装不再被阶级所限制,人们拥有了服装选择的自由,且更新换代越来越快,流行才得以出现。蜜蜂小姐便是一个大胆追求美丽与个性之人,并为我们强调了时效性的重要:蜜蜂小姐请来裁缝为其裁制服装,并叮嘱一定要在礼拜六做好并送来,可到了这一天,裁缝迟迟没有送来,第二天才送来,她拒收了,因为"过了一天就不时髦啦!"②(图2-6-2)。

要我去跳舞吗? 那就去! 这件太平常啦! 晚上该穿这样的。

罗马式也不够漂亮。 还是梅蕙丝的好。 吓!我辛辛苦苦地换了衣服来,你倒睡着了。

图2-6-1 蜜蜂小姐参加舞会(《蜜蜂小姐》,山东画报出版社1998年版)

---

① 张爱玲:《更衣记》,《古今》1943年第36期。
② 梁白波:《蜜蜂小姐》,山东画报出版社1998年版,第22页。

设计篇——用艺术的手腕创造超时代的服装

这衣服礼拜六一定要送来的呀！　　　　　这裁缝怎么不来了？

我不要了！　　　　　　　　　　　　　　因为过了一天就不时髦啦！

图 2-6-2　蜜蜂小姐定制时装（《蜜蜂小姐》，山东画报出版社 1998 年版）

梁白波创造的这位时髦的单身女郎，与梁白波本人一样，都是在妇女自由解放的社会中孕育出来的不寻常的女性，是狂热激进的梁白波的真实写照，只是梁白波的自由更多的是在思想、在笔尖，而蜜蜂小姐的自由则体现在交际与着装上。从女子应遵循"三从四德"的封建社会到女子拥有相对权利的近代社会，外形时尚性感、行为大胆前卫的蜜蜂小姐的出现就好比一颗炸弹，爆炸性地冲击了这个新思想、新文明刚刚萌芽的社会。爆炸虽只是短暂的一瞬间，但是却拥有深远的影响。

（二）童装设计

在几千年的中国历史中，儿童服装多是成人服装的缩小版，与成人服装没有太大差异，可以说童装根本没有什么设计。民国时期，服装消费与审美均逐渐西化，童装亦然，尤其是城市儿童的服装多照搬成人西式服装的款式、图案和色彩，依然没有什么设计可言。

图 2-6-3　梁白波设计的童装（《美术生活》1935 年第 19 期）

梁白波的童装设计可以说是一大创举,填补了此领域的空缺。梁白波设计的童装发表于《美术生活》1935年第19期,值得一提的是此设计图是以彩色印刷的(图2-6-3)。由于技术和成本方面的限制,当时的杂志都罕见彩页,可见梁白波所设计的童装的精美及其价值。无论是款式、图案还是色彩,都富有时代感,款式丰富又富有童趣,图案多采用富有形式美感的几何图形,颜色清新柔和,配色讲究调和统一。

首先,款式丰富,富有童趣。梁白波的十套童装均是完全西化的设计,款式上包括了短款毛领大衣、长款披肩式风衣、双排扣大衣等各种经典的大衣,又有连衣裙、套裙、背心裙、泡泡袖长短款衬衫、西服、带帽披肩、圆领套衫、工装裤(吊带裤)与短裤等品类。性别上包罗了男女装,季节上囊括了春夏秋冬四季服装,组合上整件装、套装、外套、背心、裙与裤等各种样式都十分完备,做到了设计类别上的丰富与完善。难得的是梁白波的设计不仅内容丰富、手法成熟,款式与搭配上更保留了童装天真烂漫的特性。如泡泡袖衬衫搭配小马甲与短裙,在领部装饰一朵蝴蝶结,尤显小女孩的乖巧可人;又如翻领衬衫搭配小领带,外穿双排扣短款呢大衣,下着一条与外衣同色的短裤,表现男孩绅士风度的同时又不失活力;或是一件小高领羊毛衫,搭配短款背带裤,一位萌萌的小男孩跃然纸上。凡此种种,每一款的设计都精致又不失童趣。

其次,图案上更追求形式美感。自古以来,童装上的图案及纹样均是具象并富有特定内涵的,或是寄托祝福或是祈求平安或是饱含期许,都遵循着"图必有意,意必吉祥"的思想观念,更注重表达其精神内涵。到了民国时期,图案在拥有含义的基础上进一步追求其形式美感,几何图案的应用便是一大审美进步,圆点、条纹、方格、菱形格、环形与扇形等这些富有装饰美感的几何图案从西方流入,抽象、简洁的几何形与传统图案的具象、繁复形成鲜明对比,几何形在服装中的运用也更能体现时代感,所以成为这一时期应用较广的新式纹样题材。梁白波设计的童装在图案上便一一采用了这些经典的几何元素:格子、条纹与波点。格子图案被运用于一套男童西装与一件女童连衣裙中,男童西装中的方形细条纹精致细腻,颇有一番小绅士风度;女童连衣裙中的菱形粗条纹则更富有层次与节奏美感。条纹图形则被设计在一件女童连衣裙与男童上衣中。男童上衣的横条纹经典却略显中规中矩;女童连衣裙中竖条纹的运用则更有时尚感,此条纹并非如大多数设计一样平铺并占满整件裙装,而是在前胸

图2-6-4 梁白波设计的竖条纹连衣裙(《美术生活》1935年第19期)

处分开,分隔线亦非直线而是呈现A型,不仅使服装的视觉更加丰富,且上少下多的设计也让身体比例更显完美(图2-6-4)。波点元素被运用在一件女童的泡泡袖上衣中,更添活泼可爱。

再次,色彩柔和,配色和谐。受西方文化影响,民国时期的色彩审美偏向于简洁雅致,受这种审美的影响,童装色彩也更加柔和素雅,配色也更为和谐统一。颜色上淡色、浅色更受欢迎,配色上同类色、相近色的搭配成为主流的配色方式,这种方式已经接近现代的配色形式。梁白波的颜色选用与配色也遵循这一审美,不乏青春洋溢的湖蓝、大红、橘红与深绿,但更多的是清新柔和的浅绿、草绿、浅紫与米白,以及素雅柔和的咖啡与卡其等色。配色上多为同类色与相近色的搭配,如浅绿与草绿、浅蓝与湖蓝等色相相同、明度和纯度不同的同类色搭配,又如咖啡与卡其、褐等相近色的搭配(图2-6-5、图2-6-6)。

图 2-6-5　梁白波设计中的同类色搭配(《美术生活》1935 年第 19 期)

图 2-6-6　梁白波设计中的相近色搭配(《美术生活》1935 年第 19 期)

梁白波童装设计中的部分款式在今日依然流行,而在尚没有童装设计的民国更是创新又富有时尚价值的。她寥寥几张设计图似导火线般引燃了童装设计领域,开启了民国时期童装设计的先河。

"梁白波是三十年代中国社会从几千年的封建桎梏逐渐转变为要求解放和民主文明的激荡时代中被牺牲的女性"[①]。她勇敢无畏地炸向封建,炸向传统,炸向束缚她自由思想的旧社会的桎梏,即使最终粉身碎骨,也要任性无畏地做自我、享自由,而不是无力呻吟地苟活。"这颗炸弹"最终创造了自己的价值,引爆了时尚界与童装设计界,其威力实在不可小觑。

---

① 黄苗子:《风雨落花——忆梁白波》,《蜜蜂小姐》,山东画报出版社 1998 年版,第 67 页。

万氏兄弟

即万籁鸣(1899—1997)、万古蟾(1899—1995)、万超尘(1906—1992)与万涤寰(生卒年不详,也未寻到其照片)四兄弟,江苏南京人

身　　份：画家、动画艺术家。

简　　历：老大万籁鸣和老二万古蟾是双胞胎,万超尘与万涤寰分别为老五、老六。四兄弟自幼喜爱绘画,很早就萌发了创作中国动画片的想法,并于20世纪20年代起共同研创电影动画片。1925年,摄制了广告影片《舒振东华文打字机》,为中国动画片之雏形。1926年,完成我国第一部动画片《大闹画室》。1935年,摄制成我国第一部有声动画片《骆驼献舞》。此后又摄制了《同胞速醒》《航空救国》《国货车》等多部抗战动画片,以及《鼠与蛙》《飞来祸》《龟兔赛跑》等多部寓言类动画短片。1940年,摄制成我国及亚洲第一部有声动画长片《铁扇公主》。此后陆续拍摄了《野外的遭遇》《墙上的画》《美丽的小金鱼》等多部彩色动画片。1960年创作了彩色动画巨片《大闹天宫》上下集。①

万籁鸣,被誉为"中国动画之父"、中国剪纸艺术第一人。出版有《人体表情及人体图案美》《魔法之笔》《我与孙悟空》等书籍,被授予"妇幼事业樟树奖"与"中国儿童美术电影特别贡献奖"等奖项。②

万古蟾,1921年毕业于上海美术专科学校西画系。曾在上海大学、南京美术专科学校西画系任教。后进入上海商务印书馆影戏部,开始从事美术电影工作。③

万超尘,肄业于南京美术专科学校西画系及上海东方艺术专科学校装饰画科。1951年与他人合作研制彩色关节木偶,并于1953年摄制了中国第一部木偶片《小小英雄》。④

万涤寰,1926年进入长城画片室,与其兄合作创作了多部动画短片与美术电影。1929年,为系列武侠电影《火烧红莲寺》担任十几集的绘景工作。

成　　就：万氏兄弟是中国美术电影的开创者与奠基人,对中国动画的发展做出了十分重要的贡献。其创作的第一部有声动画长片《铁扇公主》产生了较大反响。日本动画片《铁臂阿

---

① 徐昌酩:《上海美术志》,上海书画出版社2004年版,第442-443页。
② 同上。
③ 同上,第445页。
④ 同上,第470页。

童木》的导演、日本动画和漫画的鼻祖手冢治虫,就是在看了这部动画后放弃学医,从事动画创作的。动画巨作《大闹天宫》受到观众好评,且斩获国内外多项大奖。① 所摄制的剪纸片开拓了美术片的新片种,其中《渔童》《人参娃娃》《金色的海螺》等剪纸片先后在国内外获奖。

专业成就：万氏兄弟不仅是美术、动画方面的专家,亦是时装与摄影领域的能人。常以时装画的形式设计新装并发表于报纸、杂志上,代表作有《秋季新装》《装束美》《时装展览》《冬季新装束美》等。开创了万氏摄影室,为各类杂志拍摄了不少时装大片,代表作有《上海妇女春装积极洋化》《肉体的节奏》《新娘之兜纱与礼服》等。

■ 万氏兄弟的"双风"方针

民国时期,万氏兄弟针对西风东渐的服饰潮流制定了"中国风"与"西洋风"齐头并进的"双风"理念。其宗旨是不同的服装艺术风格和谐共存、共同进步,从而更好地为文化艺术事业服务,为人民群众服务。

(一)中国风的服装设计

"中国风"即中国风格,是一种既蕴含中国传统文化内涵与大量中国元素、又符合当代流行趋势的艺术风格,近年来被广泛应用于服装、音乐与建筑等领域,成为艺术界的新宠。万氏兄弟则领衔了时尚界的中国风,其设计如《冬季新装束美》《装束美》《秋季新装》《时装展览》《影戏装束美》等,无论是日常着装还是影视剧服装,均鲜明地演绎着古典与潮流相结合的设计风格。

第一,《冬季新装束美》②,共涵盖三款新装设计,一款为万古蟾所绘,两款出自万涤寰之手(图 2-7-1)。三款新装虽为不同设计师之作品,但设计风格与绘画手法却惊人地相似,人物形象与装饰手法亦如出一辙,几乎像同一人所绘,亦可见其兄弟同心了。其一为一款无袖直筒长裙,裙身绘有孔雀开屏图案,孔雀位于裙下端,其羽毛则绽放开来填满整件裙子,布局十分饱满,且刻画细致入微,尤为生动,描绘出一幅美好祥和的佳景;裙长及膝下,裙摆处镶有一圈毛皮边,并用流苏装饰;与之搭配的是一款深色皮草围脖与毛制披肩,披肩两端的流苏装饰与裙摆之长穗相呼应,散发着灵动飘逸的美感,诠释出东方女性精致柔美的气质。其二是一袭上衣下裙与斗篷的搭配,内着一件及肘中袖衫,袖口宽博并利用打褶工艺形成荷叶边波浪造型,颇有古风;外穿印有大朵团花的长马甲,此圆形团花纹样象征着吉祥团圆,而裙装上的如意纹与回字纹亦均是传统中式纹样;所披之斗篷在领部与襟部装饰一圈毛皮边,简单大方却保暖实用。其三是一款皮草领呢大衣,以极简的结构、直白的纹样展示着中国风;皮草被大面积地运用于领部与下摆,纹样则由龙纹与云纹构成,于精美中显奢华,大方中见优雅。三套服装在款式、纹样与细节上均使用了中国元素,而这些中国元素让服

---

① 徐昌酩:《上海美术志》,上海书画出版社 2004 年版,第 442-443 页。
② 万涤寰、万古蟾:《冬季新装束美》,《良友》1927 年第 22 期。

图 2-7-1　冬季新装束美（《良友》1927 年第 22 期）

装精致得更似艺术品。

第二，《装束美》①，是一套上衣下裙之搭配（图 2-7-2）。上装为高领短袄，衣身采用菱形格纹面料，领边与袖口则为黑底白碎花面料，并在领襟处别一朵雅致的襟花；此装束的设计点则在袖口，喇叭状微张的袖口处装饰了一个坠饰，行步则动摇，似头戴之步摇，在伶俐摇曳中展现出东方韵味。下装是一件浅色阔摆长裙，在裙摆处饰有两条细镶边，与上装的格纹相照应。

第三，《秋季新装》②，为三位短发摩登女郎所着的三款改良旗袍（图 2-7-3）。旗袍本是中国服饰的典型，万氏兄弟只是依时势进行了创新设计。其一为长袖印花旗袍，裙长至膝下，裙摆处印有双层波浪造型纹样，并相应地绘制了抽象的鱼形图案；袖口设计成圆形喇叭状，并装饰了两条深色细镶边，与裙装的波浪形深色镶边相呼应。其二为短袖旗袍与西式裙装之搭配，内着浅色改良旗袍，外着深色西式吊带长裙；腰部饰有蝴蝶结装饰，裙摆为层层相叠的蓬松造型，上俭下丰，腰部收紧，将女性身体曲线展现无遗。其三为一袭极简短旗袍，仅在襟部与腰部搭配了装饰，与其说是在进行新装设计，更不如说是配饰设计；胸花是用孔雀羽制成的"双眼花翎"；腰带则是镂空宽腰带，并在右胯部打了个结后自然下垂。

图 2-7-2　装束美（《良友》1928 年第 25 期）

第四，《时装展览》③。谓为时装展览，其实就是欧美影星的时装照合集，而万氏兄弟则以一幅中国风手绘时装画而位列其中，要么就是他的时装设计得以与欧美新装媲美，要么就是表明他在时装界具有较高地位。此时装为一袭中西合璧式连衣裙，大襟、左衽形制带有鲜明的中国特色，更在襟部装饰了三颗深色纽扣，以强调此中式细节设计；圆领、短袖形制则使其更为舒适便利，收

---

① 万涤寰：《装束美》，《良友》1928 年第 25 期。
② 万籁鸣：《秋季新装》，《良友》1928 年第 29 期。
③ 万籁鸣：《时装展览》，《妇人画报》1933 年第 11 期。

图 2-7-3 秋季新装(《良友》1928 年第 29 期)

腰与鱼尾状之下摆则是借了西式结构来凸显东方美人的优雅与柔美,其本质均是为了展现东方美。

第五,《影戏装束美》①,为古装影视剧服装设计,故十分戏剧化,亦尤为中国化(图 2-7-4)。民国时期电影艺术的逐渐普及,使得古装片与武侠片等各种类型的影片开始流行,而各种已然尘封为古董的服装品类亦得以再次亮相。这些服装在电影中的使用并非是百分之百的还原历史,而是要根据当代审美与时尚进行重新设计,以符合当代观众的审美要求,这亦赋予这些古董服装"第二春"。《影戏装束美》亦然,上装为对襟宽袖衫,并在袖口处垂挂类似步摇的装饰;围于腰际的布块最后挂于腿前,垂至脚面,与传统的蔽膝有异曲同工之妙。整体服装深浅相宜,内外搭配,既为古装之形制,又依照当代审美进行再设计,富有古典美。

(二) 西洋风的服装传播

万氏兄弟是从画室走向时装设计领域的,他们首先是画家与动画艺术家。就像他们的绘画更多地接受西洋画法一样,他们的服装传播亦顺应了时代潮流,是具有西洋风的。他们将自己西洋式的专业技能运用至服装领域,利用插画、漫画、卡通与时装摄影等方式进行服装传播,开拓出中国近现代服饰传播的新道路。

图 2-7-4 影戏装束美(《银星》1928 年第 18 期)

---

① 万古蟾:《影戏装束美》,《银星》1928 年第 18 期。

首先是服装插画的形式。服装插画是指以服装造型为基础,通过艺术处理的手法体现画面艺术性和鲜明个性效果的一种绘画艺术形式。其与服装画的不同之处在于它并不具体表现服装的款式、面料、色彩等细节,而是更注重绘画技巧与视觉冲击力。① 相较于服装画的"用",时装插画则更重视"美",更注重引导作用与艺术价值,它是时装艺术与绘画艺术的高度统一。身为画家兼服装设计师的万氏兄弟,自然更具有将时装进行艺术化表现的能力,更擅长以有艺术感染力的形式来展现服装之美。《笼中鸟》②便是其时装插画代表作,采用线描加彩绘的形式,对画面上的每一笔都追求精益求精的细致刻画,如清晰可见的缕缕发丝,如根根分明的流苏装饰,均展现出其精湛的手绘技法与对线条的控制能力;服装上细致精美的图案则是点睛之笔,各种造型抽象的花朵在裙上浪漫绽放,精致繁华到无以复加,令人为之惊艳(图 2-7-5)。《夜》③与《月下》④达到了时装插画的另一端——极简,画面无过多的渲染与加工,舍弃了繁多的细节,仅依靠简洁的线条进行艺术表现,无论是人物特征还是服饰与背景,都用最利落的线条直接捕捉(图 2-7-6)。

图 2-7-5 时装插画《笼中鸟》(《银星》1926 年第 3 期)

图 2-7-6 时装插画《月下》(《银星》1927 年第 11 期)

其次是漫画与卡通的形式。漫画与卡通其实是殊途同归的两种方式,均用夸张的手法表现服装,漫画带有更多的讽刺与诙谐意味,卡通则向动画靠拢。漫画又可分为连环漫画与单幅漫画。其一为连环漫画,连载于《良友》1931 年第 67—70 期。如梁白波笔下有位丰乳细腰的"蜜蜂小姐",叶浅予笔下有位半土半洋的"王先生",万氏兄弟笔下亦有一位摩登的"陆小姐"。陆小姐喜着旗袍,更钟爱高领、短袖、收腰的长旗袍,仅在颜色、纹样与搭配上做变化,或是简单的纯色旗袍,或是几何与花朵印花旗袍,或是大衣配旗袍。其二为单幅漫画。民国时期与服装相关的单幅漫画多具有讽刺意味或预测性质。万氏兄弟的《将来之鞋底》⑤便是对鞋子流行趋势的预测,将鞋子比

---

① 李学伟:《服装画技法》,东华大学出版社 2015 年版,第 4 页。
② 万古蟾:《笼中鸟》,《银星》1926 年第 3 期。
③ 万古蟾:《夜》,《银星》1927 年第 6 期。
④ 万古蟾:《月下》,《银星》1927 年第 11 期。
⑤ 万籁鸣:《将来之鞋底》,《孔雀画报》,1925 年 7 月 20 日。

例夸张到比人的身体还大,以凸显其所要表现的重点(图2-7-7)。此款"未来之鞋"为一款松糕厚底鞋,在增加高度的同时兼顾舒适与便利,成为当代流行,可见万氏兄弟颇具时尚眼光。其卡通形式的服装表现见于《明星》1933年第1期,为一位大眼丰唇的大头女郎,形象可爱又时尚。身着一袭深色改良短旗袍躺在浴缸之中,脚踏同色之高跟鞋,搭配的浅色皮草披肩被置于浴缸旁,画面富有趣味性与故事感。①

图 2-7-7 将来之鞋底(《孔雀画报》1925年第3期)

再者是时装摄影的方式。时装摄影既能放大服装的魅力,又能反映某一时期的穿着方式。有人这样认为:"一件实物不可能成为时尚,不可能是大多数人的生活方式,也不可能成为一种文化现象,而是通过摄影,并且被发表的摄影作品才可能。"②时装摄影还能使人产生效仿的冲动,从而达到传播之目的。万氏兄弟亦为"好摄之徒",并开设了万氏摄影室,当时如《良友》《玲珑》《时代》《中华》《健康家庭》《摄影画报》等许多杂志、报纸的封面均出自万氏之手。他们还积极拍摄了《上海妇女春装积极洋化》《肉体的节奏》《新娘之兜纱与礼服》等众多时装大片。

其封面照代表作之一为《紫罗兰女士菱花》③,发表于《良友》1928年第32期:柔和的光与影融合得恰到好处,淡雅的配色静谧安然,通过镜头将这位紫罗兰女士的纯净甜美捕捉无遗,是一幅光影与色彩俱佳的人物写真。代表作之二为《徐来女士》④,刊登于《现象》1935年第2期:影星徐来身穿深浅绿色搭配的格子纹样旗袍,佩戴橘红色耳坠,这两种对照鲜明的色彩却因光影的巧妙处理而变得十分和谐,而照片更将"东方标准美人"的古典含蓄与现代时尚完美诠释。

封面时装照是为了展现艺术之美感,而时装片主要以介绍新装为宗旨,万氏兄弟更是不遗余力地对其进行了全面细致的专业化工作。如《上海妇女春装积极洋化》⑤,其中每张照片都展示了不同人群、不同场合、不同功用的各种服装,有"家庭主妇的服装可以照这样剪裁"的妇女新装,有"到北国去溜冰应穿戴这一套"的冬日服装,有"到西式家庭里去的夜宴服",有"跳舞场中最流行的打扮",亦有"最宜于办公室内穿着的服装",以及"打高尔夫球的运动装束"与"春寒料峭时最流行的衣帽和手套"等各式品类,全面覆盖了女性的着装。发表于《美术生活》1934年第7期的新装介绍版块的是当时罕见的专业时装摄影作品,不仅有常见的正面展示,而且颇为专业地将背面进行呈现,可见其重点是对衣不对人(图2-7-8)。同时,进一步对服装设计及穿搭方式进行说明:"胸部宽大,肩部窄狭成带形,两端安着纽扣,服装将两肩带在后颈处扣住,则胸部便起纹浪。背部自腰部以上,完全赤露。臀部有'起线',使不摆宽大,既便行走,又适美观。另有一围巾,全以黑纱衬托小玻璃制成,光耀夺目,由两肩披转背后打结,称美人结。"⑥能够将一份兼职工作开展得细致全面至此,万氏兄弟"双凤"理念的贯彻与实现自是不在话下了。

---

① 万籁鸣、万古蟾、万超尘:《万氏三弟兄之新作》,《明星》1933年第1期。
② 黄简:《时装摄影》,上海人民美术出版社2001年版,第2页。
③ 万籁鸣:《紫罗兰女士》,《良友》1928年第32期。
④ 万氏摄影室:《徐来女士》,《现象》1935年第2期。
⑤ 万氏摄影室:《上海妇女春装积极洋化》,《时代》1935年第9期。
⑥ 万氏摄影室:《时装照》,《美术生活》1934年第7期。

图 2-7-8　时装摄影作品(《美术生活》1934 年第 7 期)

在服装设计方面，万氏兄弟的每一款新装，无论是日常着装或是戏剧服饰，无论是春夏装或是秋冬装，都在纹样、形制与搭配上将中式古典与时尚潮流进行了完美结合，鲜明地诠释着"中国风"。而在服饰传播方面，万氏兄弟则将各种西洋艺术与服装时尚进行了融合创作，利用插画、漫画、卡通与时装摄影等方式呈现服装，尽情地演绎"西洋风"。他们不仅引领着"中国风"服饰走向成熟，而且利用"西洋风"的技巧将服装的美升华到一个更为艺术化的高度。他们用专业的手法与严谨的态度执行着"双风"方针，亦实现了让不同的服装艺术风格和谐共存与共同进步的"双风"方针之目标。

张碧梧
1905—1987，江苏江阴人

身　　份：现代年画家。
简　　历：14岁便到上海谋生，初入先施公司当练习生，后入永安公司任职员。自学绘画成才，曾为上海的艺辉、徐胜记、正兴与环球等印刷厂绘月份牌画。中华人民共和国建立后被聘为上海人民美术出版社特约年画作者与年画组组长，此后一直致力于年画创作，并成为中国美术家协会会员。[①]
成　　就：擅绘年画并长期从事年画创作，作品多以解放战争和抗美援朝重大战役为题材，场面之大、人物之多、气势之磅礴，为月份牌年画中所少见。代表作有《养小鸡捐飞机》《军帮民、民帮军》《故乡变了样》等。其中《养小鸡捐飞机》获第二届全国年画评奖二等奖，《百万雄师渡长江》获第三届全国年画评奖二等奖。[②]
专业成就：绘有大量的服装设计作品并发表于众多报刊杂志上，作品富有个人风格，为古典与摩登的完美结合，代表作有30年代末至40年代初刊登于《永安月刊》上的《晨装》《舞装》《仲秋便装》《初秋晚装》《新婚礼服》等。曾与多位作家合作，为其小说绘制插图。

[①] 徐昌酩：《上海美术志》，上海书画出版社2004年版，第468页。
[②] 同上。

■ 张碧梧的"古典与时尚"

"古典"一词,具有优雅、高贵、典雅与传统的组合意义,是与前卫、现代与时尚相区别的。[①] 虽说在风云变幻的当代时尚圈,复古风潮早已不是什么新鲜词汇,也早已被各大服饰品牌诠释得淋漓尽致。但在时尚意识刚树立的民国,能够将"古典"与"时尚"二者相结合,创造出既摩登现代又保留古韵的混搭式东方美的,张碧梧当是开创者之一,亦属领军人之列。其服装设计作品,无论是服装款式、配饰搭配、人物形象,还是绘画技法与背景的绘制,均呈现着古典与时尚完美结合的和谐之美。

(一)服饰的古典与时尚

民国时期服饰的"古典"是指传统意义上的东方美,而"时尚"则更多是指受西方文化影响之后的服装潮流,由于民国时期的服装"最时髦的,都是欧化的"[②],故服饰的古典与时尚在此时便成为了传统的中国服饰与西方服饰文化的碰撞融合。张碧梧则是将二者结合得更为巧妙,首先其设计的服装品类就走在了中西结合的前沿,包括西式的晨装、舞装、晚装、新婚礼服与中式的旗袍,这里既有在西风东渐的潮流中移植而来的服装类型,也有中式服装的典型。这些分属于东西方的不同服装却又在款式、细节与搭配上都呈现着摩登现代又古韵犹存的美。

代表作之一为《初秋晚装》[③],是一款长及脚面的短袖改良旗袍,保留了立领、斜襟、盘扣与开衩等传统旗袍的衣饰语言,但制作工艺、面料纹样与配饰均随着新式审美而变得西化(图 2-8-1)。首先是省道、归拔等西式服装工艺得以采用,使旗袍发生了由直而曲的变化,《初秋晚装》便是这样一款腰身极窄富有曲线的款式,将女子的曼妙身形勾勒而出;其次是西方艺术影响下面料纹样的抽象化,我国传统的面料纹样多为具象写生图案,而民国时流行的各种抽象化的面料纹样则是受西方迪考艺术等艺术形式的影响。此款旗袍上的植物花卉图案便是代表之一,舍去了生动细致的描绘仅保留了形态的剪影,虽少了几分精致娇俏,却十分简洁大气,"一个女人到底不是大观园。太多的堆砌使兴趣不能集中"[④],简洁之美才更贴合新女性的生活与气质。另从此图案的构成来看,这么大的花型,要是传统纹样,必定是"八团""喜相逢"一类构图,而张碧梧却在这里用了四方连续构图,这是现代平面艺术的构成方式。若说前两者是洋为中用的西化产物,那么其搭配的手套、皮包、高跟皮鞋与小斗篷等配饰则更是不折不扣的舶来品,但却与中式旗袍无缝接合,

图 2-8-1 张碧梧作《初秋晚装》
(《永安月刊》1939 年第 5 期)

[①] 叶立诚:《服饰美学》,中国纺织出版社 2001 年版,第 42 页。
[②] 若梅:《女界服装》,《社会日报》,1929 年 11 月 13 日。
[③] 张碧梧:《初秋晚装》,《永安月刊》1939 年第 5 期。
[④] 张爱玲:《更衣记》,《流言》,中国科学公司 1944 年版,第 25-29 页。

成就了中西结合之美。尤其是斗篷,本由欧洲中世纪的"曼特尔"演化而来,其早期的造型十分庞大,长裾曳地,正式、严肃而隆重,晚清时传入中国。张碧梧取斗篷之样式,却减其尺码,使大斗篷变成了小斗篷,变成了衬托女子窈窕身形的小道具,变成了宣扬女子活泼气质的小可爱。

代表作之二为《仲秋便装》①,由中式旗袍与西式上衣搭配而成(图2-8-2)。旗袍在保留传统样式的基础上借鉴了西式礼服前短后长的下摆造型,上衣则为典型的西式开襟与装袖款式,纹样亦为几何抽象图案,但袖型上参考了我国古代张袂成荫式的宽博之袖,袖身宽大且袖口收紧,为典型的明中后期宽袖窄口的琵琶袖样式。这样,明朝的、清朝的、中国的、外国的混搭于一体,文化元素的跨度虽大,但却有一种内在的气质将其收拢住,既氤氲着古风又不失十里洋场的摩登。二者相互取经,相互渗透,旗袍在典雅含蓄中增添了一股妩媚的西方美,上衣则拥有了一丝的东方韵味,于是整体的着装氛围被调至浪漫的新古典主义频道,既很有古韵又适用于现实生活。没错,作为永安公司的员工,张碧梧得使其作品具有商业价值,而同时他又是一位画家,他那一股子追求艺术理想的劲头,跃然纸上。

图2-8-2 张碧梧作《仲秋便装》(《永安月刊》1939年第6期)

(二)人物形象的古典与时尚

服装是人的着装状态,服饰文化是人的文化,服装画的人物塑造自然也要与服饰风格相一致,而张碧梧对人物的描绘也延续着他古典与时尚结合的格调。而此处之古典则不限于中式、传统与东方的范畴之中,此处的古典应是端庄精致、高雅含蓄的婉约之美,而时尚之美则更注重个性自我与前卫潮流。两种看似截然不同的风格邂逅于张碧梧的笔下之时,却又是另一番的温婉美艳。

首先,其所绘之人物均拥有着一张典型的古典美人的面庞,神态表情亦充满了温婉的东方气质,如传统仕女画中的古典美女般,柳叶细眉、凤眼樱唇,美目盼兮,巧笑倩兮。但却梳着一头新潮入时的前卫短卷发,画着摩登的个性妆容。《仲秋便装》中之丽人便是如此,一张鹅蛋脸上生着传统审美的丹凤眼与樱桃唇,但根根分明的眼睫毛则显然是西式的化妆术所致,于传统仕女画中未见,而那一头梳理得精致蓬松的短卷发则更摩登前卫。② 古典美女的时尚之妆,并无违和感(主要看气质)。

其次,张碧梧所绘的女性姿态均是"动"的,不安分得好似要从画上走下来一般,或轻移莲步,或颔首微笑,或抬手抚发,举手投足间都透着古典与优雅的气韵。但是,这些人物形象却属于典型的现代美女,与柔弱较小的古典美女有着本质区别,其身高均是近乎完美的九个头长,每一位都有"胸以下都是腿"般的大长腿,且凹凸玲珑,富有曲线美感。《晨装》③中对镜妩媚弄姿之女,眉眼低垂,侧身回眸,很有股"顾影自媚,窥镜自怜"的古典之美,但匀称完美的高挑身形与曲线有致的身段却非传统审美,可谓"时尚身古典心"。

---

① 张碧梧:《仲秋便装》,《永安月刊》1939年第6期。
② 同上。
③ 张碧梧:《晨装》,《永安月刊》1939年第7期。

（三）技法背景的古典与时尚

这里的技法是指绘制时装画所用的技巧和方法，而所谓古典的技法便是传统的绘图方式，时尚的技法则是新兴的绘画方法。在中西融汇的文化大环境中，绘画的表现技法也随之变得西化，张碧梧的服装画所用的技法便是亦中亦西的，既有传承中国画技法中的"工笔"而来的白描，亦有加入了明暗技法的西洋素描。

前者通过白描勾线的形式刻画人物形体、服装的结构和款式。如《新婚礼服》①，便沿用中国画的"白描勾线"进行，包括头上高顶着的孔雀纱、肩上所披的轻薄披肩、简洁修身的长礼服，以及面料的褶皱，均使用准确流畅的线条进行简洁的表达，全无一根多余的线条（图2-8-3）。

图2-8-3　张碧梧作《新婚礼服》（《永安月刊》1939年第8期）

图2-8-4　张碧梧作《晨装》（《永安月刊》1939年第7期）

图2-8-5　张碧梧作《舞装》（《永安月刊》1940年第9期）

后者通过对画面明暗关系的处理来塑造形体与款式。此法依托于西洋素描，以描绘对象的体积感与光影关系为要事，注重人体比例的精确与人体姿态的刻画。此画法在民国时期并不很常见，但这代表了服装画的创作方向。如张碧梧所作《晨装》②，为吊带背心、皮草领大衣与高跟拖鞋的配伍，他用几个深浅不同的"灰面"表达出了皮草、毛呢与丝绸等不同的面料质地，还在头发与皮草领处留出了高光，显得更为立体且富有质感（图2-8-4）。又如《舞装》③，包含饰有孔雀羽毛的抹胸长裙与长皮草大衣等材质的服装，张碧梧用疏密程度不一的短小笔触同时表现出大衣的体积感与毛绒质地，这种明暗画法显然由西洋素描技法脱胎而来（图2-8-5）。

除此之外，张碧梧的背景绘制也有古典与时尚结合的中西杂糅之势，既吸收了西方时装画中背

---

① 张碧梧：《新婚礼服》，《永安月刊》1939年第8期。
② 张碧梧：《晨装》，《永安月刊》1939年第7期。
③ 张碧梧：《舞装》，《永安月刊》1940年第9期。

景仅为衬托与装饰的思想,又未完全摆脱传统的具象的背景形式,但总体风格的简约大气完全不同于其所绘月份牌背景的精致复杂。如《晨装》的背景,为十分具象的穿衣镜与棕榈树,尽管还处于"洋为中用"的早期,但他已懂得利用背景来烘托作为主体的人物,且能巧妙地运用背景营造出相应的画面氛围。如穿衣镜便作为"配角"在配合画面氛围中起到了举足轻重的作用,因为有了这一道具,才有了女主角顾影自媚的娇媚姿态与窥镜自怜的楚楚模样,而置于其后的棕榈树则起到了协调画面构图的效果。《初秋晚装》中盆栽剪影的背景进一步西化,且将背景形态和服装的植物纹样相呼应,而浅色的背景更凸显主体人物。《舞装》利用极简洁的手法构建了一场小清新音乐会,张碧梧舍弃了庞大的场景表现,仅利用弹钢琴、拉提琴与吹小号等演奏者的剪影,在不抢风头的同时营造出仿佛着装者置身其中的舞会氛围。《新婚礼服》的背景更是完全西化了,巧妙地利用一块深色的几何形以衬托白色婚纱的洁净。

所谓"时装"是"能追随时代前进,而确实地能呼应时代的要求来改变它的式样"①的服装。在西风东渐的时代,创造古典融入时尚、传统结合前卫的"西化"与"化西"服装,便是张碧梧的时装实践。他做到了将东西方的服饰与绘画语言进行无障碍交流,令服装款式、配饰、人物塑造、绘画技法与背景等各要素在交流中变得你中有我,我中有你。旗袍有省道,有装袖,配皮鞋皮包,在吸取西方服饰中合理便利之处的同时,又保留东方的典雅韵味;裙摆袖身间均是中西的融合,于古典之中见时尚;纹样形态上亦是中式西式间的转化,于古雅之中见大气。其笔下之女性的身形与状态也在中西交流中变得兼具古典与时尚,既不失温婉雅致的东方美,又增添了个性摩登。

方雪鸪、陈康俭为新新公司画的时装画,让人看了之后会有一种"巧合"的感觉,即他们画的,与新新柜台上卖的,总是那么相似,甚至相同。其实这不是巧合,这是有意而为之,这就是所谓的广告。张碧梧拿了永安的薪水,他得为永安公司做广告。但是张碧梧的作品与永安公司的柜台之间,似乎没有那么直接的联系。张碧梧主要是在营造一种风格,一种既"西化"又"化西"的、即古典又摩登的相互交织的风格。这时候我们再看永安公司的柜台,哦,原来风格是一致的。原来画家是在用他的艺术来引领时尚,用他的风格来影响消费,既美化生活,又促进生意。

附:张碧梧服装语录

摘自张碧梧《装束之伟大》,载于《妇女新装特刊》1928年第1期。

➢ 装饰可以表现民族的精神,代表人格的高下。这两句话,不是虚造出来的,处处能找见证据。但看白种人的文明,他们装饰怎样,印度巡捕的女人,她的装饰怎样,就可概见了。

➢ 从前女子的脚小为美观,大行缠脚之风,和欧美女子的束腰,同一风气。现在缠脚束腰,反为不美。这是失掉时间性的关系,并非此脚的大小、腰的粗细,可以当作美与不美的定点咧。

➢ 十年以来,风行大袖子,最大的做得和喇叭一样,而且盛行旗袍。最近旗袍虽行,却要以短为时新,喇叭似的大袖,一变而为竹管形的小袖,绷在上半臂上,方算是件新式衣服。

➢ 梅兰芳唱黛玉葬花,谁都说他装得优美。倘使有个女子,和他装成一样,走到马路上去,谁都要说她害神经病咧。这是什么缘故,一则以看戏的眼光看梅兰芳,想象当时的林黛玉,联感到装饰也美丽起来;一则以现代的眼光看那古装女子,无怪不起疑心呀。所以装饰的美不美,一半在于物质上,一半在于时不时咧。

---

① 行子:《谈谈时装》,《妇女》1948年第10期。

张菁英
1910—2005,浙江湖州人

身　　份：名媛、服装设计师。

简　　历：张菁英(当时也写作"张蒨英")是民国著名企业家与政治家张静江的五小姐。中学就读于上海两所贵族女校之一的中西女塾,毕业后赴美国纽约时装设计学院攻读服装设计。① 1935年回上海,与好友郭婉莹在国际饭店开办了锦霓新装社,并担任设计师。抗日战争爆发后,随父母辗转至瑞士、美国等地。抗战胜利后回国,嫁与国民政府卫生部长林可胜。1949年随丈夫去了美国。②

专业成就：张菁英是民国时期寥寥无几的接受过西式服装高等教育的专业设计师之一。她创办的锦霓新装社是中国第一家现代女子时装设计沙龙,顾客涵盖中外女性,拥有独特的设计风格,并举办过专业的时装表演。③ 在混沌杂乱的变服时代,她提出了"真美善"的服装思想并付诸实践。

---

① 子彬:《锦霓新装社张菁英女士的访问》,《健康家庭》1937年第1期。
② 张南琛、宋路霞:《张静江、张石铭家族——一个传奇家族的历史纪实》,重庆出版社2006年版,第275页。
③ 同上。

设计篇——用艺术的手腕创造超时代的服装

张菁英的"真美善"

"真美善"一词多用以形容人的德操与事物的美好,而到了身为服装设计师的张菁英口中,便成了形容服装的至理之言。若说追求世界的"真美善"是人类的永恒理想,那么实现服装的"真美善"便是身处时尚界的张菁英的远大理想,她说"社会上的事业,随着时代的潮流,一切都向着现代化真美善的方面展开下去",故服装也应"向着真美善的方面改进"。①

张菁英选择服装作为其理想之事业,原因有二:其一是"个人的兴趣所近",其二则是"感到中国妇女衣服的不前进"。② 张菁英所处的时代,是中国文化史上一个敏感的过渡期和重要的转折期,中外文化在此时开始广泛地相互交往、渗透与融合,中外服饰也随之相互碰撞、作用与交融。在这个过渡期中,中国大众对西方服饰的态度经历了从开始的一味排斥、到逐渐接受、再至盲目崇尚、最后到合理采纳的过程。而在这个漫长的进程中,中国服装多处于混乱与盲目的状态。张菁英便根据当时"乱世乱穿衣"的社会状态提出了自己"真美善"的服装理念,在混乱的变服时代中给予大众以穿衣指引。

为了实现这个理想,张菁英远赴美国学习取经。"到了美国,就毅然投入专门学校,从事研究各种新装的学识及裁制",经过几年的努力,"对于新装的学识,确已稍稍地窥到一点门径"。③ 之后回国,与中学同学、永安公司老板的千金郭婉莹合作,在国际饭店四楼创办了锦霓新装社,"专门替太太小姐们设计制造新装,以及其他一切附属零件,如手皮包、皮鞋等"④,其顾客涵盖中外女性。在混乱的时代并难得地拥有自己的设计风格,主营职业女装,颜色上以红、黑、绿三种颜色为基色,面料上多采用国货。在锦江饭店举办过以"金枝绿叶"为主题的时装表演,轰动一时。⑤ 张菁英用实际行动实践着她"真美善"的服装思想,实现着她"真美善"的服装理想。

张菁英的"真美善"指的是什么呢?

(一)"真"的服装思想

"真"意为本质的、真实的,延伸到服装上便是能展现真实的自己,即服装适合于每个人的形体,能表现出每个人的个性气质。在西风东渐的潮流中,那些摩登必备均属舶来品,致使盲目崇洋的大众只知一味奉行"拿来主义",也不管"拿来"的是否适合自己。

张菁英有感于斯,犀利地指出了"拿来主义"下中国服装的问题——"雷同",并将此问题的主要责任归于服装从业者(张菁英本人也是其中一员,更体现了其责任意识)身上。确实,当时封建社会的枷锁刚被解开,民众(特别是作为服装消费主力军的女性)的自我意识刚刚苏醒,市场很难做到顾客需要什么就生产什么,更多的是生产者生产什么顾客就购买什么。部分从业者又不知变通,拿来即用,"普通的苏广成衣铺中的成衣匠,他们只懂得墨守成规的缝纫法,而不知道有所改进",同时

---

① 张菁英:《时装新讲》,《快乐家庭》1937年第5期。
② 同上。
③ 同上。
④ 子彬:《锦霓新装社张菁英女士的访问》,《健康家庭》1937年第1期。
⑤ 张南琛、宋路霞:《张静江、张石铭家族——一个传奇家族的历史纪实》,重庆出版社2006年版,第275页。

"各新装公司的裁制家,他们虽然有前进的思想,可是也缺乏新的艺术和目光",所以"制成的衣服……都不是十分适合现代人士的需要"。① 消费者的无意识更是雪上加霜,"中国的太太小姐们好像还并不注意到,她们的衣服总是看见别人穿着怎样的衣服,觉得好看模仿着做着穿的"②。诸如此类的问题直接导致"我国妇女的服装,始终没有向着真美善的方面改进,而依旧在这歧途上徘徊着"③。

有鉴于此,张菁英提出了服装应讲究适用、展现真我的"真"理念,即"新装的设计,是看顾客的身段高短胖瘦而定的",要做到"每个人的式子都不相同"。④ 所谓"身段",应是包含了外部的身材形态与内在的个人气质的内容,如同戏曲中表现角色形象与内心思想之"身段"。婚礼服也"应该看新娘的身段如何才决定做怎样的礼服"⑤,个子小、性格活泼的应配简洁的短款礼服,既起到拉长身段的效果,又可衬托娇小可爱;身材高挑形象端庄的新娘应选择紧身型的长礼服,更能凸显身形的修长与气质的优雅。张菁英对此十分有原则性,她说,"要是来的顾客所指定的式样,我以为和她的身段配起来不调和的,我还劝她不要这样做呢,甚至,我拒绝替她做";她还是一位颇有远见的商人,"要不然人家问起来衣服是我们设计的,于是我们的声誉也不大好"。⑥ 此举真乃业界良心,追求的不仅仅是商业利润,更是顾客的利益。

为进一步阐述其"真"理念,张菁英列举了她所设计的一款改良旗袍进行说明,认为此设计"全部的长处,是能够合适穿着者的身材,一丝也见不到它的缺点。胸和腰肩等处,充分显示着它的优美而可爱的线条"⑦(图2-9-1)。丰满的胸部是女性特有的曲线美的标志,是女性身形的"真",封建时期受礼教束缚不能展现而归于平直。张菁英则主张服装展现本真的身形。不仅如此,她还将胸部作为重点表现区域装饰与强调它:"胸和袖,都满缀着短短的线须,如果用适当的颜色来配置着,稍一转动,那衣服的色彩,一闪一闪地都会从细微的须缝中,透露出来而引起非常的美观了。"⑧可见张菁英"真"思想的大胆。

(二)"美"的服装思想

"美"顾名思义便是服装之美。随着社会的发展与文明的进步,人们对服装的需求已不再满足于御寒与遮盖,而是更多地追求美感。民国时期虽涌现出了各式新装,但其中一部分却不是向着美而是向着乱与怪的方向发展,"这种新装,同时有很多的缺点,在每件的衣服上,都很明显地透露在我们的眼前,因此并不感

图2-9-1 张菁英设计的旗袍(《快乐家庭》1937年第5期)

---

① 张菁英:《时装新讲》,《快乐家庭》1937年第5期。
② 子彬:《锦霓新装社张菁英女士的访问》,《健康家庭》1937年第1期。
③ 张菁英:《时装新讲》,《快乐家庭》1937年第5期。
④ 子彬:《锦霓新装社张菁英女士的访问》,《健康家庭》1937年第1期。
⑤ 同上。
⑥ 同上。
⑦ 张菁英:《时装新讲》,《快乐家庭》1937年第5期。
⑧ 同上。

图 2-9-2　张菁英设计的礼服（《健康家庭》1937 年第 1 期）

到什么美观，反觉得光怪陆离而已"①。此时，"中国人外国装，外国人中国装"与"男子装饰像女，女子装饰像男"②的现象尤为普遍。不仅流行混穿，更崇尚混搭，例如留美电影明星黄柳霜，穿着西式运动背心与短裤，戴着拳击手套，脚上却穿着一双中式软缎绣花鞋，将混搭"混"出了一种境界，"混"出了一种奇妙的和谐。③

针对此种中不中、洋不洋的乱穿衣现象，张菁英提出了"美"的服装主张，即中西服饰之美的"融合"。此"融合"不是将所有中西服饰进行随意穿用与搭配，而是"将中外各种衣服的长处，把它集合起来，制成各种不同式样的完美而且大方的衣服，多多地介绍到社会上去"④。张菁英认为"西装的式样大都太花巧了，中装的式样却又太呆板了……应该把两者折衷一下，使得既不花巧也不呆板，而在这两者之间，又要不失美丽和大方"⑤。设计新装的来源与依据是各国各民族服饰中可供参考的元素，将其吸收并为我所用，在充满美好创意的同时，也表明了光明的商业前景（图 2-9-2）。

另外，张菁英还强调饰品与服装美的关系，"像手皮包、皮鞋、手套、帽子等等那些附属品，平常把她们看的并不重要，其实，那些附属品和衣服的调子的配合是很重要的"⑥。例如"有了很好的衣服，如果附属品拣选的不调和，那么给人的印象也不会好"，反之，"如果一件很普通的衣服，如果附属品的样子，颜色配得适合，她也可以给人一种很好很美的印象"⑦。可见饰品之于服饰美的重要性。其锦霓新装社对于饰品也尤为重视，所有产品均先由设计师"打了样子"，再"托各种匠人去做的，试验再试验，校正再校正"，其店中陈列的一款"书形的穿晚礼服用的手提包"，便是"托同孚路那边京货铺里做的，做了好几次才成了现在的样子"，手提包的梢子"使用檀香木雕成的，拿在手里可以不断的有香气"，⑧且装饰有十分精细的雕刻，既是用的服饰品，又是美的艺术品。

张菁英对服饰品的研究还反映在其自己的着装上，她尤其喜爱贝雷帽（贝雷帽是一种无帽檐的软质帽式，原是军帽，后在民间被时尚化），她的贝雷帽款式丰富，运用了羊绒、毛线等各式材质，且与服饰间的搭配浑然天成。如《大众画报》1934 年第 5 期中，张菁英佩戴的一款细毛线浅色贝雷帽，搭配短卷发，极富淑女的优雅气质，倾斜的佩戴法又添了一股率性；同色系的内搭毛衣与帽子的色彩相呼应，经典的格纹毛呢大衣低调又有型，颇有一位简约大气的女艺术家的姿态（图 2-9-3）。又如《新人周刊》1935 年第 41 期中，张菁英斜戴一顶彩色条纹毛线帽，搭配毛线短袖衫与长裙，青春气息洋

---

① 张菁英：《时装新讲》，《快乐家庭》1937 年第 5 期。
② 佚名：《梦游民国》，《申报》，1912 年 9 月 14 日。
③ 张竞琼：《西"服"东渐——20 世纪中外服饰交流史》，安徽美术出版社 2002 年版，第 4 页。
④ 张菁英：《时装新讲》，《快乐家庭》1937 年第 5 期。
⑤ 子彬：《锦霓新装社张菁英女士的访问》，《健康家庭》1937 年第 1 期。
⑥ 同上。
⑦ 同上。
⑧ 同上。

溢。只凭看似简单的这一身，便将美的气质完全诠释出来，可见张菁英对服饰搭配的研究心得之深。

（三）"善"的服装思想

"善"意为善良、仁爱，服装的"善"便是利用服装表达仁爱，在张菁英的服装思想中被引申为用服装表现爱国，即选用国货面料与国货服装，致力于民族复兴与国家富强。张菁英一生中的大半时间均在国外度过，所受的服装专业教育也是在国外，但却丝毫不影响她拥有一颗令人敬佩的爱国之心。作为一名服装设计师，她在设计中"主张采用纯粹的国货"[1]，并夸赞"中国的料子有许多也是极好的，它做起衣服来，并不会比外国的料子逊色，说不定还能超过他们"[2]。创办锦霓新装社也是为了用事实来证明她的这一见解。

张菁英还大胆指责当时崇洋媚外的风气，"我们的阔太太、阔小姐们置办起新装来，太喜欢用外国的料子了，设计的也总是外国的时装公司"，并指出西式服装的不经济，"普通的一袭衣服，总得一二百块钱，不但价值太贵，并且还利权外溢"。[3] 她进一步以自己采用国货面料设计的新装受到欢迎的事实，向中国的太太与小姐们证明

图 2-9-3 头戴贝雷帽的张菁英（《大众画报》1934 年第 5 期）

国货的物美价廉，"用中国的料子来制衣服，也是挺漂亮的，并且在价值方面，也比外国货要便宜得许多"[4]。张菁英的国货推销不限于中国顾客，还延伸到了锦霓新装社庞大的外国顾客群，并意外地得到来自洋顾客的"从来没想到中国的料子有这么好的东西！"[5]这样的评价。由此"可见得中国的料子，并不是不能做新装"，广大同胞"不要把自己的国产品看轻了"，而应本着民族富强的责任感与使命感，多用国货。[6]

同时，美又是善的内核。一般来说，美常常表现为可以捕捉的"外在"，但这个"外在"的内里往往住着善。光明与黑暗哪个美？一般来说，总是认为光明是美的；光明的背后又是什么？是太阳，是太阳给了我们地球上的一切，这就是至善。同样，张菁英设计的服装的外表美，也离不开内在善的支持。民国时期是我国反封建的先锋期，张菁英在西方学习过，讲究博采众长的包容，反对封建专制的桎梏，弘扬人性本真的光辉，这也就是善。

反之，在我国长达数千年的历史长河中，并非不讲善。儒家的"仁"就是善。但是它兑现了么？没有，它只是一张空头支票。这么说，它就是伪善。儒家的"礼"倒是兑现了，千百年来我国服装史上官民割裂、官服等秩的怪胎就是出于此。到民国时期，张朋川先生说人民可以自由地根据自己的喜好来选择服饰。[7] 张菁英用她的美服来实现这种权利，用她的美服来播撒善的种子，正如柏拉图所说，美具有引人向善的作用和力量。张菁英这样做了，而且做得漂亮。

民国是中国服装史上一个重要的变革期，中外服饰经历了由独立到融合、从混乱到有序的演

---

[1] 张菁英：《时装新讲》，《快乐家庭》1937 年第 5 期。
[2] 子彬：《锦霓新装社张菁英女士的访问》，《健康家庭》1937 年第 1 期。
[3] 同上。
[4] 同上。
[5] 同上。
[6] 张菁英：《时装新讲》，《快乐家庭》1937 年第 5 期。
[7] 张朋川等：《瓷绘霓裳——民国早期时装人物瓷器》，文物出版社 2002 年版，第 74 页。

设计篇——用艺术的手腕创造超时代的服装

变。这一进程的推动,少不了国家的力量、企业的影响与摩登女性的引领,亦离不开服饰言论的引导。而留洋攻读过服装设计的专业设计师,其对于中西服饰的见解则更具说服力,张菁英便是这样一位"海归"设计师,并在变服时代中提出了其"真美善"的服装理念。"真"即服装能反映真我,不从众不雷同;"美"是改变服装乱序的状态,取各民族服饰之所长进行重新编码,所谓"各美其美,美人之美,美美与共,天下大同",便是此意;"善"便是提倡服用国货,为国家富强尽绵薄之力。"真""美""善"三者各司其职,各有所指,适用于变服之乱世。

附:张菁英服装语录

摘自张菁英撰写的《时装新讲》,刊载于《快乐家庭》1937年第5期;子彬撰写的《锦霓新装社张菁英女士的访问》,刊载于《健康家庭》1937年第1期。

➢ 近几年来,时装的呼声,充满了各大都市,我们在每一个盛大的宴会上,常常看见各种的新装,但是这种新装,同时有很多的缺点在每件衣服上,都很明显地透露在我们的眼前,因此并不感到什么美观,反觉得光怪陆离而已。

➢ 普通的苏广成衣铺中的成衣匠,他们只懂得墨守成规的缝纫法,而不知道有所改进。同时各新装公司的裁制家,他们虽然有前进的思想,可是也缺乏新的艺术和目光,所以制成的衣服,不是雷同,就是离奇,两者都是不适合现代人士的需要,因此我国妇女的服装,始终没有向着真美善的方面改进,而依旧在这途途上徘徊着。

➢ 这次组织锦霓社的目的,无非是想将中外各种衣服的长处,把它集合起来,制成各种不同式样的完美而且大方的衣服,多多的介绍到社会上去。同时质料方面,我也主张采用纯粹的国货,有人说"中国的料子,不能做新装",这话未免太过于武断了。我个人的经验,用中国料子所做成的衣服,很受一致的欢迎及赞美,可见得中国的料子,并不是不能做新装。我希望大家不要太把自己的国产品看轻了。

➢ 我觉得我们的阔太太,阔小姐们置办起新装来,太喜欢用外国的料子了。设计的也总是外国的时装公司,普通的一袭衣服,总得一二百块钱,不但价钱太贵,并且还利权外溢。其实呢,照我看来,中国的料子有许多也是极好的,它做起衣服来,并不会比外国的料子逊色,说不定还能超过他们,我的创办锦霓新装社,便想用事实来证明我的见解并不错,给我们的太太,小姐看看,用中国料子来制衣服,也是挺漂亮的,并且在价值方面,也比外国货要便宜得许多。至于服装的式样呢……西装的式样大都太花巧了,中装的式样却又太呆板了,所以,应该把两者折中一下,使得既不花巧也不呆板,而在这两者之间,又要不失美丽和大方。

➢ 要是来的顾客所指定的式样,我以为和她的身段配起来不调和的,我还劝她不要这样做呢,甚至,我拒绝替她做,因为要不然,人家问起来衣服是我们设计的,于是我们的声誉也不大好。

➢ 像手皮包,皮鞋,手套,帽子等等那些附属品,平常把她们看得并不重要,其实,那些附属品和衣服的调子的配合是很重要的,有了很好的衣服,如果附属品拣选的不调和,那么给人的印象也不会好,反之,如果一件很普通的衣服,如果附属品的样子,颜色配得适合,她也可以给人一种很好很美的印象。

郑曼陀
1888—1961，安徽歙县人

身　　份：月份牌画家。

简　　历：原名达，字菊如，笔名曼陀。曾在杭州育英书院学习英语，师从王姓民间画师学画人像。20世纪初，在杭州二我轩照相馆设立画室，代客绘照相擦笔画。1914年到上海，以擦笔水彩画法绘四幅美女图，在静安寺路张园出售，获人们喜爱，遂应约为上海审美书馆创作第一幅广告月份牌年画《晚装图》。后以炭粉擦笔画人物形象，再施以淡彩，专绘时装美女月份牌，以风格细腻、栩栩如生而闻名。随之，沪上许多中外厂商竞相向郑氏订购画稿，不少画家也效仿他的画法绘制月份牌，并形成了一批"曼陀风"画家。

专业成就：杰出的广告画革新者，中国近代广告擦笔绘画技法的创始人，拥有其月份牌画的独特风格——"曼陀风"。其月份牌画有立体感而不强调明暗对比，形成雅俗共赏的艺术风格，风格细腻、造型准确、色彩明快、构图丰满、婀娜动人，被时人称为"呼之欲出""眼睛能跟人跑"而闻名。在1914—1920年间创作了百余幅月份牌画，代表作有《秋色横空人玉立》《杨妃出浴图》《晚装图》《四时娇影》《架上青松聊自娱》等。[①] 因内容取材于现实生活，故而成为当代研究民国历史的重要史料。

---

① 徐昌酩：《上海美术志》，上海书画出版社2004年版，第416页。

"历史的记录员"——郑曼陀

所谓记录,便是将所见所闻,用文字、图画、影像等形式记下来。在不同的历史时期,记录的方式也大有不同,古代的史官用文字记录并编撰成史书,近代以来形式则更加丰富,不仅有诸多的报刊、档案、书籍、照片,还有各种形式的纪录影片与其他艺术形式。而郑曼陀则有其独特的记录方式——月份牌。

月份牌是民国时期作为广告宣传的商业美术品,是当时最为盛行的一种广告宣传形式,是那个时代的独特标识。即为各大公司商肆在"每逢年尾岁首,藉以投赠其主顾……以宏其广告效力"①的带图月历式广告,其一般形式为:中间为一幅美图,四周附有12个月的年历表,以及商品与厂商的名称,"中为画幅,以引人爱赏,四周即为历日表及广告地位"②。其中,"画幅"的内容经历了由早期的"风景画""历史画""古妆仕女图"逐渐演变为以女性时装形象画为主的"时妆仕女图"的变迁。③月份牌的画法从传统的中式画法与西洋画法,转变为融合中西画法的擦笔水彩画法,其由郑曼陀先生所创,并以生动逼真、色彩明快等特征,逐渐发展成为月份牌画的主要技法。

作为一种商业广告的艺术形式,月份牌的人物与服装经过艺术化的处理,具有一定的主观性,但其根本不离现实,即"画中人"均来自于"身边人",即"画月份牌,必以合于时代装束之仕女玉影为范本,故画家辄罗致若干名姝为模特儿"④。如月份牌画家谢之光便"常以夫人为范本,余如陆小曼、云兰芳、韩云珍、毛剑佩等,均一度为其画中人"⑤。郑曼陀也"善于选择时髦漂亮的姑娘为模特儿"⑥,其"所画美人面目,则多于北里中求之,其姣者,多为红馆"⑦,更以花界之首素珍为其最爱,"得素珍乃大喜,谓此天仙化人者,真我模特儿矣"⑧。除此之外,郑曼陀亦十分关注生活中的美女。关于此还有一段趣闻,"一天,他赴某电影院观影,到达较早,距放映尚有相当时间,他闲坐等待着,忽地眼前一亮,来了个千娇百媚的姑娘,也是来观影的,座位和曼陀相去不远,曼陀一想,这是多么好的模特,双眼盯视着这位姑娘,怎样的姿容,怎样的态度,牢牢地记在脑幕。回寓后,忘掉了晚餐,立刻展纸挥笔,追摹这位美姑娘,直到夜深人倦,才停笔入睡。到了明天,再加渲染,自己审视,觉得非常惬意,便向商务印书馆应征部门投稿,没有几天,这幅画果然发表了,而且名列第一,获得高额奖金"⑨。

郑曼陀月份牌的辉煌时期,恰处于新旧交替的20世纪初,以其时间跨度大而可"观时代之装束之变迁"⑩。其所记录的"变迁"主要包含三方面,一为月份牌画法的转变,二为女性形象的变迁,三为服装品类的变化,均是一个由"旧"到"新"的动态过程。

---

① 郑逸梅:《前尘旧梦》,北方文艺出版社2009年版,第190-191页。
② 郑逸梅:《月份牌谈》,《紫罗兰》1927年第2卷第7期。
③ 同上。
④ 郑逸梅:《谈月份牌》,《联益之友》,1930年2月11日。
⑤ 同上。
⑥ 郑逸梅:《影坛旧闻——但杜宇和殷明珠》,上海文艺出版社1982年版,第7页。
⑦ 郑逸梅:《野鸡大王素珍与郑曼陀》,《春申旧闻》,世界文物出版社1978年版,第21页。
⑧ 同上。
⑨ 郑逸梅:《影坛旧闻——但杜宇和殷明珠》,上海文艺出版社1982年版,第7页。
⑩ 郑逸梅:《谈月份牌》,《联益之友》,1930年2月11日。

(一) 月份牌画法的转变

在郑曼陀之前,月份牌画法有较为明显的中西界限,分为传统画法与西洋画法,传统画法为中国画画法,使用墨彩在绢上勾线与着色,其代表人物为周慕桥,所绘古代人物画尤为古色古香;西洋画法以水彩画法为主,代表人物为徐咏青,擅于将油画与水彩运用于风景画中。

郑曼陀则将此两种技法进行融合,并结合照相擦笔画,创造了全新的月份牌画法——擦笔水彩画法:"他把从老师那里学来的传统人物技法与从书本中学来的水彩技法结合起来……在传统线描的基础上淡化线条,用炭精粉擦出图像的明暗变化,然后用水彩层层渲染。"①此画法运用炭精粉的明暗代替了水墨的浓淡渲染,表现出的人物更为真实立体,又保持了传统仕女画雅致的格调:"不仅人物形象立体感很强,而且因水彩的透明与滋润造成逼真的皮肤质感,很适合用来表现女性的丰富、秀媚、丽质天成的阴柔之美。"②宛如照片却更为唯美,极大地满足了当时人们的审美需求。此种画法也因由郑氏所创而被誉为"曼陀画",并在月份牌画坛掀起了一场强大的冲击波,快速发展成为月份牌画的主要绘画技法,涌现出一批以"曼陀画"风格作画的画家。③ 郑曼陀引领了这场绘画技法的变革,亦记录了这场变革。

除此之外,郑曼陀的画还反映了当时月份牌画由浅淡到鲜亮的色彩变迁,早期之月份牌画因受传统仕女画的影响,仍为含蓄唯美风,后期则随着思想解放与时代审美而逐渐变得个性鲜艳。郑氏早期仕女画的色彩便以淡雅柔和为主,多为浅绛色、酡红、藕色、豆沙红、棕绿、竹青、月白与暖白等色。如《仕女折花图》④,内为一袭浅豆沙红袄衫;外罩之高领马甲,在灰色中泛出些浅淡的藕色;肤色微红的手拿着几枝竹青色树枝;月白色背景则由浓到淡晕染开来,展现了一种古典优雅的格调(图 2-10-1)。后期之色彩逐渐变得鲜艳明亮,鹅黄、草绿、葱青、橘红、桃红、天蓝与靛青等色开始被大量运用。如《裘领美女》,一袭橘红色连衣裙饰有白色与金色装饰,外披之皮草领大衣由浅蓝与藏青色搭配,橙色与蓝色的对比色搭配十分大胆鲜明,背景色由小面积的葱青、淡蓝、姜黄与大面积的灰色组成,使得各种亮色达到和谐统一。

(二) 女性形象的变迁

月份牌仕女画历经了从"古妆"到"时妆"的变迁,这一变化既见证了其时审美观的转变,亦反映了女性形象的改变。郑曼陀不仅记录了这一变迁,亦是促进这种变迁的主要力量。早期月份牌画家多以绘制传统仕女画为主,是对古画的描摹,与现实生活中的女性形象相去甚远,与时代之发展不同步,给人以"书中之人"的遥远感觉。郑曼陀却一改此种现状,以现实生活中的女性为原型,描绘出更生

图 2-10-1 仕女折花图(《双星》1915 年第 2 期)

---

① 陈超南、冯懿有:《老广告》,上海人民美术出版社 1998 年版,第 17—21 页。
② 同上。
③ 同上。
④ 郑曼陀:《仕女折花图》,《双星》1915 年第 2 期。

活化、时尚化的女性形象,将"身边人"变为"画中人",十分符合当时的社会需求。郑曼陀的"画中人"也经历了从女学生到摩登女郎两个阶段。

第一,女学生阶段。民国倡导妇女解放运动,在校接受教育的女学生自然成为了新女性的一大代表,郑曼陀便依时势将女学生作为其时装仕女画的主要形象,"曼陀以时装女学生为原型创造出新型的美女形象,不仅有时代的鲜明特色,而且具有社会的认同心理……尤其是淡雅的色彩衬托着漆黑明亮的明眸,表现了女性美目盼兮的魅力"①。这一阶段,由于仍受到封建审美的影响,郑曼陀笔下的女学生还是传统的少女形象,均为鹅蛋脸、丹凤眼、樱桃唇,肤白唇粉,嘴角微扬,且妆感较弱,清新淡雅。发式多为梳发,亦有剪发者,但均为自然直发。体型上则为6头身长的小家碧玉型,头大身小比例略失调,但总体形象依然十分静谧美好。与之相搭配的场景也设计为了读书、学音乐与郊游等新女性的日常。如其代表作《晚装图》,塑造的便是一位"衣着朴素、秀丽端庄的清纯女学生"②,亦是标准的传统美女:鹅蛋脸圆润饱满,丹凤眼目光荡漾、樱桃唇微微上扬,一头秀发扎得清爽自然;身形苗条且上大下小,天足小巧得有些失真(图 2-10-2)。又如《女学生》③,五官精致古典,短发齐耳,并佩戴两个浅色发夹,温婉中略

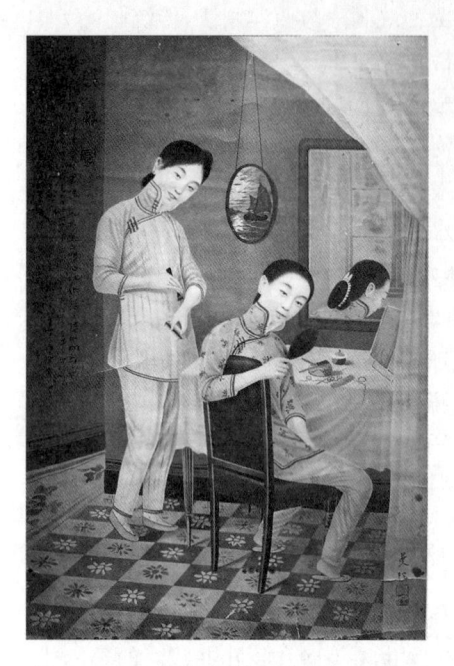

图 2-10-2 《晚装图》(传世月份牌,1914 年)

带一丝俏皮;前摊一本书,手执一支笔,于藤椅之中,若有所思,一展知识女性的清纯美好。

第二,摩登女郎阶段。时尚潮流的持续变更、新产品的不断发展与人们审美观念的转变,使得"画中人"逐步从昔日风华正茂的女学生变为了前卫时尚的摩登女郎。这些摩登女性的形象不仅更适合于香烟、化妆品与服装面料等产品的推广,也更符合消费群的审美需求。于是月份牌画家们都纷纷将画笔移向了时髦女郎,郑曼陀也在"后期的月份牌画中,越出了使自己名气大振的清纯女学生形象,与其他画家一齐涌向描绘时髦女郎的道路"④。而摩登女性的形象也相较于女学生发生了较大改变,首先是面部,眉形更为细长浓密,眼睛由小变大,从单眼皮过渡到了双眼皮,唇部较为丰满,妆感较强,一系列如眼影、眼线、睫毛膏、口红与腮红等化妆品被运用到"画中人"脸上。其次为发型,齐耳的短发被烫成各式波浪造型,发际多为二八分式。身材也变得更为丰满健美,头小身长,身高多为 7 至 8 个头长。与之相配的场景也设计成跳舞、弹钢琴等更摩登的生活方式。如发表于《紫兰画报》1925 年 10 月 3 日的《时装仕女》⑤,便是一位身材高挑的摩登女郎,头手脚的大小比例都更为准确、自然、贴近现实,符合当时所崇尚的自然美。又如为某烟草公司所作的广告《裘领美女》,受到西方审美观的影响,五官变得更为立体突出,妆容更为精致与鲜明;发式为二八分的大波浪齐耳短发,整齐地梳理于耳后,又在鬓角留有一小撮卷发,尤显妩媚多姿;面容与身形都更为自然

---

① 陈超南、冯懿有:《老广告》,上海人民美术出版社 1998 年版,第 17-21 页。
② 同上,第 20 页。
③ 郑曼陀:《女学生》,《美术丛刊 6》,上海人民美术出版社 1979 年版,第 36 页。
④ 陈超南、冯懿有:《老广告》,上海人民美术出版社 1998 年版,第 17-21 页。
⑤ 郑曼陀:《时装仕女》,《紫兰画报》,1925 年 10 月 3 日。

且丰满,一切都向好莱坞式的美女看齐。

传统审美观中的标准美女是:"削肩,细腰,平胸,薄而小的"[1],而随着东西方文化的不断交融,"跟了时代和文化程度的变化,人类对于'美'的眼光也渐渐不同",审美标准从以'病态'为美转为了以'健全'为美——健美。当时对健美的定义便是'有丰满体格,健康的颜色,和活泼的举动'"[2]。郑曼陀笔下的月份牌女郎恰恰记录了这一审美观的变化,从小家碧玉型的女学生到健美丰满的摩登女郎,其"画中人"跟随着审美观与女性形象的变化而变化,刻画、记录了新时代的新女性。

(三) 服饰品类的变化

近代国门大开后,种种舶来品纷至沓来,西式服装开始占据国人的衣橱,与此同时,传统的服装也依然被传承下来,有一些则根据新时尚进行了改良。所以说,民国时期的近代服装是中西并存的状态,大致上可分为中式传统、西式摩登与中西合璧三种类型。月份牌画从"古妆仕女图"到"时妆仕女图"的转变亦体现了当时服饰从中式到西式的变迁。根据这一变迁,郑氏所绘之人物服饰大致可归纳为三个阶段,一为以上袄下裙与上袄下裤为代表的中式传统阶段,二为以改良旗袍为代表的中西合璧阶段,三为以家居服、连衣裙、婚礼服与大衣等品种为主的西式阶段。

第一,中式传统。首先为上袄下裙。这一形制从传统的上衣下裳式演变而来,虽还保留着传统服装的基本形制,但注入了一些民国时期的时代元素,已经改头换面。衣演变为袄,依然是大襟右衽,但却不是宽身大袖款;下裳也不再是马面裙,而是腰部合拢成一圈的裙式,类似于文明新装,多出现于郑曼陀画中之女学生身上。如《掩卷沉吟图》[3],上袄保留传统的高领、大襟、右衽、连袖与直身形制,但衣身与袖子均收窄变小,且在侧面开衩;下裙为造型简洁的纯色长裙,在延续传统的同时向西式审美靠近(图 2-10-3)。又如《天寒翠袖图》[4],同样为上袄下裙的基本形制,但衣身窄小,同时发展为十分优美的圆摆造型,颜色与下身的纯色百褶裙一致。袖子则从窄袖演变成"倒大袖",顾名思义便是袖口比袖窿大,见于大襟袄,也见于旗袍,是 20 世纪女装的标志性细节。

其次为上衣下裤。其形制与上衣下裙类似,只是下裙改成裤子。裤子本是一种难登大雅之堂的形制,传统观念甚至认为穿裤子的女子品行不正派,多为特殊职业

图 2-10-3 掩卷沉吟图(《小说丛报》1915 年第 9 期)

的女子为了凸显女性特征,招揽顾客才穿。然而,新时代中人们的思想日益开放,此种旧观念亦遭到摒弃,裤子便登上了时尚的舞台。郑曼陀常描绘着裤女子,款式上有窄身的小脚裤,亦有宽大的阔腿裤,图案上有条纹的、碎花的、大花的与纯色的。《晚装图》中的女性便双双穿着上袄下裤,裤

---

[1] 张爱玲:《更衣记》,《古今》1943 年第 36 期。
[2] 佚名:《现代男子对女性美目光之转移》,《玲珑》1933 年第 15 期。
[3] 郑曼陀:《掩卷沉吟图》,《小说丛报》1915 年第 9 期。
[4] 郑曼陀:《天寒翠袖图》,《时报图画周刊》,1921 年 3 月 13 日。

子均为锥子型的收身小脚裤,花色与上袄相同,一款为竖条纹印花,拉长了腿部线条;一款是小碎花图案,淡雅唯美,都展现出与裙装完全不同的个性美感。发表于《时报图画周刊》1921年3月27日的一袭裤装干练利落,上为圆摆窄身小袄,适当露出前臂;下穿直筒七分长裤,亦露出一截小腿,使得行走与活动都更为便利,色彩图案为靛青色底藏青色花,搭配同色系帽子与鞋子,一位时髦干练的新女性跃然纸上(图2-10-4)。①

图2-10-4 上衣下裤(《时报图画周刊》,1921年3月27日)

第二,中西合璧式,其典型为改良旗袍。此为月份牌画家最为情有独钟的款式,郑曼陀笔下的着旗袍女子则更为浪漫柔美。如《留春图》,一袭窄身收腰旗袍将身体曲线展露无遗(图2-10-5)。袖子为装袖,短至肘上,袖口部位拼接了轻纱质地的袖摆,极富装饰性,且轻薄的质料与开衩的形制又在若隐若现中展现了女性的浪漫气息。色彩以淡橘色为主,领子、袖口与开衩处装饰橙色与咖啡色搭配的花边,衣身也饰有同色系的花朵刺绣。每个细节都在述说着精致。另一款马甲式旗袍亦然(图2-10-6):印花马甲紧窄收身;内着之袄衫仅露出倒大袖形制的袖子,所用面料轻薄柔软,袖口由若干段小圆弧构成波浪形袖摆,并饰有红色纹样装饰的花边与白色蕾丝花边;与浅蓝、白色相间的菱形格纹围巾相搭配,展现出女性特有的柔美气质。

图2-10-5 留春图(中国山东烟公司广告)

图2-10-6 马甲式旗袍(传世月份牌)

---

① 郑曼陀:《新月份牌之一斑(二)》,《时报图画周刊》,1921年3月27日。

第三，西式摩登，包含家居服、连衣裙、婚礼服与大衣四个品类。

其一，家居服。随着西方的生活方式进入我国，这一服装品种进一步得到细分，亦提高了国民的生活品质。家居服在月份牌画中的运用则以其暴露、私密与新奇等特征引起消费者的关注，故而成为一大题材。郑氏笔下亦不乏此种表现。一为浴衣，是在沐浴后穿着的一种服装，多为扎系型。他绘有一款红白竖条纹的浴衣，衣身宽松，翻领随意打开，腰部则用一根细腰带扎系，脚踏同色系拖鞋，十分居家休闲（图2-10-7）。二为吊带式背心裙，此种形制以其简单舒适而成为家居服中的经典款。郑曼陀绘制的则多为浅淡色系的单色款，且多有蕾丝或其他形式的花边装饰，手臂、腿部与胸背部均被大面积地裸露，柔美又性感。

其二，连衣裙。它是西式服装中集万千宠爱于一身的款式，与旗袍同属上下相连式，但无论是细节还是结构均是西式的，没有立领、门襟、开衩与镶嵌，有的是拉链、装袖与省道。在当时风靡一时，被称为"衣裙一式"，即上下相连的款式，且上下身的色彩、面料与装饰均是一致的。此种风靡于服装界的款式，自然也是月份牌画家们笔下的常客，郑曼陀亦然。其为中国南洋兄弟烟草公司所绘的一幅月份牌画便是两位身着西式连衣裙的摩登女郎在舞场中翩翩起舞，一款为竹青色V型低领无袖连衣裙，一款为橘红色高领短袖连衣裙，相似之处在于同为及膝长裙、同在领口袖口与裙摆部位拼接白色蕾丝花边装饰，且下裙同在胯部一侧抽褶，此细节设计既能展现身材又可自在舞蹈，可谓一举两得。

图2-10-7 浴衣（传世月份牌）

其三，婚礼服。民国倡导移风易俗与文明生活，文明婚礼也被囊括其中，故而所对应的婚礼服也发生了相应的转变。新娘装束可分为两种，一种是中西合璧式，身穿粉色软缎旗袍，头披白色婚纱，手持鲜花；另一种为全盘西化式，身穿西式婚纱礼服，戴长手套，披白纱，手拿鲜花，与今日的婚礼服类似。郑曼陀所展现的便是此种，见于其《婚礼服》（图2-10-8）：一袭粉色高领连衣裙，衣身极简，仅在袖口、腰部与下摆位置饰有同色蕾丝花带，而袖摆与下裙则为抽褶波浪状；头上戴着由红、白、绿各色组成的花环，且披着粉色头纱，拖尾及地；手上所执鲜花与头上的花环色彩、形态一致；脚踏水晶边装饰之高跟皮鞋；新娘的优雅与美丽一展无遗。

其四，大衣。一袭经典款大衣，既不易过时，又可与连衣裙、改良旗袍、毛衫等各式服装搭配，可算作是民国

图2-10-8 婚礼服（传世月份牌）

设计篇——用艺术的手腕创造超时代的服装

时期性价比最高的西式服装。郑曼陀所记录的亦是几款经典大衣,如《裘领美女》中的皮草领大衣,内着西式连衣裙,外着裘领大衣,裘毛为富有光泽的棕灰色,衣身则为浅蓝色底藏青色花纹,花纹为圆形与条纹组合而成的抽象图案,既沉稳大方,又彰显出一股雍容华贵的气质。且极简的款式与雅致的色彩更使其能够与各种形制、多种色彩的服饰相搭配,必为一款百搭的时尚单品。

  郑曼陀在其月份牌画中所记录的服装品类其实远不止以上叙述的几种,但这几种类型确是民国时期最具有代表性的服饰,囊括中式传统、西式摩登与中西合璧式三种服装中的典型,亦是郑曼陀笔下出镜率最高的服装类型。

  郑曼陀所引导的月份牌画的变革,使得月份牌所传达的内容变得更为多样性与生活化,成为了一种反映现实生活的广告画形式,一个记录人类历史发展的载体。而他本人的月份牌画更以其处于社会面貌新旧交替的过渡期,而更能全面、准确地反映民国时期月份牌画法、女性形象、审美观念及服装潮流的变迁。这一切不仅呈现了月份牌画法从中西分离的两种形式变为合二为一的擦笔水彩画法的演变,而且见证了女性形象从娇小柔弱到健美丰满的变化,更进一步体现了此时审美观从病态美到健康美的转变,亦反映了其时服装品类中西混杂的多样化特征。当时有不少人认为郑曼陀轻浮庸俗,这时陈独秀站了出来,他说:"有人反对郑曼陀底时女画,我以为可以不必。"[1]郑曼陀的月份牌尽管是简餐、快餐,但毕竟也是一种精神食粮,也是我们民族文化里的"美术、音乐的种子"[2]之一。故郑曼陀的月份牌于当时满足了社会娱乐与美育的需要,于后世则为我们研究那个年代提供了真实可靠的史料。

---

[1] 陈独秀:《新文化运动是什么》,《新青年》1920年第5期。
[2] 同上。

杭穉英
1901—1947,浙江海宁人

身　　份：月份牌画家、工商美术家、设计师。

简　　历：名冠群,字穉英(亦作稚英),以字行,别名坦。1913 年随父来沪,于徐家汇土山湾画馆习画。1916 年,考入上海商务印书馆图画部当练习生,师从画家徐咏青及德籍美术设计师。1919 年,练习期满转入商务印书馆服务部,从事书籍装帧设计和广告画绘制。1922 年自立门户,采用擦笔水彩画法专事创作月份牌画,兼作商品包装设计。1923 年创立穉英画室,并邀师弟金雪尘合作,又吸收同乡李慕白入画室加以培养,后均成为其得力助手。三人友善合作从艺,使穉英画室成为当时沪上创作设计力很强的机构,广泛承接各类绘制画稿的业务,鼎盛时期,每年可推出月份牌在 80 幅以上,占其时之半壁江山。① 1941 年,太平洋战争爆发后搁笔。1945 年抗日战争结束后,他重操旧业,但因劳累过度,于 1947 年患脑溢血逝世,时年 48 岁。

专业成就：月份牌画代表画家之一,造就了月份牌广告画的黄金时代,代表作有为上海华成烟草股份公司、上海中法大药房所作月份牌广告画如《娇妻爱子图》《玉堂清香》等。他还被誉为"中国近代广告画之父",创作设计的经典商品包装至今不衰,沪上名牌美丽牌香烟、双妹花露水、雅霜、蝶霜、白猫牌花布、阴丹士林布染料、杏花楼"嫦娥奔月"月饼盒等包装设计均为经典之作,对于当时的摩登生活具有直接影响。② 他还对我国年画的发展和提高起到了重要作用,形成了年画创作中的"杭派",代表作有《牛郎织女》《八仙过海》《梁夫人击鼓抗金兵》《木兰从军》等。

---

① 徐昌酩:《上海美术志》,上海书画出版社 2004 年版,第 444-445 页。
② 同上。

设计篇——用艺术的手腕创造超时代的服装

■ 杭穉英的"艺术与商业"

"从前的艺术品"仿佛盆栽,"供在书斋或洞房中,受少数人的欣赏"。① "从前的艺术家",亦是两耳不闻世俗事,一心只"伏在山林中的画室里研究气韵与传神,创作高深的杰作,挂在幽静的画廊里,受极少数的知音者的鉴赏"。② 近代以来,随着资本主义的发展与东西方文化的融合,"现在的艺术家们"开始"走出画室来参加于社会",从事商业类设计,"为社会运动作 poster(招贴画)……计划橱窗的装饰,描写广告的图案"。③"现在的艺术"也被转为一种商业美术的形式,服务于老百姓,"好比野花,公开在广大的野外,受大众的观览"。④ 艺术由"为艺术的艺术趋向为人生的艺术",形成了一种"商业艺术"。⑤ 大都市中"高出云表的摩天楼,光怪陆离的电影院建筑,五光十色的霓虹灯,日新月异的商店橱窗装饰,加之以鲜丽夺目的广告图案,书籍封面,货品装潢"均是商业艺术的伟大杰作,大至"最大的摩天楼建筑",小到"火柴匣装饰",都表现出"商业与艺术最密切的关系"。⑥ 月份牌画亦是商业艺术的一种形式,是用于广告宣传的商业美术品,更是民国时期"商业广告画中最多见的,而且也是目下商业广告画的中心画法"⑦,以生动、逼真的美女形象描绘赢得了广大群众的热爱,拉近了艺术与现实的距离。

早期月份牌画家们的开创与努力使月份牌画得到认可与发展,但发展缓慢,以至于跟不上时代的步伐,逐渐滞后于"人民日益增长的物质与精神文化需要"。其滞后性主要表现在三个方面:一为月份牌美女形象难以与其时的电影明星相媲美,且所绘仕女与所宣传商品的相关度不高;二是画家们仍为独立创作,效率与产量均难以满足市场需求;三是月份牌的运用形式过于单一,难以满足商业需要。这一系列问题使得月份牌画难以展现其宣传效力,跟不上商业发展的步伐。

而作为新一代的月份牌画家,杭穉英并没有选择和前辈们一样墨守成规,而是打破瓶颈,根据其时的商业需要不断地进行探索求新,并根据当时月份牌所面临的困境对症下药,将艺术与商业各自升华并紧密结合,进行了三方面的创新。

(一) 新"杭女郎"

早期的月份牌女郎,如"周女郎"(周慕桥所绘月份牌女郎)与"郑女郎"(郑曼陀所绘月份牌女郎),其形象与气质都更贴近端庄、含蓄的传统女性,服装也较为单调与内敛,且虽为广告画女郎,却都缺少与产品的直接联系,使得月份牌女郎们不仅逐渐落后于现实生活中性感的时髦女郎与电影明星,而且难以满足不断演进的商业需求。针对这个问题,杭穉英主要采取了两项措施。

1. 提升整体形象

杭穉英通过"仔细观察上海滩打扮时髦的青年女性,注意她们的发型、体态、衣着、笑容、姿态,

---

① 丰子恺:《艺术趣味》,《新中华》1934 年第 1 期。
② 同上。
③ 同上。
④ 同上。
⑤ 同上。
⑥ 同上。
⑦ 编者:《仕女画》,《艺友》1930 年第 2 期。

又从电影、国外画报的女性形象与装束中汲取营养",创造出"新型的上海美女形象"①——"杭女郎"。与早期"周女郎""郑女郎"的含蓄、柔弱不同,"杭女郎"的容颜、身材与着装等方面都得到了进一步提升,变得更为摩登、前卫、开放、健美且自信大方。

第一,容颜。"杭女郎"之容颜与早期的月份牌女郎相比更贴近西式审美,眉形变得细长浓密,眼睛变为双眼皮、杏仁眼,鼻子更加娇小挺拔,唇部更为丰盈饱满,脸型也更富肉感,总体显得更为丰满与立体。除了五官的变化之外,"杭女郎"面容之最大蜕变在于其表情,她们一改往日月份牌女郎含蓄的"迷之微笑"为甜美的"蜜汁微笑",如《上海小姐》中,几乎每一位美女脸上都荡漾着灿烂的笑容,颠覆了笑不露齿这一中国淑女的传统美德,展现了新时代下更为青春焕发、朝气蓬勃的新女性形象(图2-11-1)。

图 2-11-1　上海小姐(传世月份牌)

第二,身材。身材则要从横纵两个视角来看。横向上看,"杭女郎"之身形更富有曲线美,胸臀部丰满,腰肢纤细,且不再遮掩,而是自然大胆地展现出来,丰满的乳房、完美的曲线均清晰可见,充分展现了女性的体态美。纵向上看,"杭女郎"一改早期月份牌女郎头手脚比例失调、身高较短的形象,将头手脚的大小描绘得更加自然,将原来的6个头长拉至8—9个头长,8个头长是当代模特的标准身高,而9个头长则是理想身高,"杭女郎"便拥有此种完美身材。

第三,着装。"杭女郎"均穿着最新式的摩登时装,改良旗袍、连衣裙、短外套、长大衣、皮衣皮草、运动服、泳衣、晚礼服与婚礼服等无所不包,且色彩鲜艳明快,印花新奇多样,款式前卫多变,为早期月份牌所不及。"旗袍女郎"则是其中之代表,甚至有人说如果将月份牌分成古装美女、时装美女与旗袍美女三个时期,那么杭穉英便是"旗袍美女"时期的盟主,可见其笔下旗袍女郎的代表性意义。② 旗袍女郎在杭穉英笔下的数量之多,几乎占据"杭女郎"之六成,其所着服装款式之九成都是窄身、高开衩的拖地长旗袍,仅有少数及膝的短款旗袍;袖型上六成无袖、四成短袖,竟没有了长袖旗袍的容身之所。高开衩露大腿、短袖露胳膊、窄身露曲线,尽显"杭女郎"的婀娜体态。如《阴丹士林旗袍》便是其中之典型,扫地旗袍长至脚面,开衩则高至膝下,无袖形制将整个手臂展露无遗,十分妩媚性感,而小立领、大襟右衽与双色拼接细镶滚则是传统旗袍形制的保留,亦展现着东方气韵

---

① 陈超南、冯懿有:《老广告》,上海人民美术出版社1998年版,第36-38页。
② 同上。

设计篇——用艺术的手腕创造超时代的服装　　155

图2-11-2　阴丹士林旗袍（《阴丹士林》晴雨商标广告）

（图2-11-2）。

除了款式性感外，"杭女郎"的旗袍色彩与印花更是绚丽多姿，最喜大红、粉红、枣红、橘红、棕红、朱红与玫红之红色系；亦喜钴蓝、天蓝、深蓝、藏青、蓝灰等蓝色系；橘黄、鹅黄与姜黄等黄色系也常出现，另有较少的绿与紫色系。纵观其色彩，既没有保守沉稳的暗黑色系，也少有淡雅古典的灰色系，中性色、无色彩都成了用以搭配的配角，转而使用各种大红大绿，以展现新女性的热烈奔放与青春活力。旗袍中有八成均为印花旗袍，其中大花、小碎花与小团花等花草印花占七成，其余三成则为条纹、波点与方形等几何形式的印花，而传统旗袍中的鸟鱼虫兽、福禄寿喜等图案已然退出这一时期的时尚圈。其代表作为《姐妹花》（图2-11-3）。两姐妹身着立领短袖印花长旗袍，以白色为底，印着红黄两色组合而成的团花图案，旗袍的滚边亦是与图案色彩相搭配的鹅黄、白色与深红拼接的多色阔镶边；头上斜戴着三朵粉色簪花，手里拿着一大束花朵，置身于花丛之中，其画面简直是一片花的海洋。整体色彩鲜艳明亮，自然清新，洋溢着乐观向上的气息。又如《西湖游春》（图2-11-4），三位旗袍女郎泛舟于湖面之上，均穿着红色系、大花图案无袖长旗袍，却展现出不一样的风姿：其一为橘红色与深棕色搭配的大团花图案旗袍，艳丽活泼；其二为粉色简洁大花旗袍，清纯可人；其三为茶色深浅渐变的大花旗袍，优雅柔美。她们都露齿而笑，阳光自信，朝气逼人。

图2-11-3　姐妹花（香港广生行有限公司广告）

图2-11-4　西湖游春（传世月份牌）

其余穿着连衣裙、运动装、泳衣、大衣与礼服等各类西式服装的女郎则占据"杭女郎"的四成，且每一件的设计都十分讲究，在当时均是引领时尚潮流的风向标，亦成为全国女性趋之若鹜效仿的对象。

连衣裙的代表作是为中华第一针织厂十周年纪念所绘的月份牌女郎（图2-11-5）：一袭低领粉色连衣长裙，开衩高至大腿部，袖子为上小下大的喇叭袖，袖口与裙摆均装饰橙色菊花团花图案；短发略微烫卷，所涂指甲油为与裙色相同的粉色，脚穿白色高跟单鞋，饰有金色条状装饰，坐于蓝色龙纹花布之上，姿态优雅，仪态万千。

运动装的代表作为《摩托女郎》与《自行车美女》，自行车在当时本就是最洋气的配置，而摩托车更是几乎没有人使用的新颖物件，然而杭穉英却将它们都搬到月份牌画之中。据说《摩托女郎》所骑之摩托车是从国外的画报上仿画下来的，而后加上一位身材丰满、个性前卫的摩登女郎，上穿粉色翻领短袖网球衫，领口敞开，一对玉乳若隐若现；下着一条蓝白相间的竖条纹阔腿裤，上衣扎系至裤腰之中；脚上为一双白色运动鞋；休闲简约却又不失美丽大方，煞有其事地跨于车上，很是英姿飒爽。《自行车美女》则是一位装扮清凉的青春美少女：上身为橙色西装领无袖吊带背心，大胆露出臂膀，酥胸亦隐约可见；下装为红色超短裤，短至大腿根部，露出一双大长腿；脚踏一双白色细高跟浅口单鞋，头上戴有一个红色蝴蝶结发夹；服装的暴露程度几与泳衣无异，但却依然不失"杭女郎"青春焕发的甜美形象。

图2-11-5　连衣裙（中华第一针织厂广告）

泳装的代表作是为上海中法大药房广告所绘的《泳装美女》，此种上面是乳罩、下面是短裤、上下之间有环带连接的款式正是20世纪30年代的泳装爆款。"美人鱼"杨秀琼在民国第六届全运会上穿的便是这种款式，当时的电影明星也十分钟爱此款泳装，而黎灼灼于《电声》1939年第29期封面所穿的一款泳衣则与《泳装美女》的泳衣几近相同。① 色彩上均为蓝灰色与大红色的搭配，只是运用的上下位置不同；上身的乳罩均为菱形状，仅菱形的上面部分略有不同（黎为挂脖式、杨为吊带式），其余部分均相同，菱形的左右两边均伸展为后背带，下面部分则与短裤相连，且在腰带部分均设有金属装饰。此种形制是后期三点式泳装的前生，亦可见月份牌作为史料的真实性与客观性。

大衣之代表作有其为上海棕榄公司所绘的《风衣美女》，一袭白色风衣长至膝下，超大翻领与喇叭袖尤显大气，而领子、袖口与下摆处形态自由的回字纹更是独具东方韵味。另有杭穉英为福泉和发妳厂与泉馨牛酪制造

图2-11-6　泳装（上海中法大药房广告）

---

① 余基梁：《泳装运动服黎灼灼女士》，《电声》1939年第29期。

设计篇——用艺术的手腕创造超时代的服装　　157

厂绘制的两款短大衣(图2-11-7)。一款为红色格呢短大衣,西装领,单排扣,短袖,收腰与荷叶边下摆,搭配橘色丝巾、金色手提包、白色长手套与蓝色大花改良旗袍,走的是清新复古文艺风。另一款则是短款银白色皮草大衣,大翻领,喇叭袖,搭配黄色与绿色搭配的印花连衣裙,极简与繁复的搭配散发着纯净又奢华的性感。

图 2-11-7　短款大衣(福泉和发蚋厂与泉馨牛酪制造厂广告)

礼服可分为晚礼服与婚礼服。晚礼服的代表作为杭穉英于20世纪40年代为启东烟草有限公司绘制的四款长裙,均为晚礼服标志性的拖地长度,分红、黄绿、蓝、粉四色。其一为红色无袖长裙,收腰紧身,肩部饰有一块银粉色披肩且在背部变为蝴蝶结装饰,臀部位置增加了一块带褶皱布料,下摆则舒展开来,这些细节设计均丰富了身体的曲线。其二为一件深绿色印花长裙,多变的几何折线印花纹样拉长了身材比例,裙摆处的白色荷叶边则增添了甜美气息,外穿一件鹅黄色短袖外套,手戴同色长手套,充满了女性的柔美意味。其三与其四均为带有皮草镶边的冬季款晚礼服,皮草面料的加入使得礼服整体更显雍容与奢华,但又并不臃肿,而是保持着凹凸有致的曲线,既保暖防寒又兼顾美丽。婚礼服的代表作则是一件粉缎制成的极简款连衣裙,而玫红色襟花、粉色花环、手捧花、香槟色头纱与手套等一系列花与服装配饰的组合则使服装整体尤为丰富,色彩的搭配也十分甜蜜、温馨。

颜值高、身材棒、衣品佳的"杭女郎",与之相搭配的自然也都是最洋气的生活配置,所展现的都是诸如打高尔夫球、骑自行车、开摩托车、骑马与游泳等最时髦的活动,呈现出一种更为健康、自信且大胆的摩登女郎的摩登生活。

2. 突出"代言人"形象

早期的月份牌画家们对于月份牌画的探索与追求仅局限于如何将画面处理得更美,将人物画得更生动,而完全忽略了画面内容与所宣传产品的关系。月份牌女郎与产品几乎处于一个脱节的状态,任哪一位"郑女郎"都既可以是药房的代言人又能够担当香烟的推广者,可以推销农药化肥,也可以代表化妆品,简直是十项全能。然而,随着月份牌画的逐渐普及与企业求新求异需求的不断增长,这样的形式显然已经难以满足需求,月份牌画需要更有代表性的形象。有鉴于此,杭穉英开始注重"杭女郎"所展现出的品牌代言人的形象,突出"杭女郎"对产品进一步的诠释。他的方式就是将"杭女郎"转变为消费者的形象,并将此形象置于现实的生活形态之中。如香烟广告中的烟女郎便手执一根点燃的香烟,蚊香广告则是点蚊香的形象,阴丹士林布的广告则都是身穿蓝布旗袍的女郎,而其中最具代表性的有两个类别。

一为香烟女郎。如杭穉英为华品烟草股份有限公司所作的《吸烟美人》,左手执一纸质烟盒,右手则拿着一根刚点燃的香烟,一袭蓝色轻纱连衣裙,胸口与臂膀处为半透明质地,眉目低垂,略有所思(图2-11-8)。纸烟是洋玩意,连衣裙也是,它们的组合是有逻辑关系的,它们象征着十里洋场的摩登生活。又如哈德门香烟广告的女郎,左手捧着一个装饰精美的黑色烟盒,右手则用食指与中指夹着一根长香烟,衣着的色彩、装饰与烟盒完全成系列搭配,温柔的目光注视着画外之人,柔情似水地在推销,很具有广告效力(图2-11-9)。

图2-11-8 吸烟美人(华品烟草股份有限公司广告)

图2-11-9 香烟女郎(哈德门香烟广告)

二为阴丹士林旗袍女郎。前文已提过杭穉英的旗袍女郎中九成都穿着印花旗袍,仅有一成是纯色,而纯色旗袍中又有九成采用阴丹士林布,于是阴丹士林女郎成为"杭女郎"的一个标志性形象。"阴丹士林"是德语的译音,因采用德孚洋行阴丹士林染料色卡上的190色号而命名,并以其大众化、性价比高与适应性强等优点而成为民国时期女装面料的一个符号。当时的胡蝶、陈云裳等影星都为其代言,而杭穉英以陈云裳为原型创作了一系列的"阴丹士林小姐",均穿着无袖高开衩长旗袍,囊括从浅至深的各种蓝色,从天蓝、水蓝、灰蓝到湖蓝、钴蓝、藏青。其中一袭藏蓝色无袖旗袍尤显静谧,极细的红色与白色组合而成的"韭菜边"十分精致,极简的款式中透露出温雅大方

（图 2-11-10）。妇孺皆知的则是《快乐小姐》，身着一袭藏青色士林布旗袍，搭配圆润饱满的珍珠项链，双手环抱，嫣然一笑，附文为"她何以充满了愉快？因为她所穿的'阴丹士林'色布是：一、颜色最为鲜艳；二、炎日暴晒不退（褪）色；三、经久耐穿不退色；四、颜色永不消减不致枉费金"，极富特征的代言人形象与广告文案使得产品深入人心（图 2-11-11）。

图 2-11-10　阴丹士林女郎（《阴丹士林》晴雨商标广告）

图 2-11-11　快乐小姐（《阴丹士林》晴雨商标广告）

月份牌画本就是以美女形象来吸引人的，那么自然应该突出美女们的代言人形象，以最大程度地发挥其广告效应。这一在当今看来似乎是理所当然的形式，而在当时却是一大创举，更在其时掀起了一场真人明星代言的风潮，可见杭穉英之精准商业眼光。

（二）新"穉英画室"

由于月份牌市场竞争激烈，此时画家的个人技法多是秘而不宣的，郑曼陀便总是秘密创作，将保密工作做得滴水不漏，鲜少有合作，招收学徒更是寥寥无几。且月份牌画还因其精缜细密需要长时间的投入而效率极低，往往是供不应求，郑曼陀十几年间绘制百来幅画就已属于高产。杭穉英也自立门户创建了穉英画室，后因客户络绎不绝而果断放弃此种月份牌画家独立单干的形式，采取通力合作与招收学生的方式扩大规模，重新成立了一个更为强大的穉英画室。

首先，杭穉英邀请同门师弟金雪尘加入穉英画室。金雪尘擅长水彩画与国画，并将二者巧妙结合，或是精致写实，或是朦胧写意，有着其绘制背景的独门手法。杭穉英还吸收了其优秀弟子李慕白与其共同主笔，李慕白的造型能力与着色手法均为高水准，所绘人物造型准确、虚实结合，色彩妥当、明媚秀丽。三人通力合作，各展所长，杭穉英负责"创意与最后修缮"，李慕白担当"起稿与造型"重任，金雪尘则包揽"背景衬托"。① 采用类似流水线的方式创作，大大提高了绘制效率，并因"能交稿迅速，从不拖延，而信誉很高"。在穉英画室的繁荣时期，月份牌画一年的产量高达"80

---

① 陈超南、冯懿有：《老广告》，上海人民美术出版社 1998 年版，第 36-38 页。

幅以上"①。

其次,杭穉英开始招收学生,且实行"供给制",即不收学费,学习期间供食宿和学习材料。根据各学员的进度和成绩,逐渐使之过渡到业务实践,待有收益后再按劳分配。相较于早期月份牌画家的秘密创作,杭穉英"将技艺与窍门公开"的做法确有大师之风范,且他"为人厚道,能善待合作者与画室的同人"②,故而大家都很敬重他,合作起来也十分愉快,其学生中多数后来都成为了商业美术界的人才。在艺术方面,杭穉英不吝赐教、诲人不倦,毫无保留地传授技艺;在商业方面,他创造了分工合作的流水线绘制方式,既保持了月份牌的精美又大大提高了产量。穉英画室也在他艺术与商业的眼光中占据了当时工商美术界的半壁江山。

(三) 新"月份牌"

"30年代前后,上海商业发展异乎寻常,布牌子、香烟牌子、香烟壳子、食品包装纸、商品包装盒、各种商标都面临着改头换面提高档次的新需求"③。依照此种形势,杭穉英不仅将月份牌画在月历与招贴广告上运用得更加丰富,而且将月份牌画的运用扩展到包装设计、商标设计等工商美术的其他设计中。他拓展业务的措施可分为两个方面。

一是要提升主体,即提高月份牌画本身的艺术与商业价值。杭穉英总是不满足于因循守旧,他的月份牌画亦然,不仅采用当时画家们常用的擦笔水彩画的形式,更汲取美国卡通画大师华脱狄斯耐的鲜艳色彩强烈对比的技法。将炭粉的素描感减弱,仅用于明暗交界处,而暗部多用色彩表现,使得其所绘之月份牌既有细致的造型,又具鲜亮的色彩,既提高了审美性,又更符合商业需求。所涉及的产品从香烟类、纺织品类、服饰类、化妆品类、食品类、药品类到日用百货,无所不包,其中不乏如阴丹士林布、南洋兄弟烟草有限公司的香烟等名牌产品。

二是要扩展周边。传统的商品包装,仅由一张单色纸与印有商户名称的红纸组合而成,而传统的商标更仅为几个书写有致的文字。舶来品精致多样且吸引人的包装与商标,促使包装与商标设计得到重视,而当时的中国还没有专业的广告公司与平面设计公司。鉴于此,杭穉英将月份牌画的运用扩展到包装与商标设计领域,让月份牌女郎从招贴画与月历上走进产品中,而此种形式的包装与商标以其新颖时尚、明快艳丽与雅俗共赏受到了普遍欢迎。

如其为华成烟草公司设计的商标便是其月份牌扩展运用的一个成功案例,商标上方为香烟品牌名,下为一个圆形装饰框,框内为一位月份牌时髦女郎,用彩色精印,且此商标被广泛运用到产品的包装中。他为杏花楼设计的月饼盒则借嫦娥与中秋之联系,采用了较古典的嫦娥奔月形象。④ 除此之外,杭穉英还广泛承接企业商标的设计,如"白猫"花布的商标(现在人们熟悉的白猫洗洁精的猫头就是从当时杭穉英绘制的白猫花布商标简化而来的)、阴丹士林布("日晒雨霖"的商标)、美丽牌香烟(至今还在生产)、双妹牌花露水、蝶霜、雅霜雪花膏、五鹅牌针织品、泰山牌雪茄烟、龙虎仁丹、虎标万金油、乐口福麦乳精、冠生园食品等,不胜枚举。⑤ 杭穉英对月份牌的艺术升华与商业扩展,使得月份牌如同报刊、杂志、广播一样,成为一种广告发布的媒介,而不局限于作为广告发布的一种手段,杭穉英与穉英画室的月份牌事业也被提升到了一个广告设计与平面设计的高度。

---

① 陈超南、冯懿有:《老广告》,上海人民美术出版社1998年版,第36—38页。
② 同上。
③ 同上。
④ 同上。
⑤ 丰子恺:《艺术趣味》,《新中华》1934年第1期。

商业与艺术的融合是资本主义发展的结果,是资本家将"前代一切艺术的技法采取搜集起来……当作自己的宣传手段"而形成的。① 作为工商美术家的杭穉英,将月份牌这一商业艺术形式的艺术价值与商业效果均发挥到了极致,以其独具的艺术与商业的创新与实践精神,创造了符合新时期审美的新型月份牌美女形象,创建了以流水线方式高效率绘制月份牌的形式,将月份牌画的运用方式拓展至工商美术的其他方面,使月份牌成为一种广告媒介。他为月份牌画的艺术与商业创造了更多的发展与可能,创造了月份牌画的鼎盛时期,亦创造了民国时期工商美术界的繁荣,被世人称为"中国近代广告画之父"。

　　从另一个层面来看,杭穉英笔下的摩登女郎,她们时髦动人的妆发、丰满健美的身形、前卫鲜艳的服装与新潮欧化的生活方式,都在一定程度上展现了当时新女性的风范,既起到了传播时尚潮流与时尚生活的作用,亦促进了社会对于新女性的认知与认同。月份牌画家不是设计师,月份牌画也不是设计作品,但是月份牌的发行量大,发行面广,看到月份牌比看到报纸、杂志的门槛要低,所以杭穉英所塑造的摩登女郎,对于摩登生活的号召力并不小。

---

① 丰子恺:《艺术趣味》,《新中华》1934年第1期。

冯秋萍

1911—2001，浙江上虞人

身　　份：绒线编结艺术家、教育家。

简　　历：自小对女红感兴趣，喜好刺绣、抽纱及绒线编结。就读于上海求德女中时，在刺绣、编织与设计花样课程中成绩优异，并常在各类相关竞赛中摘得桂冠，因此被学校聘为手工助教。毕业后任小学教员，教授美术、刺绣与缝纫等课程。1936 年，在义生泰绒线店担任编织人员，还在元昌广播电台播音教授编结。[①] 同年，在上海方浜路恒安坊 22 号创设良友编织社（后更名为"良友绒线服饰公司"）。20 世纪 30 年代末开设秋萍编结学校。1956 年，入上海工艺美术研究室（后更名为"上海工艺美术研究所"）任绒线编结研究员。1957 年，出席全国艺人代表大会与全国妇女代表大会。改革开放后，回到上海工艺美术研究所工作。

专业成就：冯秋萍一生共创造了二千多种绒线编织花样，设计制作的经典编织工艺品不计其数。在全国手工艺品展览会上展出五十八种编结新样式，获得了很高的赞誉；设计编结的孔雀开屏披肩，参展于 1956 年北京人民大会堂工艺品展览会。撰写出版了《秋萍毛线刺绣编结法》《绒线棒针花式编结法》《绒线编结常识》等三十余部绒线编织著作。创办了第一所绒线编结学校，培养了二十多届毕业生，向社会输送了大量的编结人才。1987 年被评为国家"特级工艺美术大师"。

[①] 沈爱蓉：《冯秋萍女士谈毛绒编织法》，《时事新报》，1936 年 12 月 14 日。

■ "绒线编结宗师"冯秋萍

绒线本是舶来品,绒线编结则是依附于绒线"舶来"的一项手工艺,在民国时期由传教士带入我国。绒线与其他纺织品相比拥有诸多优点:既轻便柔软又暖和,内着外穿均宜,而且就"只一条线,可是什么东西都可以织",如"长大衣、短大衣、背心、裤子、帽子、褥子、手套、围巾……"①等各种服饰,更是十分经济实惠,"虽穿到破旧,仍能拆做改新"②。绒线编结也是一种轻便又简单的工作,既"不要占据多大的地方,又是随时随地都可以动手的",对于妇女们也大有裨益,不仅"使她们可以免除各种——如打麻雀的不良嗜好",还"可以节省金钱——自己会编织绒线衣就不必出钱叫旁人织了,并且还可以生产——替旁人织绒线衫"。③

由此,绒线编结逐渐受到欢迎并普及开来,任谁"都爱织一件衣服穿穿,或织顶帽子戴戴"④,成为了不分人群、不限时间地点的"最普遍的一种生活":小姐太太们编结绒线以消磨时光,劳动妇女则以此谋生;老板娘"一面照顾生意一面还手不停针",女学生去上学带的不是书,"却是绒线与机针";上至年老的祖母,下至几岁的小姑娘,都乐于参与其中。"家庭里,公园里,马路上,公用车上,都成为她们工作的场地",甚至在理发时,在颠簸的人力车上也"一样过着手瘾"。⑤ 于是,绒线编结成为最普遍的家庭手工业,并发展成为都市新女红(图2-12-1)。

图2-12-1 绒线编结成为时代新女红(《美术生活》1937年第41期)

能够将一门"舶来"的手工艺普及至此,则主要仰赖于一批擅于编结之人的传播。绒线编结工艺刚刚传入中国时,大多数女性还不会,国内也缺少相关的人才,普及之路尤为艰难。心灵手巧的冯秋萍有鉴于此,故"倾力研究",不仅勇于实践,创造了多种编织花样,设计制作出无数经典之作,更运用书籍、广播与办学等手段进行传播,成为了绒线编结的引领者与传播者,因此被誉为"三大家":"既是一位工于设计的实践家,又是一位长于总结的理论家,还是一位以身作则、言传身教的教育家"⑥,先知先觉并自然而然地成为一代宗师。

---

① 沈爱蓉:《冯秋萍女士谈毛绒编织法》,《时事新报》,1936年12月14日。
② 冯秋萍:《谈绒线编结》,《杂志》1942年第1期。
③ 沈爱蓉:《冯秋萍女士谈毛绒编织法》,《时事新报》,1936年12月14日。
④ 同上。
⑤ 谷人、谭志超:《绒线生活》,《良友》1940年第161期。
⑥ 张竞琼、钟铉:《浮世衣潮之评论卷》,中国纺织出版社2007年版,第29页。

（一）工于设计的实践家

在理论家与教育家之前，冯秋萍首先是一位工于设计的实践家，她本人也曾说过"窃意凡欲指导人家，必先训练自己"①。其绒线编结实践也确实颇为丰富，更"以善于创造新颖样式著名"②，在其编织绒线的几十年生涯中，一共创造了二千多种绒线编织花样，涵盖各种编结法。涉及的种类十分广泛，有马甲、旗袍、连衣裙、套头毛衫、开襟毛衫、风雪大衣与套装等服装品类，亦有披肩、围巾、帽子、手套、鞋子与袜子等附属品，还包括各式童装与男装。而形形色色的绒线编织通常根据所使用的工具来分类，可分为钩针编织法、棒针编织法与毛绒刺绣法。

第一，钩针编织法。指利用"一只铜锁或骨制的钩针把绒线钩成各种花样"③的方法。钩针依材质分为"金属制、骨制、象牙制和竹制四种，以金属制的最为适宜"④。钩针法多用于编织"帽子、鞋子和披肩等小件东西，和衣服边缘的花纹"⑤。冯秋萍运用钩针法创造出了"秋萍花、梅花、隔花、小皮球花、珍珠花、小裘子花、荷叶边"⑥等样式。

其代表作之一是孔雀开屏披肩。孔雀开屏图样常被运用于各种艺术品，早已司空见惯，但在"绒线衣上织出这种图案，却是绒线编织师冯秋萍的创举"⑦。她用了两个多月的时间，"仔细地观察了孔雀开屏的各种姿态，并研究了刺绣和舞台戏装的特点"⑧，才编织成功。此款披肩"穿在身上闪烁发光，真像用孔雀羽毛织成，色调极其美观"⑨（图2-12-2）。

图2-12-2 孔雀开屏披肩（《人民画报》1957年第1期）

代表作之二是多功能彩色背心，是为现代女青年设计的一款时装，所用材料为多色开司米与金丝线，采用了狗牙针、"金花菜"等针法，由68块小方块组合而成，色彩缤纷，颜色搭配和谐，可作披肩、大围巾与长背心之用。⑩

第二，棒针编织法。这是日常使用的最为广泛的一种编织法，所用材质与钩针相同，但以竹制为最佳，不但经济耐用，且只要"保护的好，非但耐用，而且越用越润滑"⑪。棒针法"什么东西都可以织，大衣、背心、围巾、帽子、手套、褥子等"⑫无所不包，棒针编织分为四针与二针两种。可编织成的花样很多，有"白果花、榴叶形、连条花、小蝙蝠花、裙边花、九孔花、蝴蝶花、橄花、蝉形、珠串花、塘

---

① 冯秋萍：《谈绒线编结》，《杂志》1942年第1期。
② 高盛康：《绒线编织师冯秋萍》，《人民画报》1957年第1期。
③ 沈爱蓉：《冯秋萍女士谈毛绒编织法》，《时事新报》，1936年12月14日。
④ 冯秋萍：《绒线棒针花式编结法》，上海文化出版社1955年版，第1页。
⑤ 沈爱蓉：《冯秋萍女士谈毛绒编织法》，《时事新报》，1936年12月14日。
⑥ 同上。
⑦ 高盛康：《绒线编织师冯秋萍》，《人民画报》1957年第1期。
⑧ 同上。
⑨ 同上。
⑩ 冯秋萍：《冯秋萍钩针、棒针最新编结法》，纺织工业出版社1989年版，第105-106页。
⑪ 冯秋萍：《绒线棒针花式编结法》，上海文化出版社1955年版，第1页。
⑫ 沈爱蓉：《冯秋萍女士谈毛绒编织法》，《时事新报》，1936年12月14日。

藕花攒、松灯花等数十种"①（图2-12-3）。

其代表作为赛方格呢绒线旗袍（图2-12-4），是1942年为当时上海的时髦小姐和太太们设计的。旗袍是当时上海滩最常见的女装，但用绒线编织则并不常见。此款旗袍综合运用棒针、钩针和刺绣针三种工具，采用深色细绒线与四股浅色方格线搭配而成。衣身所用针法为常见的下针，从下摆起针，每编织长度达二寸（约6厘米）时，便换用浅色线编结三行。冯秋萍还为达到凹凸有致的效果，在旗袍腰部位置运用收针，衣身编织成型后，再使用钩针钩出滚边与领子。最后用浅色绒线将格呢中的竖条纹绣上，乃形成深浅相间、纵横交错的格呢图案，使人"远处望去，竟辨不出是什么呢或是什么料子做成的"②，显示出极其高超的工艺水平。

图2-12-3 穿夜光珠绒线新衣的池宝珠小姐（《秋萍绒线刺绣编结法》，良友绒线公司1948年版）

图2-12-4 赛方格呢绒线旗袍（《杂志》1942年第1期）

代表作之二为新式外穿女背心，1944年作，是当时"最市行的式样"，综合运用双头棒针、单头棒针、钩针和长毛刺绣针等工具，用天蓝色细绒线编织，用大红色、白色和黑色线挑花，其开襟在左肩上和左腋下，均用纽扣连合，因此在款式上与当时一般的前胸开襟相区别，极具新意。右手边则安排一只贴袋，袋上装饰有钩上去的花朵，与左肩呈对角线相互呼应达到平衡。领窝之下则安排一排钩上去的各种色彩的小梅花。③ 冯秋萍还邀请她的女儿冯秀莲为此款新装作模特，母女齐上阵，时尚，同时更显温馨。

第三，毛绒刺绣法。"在已结成的绒线衣服上，加绣各种花朵、小动物等，譬如像小狗、小猫、蝴蝶、小鸭、小鸡、玫瑰花、梅花、兰花，以及小星星、明月、山水、小舟等，只要有图样，都可以绣在衣服

---

① 沈爱蓉：《冯秋萍女士谈毛绒编织法》，《时事新报》，1936年12月14日。
② 冯秋萍：《绒线旗袍编织法》，《杂志》1942年第1期。
③ 冯秋萍：《新式外穿女背心》，《家庭年刊》1944年第2期。

上的"①。用这些装饰性的花样与图案，使一件原本款式平淡、直观单调的毛线织物顿时焕然生色，风情独具，起到装饰和美化的作用。

此编结法一般是在衣服的局部使用，而不是一个完整的作品。所用工具是一种专门的毛线刺绣针——"一寸多长，针孔很大，比平常针粗些"②。冯秋萍将其分成"平针绒线衫上绣花"、"毛线衫上绕花绣"和"钩针立体绣"三大类。第一类是"用缝针从一针中穿出，列上一行辫子股中穿进拉出；回在原针中，至旁边或上一针中，然后按所选图面（花样）继续穿绣"③，代表作有小象弹钢琴、小鹿等。第二类是先将花样按照需要的大小用虚点描在一张薄纸上，把纸别在要刺绣的地方，然后再绣花瓣、叶子和花梗，代表作有菱形绕花、小女孩等。第三类是用钩针钩出立体部分，再将其缝贴在毛衣上，然后再用绕花绣法补充某些细节，代表作有立体绣熊猫等。

（二）长于总结的理论家

冯秋萍的编结实践十分全面，棒针、钩针、刺绣，无所不能。同时，她的文笔不错，能够饶有兴趣地将这些技术和盘托出，不仅为《大公报》妇女特刊、《申报》妇女周刊等报刊撰写文章，还著有大量绒线书籍。她的著述可分为两类：第一是技法总结类，如将绒线刺绣的方法总结为飞形刺绣法、回针刺绣法、纽粒刺绣法等十几种方法，将绒线编织的针法总结为底针、短针、长针、交叉针、萝卜丝针等几十种针法。第二是培养兴趣和点评时尚类。冯氏的文笔一如其编织技艺，优美娴熟，而且观点甚是独到，如"既可增加生产又可免除无谓消遣"④，指出了编织毛衣作为一种现代女红的特点和优点，培养了初学者的兴趣；"经济为经，美丽为纬"，指出了毛线衣的美与节省之间的交互关系；"在原子时代的今日，世界一切的一切，均在科学的摇篮里孕育出更进步的潮流，因此我们的一切亦跟从着时代"⑤，指出了毛线衣应当遵从流行、与时俱进的思想。

冯秋萍共撰写出版了《秋萍绒线编结法》《秋萍毛线刺绣编结法》《绒线棒针花式编结法》《绒线编结常识》《冯秋萍绒线编织新作》《冯秋萍绒线钩针编结法》等三十余部关于绒线编织的著作和文章。她的第一本著作《秋萍毛绒刺绣编织法》出版于1936年12月，将她设计的花型与款式、使用工具、材料、方法和步骤公布于众。自此一发不可收，1948年出版了《秋萍绒线编结法》（图2-12-5），她在民国时期设计的不少经典之作都发表在这本书上。这时，她的《秋萍绒线刺绣编结法》已经出到第十九册，呢绒业同业公会会长、恒源祥的老板沈莱舟为其作序，用尽"执我绒线业编结界之

图2-12-5 《秋萍绒线编织法》封面（《秋萍绒线编织法》，良友绒线公司1948年版）

---

① 沈爱蓉：《冯秋萍女士谈毛绒编织法》，《时事新报》，1936年12月14日。
② 沈爱蓉：《冯秋萍女士谈毛绒编织法》，《时事新报》，1936年12月14日。
③ 冯秋萍：《冯秋萍绒线编织新作》，天津科学技术出版社1990年版，第199页。
④ 沈爱蓉：《冯秋萍女士谈毛绒编织法》，《时事新报》，1936年12月14日。
⑤ 冯秋萍：《秋萍绒线编结法》，良友绒线公司1948年版，第2页。

牛耳""编结界不可多得之奇才"等溢美之词。①

(三) 言传身教的教育家

"'冯小姐,蝴蝶花是这样结的吗?''冯女士,请你把大衣的开领法教给我''密司冯,珠串花怎样织的?'几位求知欲很强的姑娘,手中拿着结绒线的棒针或钩针和各色的绒线,纠缠着冯女士。冯女士很耐心很和气的,把绒线编织法,详详细细的教她们"②。这就是当时学习绒线编结的热闹场面,这里的冯小姐、冯女士就是大名鼎鼎的冯秋萍。

冯秋萍一生立志于普及绒线编结技术,是一位以身作则、言传身教的教育家。她不仅在妇女协会、工人文化宫与工人俱乐部等处教编结法,而且在新新公司、大新公司、福安公司、恒源祥毛线号与义生泰毛线号等地进行公开教导。③ 冯秋萍还致力于绒线服装的传播,组织了良友编结社,专办编织品的推销出口。④ 她与编结学校的学员们在霞飞路上的国泰时装公司绸缎部,举办过一场春季绒线时装展览大会。⑤ 除此之外,她还通过广播、电视与办学等方式进行绒线编结的传授与教学。

首先,通过广播和电视进行教授。早在20世纪30年代初,冯秀萍即在行业内外声誉渐隆,并常被邀请至绒线行与广播电台讲解和传播绒线编织技术。这种做法在当时具有一定意义上的绒线促销的性质,因而比较常见。据记载,冯秀萍当时"每天下午二时到五时,在义生泰教授绒线编织法外,又于每日中午十二时半至下午一时三刻,在元昌广播电台播音"⑥。1946年时,又在"新运电台于下午一时二十分至二时及复青电台上午十一时二十分至十二时,举行空中教授编织法"⑦。1947年,民声电台与九九电台为冯秋萍的工作提供了平台。⑧ 1949年,冯秋萍在上海人民电台开设妇女知识讲座,次年在上海联合电台教授编结。⑨ 改革开放后的1984年,冯秋萍与继承母业的大女儿冯秀婷一起在上海电视台主讲"绒线钩针编结法",再次引起轰动并带来了新时代编织女红的高潮。

其次,通过办学进行传授。由于绒线编结的逐渐普及,各大绒线商号都有意识地通过"聘专门人才,担任指导"⑩的方式吸引顾客。但是,并非所有的编结者都能做到为人师表,而多是"修养缺乏,经验不足"⑪之人。针对这样的现状,冯秋萍明确指出编结指导者应该具备的素质:"要有相当的修养,性情和蔼,学识丰富,经验充足,手法敏捷,对于人家来讨教,要不厌求详的共同研究,忠实诚意的指示答复。"⑫为了"谋编结艺术普及"⑬,冯秋萍于20世纪30年代在上海辣斐德路马浪路西玉振里二十号创办了秋萍编结学校,这是一个以传播编织技艺为内容、以"灌输及增长妇女编结知

---

① 沈莱舟:《秋萍绒线刺绣编结法·序》,良友绒线公司1948年版,第1页。
② 沈爱蓉:《冯秋萍女士谈毛线编织法》,《时事新报》,1936年12月14日。
③ 文粲:《冯秋萍最近发明的绒线编结法》,《艺文画报》1947年第10期。
④ 同上。
⑤ 冯秋萍:《自序》,《时装专刊:秋萍毛线刺绣编织法》1941年第9—12期。
⑥ 沈爱蓉:《冯秋萍女士谈毛线编织法》,《时事新报》,1936年12月14日。
⑦ 编者:《冯秋萍空中授艺》,《快活林》1946年第44期。
⑧ 碧影:《冯秋萍大开方便门》,《大声无线电半月刊》1947年第6期。
⑨ 薛维维:《中国妇女名人录》,陕西人民出版社1988年版,第91页。
⑩ 冯秋萍:《谈绒线编结》,《杂志》1942年第1期。
⑪ 同上。
⑫ 同上。
⑬ 冯秋萍:《新式外穿女背心》,《家庭年刊》1944年第2期。

识技能"①为宗旨且理论与实践并重的短训班。这个班拥有"（一）本校历史悠久,毕业学员强半由本校介绍服务职业；（二）入学预先报名不限年龄,须经本校认为合格；（三）凡本校毕业生有学程未完或新编花样继续来学者不取学费；（四）编织绒线科材料均由本校供给,成绩优良者另给奖学金"②等优势,加以由编结宗师级人物亲任教授,故吸引了一大批女性入学受教,先后培养了几十届毕业生。经过培训后,一大批"小姐和奶奶们"掌握了这种现代女红技艺,她们中的一部分人又受聘并服务于"各大公司及绒线商店,或个别教授编结技术"③,将冯氏的编织技艺进一步发扬光大。冯氏也被誉为"编织导师",显示了她在当时编结业的地位(图2-12-6)。

图2-12-6　冯秋萍正在教学(《时装专刊：秋萍毛线刺绣编织法》1941年第9—12期)

　　冯秋萍积极倡导的编织技艺是一种新时代、新形势下的新女红。她个人的艺术造诣提升了当时整个上海乃至全国的绒线编织水平。当时,上海滩有黄培英、鲍国芳、金曼南、朱蕊芳等一批绒线编织的高人,但冯秋萍无疑是其中的佼佼者,被赞誉为"巧夺天工"的"编结界不可多得之奇才",获得"特级工艺美术大师"称号,成为绒线编结领域的"宗师"级人物。她的贡献之一是创造了无数新花样并被广为传播,珍珠花、野菊花、美人蕉、孔雀翎、牵牛花等新颖的花型均为其所创。贡献之二是发掘了编织工具的新用法,她将单头棒针、双头棒针、钩针与刺绣针综合运用,用拉针法将平针结成一个个凹进的蜂巢般的圆形,形成了美妙的肌理。正是对于工具的巧妙使用,她创作了野菊花、麦浪花、金奖杯等一个个新颖美观的经典花型,成为后人进行绒线编织的楷模。贡献之三是拓展了绒线编织的领域,由原本用于保暖的内衣拓展至外衣,由原本纯粹的舶来品拓展至旗袍等中西合璧的服装品种,由服装拓展至鞋帽、披肩等饰物,还创作了众多绒线时装,甚至在日用家纺领域做了成功的尝试。

---

① 冯秋萍：《时装专刊：秋萍毛线刺绣编织法》1941年第9—12期。
② 同上。
③ 冯秋萍：《谈绒线编结》,《杂志》1942年第1期。

附：冯秋萍"绒线"语录

摘自冯秋萍撰写的《谈绒线编结》，刊载于《杂志》1942年第1期；《漫谈绒线编结》，刊载于《胜利无线电》1946年第10期。摘自沈爱蓉撰写的《冯秋萍女士谈毛绒编织法》，刊载于《时事新报》1936年12月14日。摘自冯秋萍著、良友绒线公司1948年版的《秋萍绒线刺绣编结法》。

➢ 绒线编结物最大众化，取其经济实惠，虽穿到破旧，仍能拆做改新，近年来绒线商号很注意到编结方面，大都聘有专门人才，担任指导，一方面固然为顾客着想，免得损钱耗时，另一方面亦为推广销路，藉此联络主顾们的情感，辅助业务的发展。不过对于担任编结指导者，往往感到修养缺乏，经验不足，以致贻误人家。窃意凡欲指导人家，必先训练自己，要有相当的修养，性情和蔼，学识丰富，经验充足，手法敏捷，对于人家来讨教，要不厌求详的共同研究，忠实诚意的指示答复。

➢ 我很希望女界姐妹们，在家务工作之余，不要消遣在竹林之戏里，我们可以利用这宝贵的光阴学习绒线编结，使编结技术能随时代而进步，这实在是我们女界良好的副业。

➢ 编织绒线衫是种很轻便很容易的工作，又不要占据多大的地方，又是随时随地都可以动手的，实在是件最适合家庭妇女的职业。我希望将来设立一个绒线织法的学校，专以传授一辈家庭妇女——当然不光是限定家庭妇女的，不过以家庭妇女为主体，不但使她们可以免除各种——如打麻雀的不良嗜好，可以节省金钱——自己会编织绒线衣就不必出钱叫旁人织了。并且还可以生产——替旁人织绒线衫。

➢ 绒线编织之发明，欧美各国早已刊有编结样本，为提倡手工艺之一，观之吾国，实少研究编结家，欲知绒线服装，轻便柔软，外穿内着，均为甚宜，实居服装中之首席，而上下人士都适宜穿着，但欧美虽早有创编各种式样，惟适于外人穿着，萍有鉴于此，乃倾力研究何种绒线服装，合于国人穿着，更为毛绒界推广营业，于女界多一出路……

➢ 绒线与编织之关系，情同手足。

➢ 物以稀为贵，无论设计编结，都有出特之处，"春从丽人身上来"，编结艺术，虽是一种技巧，但是我们不敢落后，迎合着潮流，将大时代的都市，平添了一层美的色调！

行业篇——尽国民之天职

服装虽小,但它也是一个系统工程。纵有先进的思想、先进的设计,最终还是得通过裁缝工艺落地生根,才能够成为被人享用的物质产品。这么说,种种服装的裁缝行业就是这个系统的终端。我国封建时期的成衣方式可以笼统分为三类:一是官府织造,由政府组织生产服装,再发放给政府官员穿用;二是家庭女红,即"治丝麻以成之,谓之妇功"①,这是自然经济条件下男耕女织的社会分工所导致的,由男人满足一家人吃的需要,女人满足一家人穿的需要;三是职业裁缝,他们或"开一铺"代人加工,或被"招至家中,令其成衣"②,他们造出来的衣服是商品,但这种商品的需求量不大,故他们只是前两种形态的补充。

进入近代中国,随着封建帝制被推翻,官府织造自然消失;而在广大的乡村,男耕女织的社会分工没有改变,那么家庭女红的成衣方式也不会改变。然而,过去相对弱小的职业裁缝突然强盛起来,尤其在大大小小的城市中,因为近代城市中的新兴阶层对此有着庞大的需要。

上海是近代中国第一大都市,也是近代中国的时尚中心。这里集中了时装业、西装业、衬衫业、绒线业、裘皮业、橡胶业(制鞋)、内衣业与洗染业等相关行业;这里催生了鸿翔、荣昌祥、恒源祥、新光、钟标与正章等知名企业或品牌。所谓时势造英雄,这样的时势势必造就了金鸿翔、王才运、沈莱舟、傅良骏与陈嘉庚等行业先锋。

近代中国的服装行业当然不止于上海。南方的广州、北方的天津等地,也都是时尚重镇。比如著名的绒线制造商"东亚"在天津,而宋棐卿就是创立了"东亚"品牌、塑造了"东亚"精神的大实业家。

近代服装实业家大多是爱国主义者。面临帝国主义、封建主义与官僚主义这三座大山的压迫与欺凌,中国人民以包括"国货运动"在内的种种方式进行反抗。服装实业家都拿出自己的洪荒之力支持国货。为此,他们宁可选用质量尚不稳定的国产面料。同时,他们本身也是民族工业的重要组成部分,他们把产品设计好、生产好,让老百姓消费好,这本身就是抵制外洋、倡行国货的重要一环。

近代服装实业家大多也是市场经济规律的忠实执行者。他们创立了时装业同业公会、绒线业同业公会等同业公会,针对质量、价格与人员流动制定了合理的行业规范,并且认真地贯彻执行,保证了本行业在平等、和谐的竞争机制下良性发展;他们还创办了专业的服装院校,以现代职业教育的学校制代替了传统口耳相传的师徒制,更好地培养了专业人才,保证了本行业长期、稳定、高效地可持续性发展。

近代服装实业家大多还是"技术控",这与服装制作这一行的职业特点有关。尤其是西装、改良旗袍等品种,都要求严格贴合人体,这就需要高超的裁剪与缝制技术。为此,他们愿意东渡日本,北

---

① [周]周公旦:《周礼·考工记》,大连出版社1998年版,第260页。
② [清]钱泳:《履园丛话(下)》,中华书局1979年版,第449页。

上苏俄,勤奋地学习;他们愿意先吃三年萝卜干饭,边"做生活"边钻研。当学有所成、自成一家之后,他们愿意将这一切和盘托出,甚至著书立说"传、帮、带",将手艺代代相传。他们在自己成为上海滩上这只"鼎"或那只"鼎"的同时,也带动了全行业的兴旺发达。

  近代服装业满足了人民群众物质与精神生活的需要,是近代社会"变服"的物质基础。它所取得的巨大成就可以从这一点中得到验证:鸿翔创建于1917年,新光创建于1922年,许达昌西服店(培罗蒙的前身)创建于1928年……百年以来,在历经坎坷甚至枪林弹雨的近代中国的风云变幻中,他们一路走来,屹立不倒,有的至今仍然是行业巨舰。

金鸿翔
1894—1969，上海浦东人

身　　份：近代著名企业家、时装设计及制作大师。

简　　历：原名金宝珍，小名毛囡。后因创办鸿翔时装店改名为金鸿翔。1907年，由农村来到上海城内学艺，先入小型中式裁缝铺当学徒，后进入一家名声较大的西服铺，拜当时上海知名的红帮裁缝张鸣歧先生为师，改学西服。1914年，学成满师，又前往哈尔滨跟随东北师傅学习大衣的设计与制作。后赴海参崴学习俄式服装的制作技术。海外的学习经历使其眼界大开，设计思维与制作工艺均在此时得到全面提升。1915年返沪，在悦兴祥西服店制作西服，在积累了大量客户资料的同时，学习了相关的服装营销知识，并萌生了开设新型女子时装店的想法。1917年，在友人资助下于静安寺路（今南京西路）863号开设了一家西式女子时装店，取名"鸿翔"，意为"鸿运高照，飞翔全球"。1928年，扩大门面，改名鸿翔时装公司。后在南京路（今南京东路）586号开设分店，并不断发展，经营壮大。金鸿翔曾任上海浦东同乡会理事、上海市参议会参议员；20世纪30年代起至上海解放前夕，长期任上海时装业同业公会理事长；企业公私合营后，任上海市服装鞋帽公司顾问。

专业成就：金先生创办了上海开埠以后由国人创办的第一家西式女子时装店——鸿翔时装店，独出心裁地将西式立体裁剪法运用于中式女装，提升了中式女装的合体性，做到贴体不走样，拥有"天衣无缝"的美誉；他致力于服装人才的培养，从鸿翔走出来的英杰们又都投入到女装行业，纷纷设立时装店，使服装市场开始了全新的"鸿翔时代"；1946年，代表中国工商业参加在芝加哥举办的世界博览会，荣获博览会银质奖。

开创"鸿翔时代"的"女服之王"——金鸿翔

(一) 鸿翔的标杆意义

金鸿翔先生一手创立的鸿翔时装店是史家公认的国人创办的第一家西式女子时装店,是当年上海滩女装界的"金字招牌",它树立了近代中国女子时装业的若干个标杆。

1. 第一家西式女子时装店

在辛亥革命与新文化运动之前,中国人的穿衣问题主要靠老祖宗解决。"黄帝始去皮服布",意味着摆脱了原始愚昧而进入到文明阶段,这个"布"就是"上衣下裳",而上衣下裳,我们一穿就是五千年。其间虽然小改小革不断,但总的形制一直作为"华夷之辨"的威仪而不可动摇,我们有一个特立独行于世界民族服装之林的体系——也可以叫作有"个性"。在辛亥革命与新文化运动之后,我们穿衣的凭据一下子变成了依赖于外洋——要"与各国人民一样,避免歧视",更是以着西洋服装为尚,从有"个性"变成了讲"共性"。

在此种"共性"的服饰潮流中,金鸿翔敏锐且精确地将鸿翔的服饰定位为"专制各国女服"。主张"根据世界之潮流,参合卫生审美之要旨"①的设计理念,设计、制作并销售"英、美、法、德、意等国服装,及我国最高尚之时装"②,准确的定位成就了其第一家西式女子时装店的地位。鸿翔更是为迎合顾客的西式时尚需求进行了更多探索,不仅高价订阅了《美开乐》等外国时装杂志,好让顾客能从中挑选到中意的款式,而且"洋"到极至地聘请了汉希倍克、律兰等外籍设计师,有段时间,鸿翔的包扣工用的都是犹太籍工人——金鸿翔岂不就是"东方的辛德勒"? 在太平洋战争期间,外国时装杂志进不了上海,鸿翔的师傅只能自己摸索着设计,等战后收到杂志一看,嘿! 就是这个样! 说明已经"西"到骨髓里去了。③

2. "前店后场"的经营模式

"前店"是门面店堂,是营业场所;"后场"是制造车间,是加工场所。这是一种销售与生产紧密相连的经营模式,与欧洲高级定制的做法十分相似。此种经营模式极大地简化了交易的中间环节,于供应方,其优点是提升了利润;于需求方,其优势是保护了价格;于供需双方,则是保证了信息传达的精准性。这对于设备与成本要求低,却要求量体裁衣、工序繁琐的作坊式服装定制产业,有极大的优势。金鸿翔亦是个商人,洞悉此经营模式于鸿翔之适用,能将其高超的缝纫技术、创新的设计手法与崭新的经营理念三位合一,优势尽显。

"前店"接待顾客,通过喝咖啡、看杂志、聊天来了解客人的审美趣味,谈笑之间将款式、尺码、价格等一切搞定。这些店员个个目光如炬,能"正确估计来者(啥等样人)相应敷衍,揣摩心理",还将客户总结出"实惠、豪爽、高贵、骄傲、浪漫与一般"等类型,有针对性地进行介绍、接货、退换等工作。④ "后场"把"前店"接下来的"生活"以严谨的态度、高超的技艺进行手工作坊式的精工加工,包

---

① 编者:《鸿翔公司经营组织简述》,《社会晚报时装特刊》1930 年。
② 同上。
③ 张竞琼:《西"服"东渐——20 世纪中外服饰交流史》,安徽美术出版社 2002 年版,第 27 页。
④ 上海市档案馆藏:《上海市时装业私营时期经营历史上几个经验的总结》,全宗号 S243-4,案卷号 1,1950 年。

括做样、试穿、修改等一整套顾客都嫌麻烦而师傅们乐此不疲的环节。

3. "心裁别具"的营销手段

民国前，中国服装一般无需广告——家庭"女红"是自己做自己穿，而那些"东织室""西织室"做出来的衣服实际上是发放给官员穿的。在民国时期的上海，在繁荣的女子时装业中，"酒香不怕巷子深"的时代结束了。金鸿翔说过："要使鸿翔这块招牌响亮，除了货真价实外，还要靠做广告去宣传。"其宣传方式包括报纸广告、明星效应、服装展演与橱窗展示等，这些丰富又别具心裁的营销手段收到了极好的成效。

当时普及性最广且影响力最大的宣传方式，便是报纸、杂志广告。鸿翔在《申报》《礼拜六》《玲珑》《美术杂志》《骆驼画报》《新新画报》等报刊上投放各类广告，除了"鸿翔公司女子服装专门商店，静安寺路八六三号"等文字介绍类的广告外，还包含大量的"新装说明"类广告，如《骆驼画报》于1928年多次刊载《"鸿翔"之万能衣》，并详细介绍其"适合于妇女采作衬衣之用"的功能，以及"能使妇女之胸部臀部，过于硕大者，略有所约，而不致作奇大之耸突，以致有碍观瞻，使臃肿者亦有婀娜之致"的优点(图3-1-1、图3-1-2)。①

图3-1-1 鸿翔时装店广告(《新新画报》1939年第7期)

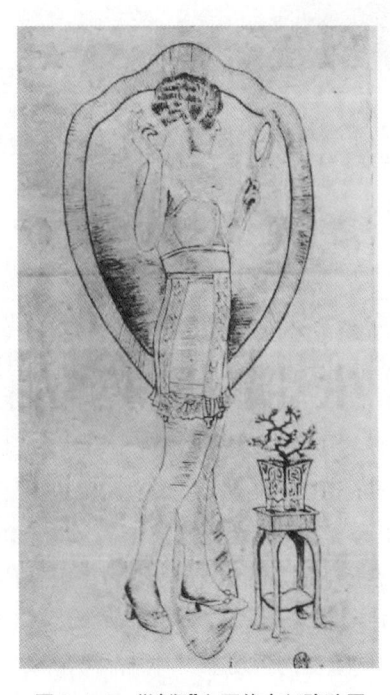

图3-1-2 "鸿翔"之万能衣(《骆驼画报》1928年第1期)

民国时期正处于电影产业的高峰期，电影及电影孕育出来的明星都极大地刺激和带动服装的消费。金鸿翔深谙此道，一方面，他承接各种时装片的服装设计与制作，不仅大幅度增长了营业额，鸿翔时装于银幕上的亮相也起到了极好的宣传效果。如由卜万苍执导、"小鸟"陈燕燕主演的著名的时装片《标准夫人》，投入万元打造新式的服色装束，以展现"标准夫人"的华贵形象。② 此于鸿翔而言，简直是一举两得的好事，不但万元进了金鸿翔的口袋，《标准夫人》的成功还为鸿翔带来了更

---

① 佚名：《"鸿翔"之万能衣》，《骆驼画报》1928年第1期。
② 佚名：《标准夫人服装费在鸿翔制万余元》，《电影新闻》1941年第145期。

图3-1-3 胡蝶穿着鸿翔晚礼服(《美术杂志》1934第2期)

多的美誉。

另一方面,他广泛结交影星名媛。胡蝶、阮玲玉、徐琴芳、徐来、顾兰君与黎莉莉等都成为"非鸿翔之衣不御"的忠实客户。金鸿翔先生傍上当时红遍半边天的电影皇后胡蝶,使其成为鸿翔的活招牌,并有"非鸿翔固不足以成胡蝶之美,非胡蝶亦无以见鸿翔设计之工"①的佳话(图3-1-3)。胡蝶对鸿翔信赖有加,"平日服装,均由鸿翔公司设计裁制"②,并常于公开场合主动为其宣传。如在中央大剧院之赈灾会上,胡蝶为了感谢鸿翔对其服装的赞助,联合搭档在表演中植入广告:在演出高潮时,要其搭档故意问她"你这衣服的样子多么好看呀,是在哪家做的?"胡蝶便看似随意地植入鸿翔的广告——"我这衣服,是静安寺路鸿翔公司做的,价钱又巧,货色又好,真是中国服装公司里的首屈一指了"③。她加冕"电影皇后"时所着服装也是鸿翔出品,婚礼之际所穿的绣有百只蝴蝶的中西合璧式晚礼服还是鸿翔所制。胡蝶身穿鸿翔晚礼服的形象已经成为一个时代的经典。阮玲玉也大为信赖鸿翔,其服装也均为鸿翔所制,"宽窄长短,恰到好处,而阮之体态美,乃表显于银幕,为万众影迷所赞赏"。鸿翔之于阮玲玉,更是熟知到"不必问及尺寸,可以思量而得"④的地步。

金鸿翔还利用时装表演进行新装宣传。1930年百乐门举行的被称为"有意义的时装大会"的时装表演宴舞大会,邀请了胡蝶、徐琴芳、徐来与顾兰君等当红明星助阵,充当时装模特。这种以展演的方式发布新装的行为相当于如今之时装发布会,且当年鸿翔时装大会的热度不亚于当今四大时装周的香奈儿、迪奥等大牌秀场;1928年的卡尔登时装竞赛会,则是鸿翔从云裳手中争取过来的,最初冠名的其实是云裳公司,后由于它当时的经营状况不景气而变了卦,"鸿翔"便争取过来,"在这商战竞争时代,鸿翔的眼光很远大,当时便答应了。讲定出广告一百块,送新装十套"⑤。竞赛会的成效也证明了金先生的眼光,"鸿翔新装公司,在时装会里大出风头,凡是到卡尔登观过时装竞赛会的人们,差不多大家知道鸿翔公司是上海唯一的新装公司了"⑥;1931年在上海大华饭店举行的国货时装大会上,鸿翔承制了包括晨服、常服、茶舞服、晚礼服与婚礼服在内的所有服装,用赞助国货运动的方式宣传其品牌形象;⑦1946年为苏北旱灾筹款的"香海蜜丝(上海小姐)"选美大赛,其服装也由鸿翔出资冠名赞助,以支持慈善事业的行动来提升其品牌形象。

鸿翔更将宣传的眼光放到了西方,由于此时西式就是时髦的代名词,故得到西方的肯定,自然便能得到国人的青睐。金鸿翔先将目光投到了英国女王的身上,在英女王大婚之时,做了一袭中式绣花丝绸礼服赠与女王,并得到了白金汉宫寄来的女王亲笔签名的感谢信。他将这封感谢信放于橱窗中,成为最有分量的广告之一。另外,金鸿翔积极参加美国芝加哥世界博览会,设计制作了6

---

① 梅仙:《胡蝶之于鸿翔公司》,《社会晚报时装特刊》1930年。
② 同上。
③ 镜头:《鸿翔公司感谢胡蝶》,《影戏生活》1931年第37期。
④ 逸天:《服装界佳话》,《社会晚报时装特刊》1930年。
⑤ 新眉:《时装竞赛会——鸿翔与云裳》,《中国摄影学会画报》,1928年6月23日。
⑥ 同上。
⑦ 佚名:《时代化的服装表演》,《上海女青年会国货展览会》1930年。

套精致华丽的旗袍,并荣获博览会银质奖,作为我国第一个获得世博会大奖的服装类产品商标,简直就是最响亮的广告。

4. "提倡国货"的伟大观念

鸿翔公司的经营方向是"各国女服",是纯粹的"制造洋服的商店"①。于是有人提出质疑:"贵公司裁制新装,好像是在替外国人推销洋货,在我国经济恐慌中,未免太不挽回利权了。"②殊不知,金鸿翔乃是"一个包含满腔热血的爱国的模范公民,而鸿翔公司竟是一个推销国货的大机关呢!"③

鸿翔所采用的面料,"除特殊的衣料是采用洋货外,其余凡是中国厂商所有的名贵丝毛织品,而竟完全是采用纯粹的国货"④。他不仅在本国尽力推销国货,更是依靠其名副其实的"东亚第一制服家"头衔,将国货远销海外,"……侨户外绅,日用服装,皆由鸿翔公司承制为多,而金山、吕宋、孟买、香港……新加坡等埠服装贩户,年向鸿翔公司定制大批衣服"⑤。金鸿翔在制作这些出口的服装时,也总是"采取国货为原料",因此"他的挽回利权,真是站在实际而着手了"。⑥

时装作为妇女消费的大宗,其选用材质的国货与否极大地影响着妇女国货年的成功,"先决于妇女国货年的,那就是妇女的服装"⑦。而始终站在女子时装第一线的鸿翔公司,更是义不容辞地"负起了妇女国货的先决条件的使命"⑧,此种责任感不仅在于其提倡国货的伟大观念,更体现于"竭力地推销国产衣服上的使料"⑨的实际行动。作为同业之标杆、妇女之独爱,鸿翔的这一举动在很大程度上推动了国货运动的开展,"使得这沉浸而迷醉于洋货的妇女们,对国货衣料发生良好的印象而共同的提倡"⑩。

(二) 鸿翔女装

"学来学去学不像,等到学了三分像,上海又变新花样",在时尚潮流瞬息万变的上海滩,鸿翔能牢牢占据"女服之王"的称号,其要点还是在于设计美、品质优与服务佳三点。

第一,设计美。金鸿翔非常注重服装设计的美感,除了采用购买西方时尚杂志、聘请西方设计师与送其弟去西方学习等途径来追求西式时尚外,还不遗余力地追求服装的"个性美",公开宣扬"我们不必以为服装是美的装饰,在美的装饰之外,它还是表现个人性格的重要的东西"⑪的理念,并从服装的色彩、面料与款式三方面着手,在追求"美的装饰"的同时,也追求"个性美"(图 3-1-4)。

首先是服装色彩,提出"择色的必要条件,就是要应和服者的性格与肤色的深浅,次要的呢,还是得看体格的强弱去分配服装的颜色"⑫的主张,并实际运用到具体的服装实践中,对不同性格、肤色与体格者配以不同之色彩。如闺秀明星徐琴芳,由于她是"一位富于母性的……不善于出入小规模交际场的娴雅淑惠的闺秀派的夫人",认为其"不合宜于穿那繁杂花色衣料的服装的",所以在服

---

① 徐鹤椿:《金鸿翔先生》,《现代工商领袖成名记》,上海新风书店 1941 年版,第 62 页。
② 同上,第 63 页。
③ 同上,第 62 页。
④ 同上,第 63 页。
⑤ 编者:《鸿翔公司经营组织简述》,《社会晚报时装特刊》1930 年。
⑥ 徐鹤椿:《金鸿翔先生》,《现代工商领袖成名记》,上海新风书店 1941 年版,第 63 页。
⑦ 顾文宗:《由服装与团体的关系说到鸿翔公司的伟大观念与正确的立意》,《社会晚报时装特刊》1930 年。
⑧ 同上。
⑨ 同上。
⑩ 同上。
⑪ 陈宫:《服装是表现个性的重要物》,《社会晚报时装特刊》1930 年。
⑫ 同上。

图 3-1-4　四款鸿翔新装设计(《社会晚报时装特刊》1930 年)

装的取色方面"务必要求大方华贵",于是择色时"都用雅致中而又带漂亮的颜色去配制"。① 又如标准美人徐来,因其"面部色泽较白,肢体部分较细,所以鸿翔公司就采用金黄色和白银色的服料"②,金银是非常挑身材与肤色的颜色,适合于身材瘦小且皮肤白皙之人,"若是被一个肢体粗重而脸色棕黑的女士穿起来,不但是不能逾显其美,或因之而使人作呕呢"③。北方女性之典型的朱秋痕女士也赞扬鸿翔的服装用色:"配色方面,都在美丽的支配上,人的皮肤的颜色上,体格的高矮肥瘦上,都斟酌妥帖之后再去选配质料的颜色呢。"④

其次是服装面料,面料是可以传达着装者的个性的。诚如徐琴芳女士,应取其高贵,"所以就替她在取料上,专门用那华贵大方的料质",才足以"表现她的个性和淑雅的风度"。⑤ 朱秋痕也说,"我从前的服装质料,也有几件很满意的,可是经过了鸿翔替我挑选之后,我就觉得那些料质太不合于美的条件了"⑥,可见鸿翔真心是一个会挑料子的专家。

再者是服装款式。鸿翔十分看重其时尚性,每季新装的款式必依据当季的潮流进行设计。如1947 年的春装便是在系统分析了袖型、后背与前身等局部的流行趋势后进行设计的。先总结袖型的改变,"袖子的变化更多了,如球形、伞形、瓜形、灯形,袖头的变化如马蹄式、人字式、皇冠式、扣带式等,袖子肩部的裥,也有外褶、内褶、三褶等,最新奇的披肩袖,是最时髦的妇女们所喜爱的";再归

---

① 陈宫:《服装是表现个性的重要物》,《社会晚报时装特刊》1930 年。
② 标准记者:《徐来女士支配服色的观念》,《社会晚报时装特刊》1930 年。
③ 同上。
④ 羽羽:《赞朱秋痕女士口中之鸿翔》,《社会晚报时装特刊》1930 年。
⑤ 陈宫:《服装是表现个性的重要物》,《社会晚报时装特刊》1930 年。
⑥ 羽羽:《赞朱秋痕女士口中之鸿翔》,《社会晚报时装特刊》1930 年。

纳服装后背的流行"大致是二个或三个垂式的波浪,身材高的,可穿有四个或五个波浪的式样";又分析出前身的式样在这一时期"是被忽略了",故少有变化;以及大衣长短的标准由"四十寸短为三十二寸"。在一系列的趋势分析后,得出"这一季的式样还是趋向于宽袖大衣,宽阔的袖子及有三四个波浪的后背,比上一季还要大"①的结论,认定此种款式必定是"爆款",于是在设计时也有了方向。鸿翔同时也很注重款式塑造的"个性美",如1930年百乐门时装大会上展示的服装就是完全"依据了人体肌肉的发达的线条;用准确的度量制裁成功的合体而舒适又美观的服装",其目的就是要用贴体的服装款式将"服装对于人体上风格上的问题,给予妇女们深切的了解",②让妇女们明白服装款式与人体的关系,明白好的款式是能掩盖身材的缺点而发扬其优点的。

第二,品质优。服装的品质是直接影响产品销售与企业形象的重要因素,主要指服装的内在质量与外观形态,如面料和辅料的成分含量、服装的规格尺寸和加工的质量等。③

首先是服装面料。面料于服装品质而言是具有举足轻重的地位的,鸿翔亦十分注重其服装面料的品质,并用"定织"的方式保证其所用面料的质量与独创性。所用的各式呢绒绸缎都是"由各厂所定织,为市上所未轻见……各种国产丝毛织品,花色五千余种,或一种一样,或认花定织,鲜艳新颖,名贵非凡,为其他各家所不及"④。

其次是服装质量。鸿翔十分注重加工质量,不惜重金礼聘人才,且自身也进行人才培养,通过这种方式来提高加工的品质,"所聘技师均为出类至人才,上下七百人,俱洞悉制衣奥诀。即学习之徒,每晚分别教授:裁剪标准表、彩色配置法、人体借衬学及各项裁制之门径"⑤。新型的"人才观"使得其时装店拥有了多位资深的"金剪刀",胡蝶也曾在回忆录中写道:"我的衣服几乎都由上海鸿翔服装店包下来了,那里有几个老师傅,做工很考究,现在恐怕很难找到这样做工考究的老师傅了"⑥。以手工缝制为主的制造工艺也极大地保证了服装的加工质量。缝时有扳、串、甩、撬、扎、包、钩等独家秘籍,且边缝边烫。烫不仅是为了平直衣料,也是为了造型;再经过推、归、拔,将衣片烫成吸势或胖势,以更合人体。此乃业内所说的"三分做,七分烫"。

再者是服装的尺寸。"量体裁衣"的做法确保了其服装的规格尺寸,鸿翔的主要制作过程包括量(量尺寸)、裁(裁剪)、试(试样)、缝(缝制)、验(检验)五大环节。其中的多个环节都是为了确保服装的合体性。首先"量"就十分讲究,不仅通过测量取得可观的尺寸,更注意通过交谈与观察掌握顾客的喜好。这些体型特征与个人偏好,在定单上均通过草图和文字说明有所反映。这是中装裁缝根据西洋技法总结的制作工艺的经验。整个工作是围绕着人体进行的。测量时,依据体型特征与穿衣习惯;裁剪时,结合顾客的体型特征;制作与熨烫时,要运用归与拔的工艺;试衣时,给顾客第二次试样;检验时,在人体架上分别检验领子是否服帖。⑦ 是否围绕人体进行操作,是中装与西装制造工艺的本质区别。这样的工作方式也是中国裁缝的手艺的一次根本变革。勤劳聪慧的中国裁缝很快就学会了,其制作工艺在结合西方加工技术和传统制作工艺的不断实践中开始日趋精湛,并享誉海内外。

鸿翔还兼制造器具,以全面、科学、多效的手法,最大程度地保证服装的品质。如设有专用于储

---

① 金泰钧:《春季服装》,《礼拜六》1947年第775期。
② 顾文宗:《由服装与团体的关系说到鸿翔公司的伟大观念与正确的立意》,《社会晚报时装特刊》1930年。
③ 张芝萍:《服装贸易的标的》,《服装贸易理论与实务》,中国纺织出版社2005年版,第109页。
④ 编者:《鸿翔公司经营组织简述》,《社会晚报时装特刊》1930年。
⑤ 同上。
⑥ 胡蝶:《相片与服装》,《胡蝶回忆录》,新华出版社1987年版,第103页。
⑦ 上海市档案馆藏:《关于本业私营时期经营历史上几个经验的总结》,全宗号S241-4,案卷号2,1957年。

存皮草等毛料的保存箱，去除新皮与丝织品异味的收气机，以及缝制皮板专用的缝皮机与预防缩水的喷水机等。①

第三，服务佳。自然经济主导的封建社会，即使是商业贸易的繁荣时期，也是重商品而轻服务的。鸦片战争后，伴随着西方列强的经济入侵，也带来了广告宣传、定制服务、个性营销等一系列先进的营销方式，中国的民族品牌开始纷纷效仿，服务的质量开始受到广泛重视，企业家们也逐渐意识到物美质优的产品与细致周到的服务必需"两条腿"并行走，才能使品牌的价值得到最大提升，从而起到促进销售的目的。鸿翔先知先觉地认识到了这一点，模仿西方定制时装业的服务内容及方式有条不紊地进行，并制定了详细的以"顾客至上，服务第一"为宗旨的店规，包含售前、售中及售后一条龙服务章程。

首先，为了让顾客一进店便感受到鸿翔的周到服务，营造了一个法式的消费环境，"自建洋房，内容装修，完全仿自法国，富丽堂皇，心裁别具"②以获取顾客感官上的认可，并配备了"冷热气、回光镜、音乐室等种种新奇设备"③。

其次，要让顾客感受到选择购买时的方便，根据工作内容的不同分为了"门市部、陈列部、绸缎部、皮货部、礼服出租部、创样室、接应室"④，分门别类有条不紊地方便了顾客的挑选。更是早早地就具备了类似于服装号型的概念，利用"日出新衣数百件，大小长短尺寸，均皆配合，此次陈列万余套，各国式样均齐，标号注价，以资识别，而凭选择"⑤的做法丰富了消费者的选择，也保证了不同身材的消费者的着装需求。

再者是保证试装的便利性与舒适性，"硬件服务"上，"设有美备之试装室，寒暖适宜，镜光四射，一衣着体，百态俱陈"⑥；"软件服务"上，对营业员进行精挑细选，专门培训，其"门市员皆公务员挑选充任，富有制造服装之经验，试样灵巧，迅速专门，为衣服界有数之人才，一经试装，无不满意"⑦。且对前台店员的仪容仪表、行为举止与语言态度等均有一系列规范，需要穿着正规统一的服装，举止礼貌态度和蔼，还需要精通外语等。

（三）鸿翔的影响力

"'时装'者，名言之，即时髦化之服装也"⑧，且时装一词，无论中外，一般多指女装，这和女性好打扮、赶时髦有很大关联。另据《上海地方志》，当时一般时装面料主要是用棉布，高档时装面料则用绸缎、丝绒、纱罗、绨葛之类，因为具有轻盈艳丽的性质而特别适宜于做女装，且这些面料一般多是白色等浅颜色，所以女子时装业又有"白帮"之称。

鸿翔最大的影响便是带出了上海滩上"白帮"的那些人。当时的整条南京路上，一度满眼都是金鸿翔师徒们的服装店招牌，鸿霞、造寸与美霞等同属一流的时装店都是鸿翔的员工分离出去并另立门户的，故这一时期也被同行称作"鸿翔时代"。其中以造寸与美霞两家最为典型。其一是造寸时装公司，被誉为"与鸿翔公司同是高等的时装公司"⑨，其特点便是"在时装业中，可以说是价钱最

---

① 编者：《鸿翔公司经营组织简述》，《社会晚报时装特刊》1930 年。
② 同上。
③ 同上。
④ 同上。
⑤ 同上。
⑥ 同上。
⑦ 同上。
⑧ 吴农花：《鸿翔公司时装谈》，《社会晚报时装特刊》1930 年。
⑨ 芳草：《人物志》，《礼拜六》1947 年第 775 期。

贵的一家"①。创立此时装公司的张造寸先生曾服务于鸿翔,且"对于妇女的服装,有很高的造诣"②,是民国时期广受好评与关注的时装设计师之一,当时的报纸杂志上也有颇多报道。其二是美霞时装公司,同样位于静安寺路,"系鸿翔公司第一届毕业之李炳元先生创办"③,拥有"①新型美观,②舒适经济,③永不走样"④之三大特点,并"聘有誉满全沪之裁剪专家张士根、朱正法、戴湘臣诸君,经验丰富,匠心别具"⑤,甚至出现了"近日市上流行之最新式之春大衣大都出彼等之手"⑥的情况,真有青出于蓝而胜于蓝之势。

鸿翔的影响不仅限于此,还涉及文学艺术界,多位当时较为知名的作家,如周瘦鹃、严独鹤、郑逸梅与吴农花等人都发表了文学作品以赞扬鸿翔。周瘦鹃写了《说到美的新装》,将鸿翔誉为"真正的美的新装的创造者",并夸道:"他们的经验设计与式样,在乎的是出人头地,给人种种满意的。"同时公然在文章中为鸿翔做宣传:"时代的女性,要穿美的新装,到鸿翔去"⑦;郑逸梅的《时装表演之滥觞》也称其为"海上唯一无二的服装公司"⑧;吴农花撰写的《鸿翔公司时装谈》则称赞它"以精致时装着声国内,顾其装虽以时名,而其价格,则能本其薄利主义,顾到大众购买力量"的伟大立意。⑨ 更有如严独鹤所作的《有意义的时装大会》与徐卓呆的《服装美与错觉》等文章,从各个方面对其进行品评。

鸿翔更是因其出品之精良与提倡国货之观念,得到了宋庆龄"推陈出新,妙手天成,国货精华,经济干城"的亲笔题词(图3-1-5)。丁悚也为其题词"用艺术的手腕来创造超时代的服装"。金鸿翔本人还发起成立了上海市时装业同业公会,并长期担任公会会长,为上海时装业的良性竞争起到了积极作用。宋庆龄在庆祝1932年"三八"妇女节的演说中,亦称赞金鸿翔"开革新之先河,符合妇女要求解放之新潮流"。

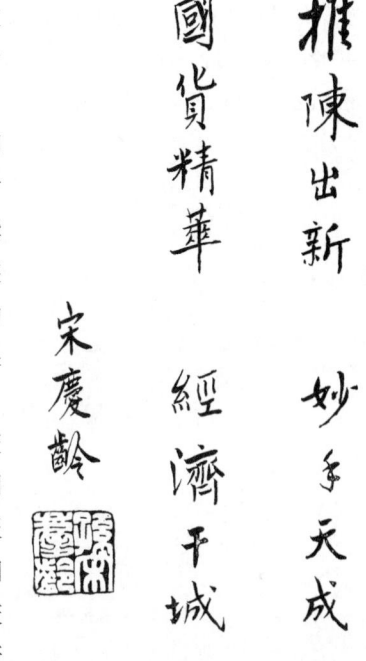

图 3-1-5 宋庆龄为"鸿翔"题词

鲁迅先生曾称赞:"第一次吃螃蟹的人是很可佩服的,不是勇士谁敢去吃它呢?"金鸿翔先生便颇为勇敢地拿下了多个"第一":创办了第一家由国人开设的西式女子时装店,成为将西式立体裁剪法运用于中式女装之第一人,鸿翔女装成为中国第一个获世博大奖的时装商标。

也许有人会说我国时装的鼻祖应属赵春兰师傅。赵师傅的贡献自然不能小视,他起到了在中国推行西式女装的重要作用,是"洋为中用",但限于模仿而非设计。金鸿翔先生则属于"中西合璧",他利用西方技术改革中式女装,带来了真正的设计,使中国女装不再止步于追求手艺,而是向

---

① 芳草:《人物志》,《礼拜六》1947 年第 775 期。
② 同上。
③ 佚名:《各界杂讯:美霞时装公司》,《大美周报》1940 年第 45 期。
④ 同上。
⑤ 同上。
⑥ 同上。
⑦ 周瘦鹃:《说到美的新装》,《社会晚报时装特刊》1930 年。
⑧ 郑逸梅:《时装表演之滥觞》,《社会晚报时装特刊》1930 年。
⑨ 吴农花:《鸿翔公司时装谈》,《社会晚报时装特刊》1930 年。

前跨了一大步。如果说赵春兰是一位技艺精湛的师傅,那么金鸿翔就是一位手艺高超的设计师。金先生"第一次吃螃蟹"的带头效果也是显而易见的,"鸿翔公司时装,名著遐迩,举凡国内外,大都市,莫不流行,尤其妇女之集会,非鸿翔时装,殊不足以生色"[①];在同业中也拥有举足轻重的地位,"在上海市的时装业中,鸿翔公司可以执同业的牛耳……所以鸿翔公司每有一种新的样子问世,同业中便要群起模仿"[②],成为引领民国时尚的先锋。

金先生不仅具有敢为人先的胆识,更具备有敏锐且远大的眼光。为提升品牌的知名度与信誉,霸气打广告一点不心疼:不仅用报纸广告大为铺陈,而且牢牢把握"明星效应";又赞助各式时装大会,更放眼于四方,心裁别具且收效显著。他更是广揽人才、爱惜人才与培养人才,曾登报招考了40名艺徒进行系统的培训。许多学员学成后都另立门户,金先生却并不担心"长江后浪"之来势汹涌,说明"有信心,任性",并带领学生们开创了"鸿翔时代",成为当仁不让的"女服之王"。

---

① 编者:《鸿翔公司服装裁制价目》,《社会晚报时装特刊》1930年。
② 芳草:《人物志》,《礼拜六》1947年第775期。

徐志摩

1897—1931，浙江海宁人

身　　份：新月派著名诗人、散文家。

简　　历：徐志摩原名章垿，字槱森，留学美国时改字志摩，小字又申。笔名南湖、诗哲、海谷、云中鹤、仙鹤等。1900年始先在家塾启智开蒙，后入硖石开智学堂。1910年考入杭州府中学堂(后改名杭州一中)。毕业后就读于上海沪江大学、天津北洋大学与北京大学。1923年参与成立新月社，同时加入文学研究会。次年与胡适、陈西滢等创办《现代评论》周刊，1925年主编《晨报副刊》，1927年筹办新月书店与云裳时装公司，1928年任《新月》月刊主编。曾于北京大学、北京女子大学、上海光华大学等大学任教授，并兼任中华书局编辑。1931年因飞机失事罹难。

成　　就：徐志摩是开一代诗风的新月派的主将，被誉为"中国的雪莱"，在中国文坛尤其是新诗领域有重要影响。著有诗歌集《志摩的诗》《翡冷翠的一夜》《猛虎集》与《云游》共四集，其中《雪花的快乐》《再别康桥》等作品堪称经典。他的散文也自成一格，取得了不亚于诗歌的成就，其中《自剖》《想飞》《我所知道的康桥》与《翡冷翠山居闲话》等都是传世名篇。著有小说集《轮盘》、译作《曼殊斐尔小说集》等。

专业成就：1927年，与唐瑛、陆小曼、张幼仪、胡适、宋春舫、江小鹣、张禹九和张景秋等人合作创建的云裳时装公司，被报刊评价为"第一流时装公司""上海最美的制衣公司"，对当时上海的服装行业产生了较大影响。

■ 徐志摩的诗意服装店

徐志摩投资创办过"两家店铺"①。一个是众所周知的新月书店,这与其诗人身份相符。还有一个鲜为人知,便是1927年8月7日在上海静安寺路122号开张的云裳时装公司。作为诗人,他的言行是诗,举止是诗,所开的服装店亦是富有诗意的服装店。

第一,名字诗意。"云裳"二字,出自李白所作《清平调·其一》中的"云想衣裳花想容"。这巧妙而又灵动的诗句简化而为的"云裳"二字,自是唯美浪漫得不行。"云裳西名为杨贵妃""杨贵妃是古代著名最美的美人,云裳公司是上海最美的制衣公司,所以他的外国名字,便叫作阿透利挨杨贵妃(Atelier Yangkweifei)",②"李白'云想衣裳花想容'之清平调,亦与杨贵妃颇有关系也"③。诗人设想云与花欲比杨贵妃之衣饰容貌,为赞美杨贵妃之美,故用杨贵妃作为"云裳"之英文名,更显贴切与美丽。第二,文雅的员工与顾客。徐志摩为创建云裳时装店,发动了其文艺圈中的众多好友,顾客也多为文艺界人士。第三,营业宗旨符合诗人气质,在"新"不在"费",不仅是为了挣得一些铜板与大洋养家糊口,更是力求做到完美,将最洋气、最精致、最美丽、最平价的时装带给顾客。第四,"高大上"的宣传方式。徐志摩不仅动员妻子陆小曼与其好友唐瑛出任公司模特,而且请吴湖帆书写市招,并邀大作家周瘦鹃进行宣传报道,其本人更是使尽浑身解数为云裳打广告做宣传。无论是名字、员工与顾客,亦或是营业宗旨与宣传方式,徐志摩所开的云裳,都极尽美与雅之能事。

(一) 云裳之"主"与"顾"

1. 不懂事之董事

云裳因"主"与"顾"均是名人雅士而为人熟知。那么问题来了!云裳的主事者究竟是谁?有多少人?我们现今仅能从当时的报纸、杂志与后人的回忆录中略知一二,但众口不一,又该信谁呢?回忆录虽是亲身经历,但多半是几十年后所作,在具有极高的史料价值的同时不免也有瑕疵。所以相较于回忆录,我们更愿意相信当时的报刊媒体所说。当时的媒体人周瘦鹃为云裳做了系列报道,他作为云裳的股东之一,亲与其事的即时纪录自然更加可信。

首先是他在1927年7月15日刊于《上海画报》的报道《艺苑新谈》,详述了云裳时装公司开业一个月前的筹备情形:"吾友江子小鹣……近与胡适之、徐志摩、张宇九、邵洵美诸君、唐瑛、陆小曼二女士,创立一妇女新装束之公司于静安寺路愚斋里口,锡以嘉名,曰'云裳'""而钱须弥、严独鹤、陈小蝶、蒋保厘、张珍侯诸子,亦允加入焉。"④其次是发于《申报》1927年8月10日的《云想衣裳记》,在报道开业盛况的同时进一步证实了云裳的主事者为何人,"创办者为名媛唐瑛、陆小曼二女士与徐志摩、宋春舫、江小鹣、张宇九、张景秋诸君子",而"予与老友钱须弥、严独鹤、陈小蝶、蒋保厘、郑耀南、张珍侯诸子,亦附股作小股东焉"。再有《上海画报》1927年8月15日的报道《云裳碎

---

① 徐志摩:《徐志摩致周作人(4通)》,《致周作人/回望周作人》,河南大学出版社2004年版,第139页。
② 成言、行云:《杨贵妃来沪记》,《上海画报》,1927年8月12日。
③ 周瘦鹃:《云裳碎锦录》,《上海画报》,1927年8月15日。
④ 周瘦鹃:《艺苑新谈》,《上海画报》,1927年7月15日。

锦录》,进一步明确表明,"云裳公司者,唐瑛、陆小曼、徐志摩、宋春舫、江小鹣、张宇九(张禹九)诸君创办之新式女衣肆也",并记录"开幕后三日,曾开一股东会于花园咖啡店,推定董事",董事长为宋春舫,常务董事为徐志摩与唐瑛,特别顾问陆小曼与唐瑛,董事有周瘦鹃、陈小蝶与谭雅声夫人,艺术顾问胡适之博士、郑毓秀博士,周瘦鹃称之为"不懂事的董事"。① 前后结合,粗略一算,云裳的股东竟有十六人之多,而真正的创办者为徐志摩、唐瑛、陆小曼、胡适、宋春舫、江小鹣、张禹九与张景秋八人。

然而云裳的创办者应该还有第九人,那就是徐志摩的前妻张幼仪。当时张幼仪是离婚不离家,她由徐家的媳妇变成徐家的干女儿,继续掌管徐家的产业,且创办者中的张景秋与张禹九均为张幼仪的兄弟。当时云裳的开业报道上记载:"张禹九先生令妹(张幼仪),亲自招待女顾客……总务张八爷也特别招呼着"②。张幼仪十分能干,善于经商,作为海归的她曾做到上海银行业的高层。徐志摩穷,而张家富,徐志摩开店的钱是张幼仪出的,这个可能性相当大。所以,台上是徐志摩与陆小曼,幕后是张幼仪。

2. 艺术之设计师

云裳被誉为"空前之美术服饰公司"③,一家时装店要担起"美术"二字,自然要有撑得起"美术"二字的设计师,云裳便以"少"而"精"的姿态妥妥地做到了。云裳的设计师多为徐志摩艺术圈的朋友,有江小鹣、叶浅予与李碧波等人,虽仅有数人,但其中不乏大师级的人物。

(1) 江小鹣,天马画会成员,上海美术专科学校西洋画教授和教务主任,并参与修复江苏甪直镇保圣寺的罗汉像。④ 他应徐志摩之邀担任云裳的设计师。他是"名儒建霞先生(标)之公子,家学渊源,初负笈日本,有声于留学界……学成归国,尤不自满,更留法学高深之艺术焉"⑤。由此可知,江小鹣是一位"从法国和日本专学美术回来的"⑥海归艺术家,在雕塑与西洋画方面颇有造诣。民国时罕有服装设计师,所以服装设计师的工作多由美术家兼任。江小鹣虽非专攻服装设计,但以其留学海外之服装眼界与艺术家之身份,所设计的服装自然"心裁独出,花样新翻"⑦。江小鹣不仅设计服装,还包揽了店面设计一职,"公司中一切装饰布置,均归江子董其事。壁间张有图样,若者为门,若者为窗,若者为登楼之梯,俱以流云为点缀,而范以精铁,一经装置,古雅可知也"⑧。开业时有人称赞"公司中陈设咸富有美术思想,顾觉雅而不俗"⑨。

(2) 叶浅予,由"郎静山推荐给上海云裳公司设计时装"⑩。他在自传中曾提及:"我有时画点妇女时装设计图,因而受到云裳时装公司的聘请,当了一个时期的时装设计师。"⑪叶浅予虽自称"这个新职业等于唱京戏玩儿票,自得其乐而已"⑫,但实际上他在服装设计领域取得了很高的成就,并且由云裳开始闻名于服装设计界,还"办起了上海第一次时装展览会"⑬。

---

① 周瘦鹃:《云裳碎锦录》,《上海画报》,1927年8月15日。
② 成言、行云:《杨贵妃来沪记》,《上海画报》,1927年8月12日。
③ 吕弓、梅生:《云裳候星记》,《上海画报》,1927年8月12日。
④ 徐昌酩:《上海美术志》,上海书画出版社2004年版,第428页。
⑤ 上海画报记者:《云裳之二艺术家》,《上海画报》,1927年9月6日。
⑥ 成言、行云:《杨贵妃来沪记》,《上海画报》,1927年8月12日。
⑦ 同上。
⑧ 周瘦鹃:《艺苑新谈》,《上海画报》,1927年7月15日。
⑨ 吕弓、梅生:《云裳候星记》,《上海画报》,1927年8月12日。
⑩ 解波:《叶浅予倒霉记》,作家出版社2008年版,第104页。
⑪ 叶浅予:《叶浅予回忆录——细叙沧桑记流年》,江苏文艺出版社2012年版,第30页。
⑫ 同上。
⑬ 同上。

（3）李碧波。张幼仪在自传中这样介绍："徐志摩的好朋友，也是名画家的李碧波经常到店里晃晃，他为我们做了些设计，又给我们的服装增添了一些独特的风味。"①可见这又是一位为云裳锦上添花的画家。

3. 名夫人之光顾

云裳的顾客囊括了文化界、金融界与艺术界，且个个都很有人气。开业之时，有男明星陆洁君、女明星妆蟾珍与花界雅秋光临，又有名夫人"王茂亭夫人和范回春夫人同车去参观，订了几件衣服"②，还有"名画师丁慕琴君为其夫人定制一袭"，"美术家而认为美，其美可知矣"③。另据《云裳碎锦录》记录，顾客有"张啸林夫人、杜月笙夫人、范回春夫人、王茂亭夫人，皆上海名妇人也"④，且她们"参观一切新装束，颇加称许"，末了"各订购一衣离去"。不要以为她们点赞是出于社交礼貌，她们是真心喜欢这里的新装束，因为"他日苟有人见诸夫人新装灿灿，现身于交际场中者，须知为云裳出品也"⑤。

（二）云裳之营业

《上海画报》称云裳时装店开业之时"楼上下咸有人满之患……乃顾客也，闻公司中人云，第一日售洋达六百元，定制尚不在内"⑥，又说"三天当中，做了两千多块钱生意，还是受天公不作美的影响呢"⑦，可见场面之火爆，生意之兴隆。而"云裳"又何以获得如此之成功呢？还要归功于其"在'新'不在'费'"⑧的营业宗旨。这点也与徐志摩"不为五斗米折腰"的清高气质相呼应，即使经商也要做到既好又不贵。

在时尚日新月异的民国，服装"过了一天就不时髦啦"⑨，所以"新"自然是服装极为重要的卖点。然而，在对西洋文化盲目崇拜的民国时尚圈，"新"和"洋"几乎可同日而语，所以云裳机智地采取"世界最流行的装束，参以中国习惯"⑩，"再配合女士的品味和身材加以修改"⑪，且在面料的颜色与花样的选择上"务极精美"⑫，如开业之初展示的"蓝布做成的""周镶白绸边"⑬旗袍就体现了云裳出品的精致，甚至极致到"珠子、扣子，还有花结，都非常独特出众"⑭。云裳时装的另一大特点是"全"，"云裳所制衣，不止舞衣与一切宴会音乐会等之装束，今后更将致力于家常服用之衣。旗衫、短衫与长短半臂等"⑮，还"兼售各种鞋帽围巾，香水脂粉，耳环胸花，无一不精美"⑯。力求做到"社交、喜事、跳舞、家常、旅行、剧艺、电影种种新异服装鞋帽等件及一切装饰品"⑰，一应俱全。也

---

① 张邦梅：《小脚与西服：张幼仪与徐志摩的家变》，黄山书社 2011 年版，第 181-182 页。
② 成言、行云：《杨贵妃来沪记》，《上海画报》，1927 年 8 月 12 日。
③ 吕弓、梅生：《云裳候星记》，《上海画报》，1927 年 8 月 12 日。
④ 周瘦鹃：《云裳碎锦录》，《上海画报》，1927 年 8 月 15 日。
⑤ 同上。
⑥ 吕弓、梅生：《云裳候星记》，《上海画报》，1927 年 8 月 12 日。
⑦ 成言、行云：《杨贵妃来沪记》，《上海画报》，1927 年 8 月 12 日。
⑧ 同上。
⑨ 梁白波：《蜜蜂小姐》，经济管理出版社 1999 年版，第 21 页。
⑩ 成言、行云：《杨贵妃来沪记》，《上海画报》，1927 年 8 月 12 日。
⑪ 张邦梅：《小脚与西服：张幼仪与徐志摩的家变》，黄山书社 2011 年版，第 181-182 页。
⑫ 周瘦鹃：《云裳碎锦录》，《上海画报》，1927 年 8 月 15 日。
⑬ 吕弓、梅生：《云裳候星记》，《上海画报》，1927 年 8 月 12 日。
⑭ 张邦梅：《小脚与西服：张幼仪与徐志摩的家变》，黄山书社 2011 年版，第 181-182 页。
⑮ 周瘦鹃：《云裳碎锦录》，《上海画报》，1927 年 8 月 15 日。
⑯ 云裳时装公司广告，《上海画报》，1927 年 11 月 9 日。
⑰ 云裳时装公司广告，《上海画报》，1927 年 8 月 12 日。

只有款式新颖、制作精良且品种又多的云裳,才能做到让顾客主动"夸口说:'我这衣服是在云裳做的'。"①

作为一家由一批文人、名媛与艺术家开设的著名时装店,许多人误以为"云裳的出品,一定没有一件不是奢华靡费的"②,其实"完全不然,云裳的宗旨是在'新',不是在'费'"③。在被誉为"东方巴黎"的上海,开服装店如果不能"开风气之先,马后硬战不灵了",所以云裳的定价"力求低廉,以期普及"④。例如开业之期"在橱窗旁边,放着一件蓝士布的西式衣,颈头中围了白绸,在下边做着一只秋叶式小袋,袋里放着一方小娟巾"⑤,如此精致的款式与洋气的搭配,自然令人觉得价格不菲,但股东兼模特的唐瑛却说"这件衣服,只售十元,原料本来不大贵,只卖一些做工罢了",并说"以后本公司还要极力提倡朴素的衣服哩"⑥。摆在橱窗中展示的新装尚且如此,可见云裳的服装确实不在"费"。

(三) 云裳之宣传

作为云裳的老板,徐志摩千方百计地运用各种宣传方式为时装店进行宣传,包含店面招牌、报刊媒介、模特展示、时装表演、演出赞助等宣传手段。

第一,店面招牌。店铺的招牌就如同当今的品牌Logo,是消费者对一个品牌最直观的印象,自然也是尤为重要的广告途径之一。聚集了一堆名人股东的云裳时装店,其市招自然要请一位名家执笔才能相称。"云裳"之市招"系金地银字,字做篆体"⑦,出自名画家吴湖帆君之手。吴湖帆"为吴克斋先生之孙,擅书法,兼工书法"⑧,被认定为20世纪中国画坛重要的山水画家、书法家与文物鉴定家。由他来书写云裳招牌,本就是一个最有力的宣传(图3-2-1)。

第二,报刊媒介。作为民国时期最为大众又最具有社会影响力的宣传方式,自然是徐志摩打广告的首选。有大文豪做老板,云裳的广告语打得响亮,以一个"最"字为中心,字字珠玑,句句押韵,朗朗上口。如"要穿最漂亮的衣服,到云裳去。要配最有意识的衣服,到云裳去。要想最精美的打扮,到云裳去"⑨(图3-2-2)。又如"云裳,上海唯一的,最最漂亮,最最上等,最最公道的女服店"⑩(图3-2-3)。除了广告语,作为诗人的徐志摩还调动赞美诗来为云裳的文艺气息加分。

图3-2-1 云裳店面(《妇女国货年纪念特刊》1934年)

---

① 张邦梅:《小脚与西服:张幼仪与徐志摩的家变》,黄山书社2011年版,第181-182页。
② 成言、行云:《杨贵妃来沪记》,《上海画报》,1927年8月12日。
③ 同上。
④ 同上。
⑤ 同上。
⑥ 同上。
⑦ 周瘦鹃:《云裳碎锦录》,《上海画报》,1927年8月15日。
⑧ 同上。
⑨ 云裳时装公司广告,《上海画报》,1927年8月12日。
⑩ 云裳时装公司广告,《上海画报》,1927年11月9日。

如"上有天堂下有苏杭,中心是曰申江,第一美术,却在谁方,到云裳去,去到云裳,第一美人又在谁行,不曰唐陆即曰陆唐,载吾画报烱烱有光,清真绝调衣染莺《黄》"。① 又如为着云裳新装的陆小曼所题的《如梦令》:"云裳尔许丽都,花容月下谁知? 晚装楼十里,甚帘敢卷真珠。仙乎仙乎,一时瑜亮唐家。"(图 3-2-4、图 3-2-5)②

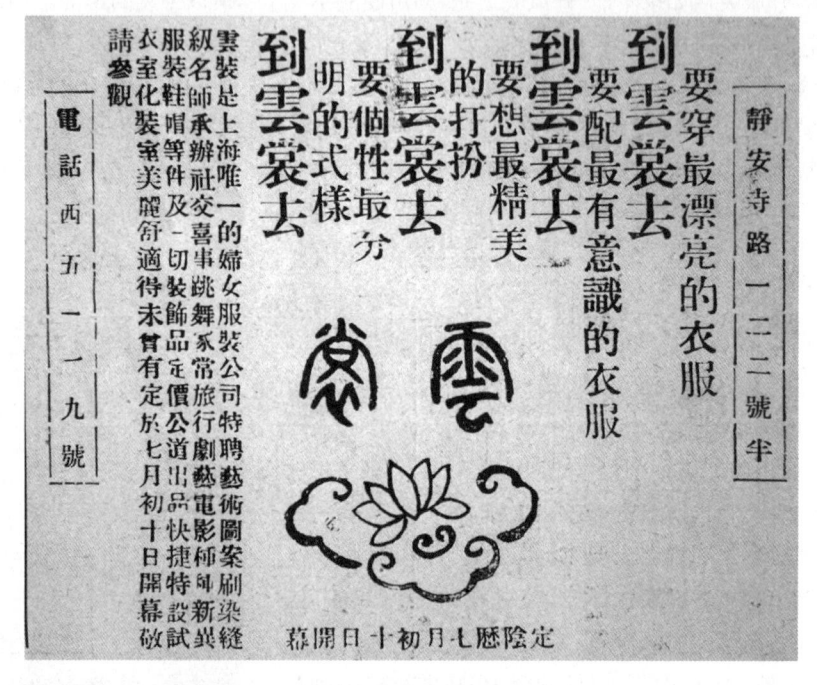

图 3-2-2　云裳广告一(《上海画报》,1927 年 8 月 12 日)

图 3-2-3　云裳广告二(《上海画报》,1927 年 11 月 9 日)

---

① 丹翁:《赞美》,《上海画报》,1927 年 8 月 15 日。
② 丹翁:《如梦令》,《上海画报》,1927 年 8 月 12 日。

图 3-2-4　云裳广告三（《上海漫画》，1929 年 9 月 28 日）

图 3-2-5　云裳广告四（《上海漫画》，1929 年 11 月 6 日）

广告语、赞美诗自是成效显著，但是由一位著名媒体人为其进行连续报道则更加事半功倍。云裳就有这等荣幸，令现代文学大家、时任《礼拜六》与《紫罗兰》杂志主编兼主笔周瘦鹃为其进行报道。周瘦鹃首先撰写《艺苑新谈》介绍云裳的筹备事宜，后为云裳开业写了两篇通讯报道，分别是发表于《申报》1927 年 8 月 10 日的《云想衣裳记》与发表于《上海画报》1927 年 8 月 15 日的《云裳碎锦录》。他又写了《红氍三夕记》报道云裳的时装大会。云裳从筹备至开业，再到宣传活动，均由此大家撰写通讯稿。

第三，模特展示。云裳的模特聚集了南北交际双星——唐瑛与陆小曼，在当时被称为"南唐北陆"。陆小曼作为徐志摩的夫人，既有容貌又懂交际，着装上更是以个性前卫与休闲雅致著称，她来充当云裳的模特责无旁贷。在云裳，徐志摩与陆小曼的关系可以美好地比拟于世界时装泰斗查理·沃斯与玛丽·沃斯，既是夫妻关系，也是老板与模特的关系。唐瑛身为云裳的股东，又是"上海最会穿衣的女子",其一衣一饰都是上海滩摩登女性的模仿对象,自然要亲自展示云裳之出品,才能达到最佳宣传效果。于是,云裳时装店内多了两位美丽的动态模特忙碌的身影,"唐瑛陆小曼二位女士……亲自招待女顾客,或代试鞋样,或代穿新装"①。报纸、杂志上也常出现二人着云裳新装的倩影(图3-2-6)。

图3-2-6 陆小曼着云裳新装(《上海画报》,1927年8月6日)

图3-2-7 汽车博览会上的云裳车模(《上海画报》,1927年10月19日)

第四,时装表演。时装表演在民国时期是一种新兴的时尚活动,具有十分的吸引力。徐志摩当然不会错过。于是,一场有"云想衣裳花想容"氛围的时装大会在众股东的策划下展开了,表演者有"上海交际社会中之魁首"唐瑛,并有"陈皓明、陈慧明、戴竹书、孙杰与谭雅声夫人、谭葆仁夫人等"②名媛闺秀,一时"云蒸霞蔚,锦簇花团"③。除了时装大会,徐志摩还将眼光放到汽车博览会上,令众车模着云裳所制新装亮相,自是一道独特靓丽的风景,也是引发话题的有力宣传手段(图3-2-7)。民国的车模虽没有如今之车模的热辣妩媚,但穿着云裳的新款改良旗袍,亦不失摩登前卫。

第五,演出赞助。云裳的营业范围包括剧艺服装,那么赞助戏剧演出自然是对此类服装最有效的宣传,且徐志摩不仅赞助,还亲自上阵,"穿上了臃肿的袍服上舞台去串演不自然的'腐'戏"④。此"腐"戏便是他客串出演的《玉堂春》,徐志摩"粉抹其鼻,御瑷蓬如故,跣足跋鞋,衣一紫花布之衣,厥状绝滑稽"⑤。以高大上的诗人身份去客串一出戏剧里面的解差之角色,徐志摩虽有万般无奈,但为了云裳,他硬着头皮上阵。其妻陆小曼亦着云裳之衣表演了昆剧《思凡》,"《思凡》戏装,由江子

---

① 成言、行云:《杨贵妃来沪记》,《上海画报》,1927年8月12日。
② 周瘦鹃:《红氍三夕记》,《上海画报》,1929年8月9日。
③ 同上。
④ 徐志摩:《志摩日记》,书目文献出版社1992年版,第85页。
⑤ 周瘦鹃:《红氍三夕记》,《上海画报》,1929年8月9日。

小鹣绘图特制,以澹雅胜,身段活泼泼地,真有珠走玉盘之妙"①。夫妻俩齐上阵,可见徐志摩与陆小曼为了云裳也是蛮"拼"的。

在物质需求得到满足、精神需求日益提升的当代,产品的卖点已逐渐不在产品本身,而是从卖产品转为卖"文化",卖"故事"。百年前的云裳便已开始卖"文化",卖"诗意"。作为诗人徐志摩与众文人艺术家一同开设的服装店,相较于其他商人开设的服装店,不仅服装要新要好要精,更要讲究文化内涵与精神需求,无论是店名、员工、营业宗旨与宣传方式,云裳在各方面都更富有诗意与文艺气息,是个有产品卖点更有文化卖点的诗意服装店,其地位亦得到新闻界首肯。民国报人曹聚仁在他的《云裳时装公司》一文中写道:"当年静安寺路、同孚路一带,都有第一流时装公司,其中以云裳、鸿翔为最著。"②云裳的影响力还折射到了其他领域,来自上海影戏公司的电影导演但杜宇登门拜访,想合作拍摄时装电影。可见徐志摩在服装领域虽是初试牛刀,但取得了不小的成就,并产生了较大影响。

---

① 周瘦鹃:《红氍三夕记》,《上海画报》,1929 年 8 月 9 日。
② 曹聚仁:《上海春秋》,生活・读书・新知三联书店 2007 年版,第 245 页。

陈嘉庚
1874—1961，福建厦门人

身　　份：爱国华侨领袖、企业家、教育家、慈善家与社会活动家。

简　　历：原名陈甲庚。1882 年始在南轩私塾开蒙。1890 年到其父所在的新加坡的"顺安"号米店学商。1906 年开始经营橡胶种植业。1912 年回国兴教育、办学校，先后创办集美小学、中学、师范、水产、航海、商科、农林等校（统称集美学校）和厦门大学。1915 年开始经营航运业务。此后积极拓展航运及橡胶业，并开始生产各种橡胶、靴鞋、医药和日常生活用品。1925 年时其事业达到顶峰，同时加大了对教育事业的投入。抗日战争爆发后，一心呼吁抗战并筹资支援祖国抗战，为爱国事业献出了毕生精力。曾任南侨总会主席、全国政协副主席、全国人大常委会委员与中华全国归国华侨联合会主席等职。[1]

成　　就：陈嘉庚的成就是多方面的。首先，他是一位成功的企业家，是南洋最大的橡胶种植者之一，不仅种植而且大规模生产橡胶制品，营业范围涉及五大洲，被称为"橡胶大王"。他还是著名的爱国华侨领袖，用一生的心血诠释自己的爱国热情，被誉为"华侨旗帜、民族光辉"。他更是一位毕生热诚为国兴学育才的教育家，有感于列强环伺中国，国家成败千钧一发，需"尽国民一分子之天职"[2]，倾资兴学，创办了厦门大学和集美学校。此外，他热心于医院、图书馆、科学馆等公益事业。

专业成就：多次上书请求废除清朝服制并重置礼服，著有《复兴民族与服制》《妇女服装应改善》《满清衣冠之遗留》等文，陈述其服饰改革主张。创立了钟标牌橡胶制品加工厂，生产钟标牌橡胶鞋，远销海内外。

---

[1] 夏蒙：《第一公民：陈嘉庚传》，中国友谊出版公司 2013 年版，第 214-221 页。
[2] 同上，第 43 页。

"第一公民"陈嘉庚

随着传统与近代、东方与西方文明的交融,民国时期出现了土洋结合、亦土亦洋的局面,"服装有长衣马褂者,有单衣长穿者,有中山装,有西洋装,亦有西式礼服,有军服……及其他便服等,真所谓五光十色,参差不齐"①,颇为盲目与混杂。此时,积极倡导全面改革的陈嘉庚提出"复兴民族与服制"的思想,认为"长袍马褂"此二者均为清朝服装制度,"绝非我中华民族自来所固有",保留不改还将其设为礼服有违"革命之真理",于是提倡弃之并重设。② 他还针对当时中国妇女盲目追求时髦的现象,提出了改善妇女服装的建议。

此外,陈嘉庚建立了橡胶制品加工厂,所生产的橡胶鞋与轮胎等制品以物美价廉而匹敌洋货,其钟标牌橡胶鞋成为家喻户晓的著名品牌,为民族工业与国货事业注入了一剂"强心针",为民族企业带来活力的同时,增添了消费者对国货的信心。他以创办实业的实际行动表达其"尽国民之天职"③的爱国精神,被誉为"第一公民"。

(一)"复兴民族与服制"

1. 长袍马褂当废除

长袍马褂本属于清朝服饰,梳长辫、戴瓜皮帽、穿长袍马褂是清朝最为常见的男性着装。然而,辛亥革命后,"尾巴"(辫发)虽已裁去,但"满制长衣马褂,则仍保留不改,甚至认为通常礼服"④。1912年颁布的《服制草案》首次将长袍马褂置于礼服之列,须在除"国家大典及外国公使交际"这两个场合以外的其他场合穿着。⑤ 1929年4月颁布的正式《服制条例》则将长袍马褂的地位进行升级,成为适用于各大场合的高级礼服。⑥ 1939年1月颁布的《修正服制条例》草案,因长袍马褂"一时难于摘除,姑且列为常礼服之一"⑦。

也就是说,从1912年到1939年,长袍马褂始终作为礼服的地位从未动摇,只是适用的场合和级别稍有不同。有趣的是,清朝遗留的这一服装形制完全与民国政府"驱除鞑虏"的政治目标背道而驰,却得到了法制上的肯定,更是受到了林语堂等知识分子的推崇。于是,身为一位彻底的改革派的陈嘉庚对此表示不满与焦急,他说孙中山先生倡导革命,推翻清王朝,"其于清时遗制,革除惟恐不尽。衣服一端,亦深切注意,不肯苟且;故一生罕着长衣马褂,自馀革命同志,光复后亦多主废清服,重新规定。"⑧接着,陈嘉庚提出"欲谋民族之复兴,一切改革必须力求其彻底。大而一国之政体,小而一身之衣服,举凡悖理之法,失时之制,皆宜以大刀阔斧,斫伐而削减之"⑨的主张,认为"长

---

① 陈嘉庚:《满清衣冠之遗留》,《陈嘉庚教育文集》,福建教育出版社1989年版,第36-37页。
② 同上,第36页。
③ 夏蒙:《第一公民:陈嘉庚传》,中国友谊出版公司2013年版,第43页。
④ 陈嘉庚:《满清衣冠之遗留》,《陈嘉庚教育文集》,福建教育出版社1989年版,第36页。
⑤ 中国第二历史档案馆藏:《服制草案》,全宗号1002,案卷号639,1912年。
⑥ 江苏省档案馆藏:《增订国民政府司法例规》,全宗号5-30,案卷号184,1929年。
⑦ 中国第二历史档案馆藏:《修正服制条例》,全宗号12-6,案卷号18168,1939年。
⑧ 陈嘉庚:《复兴民族与服制》,《东方杂志》1937年第1期。
⑨ 同上。

衣马褂,定位礼服,虽若小节细事,而影响则甚巨"①。他甚至锐利地反问:"清服可存,清旗何独不可用?"②故多番请求政府予以废除,上书不成,又多次撰文阐明服制的重要性,并从美观便利、理性爱国、礼仪与平等的角度阐述了长袍马褂的诸多弊端。

首先,从美观便利的角度否定了长袍马褂。于服装造型上,陈嘉庚认为其"重鈕喋扣"与"制肘裹足"③的层层包裹与相叠的形制,使人失去了行动的便利性,如张爱玲所说,人"在这一层层衣衫的重压下失踪了",成了"一个衣架子"④,人与服装的关系变得"主为宾夺"。在服装结构上,又质疑并批判长袍马褂"支离错综,缠夹臃肿,拙陋已甚,安见美观?"⑤,并提出了审美观随时代而变化、美的标准因时因地制宜的进步思想:"野蛮人之所谓美,文明人不必以为美;古代人之所谓美,今代人不必以为美。"⑥如辛亥革命推行"割尾去蹄",即剪长辫、废马蹄鞋(花盆底),但遗老遗少们却以此服饰为美为贵而不愿弃之,时过不久,此种"美"却成为封建与守旧的代名词,遭到爱美之人的厌弃。又如昔日以为美的长指甲今日却以为丑,进一步表明长袍马褂已经不适用于当今的审美。在此基础上,陈嘉庚分析了重设新礼服的重要性:民国服装多相仿相效,其中模仿得宜者"群从而美之",失宜者"群从而恶之",⑦简单而言即"大众效应"决定审美标准,据此可知,礼服尤其是法定礼服的形制必定影响美的标准,故主张重定礼服。

其次,又从理性爱国的角度否定了长袍马褂。嘲讽"废长衣马褂,与国货有损"的说法"太糊涂滑稽"。⑧ 此处之国货为制衣所用的丝绸、棉布等面料。此时的面料被冠以"洋布"与"土布"的分类,贴上了民族的标签,购买土布支持国货成了救亡图存的一条重要道路,这是不错的。陈嘉庚则指出长衣马褂为服装之款式,丝绸布类是服装之面料,其所废为款式而非面料,土布作为面料依然"欲方则方之,欲圆则圆之"⑨,一样可用于西式服装的裁制,故废长袍马褂与国货全无半点损害。这样就理清了衣服与面料、洋货与国货之间的关系,不让那些遗老遗少们混水摸鱼,并提醒政府与广大同胞需以"不失俭约之旨为依归,以不失国布之用"为原则,这才是真正的理性爱国的立场。

再次,从礼仪的角度否定了长袍马褂。儒家礼制思想下的服饰礼仪决定了服装鲜明的阶级性,清末民初仍处于"睁眼看世界"的初级阶段,"衣服乃仪礼之所托,不可轻易改,所谓礼不忘本"⑩的思想还根深蒂固于多数人心中。陈嘉庚却一举推翻了此种言论,并说:"此其说足以欺庸众,不足以欺通人。"⑪他大胆提出,规矩是人定的,人是活的,而规矩是死的,旧的服饰制服适用于封建社会,但不一定适用于当今社会,能用于一时,却不一定能用于百世,应以是否有利于时代为标准而进行取舍,即"当其利见而弊隐,则此仪礼制度可以存;当其利失而弊着,则此仪礼制度可以废"⑫。如三跪九叩在封建社会是大礼,但在今日行之却颇显狂妄,"是亦忘其本也乎?"又如封建主义君主制在人民当家作主的当代社会也不再适用,"是亦忘其本也乎?"由此引出旧的服饰制度不可用于今日是相同的道理。

---

① 陈嘉庚:《复兴民族与服制》,《东方杂志》1937年第1期。
② 同上。
③ 同上。
④ 张爱玲:《更衣记》,《古今》1943年第36期。
⑤ 陈嘉庚:《复兴民族与服制》,《东方杂志》1937年第1期。
⑥ 同上。
⑦ 同上。
⑧ 同上。
⑨ 同上。
⑩ 同上。
⑪ 同上。
⑫ 同上。

最后,从平等的角度出发否定了长袍马褂。认为长衣马褂"依附阶级陋习,更非平等制度"①,并从眼之所及、身之所感两方面佐证了长衣马褂实为"蔑视平等"之所在。其一为眼之所及的社会现象,"学校教师可穿长衣马褂,学生则不可,高级军官可穿长衣马褂,下级士兵则不可,店东职员可穿长衣马褂,而劳动工伙则不可"②;又举"全民军化"之例子,认为长袍马褂不便于军训,但若"教师于非军训时间可服,学生又何独不可效仿?"③定会出现"军官可,士兵不可;教师可,学生不可"④的情况,同属不平等。另外,又以身之所感的事例加以说明,民国九年集美学校请技师修理电机,发动机马力尚不足百,但该技师却长袍马褂,衣冠楚楚,自己全不动手,仅在一边观看工人修理;后新加坡橡胶制造厂的电力发电机马力达二千余,请来的电气局总技师却总是只身前来,亲手查验。两次修理之技师的"全不动手"与"全部动手"之差,使陈嘉庚更感长衣马褂之遗害,"如此骄傲自高,莫非因其身穿长衣马褂乎?"⑤

2. 妇女服装应改善

除主张废除男性的长袍马褂外,陈嘉庚也极力倡导对妇女服饰进行改善。首先,在封建男权社会中,女性作为男性的附属物,其服制是随男性服制等级而定的,如唐时"妇人从夫之色",宋、明之时命妇所服依然随夫随子。但在逐步开放的民国,女性的社会与家庭地位得到提升,女装也获得了其形制上的独立性,甚至在丰富性方面超过了男装。妇女们有了自主选择服装的权利,这才成就了女装的流行。

其次,提出了当时妇女服饰不经济、不卫生与不便利的缺点。这里的所谓不经济,是指服饰时尚与变迁的千变万化与频繁变更,以及女性为追求时髦而导致的资源浪费。陈嘉庚为此而痛心疾首:"损失之巨难以计数。"⑥但凡硬币都有两面。时髦实际上是社会物质财富积累到一定程度的必然产物,是人们生活品质的象征,它是一种"美",且并非不"善"。只是在战乱的年代,时髦浪费的一面被放大而显得太触目。所以,陈嘉庚的这个观点适宜放到当时的时代背景与条件中去观察、研究。我们相信要是放在今天的太平盛世,陈嘉庚一定是时髦的赞同者而不是反对者,因为这才符合他作为革新派的内在逻辑,也符合他作为企业家的利益追求。

那么什么是经济、卫生与便利的女装呢?陈嘉庚向大伙推荐了"延安中共妇女之服装",全面叙述了此种短衣长裤的服装形制的优点,"便于工作,及节约朴素"⑦。当时中国正处于贫困艰苦的社会阶段,勤俭节约应摆在首要位置,于是需要服装简便而有效率,短衣长裤的服装款式十分符合这一要求。另对于家庭殷实不肯着短衣长裤的女性,陈嘉庚认为可以效仿西服形制,也可以窄衣束腰。这样就为有钱人提供了一个通道,因为有钱没处花也是一件痛苦的事,否则王思聪为什么要替他的狗买了个表呢?事实上在商品社会中,衣服这个东西本该就是多层面的,有巴黎"老佛爷"里卖的,也有超市与地摊上卖的,让大伙各取所需;有迪奥与香奈儿,也有我们自家缝纫机上 DIY 出来的三无产品,各有存在价值。尤其是在民国时期,或者说在商品社会中,服装的政治等秩标识逐渐被弱化,而经济等秩标识逐渐在加强。陈嘉庚自然会看到这一点,因为他是一个客观、务实的人。只是他提醒家庭殷实者在消费时也可以尽量务求"便利"与"雅观"。综合以上,深思熟虑,陈嘉庚才

---

① 陈嘉庚:《满清衣冠之遗留》,《陈嘉庚教育文集》,福建教育出版社1989年版,第36页。
② 同上。
③ 陈嘉庚:《复兴民族与服制》,《东方杂志》1937年第1期。
④ 同上。
⑤ 陈嘉庚:《满清衣冠之遗留》,《陈嘉庚教育文集》,福建教育出版社1989年版,第36页。
⑥ 陈嘉庚:《妇女服装应改善》,《陈嘉庚教育文集》,福建教育出版社1989年版,第37页。
⑦ 同上。

提出了"维新,经济,美观,大同,有恒"①的五项服装改良观,当然作为一种观念,其中的理想主义成分要略多一些。

(二)"尽国民之天职"

陈嘉庚不仅在思想理论上谋民族之复兴,更试图以实业来救国。他利用其橡胶种植的资源优势办起橡胶用品制造厂,大量生产并销售橡胶鞋与轮胎,因物美价廉而被同时期的杂志称赞道:"极坚固耐用,质地之佳,远在舶来品上,故一般往来购者,无不称心满意也。"②

1."钟标鞋"的源起

民国初年,中国处于传统社会向现代化社会转型的时期,种种事物都面临着实质性的变革。女性的脚与鞋也反映了这种变化,并围绕着脚与鞋发生了两次变革,均为胶鞋的普及与流行做了铺垫。

中国封建社会以小脚为美,为迎合这种审美情趣而形成了缠足的习俗。辛亥革命后,政府明令禁止妇女缠足,提倡解放双脚,一场"天足"运动由此展开。这首先为西式鞋的普及提供了基础与市场,使西式鞋得以逐渐代替传统的绣花鞋与棉布鞋。但放足后,摩登女郎们又觉得"足太大了,未免要失去美观","自然只有穿高跟鞋"③了,且穿着高跟鞋于行走时可以收到"婀婀娜娜之风采、媚态"④,与缠足所追求的女子窈窕身姿的动因相似。但高跟鞋却同样束缚了脚的自由,并被学者称为"变态的缠足"⑤,一时间"缠足固然要反对,高跟鞋更不应该让它有存在的余地"⑥的言论铺天盖地而来,以脚的解放为原则的"第二次的真正的天足运动"⑦开始被不少人所提倡。此时随着田径、体操等现代体育项目被引入,橡胶运动鞋的需求量大增,使橡胶鞋拥有了更加广阔的市场空间,"钟标鞋"更是以其舒适性与便利性而广受欢迎。

社会的大环境孕育了橡胶鞋,但钟标牌胶鞋的出现则主要源于陈嘉庚的老本行与爱国心。他早年从事橡胶种植业,是拥有几万亩橡胶园的"橡胶大王",有感于洋人控制橡胶的再加工产业以获取暴利,以及日货橡胶大量倾销我国阻碍民族工业发展,因而决心投资兴建橡胶加工厂。他于1919年5月返回故乡集美,成立了陈嘉庚公司,并正式注册了"钟标"商标,购置了2万平方米的空地以创建橡胶制造厂。又于1920年开始生产钟标牌橡胶鞋底,后拓展至橡胶鞋、轮胎与日用品等。良好的商业信誉以及战略家的眼光使其最终将"钟标鞋"创造成了一个闻名遐迩的鞋类品牌。当时的报刊亦有相关报道:"华侨陈嘉庚……以国内橡皮畅销日广,决在沪购地二百余亩,设置大规模新工厂,专造国内橡皮用品,以资挽回利权云。"⑧

"钟标"也充分反映出陈嘉庚的爱国精神,无论是品牌名称还是商标图案,都蕴含满腔的爱国热情。首先说明陈嘉庚要以"钟标"作为警钟,时刻提醒自己实业救国任务之艰巨,并警醒自己不忘"尽国民之天职"。其次作为商标图案的一座钟的中间有一个"中"字,既是中国的"中",也是心中的"中",其寓意不言自明。陈嘉庚确实用实际行动完美地证明了这一寓意。同时,陈嘉庚为其钟标牌下属各式橡胶鞋所取的名称,如平等鞋、自立鞋与自强鞋等,都寄托了其实现民族复兴的强烈愿望。

---

① 陈嘉庚:《妇女服装应改善》,《陈嘉庚教育文集》,福建教育出版社1989年版,第37页。
② 佚名:《陈嘉庚橡皮公司》,《商业杂志》1927年第2期。
③ 李一粟:《从金莲说到高跟鞋》,《妇女杂志》1931年第5期。
④ 同上。
⑤ 同上。
⑥ 同上。
⑦ 同上。
⑧ 佚名:《商业新闻》,《陈嘉庚在沪设橡皮厂》,《商业杂志》1926年第2期。

2. "钟标鞋"的样式

胶鞋被定义为以橡胶为鞋底或鞋帮的鞋子种类,按制造方法和结构特点可将其分为布面胶鞋、胶面胶鞋和皮面胶鞋。陈嘉庚的"钟标鞋",鞋面材质多为皮革、帆布、呢绒、丝绸与橡胶,鞋底多采用经久耐用的橡胶,因其"体式雅,质量轻,价值廉,应用久"等特点,被广泛应用于日常生活与体育运动中,并随着体育运动的兴起而流行。相较而言,中国传统的布鞋鞋底不耐用,皮鞋则不够轻便,都不适合于运动时穿用。

表 3-3-1　陈嘉庚钟标牌橡胶鞋品类一览表

材质	品类	名称	图例
布面胶鞋	运动鞋	平等鞋	
		柳步鞋	
	圆口便鞋	自立鞋	
		珠柳鞋	
		琼柳鞋	
胶面胶鞋	雨鞋	化育鞋	
	套鞋	福星套鞋	
皮面胶鞋	休闲皮鞋	自强鞋	
		化成鞋	
		步莲鞋	
	正装皮鞋	智行皮鞋	
		健行皮鞋	

行业篇——尽国民之天职

陈嘉庚的"钟标鞋"种类繁多、花样新颖，主要包括各式男女套鞋（一种套在鞋外使鞋免受泥水弄脏的橡胶罩）、运动靴鞋、雨衣皮鞋、女鞋革鞋、圆口便鞋与各式拖鞋等，包含日常生活所及礼仪、运动、居家及应对气候变化等多种场合，涉及范围广，涵盖功能全（表3-3-1）。具体的品类名称有平等鞋、化成鞋、福星套鞋、步莲鞋、琼柳鞋、化育鞋、自强鞋、自立鞋、柳步鞋、珠柳鞋、健行皮鞋与智行皮鞋等。所有的这些鞋款都简洁大方，颇为经典，即使在今日，也依旧凸显其美观与时尚，其中许多款式甚至宛如当今的流行。如化育鞋，其款式与当今风靡的匡威高帮布鞋颇为相似，一致的帮面高度与鞋形；近似的鞋带与鞋舌设计；更为相似的是摆放在相同位置的同样形态与大小的圆形商标。又如步莲鞋与自强鞋，其形制与现今流行的复古牛津鞋造型几近相同，这里的复古不就是当代借鉴近代么。陈嘉庚更将其推陈出新、与时俱进的时代精神注入到橡胶鞋的生产中，使橡胶鞋得以不断的创新与进步，如新式厚底橡胶鞋的发明，由于薄底浅花纹的普通橡胶鞋不便于在潮湿的路面行走，陈嘉庚公司于是设计生产了新式厚底的橡胶鞋，加厚的鞋底设计与今日的"防水台"有异曲同工之妙，加深的鞋底花纹也增加了鞋与地面的摩擦力，使厚底鞋在雨天不仅防水而且防滑，更增加了其耐用性。

"钟标鞋"以物美价廉而知名，其布面橡胶鞋的价格多在一至二元法币，特价的帆布面黄胶底平等鞋仅售一元，乌橡底的自立鞋仅需九角。这样的价格颇为实惠，与几元钱的洋货鞋相比十分具有价格优势。其广告也常以"价格极廉宜"或"定价低廉"等字眼以吸引顾客，更以各式低价特价、贱卖特售与大赠品等活动促进销售，物美却价廉至此，陈嘉庚"国货救国"的精神可见一斑。

3. "钟标鞋"的营销

鸦片战争后国门大开，西方资本主义冲击着中国社会原有的经济结构，掀起了一股洋货进口的狂潮，且洋货因经济适用的优势一举抢占了中国市场，中国民族工业面临前所未有的危机。于是在20世纪初，一场国货运动的持久战打响了，商品被贴上了"国货"和"洋货"的民族标签，此处之洋货主要包括进口的和外资在华生产的商品，相较而言的本土手工土货与中国民族企业生产的商品被合称为国货。

国货运动始于1905年反美爱国斗争中发动起来的发展近代实业、提倡土货的运动，并由于新兴民族资产阶级的产生与发展，以及民国政府的一系列实业政策的实施而不断地蓬勃发展。孙中山清楚地认识到民族工业于国家富强的重要意义，"社会当以工商实业为竞点，为中华人民共和国开一新局面"，并以"国家富源，在于实业"为指导思想，制定了一系列发展实业的法令。所以，1912年颁布的《服制草案》规定各种大礼服、常礼服、大礼帽等需"料用本国纺织品"，使"国货得以畅行"。由于政府及民族资产阶级的积极推动，国货运动在20世纪最初二十多年中以一泻千里的态势奔流不息。① 尤其是1929年的世界性经济危机，使帝国主义列强都竭力把损失转嫁给中国等经济落后的国家，致使我们战乱连年，外货充斥，国货滞销。于是，倡导国货抵制外货的爱国热情空前高涨，并为进一步开展国货运动，将1933年定为国货年。② 后又将1934—1936年分别定为妇女国货年、学生国货年与市民国货年。政府于1939年颁布的《修正服制条例》草案，也以"限用国货"为原则。

敏锐的企业家们通过商品广告传播购买国货的重要性，加深消费者的民族认同感。陈嘉庚"钟标鞋"的营销也是如此。紧紧抓住国人希望购买国货以振兴中华的心理作为营销热点进行宣传，其1930年刊登于《晨钟日报》的几则广告即为爱国教育式的问答，颇为生动，亦有创意。

---

① 潘君祥、全国政协文史办等：《中国近代国货运动》，中国文史出版社1996年版，第1-36页。
② 方宪堂：《1933年国货年》，《中国近代国货运动》，中国文史出版社1996年版，第429页。

其一为父母教导子女的场景:"母亲名爱国,开言训子女。国货有钟标,买鞋须认此。妹妹闻母训,连声应唯唯。地下小弟弟,见钟大欢喜。更有好哥哥,两手一齐举。普告天下人,教儿须及早。爱国如此妇,方合为母道。国货能振兴,国家自然好。"①其二为师生在教室中对答的形式:"先生早起出讲堂,第一注意学生装,你们全身所服用,是否国货抑洋货?一生敬谨答老师:专用国货已多是,学生所穿的靴鞋,买于陈嘉庚公司。先生闻言大喜,更望诸生都如此,诸生一一齐点头,爱国须用国货起。"(图3-3-1)②其三为老师在操场上教导学生的情形:"教师语学生,国货倡宜谨。你们的靴鞋,是何家出品。学生答教师,爱国久承训。所有皆钟标,舶来未敢问。"③如此既弘扬了爱国主义精神,又推动了近代服装变革,也为企业带来了不菲的利润。

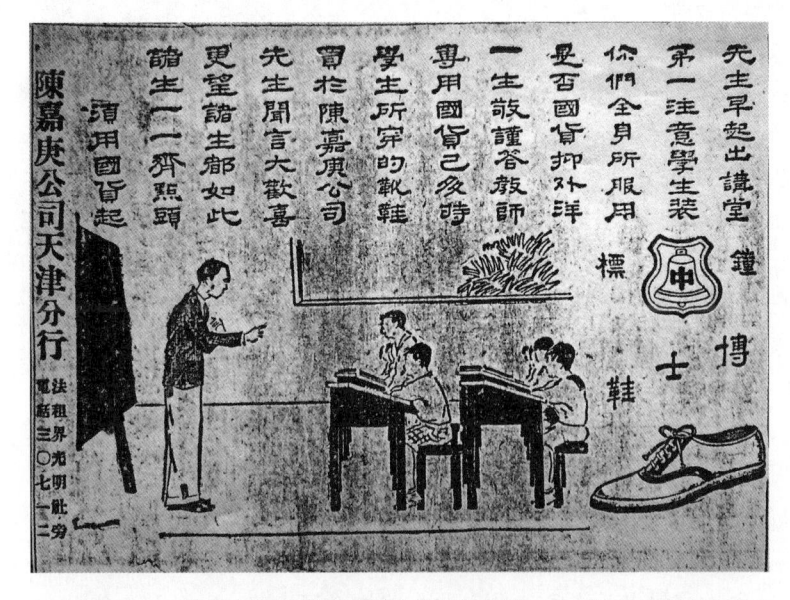

图3-3-1 陈嘉庚公司的"钟标鞋"广告(《大公报》,1930年10月10日)

陈嘉庚的服装改革与实业救国,都是在特定的时代背景下,围绕着爱国这一主题进行的,包含"除旧"与"布新"两方面的实践。"除旧"表现于他"复兴民族与服制"的思想,以及否决长袍、马褂与旗袍的着装主张。今日看来,其思想似乎不合乎保护民族传统,但在特定的社会环境中应有特殊的理解。在封建旧制刚被革除,遗留旧制"革除唯恐不尽"的社会环境中,这是勇于担当、勇于推陈出新的表现。人们的思想不可能脱离社会现实而存在,服装思想亦相同,存在即合理。"布新"体现在他创办钟标牌橡胶加工厂的行动中,大量生产并销售西式橡胶制品,以品种繁多、门类齐全、款式新颖与质优价廉等优点而与洋货相抗衡,在洋货倾销并占据大量市场而民族工业萎靡不振的时代,为国货的崛起起到了行之有效的作用,在橡胶鞋产业起到了立竿见影的效果,从同时期的报刊中可见:"国货橡胶业,自经设厂竞销后,洋货渐形减少。"④

无论是思想理念还是实际行动,无论是侨居国外还是身居祖国,陈嘉庚永远站在捍卫民族利益的最前列,急国家之所急,忧人民之所忧。"第一公民",陈嘉庚当之无愧。

---

① 佚名:《"钟标鞋"广告》,《晨钟日报》,1930年12月。
② 佚名:《"博士鞋"广告》,《大公报》,1930年10月10日。
③ 佚名:《"钟标鞋"广告》,《大公报》,1930年5月26日。
④ 佚名:《国内贸易消息》,《国际贸易情报》1937年第16期。

附:"第一公民"语录

摘自陈嘉庚《复兴民族与服制》,刊载于《东方杂志》1937 年第 1 期;摘自后世编撰、福建教育出版社 1989 年出版的《陈嘉庚教育文集》中的《妇女服装应改善》与《满清衣冠之遗留》。

> 见其人,审其衣服,而其国政俗教化之高下,固已昭然若揭,无待足践目击而后知。

> 代与代异,国与国别。此其间若梯之有阶,声之有度,上下高低,了不可混;而文化之水平,亦于是乎取徵。故谓衣服为文化最显着之代表物,无不可也。

> 中山先生倡革命,覆满清。其于清时遗制,革除唯恐不尽。衣服一端,亦深切注意,不肯苟且;故一生罕着长衣马褂。自余革命同志,光复后亦多主废清服,重新规定。然国人每易安于现状,怩于旧习,长衣马褂,犹是入时之装。训至今日,中华人民共和国成立二十许年,复以此物为民国礼服。虽曰割尾去蹄,稍减丑态;而与傀儡伪满,究无锱黍之差。嘻嘻!清服可存,清旗何独不可用?观瞻之所在,则心理之所系,精神之所趋,庸可忽也?

> 故吾人以为欲谋民族之复兴,一切改革必须力求其彻底。大而一国之政体,小而一身之衣服,举凡悖理之法,失时之制,皆宜以大刀阔斧,研伐而铲剪之。务使全部皆呈新气象;然后"复兴"二字,始有足言。长衣马褂,定位礼服,虽若小节细事,而影响则甚巨。窥期以为不可也。

> 抑美观云者,故因时因地而异,原无一定之标准。野蛮人之所谓美,文明人不必以为美;古代人之所谓美,今代人不必以为美。

> 然长衣马褂,服之式也,丝绸布类,服之料也。废长衣马褂,是所废在服之式,初与服之料无涉。置料于此,吾欲方则方之,吾欲圆则圆之,吾欲西装则西装之,吾欲汉装则汉装之。料以成式,式固不能移料。理至浅显,无待费词。

> 夫一切仪礼制度,悉人为之。便于古不必便于今,利于一时,不必利于百世。当其利见而弊隐,则此仪礼制度可以存;当其利失而弊着,则此仪礼制度可以废。

> 良以复兴民族,必植基于全国武装之精神,惟有全国武装,全民军化,然后人人能国而忘家,公而忘私,然后人人能爱国族,能知责任。

> 我国古代女裙亦束于衣外,况男子衣服已多效仿西装,何必独限妇女,既不能恢复古制,则当取维新,经济,美观,大同,有恒,五项为主要。

> 至改革服制式样,如不恢复古制,亦不尚法西洋,自可研究妥善体式,取其经济与便利,则耳目一新,可除腐旧,否则胯服仍存,丑态依旧,不但世界无此服装,为人指点讪笑。且依附阶级陋习,更非平等制度,如学校教师可穿长衣马褂,学生则不可,高级军官可穿长衣马褂,下级士兵则不可,店东职员可穿长衣马褂,而劳动工伙则不可,世界无论何国有是理否?

宋棐卿

1898—1956，山东青州人

身　　份：企业家。

简　　历：名显忱，自幼就读于益都的教会学校。1916年考入齐鲁大学，后转入燕京大学。1920年赴美国芝加哥西北大学商学院攻读工商管理兼修化学课程。1925年回国，承父业经营德昌洋行。1932年在天津组建东亚毛呢纺织股份有限公司，任董事长兼经理。1936年在旧英租界筹建新厂。抗战时期扩大公司业务，创设了东亚麻袋厂、东亚化学厂与广信股票行。中华人民共和国成立后，任第一届全国政协委员、政务院财政经济委员会委员。[1]

成　　就：宋棐卿是我国民族实业界的代表人物之一，一生致力于抵制洋货与发展国货的"实业救国"之路。组建了东亚毛线公司，创造的抵羊牌毛线享誉全国，年销量可达150余万磅（1磅约453.6克），打破了当时洋货垄断国内毛线业市场的状况，带动了国货运动的开展，为民族经济的振兴贡献了力量。

---

[1] 沈其新、陈珠培：《商界百年人物沧桑录》，湖南教育出版社1993年版，第70页。

■ 宋棐卿的"抵洋梦"

宋棐卿生于一个买办资产阶级家庭,其父宋传典是一位基督教徒,故其自小便受洗入教,小学、中学亦就读于教会学校,后又出国留洋学习工商管理。他信仰的是西方教会,所受亦是西式教育,但其心中却有一个"抵洋梦"。此"抵"不在抵制西方先进的文化与科学,而主要在于抵制西方的经济入侵。第一次工业革命时,中国还沉溺于"享清福,粉太平的闭关时代"[1]。第二次工业革命时,中国又处于新旧挣扎之中,封建主义的桎梏与列强的侵略限制了工业化的进程。外货大量倾销,垄断国内市场,民族经济奄奄一息。宋棐卿亦深知我国生产的落后,对国人"固步自封,迟滞不前"而让国家"天然的富源,不能利用,振奋实业救国的大计,不能实行,大好的市场,被外人垄断,源源的金钱,流入外洋"[2]的不争气之举而哀痛,"抵洋梦"亦由此萌芽。

梦想不能止于"想",只有落于实处才能体现价值。宋棐卿留洋时受西方国家高度发达的工商业刺激,深感工业对于发展民族经济之重要性,深知只有实业才能救国,才能富国,于是暗下决心发展民族工业,走实业救国之路。受其父经营毛织品的影响,宋棐卿有意经营毛纺织业,且经过调查,得知毛线在中国极富市场,认为其是"中国最有前途的工业"[3]。但当时市场上畅销的均为洋货品牌,有日本加藤洋行经销的麻雀牌毛线、英商博德运厂生产的蜜蜂牌、学士牌毛线等。[4] 中国甚至没有能力进行工业化生产,更不要说是创立国货毛纺织品牌与外货抗衡了。于是宋棐卿抱着"外国人能办到的事,中国人也一定能办到"[5]的决心,在毛线业起家,创办了"国人资本,国人经营,国人技师"[6]的东亚毛织厂,出品抵羊牌毛线——"抵羊"之名即寓意"抵洋",以"与洋货竞争"为宗旨,以"杜绝每年约三千万元的毛线漏卮",发扬民族工业,实现实业救国为目的。[7] 自此,宋棐卿的"抵洋梦"开始由梦想变为现实,并分为理论与实践两方面进行。

(一)"抵洋"之理论

理论是实践的先导,抵洋事业亦须相应的理论作为指引与支持。宋棐卿怀揣着"抵洋梦"在中外考察多年,并为之进行过诸多探索,终形成一套个人的"抵洋"理论。该理论不仅系统全面,而且条理清晰、层层递进:先将贸易逆差的实际数据列于国人眼前,让同胞们感受到洋货输入之巨;再道明国货衰荣与民族兴亡的唇齿关系,以唤起国人对国货的关怀;更为国民描绘了一个国货进步后的繁荣社会,并用其成功经验来弥补国民的信心;最后列出社会各阶层应遵循的具体措施。具体如下:

首先,宋棐卿与广大同胞们算了笔账,由于洋货垄断国内市场,致使国货滞销,故将1933年定为国货年以带动国货销售。而这为了提倡国货而设的国货年,其一年的贸易入超却达到"九万万元

---

[1] 佚名:《天津东亚毛呢纺织有限公司敬告国人书》,《工商必备》1934年第1期。
[2] 同上。
[3] 佚名:《宋棐卿所著〈我的梦〉》,《天津历史资料》1983年第20期。
[4] 中国人民政治协商会议天津市委员会文史资料委员会:《近代天津十大实业家》,天津人民出版社1999年版,第187页。
[5] 马侠夫:《宋棐卿与东亚公司》,《青州文史资料选辑·第7辑》1989年版,第88页。
[6] 佚名:《天津东亚毛呢纺织有限公司敬告国人书》,《工商必备》1934年第1期。
[7] 宋棐卿:《提倡国货声中话"抵羊"》,《工业月刊》1946年第11期。

之巨,其中毛线一项,每年平均也在三千万元以上"①,这数据"其时很是惊人"②。宋棐卿更将此提到一个生死攸关的高度上——"这种惊人的漏卮,即足以致我们同胞死命了"③。他对国人的态度可用鲁迅先生的一句话描述——"哀其不幸,怒其不争",同情而又无奈,并嘲讽"同胞们居然有这等致谢洋大人的高情厚意,这样舍命进供九万万元的礼敬,真足以表现我们大国民处之泰然,满不在乎,慷慨不吝的亡国风度,这是何等令人痛心的事"④。

在数据的基础上,宋棐卿进一步说明了国货与国家间唇齿相依的关系,指出"工业的兴衰,也是我们民族的兴衰!"⑤。中国民族工业的贫弱,究其原因,离不开"社会经济的不稳定,专门人才的缺乏,原料供给的困难,工人技术的平庸",但是"国人多年崇拜外货,卑视国产心理的坚牢"也足以将民族工业推入绝境。就此宋棐卿试图用逆向思维的方式来提倡国货:虽然"国产质料比不上外货好,价格比不上外货贱",但"国人如能本爱国热情,一改反常的心理,来爱护它,帮助它",则"国货有了市场,能够畅销,自然就可以有力量来充实装备、造就人才、训练工人,改进质料增加生产,至于成本的减轻,售价的降低,完全是意中之事,不难做到"⑥。这种观点违背了商品经济的规律,但却是实际存在于那个时代的国货思潮中。据说韩国曾因"国货情结"过重而引发"白菜危机",《环球时报》还发文说,"国货已经成为韩国人日常生活中最自然的选择。例如,尽管中国大白菜要便宜2/3以上,但还是有很多韩国人愿意花高价寻找国产大白菜"。若中国人也能拥有这样深厚的"国货情结",能够有"爱民族工业,如同自己的生命,不能摧残,或听其自生自灭"⑦的心态,那这不实际且反于常态的经济理论也一定有其实现的可能。

列数据、明关系与"画大饼"能给予大众"抵洋"的理想,却难以赋予他们实践的信心,宋棐卿也深知公众"一定会觉得,国货与外货质量和价钱差别太大,提倡国货不是轻易可谈的。甚至有人会悲观,或抱绝望,而自暴自弃"。故坚持用事实来阐明"只要有决心和牺牲的精神,绝对不至失望"⑧的道理。宋棐卿以东亚公司与抵羊牌的成功为真实例证:"东亚"成立于"举国丑化提倡国货弊"⑨的逆境之中,且"当时外货来源方面很多,种类更不胜枚举,而且价钱非常便宜"⑩。其生存可谓寸步维艰,但本着能够"唤起同胞对国产品的关切"的信心,坚持着货真价实,最终亦"渐渐得到了国人的同情与投资",用抵羊牌的成功一扫民族工业的阴霾,重拾发扬国货之信心,证明了"中国任何工业都有发展的可能"⑪。

理论也需具体化,宋棐卿继而针对政府、社会、实业家与国人提出了一系列具体措施。首先,提议政府给"工业界解决经济与技术困难的问题"⑫。政府解决经济困难的主要措施便是减轻赋税,天津毛线业衰弱的原因之一便是"受捐税过重之压迫,如羊毛入口,及毛线出口须缴纳统税、牙税、皮毛税、二五税数道之苛税"⑬;抵羊牌毛线也曾由于赋税问题无法降低成本而一度陷入困境,故以

---

① 佚名:《天津东亚毛呢纺织有限公司敬告国人书》,《工商必备》1934年第1期。
② 宋棐卿:《提倡国货声中话"抵羊"》,《工业月刊》1946年第11期。
③ 佚名:《天津东亚毛呢纺织有限公司敬告国人书》,《工商必备》1934年第1期。
④ 同上。
⑤ 宋棐卿:《提倡国货声中话"抵羊"》,《工业月刊》1946年第11期。
⑥ 同上。
⑦ 同上。
⑧ 同上。
⑨ 同上。
⑩ 同上。
⑪ 同上。
⑫ 同上。
⑬ 佚名:《天津毛线业概况》,《中东经济月刊》1930年第12期。

"保护国货"为名向政府申请减免税,最后获得"国内销售时免征海关转口正、附税二年"①与"航运、铁路运费均减收五成"②的政策奖励,这些措施大大降低了成本,使企业得以发展,可见政府于工业之重要性。其次,希望社会给予信赖和同情,"将社会游资纳入投资于工业的正轨"③,集社会的财富力量来创造共同富裕,"东亚"奉行的便是股份有限公司制,"使游资游才得到互助合作"是公司之主义。再者,提醒实业家们时刻牢记"计划生产之改进,装备的健全,以减少劳力的消耗。劳工方面,应努力增加生产,谋求技术效能的增高"④。国人则应"坚决确立爱护国货的信念"⑤。若能做到"购用一切物品,必以采用国产为唯一条件,倘非国货,宁肯不用,亦不使利权外溢,出自我手"⑥,那民族工业的繁荣则近在咫尺了。

宋棐卿这一系列的"抵洋"理论,从列数据、明关系、"画大饼"到举实例、提措施,可谓是动之以情,晓之以理,用满腔热忱来呼吁广大同胞关爱国货共同"抵洋"。除此之外,宋棐卿撰写的《东亚铭》《我的梦》等文章均表现出他坚决抵制洋货,以发展民族工业为己任的爱国情怀,亦是其"抵洋"理论的成果。《东亚铭》是宋棐卿为东亚毛纺厂打造的企业文化,包含"主义""公司主义"、做事做人与功过的原则等内容。《我的梦》则是宋棐卿为"东亚"规划的一个庞大的发展蓝图。在《我的梦》中,宋棐卿以国计民生为己任,计划创建毛纺厂、麻厂、化学厂、人造丝厂、纸厂,以及铁厂、印刷厂、银行、保险与山场十个工厂,并谋划文化事业与社会事业,如创办职业学校、刊物,给品学兼优的贫困学生发放奖学金,设立康乐站为贫苦国民谋出路,创设平民医院等。

(二)"抵洋"之实践

实践是检验真理的唯一标准,宋棐卿的"抵洋"理论只有落于实践才具有说服力,而他的实践是创立了东亚毛呢纺织股份有限公司,出品抵羊牌毛线。"东亚"究竟是一家怎样的企业?抵羊牌毛线的经营状况又如何呢?我们可以从当时报纸、杂志的数据中做一番统计:

20世纪30年代初,天津经营毛线业的工厂原有四十余家,后均因生意萧条相继停业,所剩的寥寥几家的资本都在数千元规模,规模最大的一家其资本也仅为二三万元法币。这些工厂均是家庭作坊性质,且资本缺乏,无法组成大规模的工业化工厂,最终都因经营不振,放弃制造而从事销售,整个天津毛线业十分惨淡。⑦ 新建的东亚公司则逆流而上,其创办于1932年,原址设于天津意租界河沿路61号,后因营业扩充,原厂址不敷使用,于1936年迁至第十区云南路。创办之初资本为三十万元法币,两年后由于设备扩充增为八十万元法币。后被冠以"华北唯一国产毛线工厂"⑧的称号。

至1934年,该厂共计职工175人,其中男工138人、女工35人。⑨ 至1946年,员工人数达到975人,其中男工649人、女工326人。⑩ 当时天津规模最大的毛线厂,其员工也不及百人,可见"东

---

① 中国人民政治协商会议天津市委员会文史资料委员会:《近代天津十大实业家》,天津人民出版社1999年版,第187页。
② 同上。
③ 宋棐卿:《提倡国货声中话"抵羊"》,《工业月刊》1946年第11期。
④ 同上。
⑤ 同上。
⑥ 佚名:《天津东亚毛呢纺织有限公司敬告国人书》,《工商必备》1934年第1期。
⑦ 佚名:《天津毛线业概况》,《中东经济月刊》1930年第12期。
⑧ 佚名:《介绍华北唯一国产毛线工厂——天津东亚毛呢纺织股份有限公司》,《青岛工商季刊》1936年第2期。
⑨ 佚名:《天津东亚毛呢纺织股份有限公司》,《国货年刊》1934年。
⑩ 赵兴国:《天津东亚毛织公司鸟瞰》,《河北省银行经济半月刊》1946年第10期。

亚"之规模。员工工资由 1934 年月平均 12 元涨至 1946 年月平均 46 元,员工福利也相应增加,设立了福利社,配备了医药、理发、沐浴、体育、肺病免费检查与供给疗养等公共设施。为鼓励员工工作,设立了年终奖金、婚丧津贴、病伤津贴与死亡抚恤等特殊扶助费。更致力发展教育事业,设立东亚小学供职工子弟学习,并备有中学、大学奖学金与夜校学费扶助金。此外还设有图书馆、游艺室、话剧社、国剧社与歌咏队,以提高职工知识,丰富职工生活。①

该厂规模宏大,内部机械设备齐全,有去土机、洗毛机、烘毛机、染色机、染毛条机、甩水机、烘毛棉机、弹毛机、弹线机、弹线头机、大梳毛机、合股机、小梳毛机、小环锭纺机、磨钢针机、摇线机、精梳毛机、双筒梳条机、双锭梳条机、各道练条机、缩练机、精练机、叉锭精纺机与帽锭精纺机等。此外尚有大小锅炉各一台,上水机、打水机各一部,摩托二十部,各种机械总价值为二十余万元。② 至 1946 年,计有粗纺毛线机七台,精纺毛线机一百八十余台,织驼绒机四台。③

该厂专门出品各种精纺粗细及单双股毛线,可分为针织线及手工线。④ 100 号四股手工毛线产量最大,每年产量约一百二十余万磅,每磅价值二元九角五分法币,用于织作各种毛衣围巾帽子等。1000 号四股手工毛线、1234 号机织毛线、800 号单股绒纱与 300 号四股手工毛线的产量较少,主要依照订货量多少而确定。⑤ 所有产品中以新 300 号、200 号、100 号与 500 号最为优质畅销,其中又以新 300 号最为优质,"此线纯系羊绒纺成,极柔软,拉力最大,颜色选配雅而不俗,供织四季各种服品,尤宜织夏季妇女晚服及儿童晚服等,如透空花纹之斗篷外衣等,因其轻薄暖和,诚旅行避暑者不可不备之妙品"⑥。除毛线外,"东亚"还出品各种新式毛衣。这些产品均畅销全国,全国经销处共五百余处,每年总计可销毛线一百余万磅。⑦ 产量可达到全市毛线销量的一半以上,实现了宋棐卿《我的梦》中关于产品要"以大众为对象,绝不出产供少数人用的奢侈品,要绝对平民化,求价格低廉,大量供应,人人能买"⑧的梦想。

产品离不开广告宣传,抵羊牌亦深知其道,在坚持产品货真价实的同时也重视广告的作用。首先,"抵羊"之名便是个有力的广告,谐音"抵洋",寓意抵制洋货,迎合了当时抵洋抗日的爱国热潮。大力宣传抵羊牌是"国人资本,国人制造",不仅将这两句话醒目地印于包装上,在印制各种广告时也定要加上"舶来品略逊一筹,国产产品无出其右"⑨、"出品精良替国产品扬眉吐气"⑩等字样,用"爱护国货,实业救国"⑪的企业精神感染国人并带动销售(图 3-4-1)。其次,利用报纸、杂志、电台、影院、路牌等形式打广告。⑫ 创办企业专刊进行宣传,其中《东亚声》是企业内部刊物,《方舟》则是面向大众的以"增进家庭幸福、研究家政实施、提倡家庭手工"为宗旨的综合类期刊。其中不乏《如何做个时代的新妇女》《衣服之研究》《科学家庭的新工具》《儿童礼貌的指导》等知识科普性文章,使人"不但明白家庭中的常识,且可明白妇女应有的责任"⑬,讲授各种服饰毛线编织法的文章

---

① 赵兴国:《天津东亚毛织公司鸟瞰》,《河北省银行经济半刊》1946 年第 10 期。
② 佚名:《天津东亚毛呢纺织股份有限公司》,《国货年刊》1934 年。
③ 赵兴国:《天津东亚毛织公司鸟瞰》,《河北省银行经济半刊》1946 年第 10 期。
④ 佚名:《介绍华北唯一国产毛线工厂——天津东亚毛呢纺织股份有限公司》,《青岛工商季刊》1936 年第 2 期。
⑤ 佚名:《天津东亚毛呢纺织股份有限公司》,《国货年刊》1934 年。
⑥ 佚名:《介绍华北唯一国产毛线工厂——天津东亚毛呢纺织股份有限公司》,《青岛工商季刊》1936 年第 2 期。
⑦ 同上。
⑧ 佚名:《宋棐卿所著〈我的梦〉》,《天津历史资料》1983 年第 20 期。
⑨ 《抵羊牌绒线广告》,《工业月刊》1946 年第 11 期。
⑩ 《抵羊牌绒线广告》,《工业月刊》1947 年第 2 期。
⑪ 宋棐卿:《提倡国货声中话"抵羊"》,《工业月刊》1946 年第 11 期。
⑫ 中国人民政治协商会议天津市委员会文史资料委员会:《近代天津十大实业家》,天津人民出版社 1999 年版,第 187 页。
⑬ 佚名:《的良女士家书中谈及方舟》,《方舟》1935 年第 9 期。

占了一大半,甚至可以说《方舟》是一本毛线编织的教科书,且细致到每一件衣物的材料、数量、尺寸、编织步骤、实物细节图、实物效果图与着装图,其中编织材料必是抵羊牌毛线,并附有不同标号的毛线实物小样。这样真诚的良心广告,确实让人难以拒绝。与此同时,举办时装表演会、绒线展览会与编织训练班等活动,带动销售。在国货时装会上,邀请名媛穿着"抵羊牌毛线制之背心"[1]为其代言。在抵羊牌绒绵展上,电影皇后胡蝶也现身为其捧场(图3-4-2)。[2] 更借助政府力量为其打广告,国家为支持国货不仅不收抵羊牌之税费,还颁令至各省市县区大力提倡优先购用。如此这般的努力宣传,使抵羊牌毛线得以"行销于全国各地,备受民众欢迎"[3](图3-4-3)。

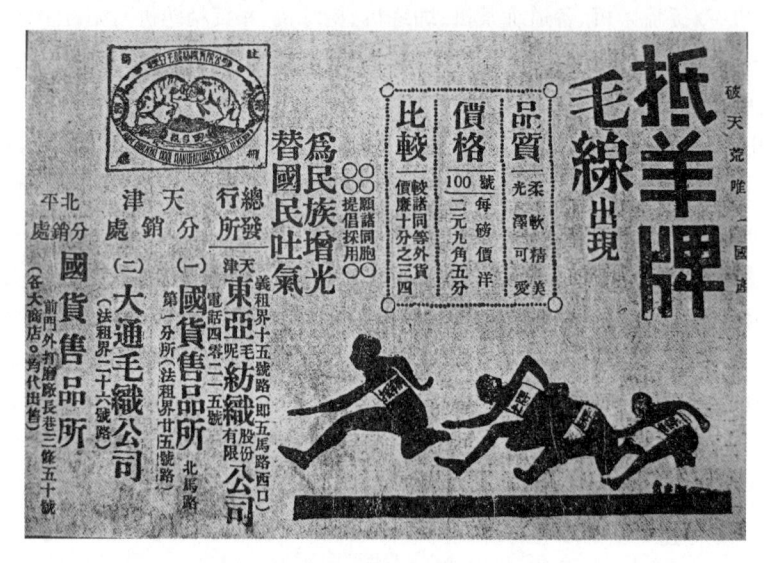

图 3-4-1　抵羊牌绒线广告(《大公报》1932 年 9 月 23 日)

图 3-4-2　电影皇后胡蝶参观抵羊牌绒绵展(《摄影画报》1933 年第 45 期)

---

[1] 舒少楠:《汉市国货时装会着天津抵羊牌毛线制之背心之汉上名媛阳女士》,《天津商报画刊》,1934 年 4 月 7 日。
[2] 王开:《电影皇后胡蝶女士参观国货公司抵羊牌绒绵展》,《摄影画报》1933 年第 45 期。
[3] 赵兴国:《天津东亚毛织公司鸟瞰》,《河北省银行经济半月刊》1946 年第 10 期。

宋棐卿所有的思想与实践均立足于国家富强与民族繁荣的高度，其具有强烈的实业救国理想——"抵洋梦"：首先体现于其思想理论中，他提出了一套系统全面的呼吁全国一致抵制洋货支持国货的"抵洋"理论；其次在其"抵洋"理论的指导下，创立了东亚毛呢纺织股份有限公司与抵羊牌毛线，并畅销全国。宋棐卿将一个年产几万磅的小型毛线厂经营成了一个年产一百多万磅的大型工厂，经营成了一个"我国理想化之轻工业机构"[①]，而他本人也成为一个突破了洋货包围的国货奇才。

附：宋棐卿的"抵洋"语录

摘自宋棐卿撰写的《提倡国货声中话"抵羊"》，刊载于《工业月刊》1946年第11期；《我的梦》，《天津历史资料》1983年第20期。

图3-4-3　毛线编织着装效果图（《方舟》1935年第45期）

➤ 谁也不应该忽略了，国产品和全国人民，唇齿相依，息息相连的关系。工业的兴衰，也是我们民族的兴衰！虽然国产品质料比不上外货好，价格比不上外货贱，可是国人如能本爱国热情，一改反常的心理，来爱护它，帮助它，使国货有了市场，能够畅销，自然就可以有力量来充实装备造就人才训练工人，改进质料增加生产。至于成本的减轻，售价的降低，完全是意中之事，不难做到，这是大家的责任，我们爱民族工业，如同自己的生命，不能摧残；或听其自生自灭。

➤ 有的人一定会觉得，国货与外货质量和价钱差别太大，提倡国货不是轻易可谈的，甚至有人会悲观，或抱绝望，而自暴自弃，不过我认为只要有决心和牺牲的精神，绝对不至失望。

➤ 我们创立这个工厂的动机，大胆的说是为了要杜绝当时每年约三千万元（这个数其时很是惊人）的毛线漏卮，这种动机也许是太不自量的。可是这个团体的出发点，要设法寻求一条如何提倡国货，改进国货，发扬民族工业的途径，所以，当时出品的毛线，命名为"抵羊"。由此可以略见它存在的中心意义和信念了。

➤ 这个公司的组织，要本爱护国货，实业救国的精神毅力，发展国产毛线工业为宗旨。

➤ 政府以及国人都抱有发扬工业的决心，也证明了中国任何工业都有发展的可能，质与量上并不低于外货。

➤ 要知道，提倡国货运动并不是闭关自守，经济孤立的主张，并不是欲使中国仍停留小手工业段阶的要求，而是要发扬光大现在的工业，创立未来崭新的机构，更是国人充分表现爱国家，爱民族的机会，和挽救工业既倒狂澜的当前急务！一个现代化的国家，必须有健全的工业，和自给自足的力量。

➤ 欲完成以下计划，我们必须先确定我们的指南针（即我们的主义）。无论事之大小，进行之快慢，万不可离开了它。少宣传，少参加无味之集会。离开虚名，我们要脚踏实地的望前进，我们的主义是以下这四条：1.以生产辅助社会进步；2.使游资游才互助合作；3.实行劳资互惠；4.为一般平民谋求福利。

[①] 赵兴国：《天津东亚毛织公司鸟瞰》，《河北省银行经济半月刊》1946年第10期。

➤ 我们必须多设有益国计民生,而尚未普及的各种工厂如毛厂、麻厂、化学厂、人造丝厂,及其他辅助事业如铁工厂、印刷厂、山场、银行保险等。

➤ 倘政府能限制国外羊毛进口,提倡各厂采用国产羊毛,则本厂可大量用国产羊毛制造毛线、呢绒、呢帽、床毯、军呢、军毯、手套、地毯等,相信无一不能盛行全国。即或质料稍差,亦不过弃如西餐而吃白面馒头,尚较玉米而优良多矣。以后再将中国养羊剪毛之法及贩卖术加以改良,则毛之等级可提高不少……倘能用政府之力量来改良,则我国羊毛之量与质均能提高甚多,又何必专仰赖外洋之毛。其质好者尽留在本国制造,粗者又可出口,必将大有益于国计民生也。

➤ 即有此许多之工厂与事业,若无适当之人才,万不能有理想之结果。普通之学校所造就之人才又多不适用,故必须设立此等学校,附设于公司附近,以公司之各厂作背景,以公司之各项人才作基本教员,使各无力升入大学,或普通高中毕业后即需作事者,于初中毕业后,再受该校三年专门职业教育,即可专门作事。且可补救普通高中毕业后上下不合之困难。校内设纺织、管理、营业、会计、铁木等科,平日上课,暑假时即可在厂内实习。学本事、实习并重,何愁人才之不适用也。精神训练必须特别注意,尽去目下之骄奢淫佚风气,更当灌输以人生之意义,即充实自己之外,必须服务他人,否则决无成功之可能,此乃千万不能忽视者。

➤ 以上各项为余生平所梦想,能逐一实现之意见。然偌大事业,纯系以社会大众为对象,所以必须获得千万大众的赞助拥护,才能有成。深望社会先进与同志们响应此举,更望社会国家寄予同情与最大援助,则此关切民生之事业,必有实现之一日。

傅良骏

1911—？，上海浦东人

身　　份：企业家。

简　　历：中学就读于中法学堂，毕业后任职于上海法租界法商水电公司事务所。后有感于洋货充斥中国内衣市场，民族企业发展艰难，于1933年与他人合资创办了新光标准内衣制造厂，后改组为新光标准内衣整理厂股份有限公司，并任董事长兼总经理。后任上海市衬衫业同业公会理事长与上海市内衣制造工业同业公会理事。[①]

成　　就：创办了新光标准内衣制造厂，并努力经营使之不断壮大，拥有从染织、整理到缝制一体化的综合生产能力，成为当时中国内衣行业中规模最大的工厂。创建了名牌产品——司麦脱（Smart）衬衫，不仅行销全国各地，并且大量出口。国货突破洋货的包围而逆向出口海外，这在当时是一项了不起的成就。司麦脱是中国早期衬衫业的第一品牌，傅良骏也被誉为"衬衫大王"。

---

① 佚名：《傅良骏先生》，《纺织工业》1947年第7期。

"衬衫大王"傅良骏

中国传统服装体系中也有衬衫,男子的中单、中衣与女子的小衣等都是,与之匹配的外套是深衣、长袍与袄裙等。这个体系延续了上千年,直到近代中国变服才逐渐由城而乡、由上而下地被改变。改变我们的那个体系便是西装。在此体系中,衬衫是一个常见的、重要的基本款。那么,清末民初之时,先进人士首开风气而着西装,衬衫固然即是"标配"。但民国初期我国的衬衫市场几乎被英商、美商所操纵,美国箭牌、英国海亨森牌等洋货衬衫垄断国内市场,各大商埠洋行林立,英商惠罗公司等外商经营环球百货生意兴隆。直到20世纪30年代前,衬衫还是欧美货居多,或是由日本人在沪设厂制造。国产衬衫只有西服店附带缝制,零星供给少数定制西服的客户。不久由日商工厂出来的工人,组成了小型作坊,专业缝制衬衫。1920年,振华衬衫厂也开办起来,这是我国民族衬衫业的先驱,但起初规模都不大,每月生产量不过500打至800打左右。1927年以后,民族衬衫业渐崭露头角,但因"初步制造,缺少经验与研究,所制造的衬衫多以麻纱翻领衫等为大宗"①,质料不佳,致使生存困难。1932年后,国人创办的衬衫厂如雨后春笋般陆续成立,且开始对衬衫进行细致研究,"首先在工作与装潢上着手,再进而定织原料花样,改良式样"。国产衬衫由此日益发展进步,也由于国人改着西服者日渐增多,衬衫业由此奠定了基础。② 1937年"八一三"事变以后,南洋侨胞因嫉恶日本侵略扩张,纷纷抵制日货,转而向我国大量订购衬衫。由于南洋普遍西化且处于热带,所以"只要是男人,无论贫富老幼,衬衫是服装上的唯一必需品",广大的市场与需求量使销路迅速增长,而南洋销路的扩张直接成就了30—40年代我国衬衫业的"全盛时期"。③

傅良骏创建上海新光标准内衣制造厂时,国内衬衫业正处于"外货大量来华倾销,漏卮耗损,至为可观,我国经营是业者,均属规模不广,殊难与之抗争"④的形势之中。傅良骏有鉴于此,本着发展民族工业与外货抗争的美好愿景创设了新光厂,自任经理,并担负起原料采购、成品推销等一切事物。其时许多人并不看好此行业,认为"做衬衫,是红帮裁缝的生意,怎么值得去开设公司,小事大做"⑤,但傅良骏有远见,他认为衬衫既然是西装的固定搭配,那么衬衫业必会与西装业齐头并进,本着挽回利权的宗旨坚持生产,最终成为衬衫业中之翘楚。

(一)"新光"之概况

新光建于1933年9月,原名新光标准内衣制造厂,为傅良骏与人合资创办,设于法租界吕班路(今重庆南路)顾家弄13号,其时是一个只有1500元(法币)资本、6架缝纫机、14名工人的小型工厂,专制新光牌内衣,每天产量仅为6打。之后,营业逐渐扩张,原厂址亦不敷应用,于1935年迁至总管理处所在地。1943年改组为新光标准内衣染织股份有限公司,经三度增资,1948年时资本总

---

① 傅良骏:《中国衬衫业概况》,《上海特别市棉织厂业同业公会会务月报》1943年第5期。
② 同上。
③ 同上。
④ 傅良骏:《新光标准内衣染织整理厂概况》,《纺织工业》1947年第7期。
⑤ 朱守恒:《"司麦脱"衬衫在苦斗中成长——和新光内衣厂负责人对谈记》,《工商通讯》1946年第1期。

额已达266亿金元券。总管理处设在上海重庆南路27号,总厂设在唐山路216号,有生产部门织造、整理与内衣三厂,在南京、汉口、广州、香港及南洋等地均有分公司。①

图 3-5-1　新光标准内衣染织股份有限公司的熨烫工场(《中国生活》1948年第13期)

该厂员工人数接近1200,其中管理人员214人、技术人员21人、工人总数903人(男工399人、女工315人、童工与学徒189人)。若按照操作熟练程度分,其中"技工"816人、"粗工"87人。至1948年,员工人数达到1900以上,其中管理和技术人员300余人、工人1600余人。同时期上海其他衬衫企业的员工一般只有几十人到上百人,显得新光一家独大。新光十分注重职工的福利,在厂中特建新型宿舍,且节假日均有休假,并在浦东东沟镇设立技术人员训练所,不仅设立扫盲班教授文字与普通知识,更授以技术训练及服务道德、个人修养。由厂中师傅进行指导,训练期至少3个月,提供食宿,并酌情给予津贴,学满师承后入厂工作(图3-5-1)。②

该厂年产量可达"全国同业一百余家总额半数以上"③。年产包括衬衣在内的各种内衣10.26万打,主要出品新光牌与司麦脱牌衬衫。除衬衫外,还生产府绸(府绸是当时制作衬衫的主要面料),年产达12.95万疋,有新光牌府绸与司麦脱牌士林布等数种,供给内衣同业和棉布号发售。另外,年产漂染布达25.8万疋。

该厂现代化机械充足,拥有全部科学化的设备,具有独立完成从织布、染漂到整理、缝制一条龙生产的能力。④ 至1947年,拥有织布机、缝纫机、整理机及附属设备等各种机器500余部,具体包括:制造机——丰田式织布机103台、英式织布机28台、永生造新织机5台、筒子车5台、行子车10台、经刹车3架、梳毛机1架,整理机——染布机26双、煮布锅2座、扎湿布机1座、丝光车1台、轧光机1座、洗布机2台、24滚筒烘缸3座、拉辐机3座、卷板机1座、码尺机2台,内衣厂——海京缝纫机80架、胜家缝纫机124架、其他马达车220架,动力设备——发电机2座、锅炉3座、电马达160双计马力500余匹。⑤ 这些数据表明该厂已普遍采用机器织造与缝制生产,这是近现代成衣业

---

① 佚名:《中国最大制衣工业——记新光内衣公司》,《中国生活》1948年第13期。
② 蒋乃镛:《新光标准内衣染织整理厂介绍》,《纺织周刊》1947年第7期。
③ 傅良骏:《新光标准内衣染织整理厂概况》,《纺织工业》1947年第7期。
④ 朱守恒:《"司麦脱"衬衫在苦斗中成长——和新光内衣厂负责人对谈记》,《工商通讯》1946年第1期。
⑤ 佚名:《工商介绍新光标准内衣染织整理厂股份有限公司》,《经济周报》1947年第4-5期。

的物质基础。近代国人认为清末引进的缝纫机的优点是"细针密缕,顷刻告成,可抵女红十人",缺点是"只可缝边,不能别用"。① 这里的"别用"显然是指中国传统的手工技艺,比如镶滚、盘扣、刺绣等。衬衫结构简单,工艺简单,直缝多,批量大,对于缝纫机来说,十分有用武之地。

(二) 傅良骏的经营策略

新光及司麦脱的成功,离不开时代的背景,即所谓"时势造英雄"。但能在时势中抓住机会,并合理施行各种经营策略,最终成为"英雄"而又造就了时势的,恐怕没有几人。傅良骏就是其中一人,他运用开拓外销市场、创建名牌产品与活用广告营销等策略,使新光成为国内第一大衬衫厂,使司麦脱成为家喻户晓、畅销国内外的著名品牌,引领了我国衬衫业的繁荣。有人说新光与司麦脱的成功可以完整地代表中国衬衫业从小到大、由弱变强的发展历史,这便是"英雄造时势"吧。②

第一,开拓外销市场。1937年日军发动"八·一三"事变,致使南洋侨商抵制日货而推崇国货,并向国内大量采购衬衫。新光此时便在广大的国货队伍中脱颖而出。究其原因,一是由于新光早在沪战爆发前就已在南洋各地进行过巡回展销,并与当地侨商均有联络。二是因为南洋商帮订货量大,一批货便达到五六千打之多,且要求在数星期内完工,小型工厂难以承受,新光便以其大厂的优势承接下来,并以最大的生产量和约期不误的信誉赢得了侨商的信任,为外销打下了基础,也积累了一定的经济实力。③ 此后,为扩充南洋市场,在新加坡、菲律宾等地开设了办事处,④以其强大的实力占据了国内衬衫外销量的80%以上。⑤

第二,创建名牌产品。民国初期,产品研发的观念还十分薄弱,并不注重产品的创新与品质的改进。新光却进行研发与改进,并研制出"科学软硬领"。此种"科学软硬领"中涂有胶质化学药品,经水洗熨烫后仍能保持挺括,完胜当时用淀粉上浆且经水洗就变形的领衬布。⑥ 傅良骏进而将"科学软硬领"运用于新品牌——司麦脱衬衫上,更吸收国外名牌衬衫的优点,改进面料与款式,采用42支及60支高档府绸,并自染自织,⑦故"精细整齐,叹为观止,而质料新颖高尚,式样美观大方,堪称远胜舶来"⑧。此款衬衫也被定位为"特殊高贵出品",价格较之普通衬衫贵,售价每打一百九十五万元金元券。⑨ 但由于其"一、设计新颖,形式美观;二、质料细洁,整齐适体;三、软硬衬头,坚牢挺括,四、修短适度,气魄雄伟"⑩的四大优点,以及"全部制作,均有各别专门机械执行,分工合作,并经严格监督检验"⑪的检验程序,风靡全国,畅销遐迩,在1947年的全国国货展览会上被评为优等产品(图3-5-2、图3-5-3)。⑫

第三,活用广告营销。用广告树立企业形象、带动产品销售已经是当时企业家们的一个共识,但是能将广告进行活用,且深入人心的企业家却并不多。傅良骏便拥有这种能力,其"新奇的广告术"不仅在当时为企业宣传取得了显著效果,更成为当今广告史研究中不可或缺的重要部分。傅良骏的

---

① 葛元煦:《沪游杂记》,上海书店出版社2006年版,第118页。
② 左旭初:《民国纺织品商标》,东华大学出版社2006年版,第77页。
③ 朱守恒:《"司麦脱"衬衫在苦斗中成长——和新光内衣厂负责人对谈记》,《工商通讯》1946年第1期。
④ 佚名:《商品介绍——司麦脱衬衫新光内衣厂出品》,《现代经济通讯》1947年第2期。
⑤ 《上海纺织工业志》编纂委员会:《上海纺织工业志》,上海社会科学院出版社1998年版,第377页。
⑥ 佚名:《商品介绍——司麦脱衬衫新光内衣厂出品》,《现代经济通讯》1947年第2期。
⑦ 同上。
⑧ 佚名:《司麦脱衬衫广告》,《永安月刊》1943年第54期。
⑨ 佚名:《商品介绍——司麦脱衬衫新光内衣厂出品》,《现代经济通讯》1947年第2期。
⑩ 孙纹美:《新光的"司麦脱"衬衫》,《新都周刊》1943年第12期。
⑪ 佚名:《司麦脱衬衫广告》,《永安月刊》1943年第54期。
⑫ 《上海纺织工业志》编纂委员会:《上海纺织工业志》,上海社会科学院出版社1998年版,第377页。

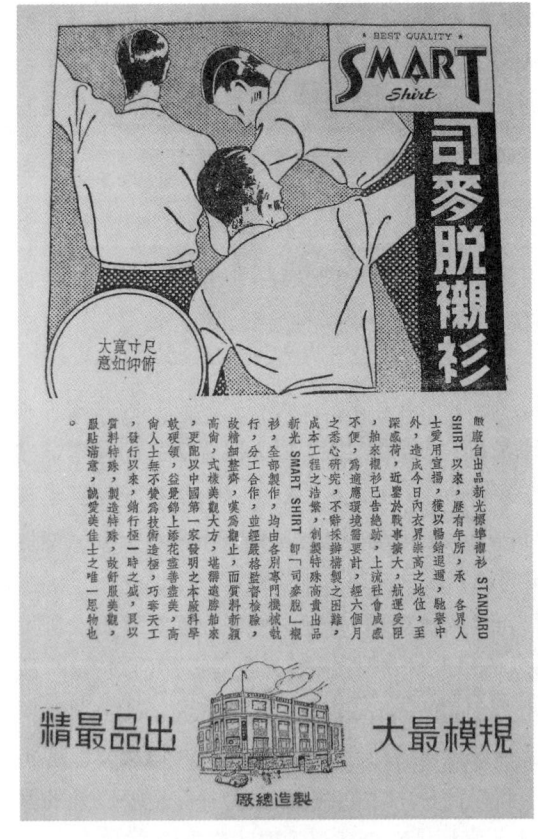

图 3-5-2　司麦脱衬衫广告（《永安月刊》1943 年第 54 期）

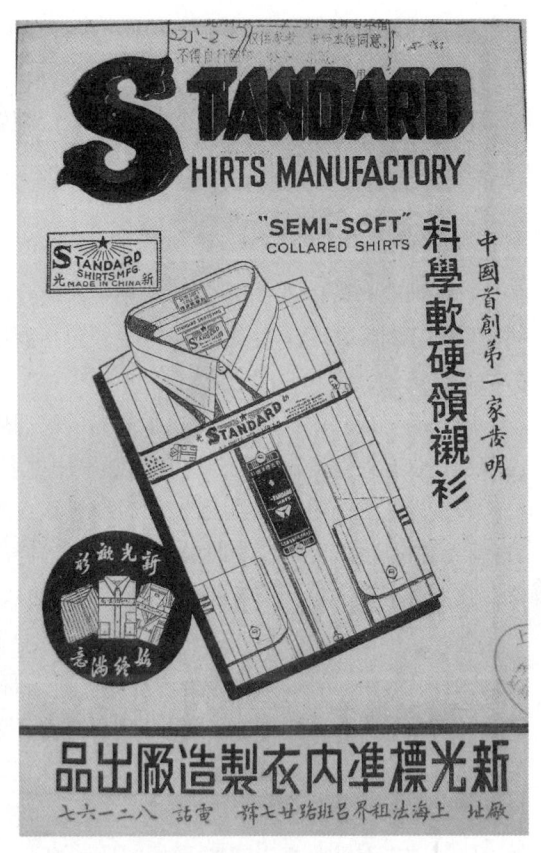

图 3-5-3　新光科学软硬领衬衫广告（《永安月刊》1942 年第 38 期）

"活广告"，首先当然少不了报纸杂志、橱窗、路牌、霓虹灯、广播、电影等宣传手段，但傅良骏采用这些传统广告方式时却不依常理出牌。首先是要打"大牌"，巨幅广告更能引起读者的注意，新光也不遗余力地斥巨资登大广告。再者是要打"悬疑牌"，为扩大新品牌的影响力，傅良骏在司麦脱上市前为其打造了一个充满悬念的创意广告：自 1942 年 9 月 25 日起，在《申报》第 2 版与《新闻报》第 5 版上，连续八天为司麦脱打巨幅广告。第一天，两报的两个整版上，只登有一个巨大的问号和英文字母"S"，这打哑谜似的广告吸引了许多人的关注，却不明所以；第二天则多了个"M"，第三天又多了个"A"，更是挑起了大家的好奇心，想要一探究竟；其后两天增加了"R""T"两个字母，这才完整地组成了"SMART"（司麦脱）字样。这种猜谜式的悬疑广告，充分激发了人们的好奇和兴趣，收到了立竿见影的效果，成为广告史上的一个经典。

同时，傅良骏深知橱窗对于营造企业时尚高端形象的重要性，遂在各大百货的临街橱窗中都陈列了样品介绍，不仅囊括了南京路上的四大百货公司，还延伸至全国各地，形成了"无论在国内任何都市，只要你到百货商店的玻璃窗前稍逗留，便会发现那琳琅满目的货架上，一定总摆设着几件'司麦脱'的衬衣"[①]的情形。《上海滩》1946 年第 6 期刊载了《衬衫小姐》一文，讲述了一个有趣的故事：一位青年在购买司麦脱衬衫时，被店中窈窕美丽的女职员吸引，为每日见那位小姐一面，竟一连十天，每天都去购买衬衫，可见百货商场的售货员也是一个活广告。

---

① 佚名：《中国最大之制衣工业——记新光内衣公司》，《中国生活》1948 年第 13 期。

也许在报纸上登广告或在橱窗中打广告算不上新奇的广告手段,那用一辆水陆两用吉普车打车身广告则一定对得起这"新奇"二字了。这种可驰骋于水中与陆地上的两用交通工具,在汽车已经普及的当代都属新奇,那么在汽车尚属豪门配置的民国时期则更新鲜。故这辆在车首清晰地写着司麦脱字样的水陆两用吉普车,吸引了众多市民主动的关注。①

(三) 商标之纠纷

商标即商品的标志,可向商标局申请注册,经核准注册后的商标便受到了法律的保护。而商标纠纷就是在商标认定中引发的纠纷,主要包括商标侵权、异议与争议三种类型。新光便遇到了其中的两种,且一次成功、一次失败。

第一次是成功的经历,事件属于商标侵权性质。既然"天下熙熙,皆为利来;天下攘攘,皆为利往",于是总有人觉得做假冒伪劣比做真家伙更容易获利——那是当然,因为假冒伪劣的成本显然更低。新光作为当时一家独大的知名衬衫厂,自然成为假冒衬衫的下手对象。山寨版"新光"出现后,新光衬衫厂立即报警,当时的法院便进行调查与判决。记录这一切过程的文本材料十分完整地保存在上海市档案馆。于是我们可以根据相关档案复原当时这个事件的全过程。

首先是一份举报材料:"傅先生大鉴:贵厂出品内衣,畅销全国,誉驰中外。惟近有冒牌次货发现,普通领冒订科学领,劣质杂牌内衣改订新光商标,鱼目混珠,揽销一般。急需运往内地客户,故沪市颇难发现。长此以往,对于贵厂信誉殊为不利。经侦查结果,得悉其来源为贵厂高级职工所为。此后请将各式商标装潢品,妥为保管,勿使散漫各处。以免为患,特此敬告。并请台安。恕不具名。"②此材料举报了三个内容:第一,发现了使用新光商标的劣质衬衣,主要是在上海以外的其他地区;第二,查得此事为新光之内鬼所为,且来自企业高层;第三,建议采取防范措施。

接到举报后,新光厂不敢怠慢,赶紧调查取证并立即报警。这也有相关档案为证:"幸赖各界人士奖勉与爱护,业务日渐扩展,薄负声誉,兹闻湖南一带,有人仿冒本厂商标及商号,制成劣质内衣,欺骗顾客,蒙混行销渔利。本公司物质上与信誉上所受损失巨大,查假冒商标商号应负刑事罪责,务祈当地司法机关军警新闻以及社会当局赐予协助……"③从这份档案中,新光厂首先简要介绍了企业的厂址、规模、品种、品牌与销售地区等重要信息,让大家知道自己是一家响当当的正规大厂。接着笔锋一转,说明在湖南等地发生了仿冒该厂"司麦脱"商标的劣质衬衫的情况。这与举报信的内容相符,也是该案的核心内容。末了提请司法机关处理。

最终法院审理判决结果如下:"民国二十六年六月九日到江苏上海第二特区地方法院刑事判决正本——本院判决主文:被告张启裕意图欺骗他人而仿造已登记之商标,处罚金一百五十元,如易服劳役,以三元折算一日。仿造之商标一张没收。④"法院判决被告败诉,并给予了相应的处罚。一百五十元对于平民百姓不是小钱,但对于商人来说也不是大钱,根据1937年6月《申报》所载折算标准约合黄金二两,所以总觉得处罚力度不够。若是不付钱改劳役也不过五十天,说明犯罪成本太低。怪不得这个问题以后仍屡禁不止,原来是民国时期就没有处理好。2004年辽宁省质量技术监督局发布告示,即为《真假"司麦脱"衬衫识别》,说明新光衬衫厂及其司麦脱品牌与"李鬼"的斗争持

---

① 胡拾之:《司麦脱的水陆两用吉普车》,《大地周报》1947年第81期。
② 上海市档案馆藏:《上海新光标准内衣染织整理厂股份有限公司发现新光衬衫冒牌事的文件》,全宗号Q199-26,案卷号108,1938—1950年。
③ 同上,1939—1950年。
④ 同上。

续了半个多世纪,至今仍在进行中。可见对于知识产权的保护工作与对于假冒伪劣的打击工作,任重而道远。

第二次则是一次失败经历,属于商标异议。事情的发展可从1942年《经济部公报》第5卷的《经济部诉愿决定书　诉字第202号》文中得知:

"事实:据诉愿人前以'新光semi-soft科学软硬领及图'商标,使用于商标施行细则第37条第36项,衣服类之西装衣服商品,向商标局呈请注册。经该局审查,认为与中汇内衣无限公司业经审定正在公告期内之审定第29809号'科学领'商标相混同,予以核驳,发给第3751号核驳审定书。诉愿人不服,一面请求核驳再审查,一面以使用在先为理由对中汇内衣无限公司审定第29809号'科学领'商标提出异议,经该局审定异议不成立,分发第697号异义审定书。诉愿人又不服,请求异议再审查,复经该局再审定维持原异议定书之审定事项,分发第277号异议再审定书,诉愿人仍不服,提起诉愿到部。"①此材料陈述的主要事实为:傅良骏申请的"新光semi-soft科学软硬领及图"商标与申请在先的中汇内衣无限公司的"科学领"商标相近似,被予以驳回。但傅良骏以使用在先为由对中汇内衣的审定提出异议,被予以驳回;因不服审定,再次提出异议,又被驳回;进而第三次提出异议。但傅良骏为何如此坚持不懈,而商标局又为何无视其使用在先的理由呢,看了以下材料便知。

"理由:本案双方商标互相混同已为不争之事实,兹所争执者厥为使用先后问题卷查,诉愿人所提出28年5月23日之上海《申报》及由同年6月1日起在《家庭》杂志等刊物上所登载之广告中虽均刊有'科学软硬领'等字样,然该项广告不过表示其商品之质量与特点而设,既非商标之使用,且各该广告中所载之图样又与原商标呈请注册所用者不同,自不能据为业已实际使用'新光semi-soft科学软硬领及图'之证明。诉愿人既无其他确切证据(如营业账簿等)足资证明其商标实际使用在先,而其商标之呈请注册又在对造中汇内衣无限公司商标呈请注册之后,无置对这所提之证据于不论依商标法第三条'……熟先使用无从确实证明时间得准,最先呈请者注册'之规定,诉愿人之商标自应不准注册。"②由此可知,傅良骏认为他在1939年的报刊广告中已明确刊登"科学软硬领"乃新光出品,但商标局却认为此证据仅能标示商品的特点,并不是商标,且广告中的图样亦不是申请商标时所用之图案,认为其证据不足,故还是维持原判。商标异议毕竟不属于道德范畴,只能说是运气问题,失败了也唯有可惜。但如今看来,无论这"科学软硬领"曾是谁家的商标,而"科学软硬领"的技术与名称,国人都知是新光的,就如Ipad无论是谁家的商标,但大众只买"苹果"的账,想想又有何可惜呢。

傅良骏创办新光标准内衣制造厂的情形,用白手起家一词来形容颇为合适,三个合伙人集资1500元,傅良骏的500元还是借的,创办之初仅有的几架缝纫机还是以每月10元的方式赊购来的,生产工人多为家属,日产量仅为6打。资金不足,唯有用艰苦奋斗、努力经营来弥补。傅良骏最终也实现了要建造一座"设备齐全,产量巨大,管理严密,出品精良"③的内衣厂的理想,可见梦想一定要有的,万一实现了呢。

傅良骏的成功主要得益于他的经营策略,既勇于把握机会开拓市场,对于企业形象也尤为重视,不仅大力度做宣传以树立品牌信誉,而且对商品质量进行严控把关,创造了名牌产品——司麦脱衬衫,更为其制定了严格的质量标准,不达标准绝不出售。也是由于他对品牌信誉的高度重视,

---

① 佚名:《经济部诉愿决定书　诉字第202号》,《经济部公报》1942年第194期。
② 同上。
③ 傅良骏:《新光标准内衣染织整理厂概况》,《纺织工业》1947年第7期。

还引出了两起商标纠纷,虽然其中有成有败,但最后的赢家还是我们的"衬衫大王"——傅良骏。固然,"衬衫大王"不仅是针对新光厂与司麦脱产品而言,更是针对整个近代上海衬衫行业而言,因为傅良骏既是自己产业的创业者,也是全行业的引领者——他抱着"不和国人竞争,要和外货竞争"①的宗旨,并不担心新光府绸供给同业而被抢了生意,其工厂的门口也没有"谢绝参观"的牌子,相反,还十分欢迎外界及同行进行参观。② 在傅良骏与他的同行们的共同努力下,至抗战胜利后,我国衬衫业"生产单位已增至250余家,工人达3 000余人,缝纫机车达1 600余部,生产量每月高达5万余打"③。取得如此成就的傅良骏自然当选为上海衬衫业同业公会会长,与金鸿翔是时装业同业公会会长、沈莱舟是绒线业同业公会会长一样,成为了各自行业的掌门人。

附:傅良骏语录

　　摘自傅良骏撰写的《同业心声——中国衬衫业概况》,刊载于《上海特别市棉织厂业同业公会会务月报》1943年第5期;《新光标准内衣染织整理厂概况》,刊载于《纺织工业》1947年第7期。

　　➤ 因着时代的进化与变迁,新兴的行业便会随之而不断地产生。我所经营的衬衫业,以前是在三百六十行以外的,现在居然也得列在各业之一。衬衫本来并不是个个中国人需要的。民国以来,欧风东渐,西装革履,渐渐成为社会风尚的服装,穿了西装,就少不了要配上一件衬衫。

　　➤ 民国十二年以前,我国的衬衫市场,几乎全被英美商所操纵,民国十六年以后,国人自制衬衫,渐露头角,但因初步制造,缺少经验与研究,所制造的衬衫,多以麻纱反领衬衫等为大宗。至于欧美各国,除了使用精美的原料以外,对于式样与领头也未见如现在之考究。民国二十一年以后,国人创办的衬衫厂陆续成立,于是从事研究,首先在工作与装潢上着手,再进而定织原料花样,改良式样,彼此互相竞争,互相研究。

　　➤ 因南洋当地多已普遍化,不像上海十人内仅约二三人服用西装,那边只要是男人,无论贫富老幼,衬衫是服装上的唯一必需品,加以热带关系,终年如同夏天,所以衬衫的销路非常强大,甚至我们会员工厂里有一家工厂,为了赶制销往南洋的衬衫,工作紧张,全年未曾休息过一天,工人日夜分班轮流工作,眼子车时常开得出烟,每日出品衬衫五千余件,尚感生产不够分配,这样的黄金时代,虽约三年,而各厂都得以此而建立相当基础,这可称为衬衫业的全盛时代。

　　➤ 但各厂即利用此时期,认真改良研究,无形中将衬衫车工、原料、式样、装潢、领头等等,积极加以改良,故各厂出品方面力求精细,更因英美来货断绝,高尚衬衫皆赖各厂供给,除原料方面虽较舶来品略逊者外,他如车工式样均可与舶来品并驾齐驱了。

　　➤ 但为此后营业计,深希当局能早日实行配给,则本市所有会员工厂一百余家机器千余架及劳工二千余人之生计,得以继续维持,与国计民生,均有裨益。否则虽有一二家生产强大之厂商,设备完全之新式机器,如剪裁机,每剪可裁二百四十件,拼缝机,每分钟可缝七千五百针,他如打褶机、门襟机、内襟打眼机、上袖机、反领机等等新式设备,苟原料不足,亦惟徒呼奈何,故目前实为衬衫业之彷徨与期待之时期也。

　　➤ 衣食住行,为人生四大要素,衣居其首,以共保护整个躯体,无异甲谓也。衣服种类至极繁多,其中无间寒暑,不论老幼,不可须臾缺者,莫若衬衫,衬衫一物,对于人类之服务,实至伟大,但以

---

① 朱守恒:《"司麦脱"衬衫在苦斗中成长——和新光内衣厂负责人对谈记》,《工商通讯》1946年第1期。
② 同上。
③ 上海市档案馆藏:《上海市衬衫服装工业全业情况》,全宗号S-46,案卷号3-1,1950年。

物微,鲜为人所注意。

➣ 战前外货大量来华倾销,漏卮耗损,至为可观,我国经营是业者,均属规模不广,殊虽与之抗争,坐视利权外溢,良可扼腕。良骏有鉴于斯,奋力经营,以冀国内有一设备齐全,产量巨大,管理严密,出品精良之内衣工厂。

郭琳爽
1896—1974,广东中山人

身　　份：企业家。

简　　历：又名启棠,永安集团负责人郭泉之子、郭乐之侄,永安集团第二代领袖。1921年毕业于广州岭南大学,获农学学士学位。因志在从商,便接受其伯父郭乐的派遣前往欧美各国考察商情,1922年受命担任香港永安公司监督,1929年调至上海永安公司担任副经理,1933年升任总经理。兼任香港永安水火保险公司、香港永安人寿保险公司、永安纺织公司董事。① 解放后,任上海市人民代表、全国政协委员、全国工商联执行委员、上海市工商联副主任委员。

成　　就：郭琳爽在永安公司面临危难之时,提出开拓国货市场的措施并化解了企业危机。"八一三"事变后,永安公司负责人皆赴美避难,而郭琳爽不顾个人安危坚留上海,保护了企业。他还擅长排球,任远东运动会中国排球代表队队长,并多次率领队伍远征日本、南洋等地参会并取得佳绩。喜爱戏剧并在1923年于香港成立永安乐社,对粤剧的发展产生了一定影响。②

专业成就：作为经营环球百货的永安公司,经销服装、服饰是其主要业务之一,郭琳爽任总经理后,更加重视与推动此方面的业务活动与文化建设。他策划举办过多次大型时装表演会,邀请公司女职员着公司所制时装在商场进行表演,在宣传企业的同时影响了上海的服饰潮流,推动了时尚事业的发展。另外,为推行文化宣传,创立了公司的文化刊物——《永安月刊》,其中与服饰相关的文章和广告不仅给企业带来了利润,也给时代女性以美的启蒙与引领。

---

① 编者:《郭氏家族的永安集团》,《经济通讯》1948年第6期。
② 陈起鹏:《永安乐社与郭琳爽先生》,《永安月刊》1940年第13期。

郭琳爽的"爽"理念

有人说郭琳爽的名字中,最贴合他个性的便是一个豪爽的"爽"字。① 他组织永安乐社并参与其中,且毫无等级观念地与演职员们打成一片,"一面化妆,一面还在谈笑或者指导着各演员和各部门的工作"②,并以"扮演豪侠和义士这一流的角色最为得意"③,认为此类角色"最和他的个性"④,剧情也喜"英勇豪爽,大义孤忠这一类"⑤,足见其个性中之豪爽。他还将这种"爽"理念运用至永安百货的管理之中,形成了一套富有郭琳爽特色的"营"与"销"的理念。

(一)"营"理念

上海永安百货公司(后简称为永安公司),创建于1918年,设于南京路635号,是当时全国最大的百货公司,亦是昔日四大公司至今还保留着原来名号的唯一一家(历经永安公司、东方红商店、中百十店、华联商厦再到永安公司的轮回)。由于经营得当,永安公司发展迅猛,由原资本250万元港币增资为1931年的1000万元港币。在1930至1933年间,永安公司每年的营业额均为1100万元至1400万元港币,纯利润为160万元至230万元港币,成为其发展的"黄金时期"。⑥

至郭琳爽任总经理时,我国正面临着沉重的民族危机,工商业发展陷入低谷,永安公司亦由盛转衰,处于危难之际。但他却能顺应时代变革的潮流,大胆改革公司一直以来奉行的"统办环球货品,推销中华国产"⑦的营业方针,提出了"开拓国货产销合作领域、争夺新市场"⑧的改革措施,积极倡导国货,出资扶植国货品牌,筹设国货商场,使永安公司得以振兴。"八一三"事变后,郭乐、郭泉等公司领导层皆赴美避难,且多次致电郭琳爽一同赴美,但郭琳爽却不顾个人安危,坚留上海管理公司,使公司之营业额一直保持于同业之首。无论是果敢爽直的办事理念,亦或是以身作则的爽伉之风,都很好地诠释了其名字中的"爽"字。

郭琳爽注重服务理念,更致力于提升服务,务求顾客满意,可概括为"爽意"。服务理念在经济与文化建设日益繁荣的当代越来越受到人们的重视,成为仅次于产品质量的另一重要选择标准,但永安公司却早在百年之前就已意识到其重要性了。永安百货号称"分类营业,包罗万有,举凡日用品所需,及珍奇物品无不搜集完备"⑨,门类之多,共有四十大部,并附设永安摄影室、天韵楼游艺场、大东旅社、酒楼、茶室、饮冰室、大东跳舞场、七重天咖啡室等生活娱乐场所,是一家大型综合性一体化娱乐与消费中心。⑩ 时评如是说:"只要有足够的金钱花用,即使不走出永安公司的大门一步,也可以在这个小天地里过上一辈子。"这是永安服务的全面。

---

① 陈起鹏:《永安乐社与郭琳爽先生》,《永安月刊》1940年第13期。
② 同上。
③ 同上。
④ 同上。
⑤ 同上。
⑥ 编者:《郭氏家族的永安集团》,《经济通讯》1948年第5期。
⑦ 编者:《上海永安有限公司广告》,《永安月刊》1945年第77期。
⑧ 沈其新、陈珠培:《商界百年人物沧桑录》,湖南教育出版社1993年版,第121页。
⑨ 编者:《上海永安有限公司广告》,《永安月刊》1945年第77期。
⑩ 同上。

永安公司的楼层分布也蕴含服务理念,当时国内仅有一家先施公司可供借鉴,先施的一楼外部是一个大茶室,商场设于内部,缺乏便利性。永安则设身处地为顾客考虑,将一楼设为基层商场,销售货品多为日常生活用品。所设部门包括帽部、男装部、女式部、毛衫部、袜部、手袋部、手巾部、化妆品部、药部、水瓶部、文房部、花鸟鱼部、伙食部、糖果部、五金部、烟草部、玻璃部、烧青部、茶叶部、磁器部、南货部、酒部、银业部与礼券部,①这些用品价格较低且购买量大,设于一楼可为顾客省去许多麻烦——"若因数角之物品而至四楼购买,则客人必多不肯为之了"②。二楼则为布匹服饰类商品,包括绸缎疋头部、毡被部、京苏部、新装部与裁缝部。③女性是服装的消费主力,且女性的消费习惯是细心比较与挑选,将与之相关联的部门同设于二楼,更便于顾客挑选,且"妇女选择绸缎布疋后,立时可以至别部配花边、纽扣、线等"④。三楼多为高档消费品,包括照相材料部、永安摄影室、象牙部、钟表部、银器部、首饰部、眼镜部、电器部、收音机部、运动部、玩具部、鞋部、音乐部与漆器部,四楼为家居品,包括家私部、皮货部与皮箱部。⑤三楼与四楼的商品体积较大,所以顾客购买后无需自提,而是由永安公司送货上门。⑥这是永安服务的周到。

售货员是企业为顾客提供服务的终端,所以永安公司针对售货员制定了一系列服务标准与提高措施。首先,提出了职员必需恪守的服务准则,"1. 必以礼貌待之;2. 以周到为先决条件;3. 敏捷,不可令顾客久候"⑦,务使顾客一进商场便感受到精神的尊重与心情的舒爽。其次,设立业余部以提高员工整体素质,包括德育部、智育部与体育部。德育部主要通过"延请名流硕彦,博学通儒,开会演讲"⑧之方式培养员工的道德品质;智育部则"设立英文夜学,聘请良师,每晚放工后,择其年在二十一岁以下的职员,分级教授,造就人才"⑨。设立了报室与剧社以丰富员工业余生活,郭琳爽牵头组织的永安乐社产生了不小的影响;体育部通过组织足球与篮球等活动以增强职员的体魄。这是永安服务品质的保证。

永安在服装一项上更是体贴入微。推出了私人定制礼服的业务,与如今的服装高级定制颇为相似,先要根据顾客的身形用白粗布制作样衣,再依试衣情况与顾客要求多次修改,每件服装的修改次数往往高达四五次,为此,永安公司还"专门设有手工工场或特约工场加工生产这种定制的商品"⑩。另外,为适应东方女性的需求,将进口的女士羊毛衫,根据中国服装造型与女性身材,进行重新设计与尺寸调整,再送至英国定制。⑪更有借鉴国外服饰先进之处以改良中式服装之举。这是永安服务的细致体贴。

永安公司将服务置于如此重要之地位,且竭尽心力将服务做到全面周到、细致体贴,更制定了一系列规章与措施以保证服务品质,所谓"没有挑剔的顾客,只有不完美的服务",在永安,再挑剔的顾客也能在购物时感到爽意。

---

① 编者:《上海永安有限公司详细介绍》,《永安月刊》1945年第77期。
② 郭官昌:《上海永安公司之起源及营业现状(上)》,《新商业季刊》1936年第2期。
③ 编者:《上海永安有限公司详细介绍》,《永安月刊》1945年第77期。
④ 郭官昌:《上海永安公司之起源及营业现状(上)》,《新商业季刊》1936年第2期。
⑤ 编者:《上海永安有限公司详细介绍》,《永安月刊》1945年第77期。
⑥ 郭官昌:《上海永安公司之起源及营业现状(上)》,《新商业季刊》1936年第2期。
⑦ 同上。
⑧ 同上。
⑨ 同上。
⑩ 上海社会科学院经济研究所:《上海永安公司的产生、发展和改造》,上海人民出版社1981年版,第25页。
⑪ 同上,第24页。

（二）"销"理念

郭琳爽的销售理念可概括为"爽目"与"爽心"，就是所有的销售策略都需在视觉上给人以美感，在感觉上令人舒适愉悦。永安百货的销售策略主要包括广告之登载、橱窗与卖场陈列、时装表演会、创办《永安月刊》、促销与奖券，或注重视觉美感，或注重顾客心理，或两者兼收并蓄，均通过"爽目"与"爽心"的手段来促进销售。

1. 广告

广告是最快速有效地促进销售的方式，相比于一心将"酒"做香，在"巷子"外打好广告并吸引顾客品尝"酒香"则更为有效。郭琳爽十分重视广告这一宣传方式，并特为此在公司五楼设立了广告部，亦不吝在此处之花费"年开销在3万左右"①。明文规定对这一形式的要求是"注重美观、文图清晰、排版合理、合度用图"②。选择的广告载体之多，几乎可以说全面覆盖。

首先，报纸、杂志。报刊杂志是当时最为基础的宣传载体之一，在从前车马邮件都慢的时代中更是传播最快最广的手段，永安公司在这一广告形式上的特点便是"多"，所选的报刊包括各类晨报晚报，如《申报》《新闻报》《时事新报》《时报》与《大美晚报》等。③ 其次，露天广告。相当于如今的高立柱广告牌与路边广告牌等户外广告，只是现在的户外广告以电子形式居多，而民国的露天广告则多为纸质印刷品。再选择一些人流量大的地方"粘贴于各处的墙壁上"，更是会挑准时机"在大减价时粘贴之"④。其余如"招纸、装货物之纸袋纸盒、月份牌等"⑤等形式，永安均有运用。如永安公司有一款"最新时代服装"的包装纸盒，其广告就打得十分"爽目"：盒身为绿色，正面绘有一位身着背部镂空红色礼服长裙的摩登女郎，且边角处饰有花边，十分漂亮（图3-6-1）。这么漂亮的包装盒随服装招摇过市，随服装走进千家万户，其广告效应自然了得。

2. 橱窗与卖场

作为百货商场的第一视觉区，橱窗对"爽目"起着决定性作用。优秀的橱窗不仅可以完美诠释产品，还是吸引顾客进店消费的重要工具，更起到了提升商场整体档次的作用。永安公司的橱窗有四十个之多，并聘请了专员负责橱窗的陈列与调换，亦拥有一套自己的章法。⑥ 首先，橱窗陈列必须遵循整洁美观、光线充足、色彩协调、生动有趣与吸引顾客等原则。⑦ 其次，还应经常调换，普通橱窗调换时间固定，多根据货物上新每月调

图3-6-1 永安公司的服装包装盒

---

① 郭官昌：《上海永安公司之起源及营业现状（上）》，《新商业季刊》1936年第2期。
② 同上。
③ 同上。
④ 同上。
⑤ 同上。
⑥ 同上。
⑦ 同上。

换一次。而重要的橱窗,如靠近南京路的几个橱窗,则需根据时令、季节与庆典活动等因素随时变换。将橱窗陈列的方法分为单式、复式、季节陈列与活动陈列几种,其中活动陈列的方式最具吸引力。① 例如:永安曾在冬季设计了一个雪景为背景,陈列冬天所需物品的橱窗,以"棉花作雪状,用机器使之循环不息,作下雪状"②,既契合主题,又达到了"吸睛(吸金)"之目的。

做好门面很重要,而卖场内部陈列也一样不容忽视,永安公司内部陈列的原则为清爽整洁、光线充足、时常调换、尽量陈列与按销陈列。③ 前三者与橱窗陈列的要求相同,后两者则是内部陈列仅有的注意事项。尽量陈列是指在店铺有限的空间内尽量多地陈列货品,让消费者感觉到货品的多样化;按销陈列则是指根据货品的销售情况进行陈列"滞销货物陈列于最显明之处,普通货物次之,繁销的货物又次之"④,取长补短,用陈列位置的优势带动滞销货品的销售,而畅销品则不用担心位置对其销量的影响。

3. 时装表演会

时装表演是欧美各大时尚中心每年每季用于时装发布的主要形式,近代中国企业对于这洋气又高大上的事物自然是要模仿,郭琳爽亦不会错过这样的机会。但模仿的是形式而不是内容。我们要的内容正是广告宣传——之所以将其认定为广告而不是专业发布(锦霓沙龙例外),一是因为不定期(而流行是有时限的),二是因为进行表演的场合多是一些庆典场合(比如美亚绸厂1930年10月在大华饭店的十周年纪念时装表演也是如此)。虽然宣传的主体是企业,但时装表演带来的时尚影响也一样不得小觑。

1936年春,永安公司"应时代之需集合国内各大绸厂举行时装表演会"⑤,时间"由五月十九日至二十五日每日下午两点钟在本公司表演"⑥,表演所用服装全由永安公司"新装部精心设计,将各厂最近出品制成新颖时装并由各女同事担任表演,举凡一衣一履均经慎密配置,绛纱碧锦浓淡得宜,式样繁多"⑦,展演的服装款式包括"1.新式睡服;2.现代晚衣;3.运动衣;4.游泳衣"⑧等,又包括新式旗袍、西式服装与外套、婚礼服、晨衣、家庭便衣与旅行便衣等,表演会中间穿插有前奏曲、舞蹈与"四音合唱"。有美衣有美女,更有音乐与舞蹈,岂能不爽心悦目。

4. 创办《永安月刊》

郭琳爽还向欧美学习,创办了企业杂志《永安月刊》为公司做宣传,"民廿年鉴于欧美各国的大公司多有刊物出版,遂创办《永安月刊》一种,按月出版"⑨。《永安月刊》创刊于1939年5月,是一本集合了家庭、文化、艺术、教育、健康、医药、美容、服饰、经济与电影等方面的综合性文化期刊,虽然是企业所办的杂志,但《永安月刊》却不似其他的企业刊物一样直接宣传企业,而是通过文化灌输的形式建立消费者的消费理念,从而拉动需求,促进消费。明面上在普及文化知识,实则是打着潜伏性广告,其中与服装相关的内容实为不少。

第一,明星名媛的玉照。包括封面女郎与内置的"银星动态"栏目,多采用名媛与明星,且印刷精美,色彩鲜亮,不仅包括胡蝶、谭瑛、袁美云与李绮年等中国电影明星,还有一大批好莱坞女明星,

---

① 郭官昌:《上海永安公司之起源及营业现状(上)》,《新商业季刊》1936年第2期。
② 同上。
③ 同上。
④ 同上。
⑤ 编者:《卷首语》,《永安公司时装表演特刊》1936年。
⑥ 上海档案馆藏:《上海永安有限公司永安时装表演纪念一册》,全宗号Q225-2,案卷号66,1936年。
⑦ 编者:《卷首语》,《永安公司时装表演特刊》1936年。
⑧ 上海档案馆藏:《上海永安有限公司永安时装表演纪念一册》,全宗号Q225-2,案卷号66,1936年。
⑨ 陈起鹏:《永安乐社与郭琳爽先生》,《永安月刊》1940年第13期。

更有体育明星杨秀琼等。这些公众女性大多都是烫着卷发,穿着洋装或改良旗袍,踩着高跟鞋的时尚形象,是站在时尚前沿的引领者,亦是大众女性的模仿对象。如《永安月刊》1940年第14期的封面女郎,一头大波浪卷发富有光泽,一身金色洋装气质典雅,明眸皓齿,笑靥如花,颜值高,衣品佳,无形中为《永安月刊》加分不少(图3-6-2)。又如《永安月刊》1942年第35期中,影星陈云裳一袭细格纹吊带连衣裙,头戴蝴蝶造型发带,青春活泼的样子给人以无限的感染力。同版面中还有顾兰君与李红在时装展览会上的倩影,无论是新式旗袍或是西式衣裙,均时尚却又不失端庄(图3-6-3)。

图3-6-2　封面女郎(《永安月刊》1940年第14期)

图3-6-3　时装展览会上之顾兰君与李红(《永安月刊》1942年第35期)

第二,相关文章与服装效果图。《永安月刊》上发表有大量与服饰、美容相关的文章。黄觉寺的美学大作《谈美》《女性与装饰》,就在《永安月刊》上连载多期。《永安月刊》亦常刊载时髦的服装效果图,以引领时尚,教导穿衣哲学。画家张碧梧在30年代末至40年代初的《永安月刊》上发表了大量精彩而洋气氤氲的服装设计作品。永安公司用知识的灌输引起女性对服饰与美容等商品的欲望,形成购买动机。

第三,服饰类广告。若说前两者打着潜伏性广告是为了艺术兼商业,那么实打实的服装类广告则纯粹为了商业,且所有的产品广告上都会标明"各大百货公司均有售"字样,在赚取广告费的同时也在为自己打广告,何乐而不为? 其中既有三枪牌棉毛衫、司麦脱衬衫等名牌产品,也有相较之下默默无闻的振兴织造厂所产的"原料比众高贵、式样新颖雅观、颜色鲜艳不褪、尺码永久标准"的"丝绵毛织男女内外衣衫裤帽,各种新式童装,西装妇女用品"[1],亦有中国兄弟工业社所产的"新颖美观,花样雅致,织造精良"[2]的围巾领带,还包括面辅料广告,有"布面平整光洁、经洗耐穿、颜色素颜咸备,人人爱慕,且永不退色,退色包换"[3]的富乐色布,更有"柔软可爱,色彩鲜艳,颜色齐备,经穿耐洗"[4]的双猫牌绒线。美亚绸缎的广告打得更文艺:"初日衬着早霞,晓露润着鲜花,美亚产的绸

---

[1] 广告,《永安月刊》1941年第32期。
[2] 同上。
[3] 同上。
[4] 广告,《永安月刊》1941年第30期。

缎,越显出美丽的她,美亚产的绸缎,越显出婀娜的她。"①这些服饰类广告多采用模特为其宣传,模特美丽摩登的形象不仅可起到良好的宣传效果,更塑造了商品乃至企业的形象。例如"兄弟女士羊毛呢"的广告配图,图中条纹毛呢面料交错悬挂,两位外籍模特身裹由相同面料制成的长裙置身其间,画面构图新颖,十分爽目,真有当今时尚大片的感觉(图3-6-4)。

5. 促销与奖券

永安公司每年举办五次大减价活动,其中四次为春夏秋冬四季换季减价,一次为周年庆活动。在此期间,所有货品均会有各种程度的降价,利薄品降价少,利厚者降价多。② 此举不仅促进销售更可减少库存,表面上看每件产品的利润确实减少了,但薄利多销的方式一样增加了营业额,且增加了流动资金,一举多得。除此之外,还有一种常年进行的降价活动——"牺牲品",即"公司提出一种或数种商品,特别减低价格,如对折或七折等,目的为牺牲品的幌子,使顾客得购他种货物因而获利"③。永安此举甚有成效,特别对于女性消费者,偌大的百货商场,在购买此种"牺牲品"的同时,必定会不自觉地多逛逛,从而购买一些其他商品。

图3-6-4 服装广告(《永安月刊》1942年第35期)

赠送奖券能给消费者一种额外获利的感觉,从而促进销售,永安更以惊喜的形式放送。顾客只要消费满一元便可获得一袋奖券,袋中的奖券数目不一,"间或有所得之券数超出所购之代价数倍者"④。还设有一种"百万奖券",拥有可获得"一百万元以上奖金之希望"。小惊喜不断,大惊喜连连,顾客"爽心"了,自然成了回头客。

郭琳爽的"爽"理念,源于其豪爽的为人、直爽的处事态度与思想,其建立的一套经营与销售的理念也是其"爽"为人的产物。其要点,首先是立足于顾客立场来考虑企业的经营,为顾客提供全面周到、细致体贴的服务,令顾客感受到购物的"爽意"。同时重视销售方式的艺术性、文化性与实用性。无论是橱窗与卖场的陈列、广告的登载,抑或是时装表演会的举行、企业杂志的创办与促销方式的进行,都遵循着"爽目"与"爽心"的原则。这套经营与销售的"爽"理念,是永安公司几十年间执掌同业之牛耳的关键,亦是现代企业管理的核心思想。

---

① 广告,《永安月刊》1943年第40期。
② 郭官昌:《上海永安公司之起源及营业现状(上)》,《新商业季刊》1936年第2期。
③ 同上。
④ 同上。

顾天云
1883—1963，浙江宁波人

身　　份：服装工艺师、红帮裁缝。

简　　历：字宏法，母亲是日本人，父亲是浙江宁波鄞县（今鄞州区）人，从小在鄞县长大。15岁时，在同乡的介绍下，到上海学习西服手艺，师满后到日本深造，1903年在东京开设宏泰洋服店。虽然有一半日本血统，但顾天云心系生于斯、长于斯的故土，积累了一定积蓄后，赴欧洲访问、考察了10多个以西服设计与制作著称的国家，积累了一定的学问和经验后，立志为推动中国西服业的发展尽其所能。于1923年回国，在上海南京路24号开设宏泰洋服店。因有感于我国西服业之落后，不遗余力地将精力放在近代西服教育上，1933年著成《西服裁剪指南》一书，之后又参与创办了各类西服职工夜校、培训班、学习班，以及较为正规的上海裁剪学校。1947年5月创立了上海私立西服业初级工艺职业学校，他不仅是筹委会主任，并被推举为校长。20世纪40年代末，国内西服业不景气，技校停办，顾先生便赴日本发展，晚年于日本离世。

专业成就：顾天云建立了中国服装史上具有里程碑意义的三大功绩。一为编著了《西服裁剪指南》一书，这是中国近代服装史上的一部开创性专著，是国人第一部西服职业技术教育教材。二为开创了我国服装职业教育事业，参与创建了裁剪训练班、上海裁剪学校与上海私立西服业初级工艺职业学校，为我国服装界培养了不少人才。三为开创了我国服装学群体研究之先河，受其影响，红帮裁缝开始重视服装科技与文化研究，并日益沉淀发展，最终形成了中国服装史上的一个重要流派。

红帮"教父"——顾天云

（一）探求真理，创新技术

中西服装，手工缝制方法有相通之处，但裁剪方面差异甚远。中国传统服装是平面造型，而西服为立体造型，因此裁剪技术对于当时的红帮裁缝是技术难点，"继思西服业之难，唯裁为最"①。在众多红帮裁缝中，能够熟练掌握裁剪技术的人占少数。在西服业发展初期一般是业主具备裁剪能力，雇佣几个缝制师傅，自己在店中从事裁剪，兼顾经营等业务。当时红帮裁剪师傅一般都采用传统的定寸直裁法，即量取身体主要尺寸后，凭借直觉经验用尺子在布上直接画出衣服的样式。定寸直裁法是裁剪技术发展初期，无论中国还是西方的裁缝都曾采用的一种初级裁剪方法，它能将立体服装直观反映在平面布面上。这种裁剪方法虽然直观易懂，但缺乏科学系统性，无规律可寻，特别不利于初学者入门学习，需要凭几十年的经验积累而成。因此，西方人在对人体比例关系科学研究的基础上，于19世纪末期逐渐形成比例裁剪法，这是比定寸直裁法先进的一种裁剪方法。

顾天云早年在日本开店期间，总感于裁剪方面力不从心，于是下定决心到西服的发源地探求学法。他到西方各国游历，悉心学习国外先进的裁剪技术，并吸取其技术精髓，"予在国外廿年，默察外人之业此者，莫不悉心研究。从事裁剪，得心应手，务求完美。以博顾客之欢心，而冀营业之发达"②。当他回国后，发现中国的西服裁剪方法仍然很落后，因而为国内西服业的发展前途甚是担忧："颇以国人之墨守旧法，不肯传授于人，又少匠心独运，精益求精之人，将使我业蒙有退无进之危险。所以予甚忧之，不揣谫陋。爰本平生之经验，著成《西服裁剪指南》一书。"③此书分门别类介绍了各种西服款式的裁剪方法，与当时西方最先进的裁剪方法原理基本相同，书中还附图说明了人体测量的标准，以及人体不同体型与平面裁剪图的关系。《西服裁剪指南》在中国服装史上具有划时代的意义，它是中国人著成有关西式服装的第一部理论书籍。在当时的中国社会，能将自己所学知识系统化、积累经验理论化，并以书籍的形式呈现于世，确为了不起的创举！这本书的技术理论创新主要体现在三个方面：第一，建立了以人体为尺度的科学标准，脱离了中国传统生搬硬套、依葫画瓢的感性认识层面；第二，形成了比例裁剪的方法体系，并以专业三角尺工具辅助，打破了国内裁剪无系统方法、混乱无序的局面；第三，形成了以胸度为比例尺度的规律，提升了制图准确程度，打破了国内裁剪无规律可寻、制图不精准的局限性。

顾天云为探究真理、追求事物本源，不惜一切代价到西方求法，其探索与求学精神令人敬佩。他恐人事卒卒、岁月蹉跎，呕心沥血总结平生所学，其科学研究的创新精神尤为可嘉！在20世纪上半叶，除上海一些实力较强的西服店专派学徒学得《西服裁剪指南》之裁剪方法外，中国大部分地区与西服店还多是沿袭旧法，可见这本书引领技术的超前意义。顾天云可谓将西方先进裁剪技术完整系统引入中国，并将之融会贯通、理论成书的第一人。

---

① 顾天云：《西服裁剪指南》，上海市西服业商业同业公会1933年版，第2页。
② 同上。
③ 同上。

(二) 抛弃艺徒，改革教育

艺徒制度是中国自古传授技艺的传统方式，在家庭工业组织中，子助父工作，父教子学习，于某种程度上对封建社会传统手工行业的发展起到过一定的保护作用。红帮裁缝发展初期，自然沿袭了这种传统授艺方式，这与当时红帮裁缝起点较低、资本薄弱、生产力较低下，以家庭作坊为组织关系等发展初期情况相匹配。

这种方式古之中西相通，均以家庭工业为主，采用艺徒制教育，并通行公会制度，"当时公认该制度为各种实业所需工人之唯一来源，其规则，系一种习惯法，并无明文规定"①。19世纪初，随着西方大规模工厂发展甚速，急需大量专业工人，旧的艺徒训练法无法满足行业需要，这种艺徒制教育的公会制度被淘汰。19世纪中下叶，集中式工厂训练或学校训练的新型职业教育开始推行。1850年至1914年，英、法、德等主要工业国公布许多关于职业教育之规章，而瑞典、荷兰、比利时、瑞士等国相继成立公私职业训练机关。第一次世界大战后，各国设立职业学校甚多，并在立法与组织方面开始改革。顾天云游历西方各国，深感国内职业教育的发展与国外相比存在较大差距。他回国看到西服业在上海数量庞大，发展势头迅猛，"业西服者，遂日兴而月盛，有蒸蒸日上之势。试观海上一埠，西服肆如星罗棋布。制西服之人才，亦先后辈出"②。但于教育方面，显然无法与西服业的发展相匹配。当时国内西服业教育存在几大诟病：一是人才培养数量少，时间长，不适应行业急速扩展的需求；二是师傅保守思想严重，传授技艺不肯全盘托出，严重制约行业的发展；三是技艺传授方法相对落后，无系统理论，影响人才培养质量。因此，顾天云著成教材《西服裁剪指南》，传授知识的同时，在自己的西服店中，亲自免费职教，希望快速培养更多能够自裁自量的优秀人才，他指出："旧法，店员承接生意，再交裁剪员为之。店员不谙裁剪之法，裁剪员不明顾客之身样，各自为政，必滋迂格，难免差误。不惬顾客之心理，往往有之。予意各店员，应自接生意。即自能裁剪，始能恰合顾客各人不同之身样。则顾客称心适意而去，营业岂有不日盛者乎。"所以，他愿意编辑教材以改变现状："此予编辑此书之区区微志也。书中记述，全本予平生之经验。附图详细说明，用角尺分数西法裁，尺寸用西法量，务使一目了然，而后便能自己裁剪，毋须假手于人。又恐文字有不能达意之处，购是书者，可于每星期日，驾临上海南京路廿四号宏泰洋服店（图3-7-1——作者注），予愿亲自教授。不收学费，一年后保证学成。应用裁剪，绰有余裕。区区提倡苦心，想为诸君所赞成也。"③图3-7-2所示为《中华》1930年第3期刊载的宏泰西装广告。

顾天云还认识到只凭一个人的力量难以将裁剪技术传授给更多学徒，于是在上海西服业同业公会的集体组织下，开始效仿西方创办裁剪学校。上海西服业同业公会的各理事意识到我国职业教育的落后，办学之心迫切，想尽一切办法，配置专业教室及器材，"查裁剪学校在欧美各国早有设立，而在吾国当属少见"④，"时代进化，学术昌明，而工艺之于今日应为学术中之重要一课。欧美列强对于各种工艺均有专校设立，资为研究，是以能精益求进，故其出品优良，行销环球，不胫而走，执商场之牛耳，以之裕国富民，良非偶然。我国受频年战争影响，于教育事业瞠乎落后，坐而咨嗟，言以寄恨，亦复何益。"⑤在同业公会的大力支持下，从20世纪30年代末直到1949年，上海裁剪学校

---

① 高许培：《职业教育与艺徒训练》1942年。
② 顾天云：《西服裁剪指南》，上海市西服业商业同业公会1933年版，第2页。
③ 同上。
④ 上海档案馆藏：《裁剪、会计练习班的毕业典礼记录》，卷宗号 S241-1-22。
⑤ 上海档案馆藏：《上海市西服业商业同业公会请求配给木料缝纫机信函》，卷宗号 S241-1-20。

图 3-7-1　上海宏泰洋服店的店址（箭头方向）（《西服裁剪指南》）

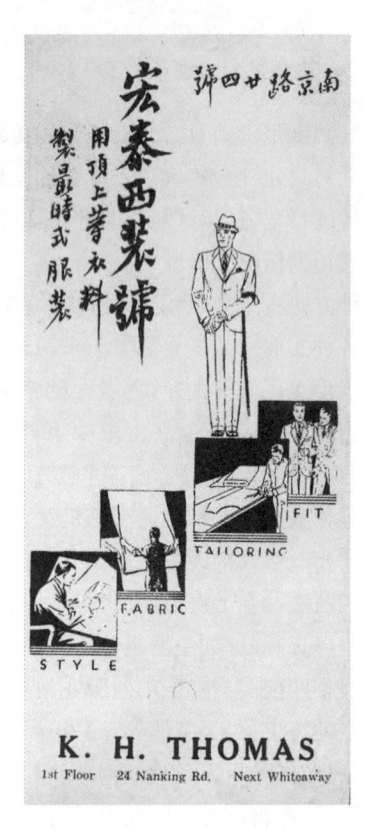

图 3-7-2　宏泰西装广告（《中华》1930 年第 3 期）

的 10 届学生以及上海私立西服业初级工艺职业学校的第一届学生，全部由顾天云亲自教授裁剪知识，《西服裁剪指南》成为职业学校第一本正式教材，也是唯一的一本专业教材。这种采用教材集中授课，系统传授西服裁剪知识的教学方式，是对当时口传心授艺徒制落后教育方式的重大突破。所培养的千余名学生大都成为西服业的栋梁之材，其中包括后任培罗蒙经理的戴祖贻、荣昌祥的技术经理胡沛天等。

上海私立西服业初级工艺职业学校的第一届学生王汝浍回忆：顾老师总是笑眯眯的，言语不多，但为人很和善，很受学生们喜欢，对学生提出的问题，他总是耐心解答，对待教学工作非常认真负责。当时学校离他的住所距离很远，还要穿过城边的一条火车道，他每天很早就起床，提着一个饭盒，步行到学校，中午就吃饭盒里一些简单的饭菜，上完一天课后，再步行回家。每天如此，无论刮风下雨，严寒酷暑，从未间断。由这位老红帮师傅简单朴实的言语，可以体会到学生对顾老师真切敬佩的感激之情，可以体现出顾天云为实现红帮职业教育的创新之梦，身体力行、鞠躬尽瘁的无私奉献精神。他堪称中国近代西服职业教育改革的"教父"。

（三）不分尊卑，职业兴国

中国传统农业社会，对职业有严重的贵贱等级之分，"士农工商四民者，国之石民也"①。"士"排在第一，万般皆下品，唯有读书高；其次是"农"，民以食为天；再次是"工"，欲善其事，先利其事；最

---

① ［唐］房玄龄译注：《管子·小匡》，上海古籍出版社 1989 年版，第 129 页。

后是"商",孟子称商人为贱丈夫,"古人为市也,以其所有易其所无者,有司者治之耳。有贱丈夫焉……征商自此贱丈夫始矣"①,可见对商人的厌恶与鄙视。重农轻商是在前工业时期东西方共同的早期传统,"对商业现象的鄙视——对市场秩序的厌恶,并非全都来自认识论、方法论、理性和科学的问题。还有一种更晦暗不明的反感……对生意人的仇恨,尤其是史官的仇恨,就像有记录的历史一样古老。"②然而,随着西方工业社会的快速发展,以及人人平等民主思想的深入人心,重农轻商的观念逐渐消除,但在古老的中国社会,虽然商品经济日益活跃,但传统观念仍非常严重。

裁缝自古小本生意,为他人做嫁衣裳,真可谓是贱业中之贱业。裁缝为人看不起,这是一个被中国浩瀚历史湮没的群体,他们也大都自贱菲薄,自认为卑微如蚁,不足以称道。民国时期红帮裁缝的地位虽日渐提升,比传统本帮裁缝的处境改善许多,但多数人的传统思想仍认为此乃贱业,低人一等,非穷苦无奈者而不从之。红帮老裁缝回忆说:"给有人送衣服时,都要恭恭敬敬等在门口,如果主人有事不敢轻易打扰,有时候要饿着肚子一连等几个时辰。"③顾天云少年学徒,此等情形何尝不知,学业有成后,他明确提出自己的观点"尊重本业"④。他指出服装对于人的重要性,在日趋欧化的今日,西服取代中国传统服饰是时代潮流,红帮裁缝所从事的西服业乃顺应时势之业,是关乎国人生活之大事,何有不尊重之理?"海通以还,泰西文化,输入中华。迄夫今日,国人生活,益趋欧化。服装为章身御寒之必需品,居生活四要素之首。峨冠博带,巨袖长袍,已不适于现代之潮流,日处于淘汰之列。于是西服尚矣。夫西服既便于操作,又足以壮观瞻,故国人爱用之心理,将渐趋于一致。"⑤他就此提出职业平等的观念,借鉴西方的职业观即"西哲有言'职业无贵贱'"⑥,并且道出所谓贵贱之别的标准:"须知吾人自食其力,最为尊贵。农也、工也、商也,苟有一技之长。日出而作,日入而息。人格完全,志趣高洁,皆可贵也。"⑦只要靠自己的双手吃饭,有健全的人格、高洁的志趣都应称为贵者,不同的职业只是所擅长的技艺不同,都是以自己的能力辛勤工作,怎有贵贱之分?这是多么难能可贵的职业观,它打破了几千年来中国传统的职业贵贱等级观念,以尊重本业而建立自我尊重的健全人格!他还指出尊重本业是一个人成功的基础,"必须人具向上之志,前途始有光明之望,成功之道,必自尊重本业始"⑧,这种从职业观获得的成功志向是何等强大的内心自信。

顾天云还将自己所从事的职业与国家的命运前途联系在一起,为国家的荣辱兴衰而担忧,他认为国家经济的兴盛至关重要,"刻夫一国之经济,犹各人之血液。未有血液枯竭,而能力大体壮者。我国以生产落后之国家,国民又不知发展其经济之能力。外货充斥,利权外溢。欲国家之不受人侵凌,有是理乎。乃者国势阽危,外患日亟,亡国之祸,迫于眉睫。顾炎武曰:'天下兴亡,匹夫有责。'我国民报国有心,御侮无力,惟当各展其生产能力,从事于农工实业,兢兢焉与外人相抗衡,民富便是国富,民强便是国强,幸勿谓吾辈工业,无关于国家之强弱兴亡也。"⑨虽然裁缝只在针线之间,确是关乎国计民生的大事,传统的观念乃是制约本业发展的桎梏,"今予所言者,缝工耳。衣服为人生必需之品。故缝工所负之责任,实至伟大。昔人不明此理,往往视是末技。以为卑卑不足道,陋见

---

① [宋]朱熹译注:《孟子·公孙丑下》,上海古籍出版社1987年版,第92页。
② [英]F.A.哈耶克著、冯克利译:《致命的自负》,中国社会科学出版社2000年版,第101-102页。
③ 被采访人:培罗蒙总经理戴祖贻;笔者采访时间:2011年9月10日上午9点;笔者采访地点:上海戴祖贻家。
④ 顾天云:《西服裁剪指南》,上海市西服业商业同业公会1933年版,第3页。
⑤ 同上。
⑥ 同上。
⑦ 同上。
⑧ 同上。
⑨ 同上。

谬说,深镌脑中,故缝业不能进步,缝工不能有成"①。这种陈规陋见不但妨碍本业发展,影响个人家庭温饱问题,更是关系国家经济之兴衰,"自暴自弃之人,一生必不能克底于成,欲望一家之温饱,已非易事。肆中多此辈人,营业自难发达。国家多此辈人,经济力奚能充乎?"②可见,他放眼全球、心系国家,以磅礴的胸怀与长远的眼光看待自己的职业、使命与职责。斯非传统中国人可比焉?小小裁缝之伟大动人之处,又岂能被历史所忽视?

(四)勤学立志,人定胜天

旧时代中国人多持宿命之论,认为人的命运是由上天主宰,个人的努力多无济于事。但顾天云认为只信天命,不尽全力奋发努力是缺乏勇气、无所作为的表现,"古人云:'富贵在天,生死由命'。此命运论之人生观也。信命运论者,必非勇敢有为奋斗向上之人"。③

顾天云理性分析了人生富贵或贫贱的原因,"譬如嗜好甚多,荒淫无度,其寿安能长久。清心寡欲,温和蔼如,必少夭折,此岂生死由命乎?"④因此,他得出结论,人生若能富贵必然有其道理,若不想过贫贱的生活也可以通过自己的努力避免,富贵贫贱并非天命,多由人事所为,"是故人生富贵,纵非尽得,而贫贱庶几可免。欧阳公所谓'虽曰天命,岂非人事'之理也"⑤。他还为年轻人指出通往成功之路的途径:

一是勤诚俭朴。韩昌黎曰"业精于勤,荒于嬉",若要学业有成,一定要勤学苦练,节俭于身,具备诚信的美德,不失时机抓住机遇,"怠惰之辈,惮于进取。机会为有翅之物,最易飞去。吾人当青年有为之时,不知稍纵即逝"⑥。又举出古今中外成功人士勉励年轻人,"昔叶澄衷,舟子也。杨斯盛,木工也。皆能践行以上之美德,而成闻人。美国某总统之幼时,尝为缝工。林肯亦由蔀屋茆檐之人,而高居白宫。孟子曰:'舜人也,禹亦人也,有为者亦若是。'吾辈青年其勉诸"⑦。

二是要专心善学。人生于世,欲求自立,必需技能,古人所谓"积资千万,不如薄技在身"者也。学习技艺是知识与经验的积累,要处处留心,专心于此,顾天云称他所见业内有成、技艺出众者,皆因专心所得,"夫技能属于学识与经验,处处留心,事事勤学,复济以完全之道德。无论何业,未有不底于成,吾业何能违此理乎。予业西服于东瀛及海上,屈指数十年。其不见弃于人而小有成绩者,莫不由'专心'二字而得。人能专心,技能自有可观,则业岂有不发达者乎"⑧。除了专心,还要善于学习一切所需的必备知识,使自己尽量全面,这样离成功才能越发接近。由于西服业多接触外国人,因此英语尤为重要,语言是与顾客顺利沟通的有效途径,和缝制技术具有同等重要的地位,"矧夫吾业与外人之接触甚多,不谙佉卢横行之字,不知磔格鸠舌之语,纵能裁能缝,亦不能为完全之人才。故外国语之学习,为吾业必需之技能,与缝纫而并重焉。际兹世界大通,夷华互市之秋,不知夷语者,犹哑于口。不谙夷文者,犹盲于目。以哑者盲者,而处兹商战剧烈之世界,其不被摈者几希"⑨。顾天云少年学徒时就明白此理,打算到夜校专学英语,但由于店中繁忙,被师傅拒绝,但这

---

① 顾天云:《西服裁剪指南》,上海市西服业商业同业公会1933年版,第3页。
② 同上。
③ 顾天云:《西服裁剪指南》,上海市西服业商业同业公会1933年版,第4页。
④ 同上。
⑤ 同上。
⑥ 同上。
⑦ 同上。
⑧ 同上。
⑨ 同上。

并没有打消他学习英语的信念,他通过留心学习师傅与外国人的对话,反复练习,日积月累,竟能可以应用,"予幼学业时,已明斯理。日间营业甚隆,拟于夜间入夜校读英文,以为将来成功之基础。请于师,师以肆中事繁,尼之。乃从师日学数语,以为习练。暇复悉心注意。未数月,普通言语,渐足应用"①。可见他小小年纪,就懂得为将来的成功做好各方面的知识准备,并且如此留心善学。他形容当时能够应用英语时的兴奋心情,"此时之愉快,犹如哑者能言,盲者能视也"②。

三是恒心立志,古人有言:"有志者事竟成"。顾天云感慨自己少年立志、坚持追求的信念,确实没有辜负于人。他坚信只要立志求学,定能无所不成,"信不我欺,嗟夫。人患不肯努力自修耳,苟能努力自修,不患无成。昔苏洵年二十七,始发奋读书,卒成宋代大儒。曾国藩志学不早,而道德文章,为清代冠。吾人苟能立志向学,何患无成哉"③。志向需有恒心和毅力相助,才可能成功,"然人无'恒心'、'毅力',亦不能成。孟子所谓'十日寒之,一日暴之'即此理也"④。如若遇到困难就退缩不前,再远大的志向也无济于事,历史上有所作为者,都是勇于坚持,不言放弃,"孔子曰:'如山九仞,功亏一篑'。进,吾进也。止,吾止也。立志为学矣,或畏难而退,或忽作忽辍,亦岂能有成哉。使哥仑布无毅力,焉能寻获新大陆。安迪生无恒心,焉能发明无线电"⑤。顾天云在《西服裁剪指南》的书后,专附"洋服商英语会话",希望青年能持之以恒、坚持不懈学习英语必备技能,"英语为世界流行之语,能兼通数国言语,自然加人一尊,愈觉利便","流利畅达,和婉有礼,最为外人所欢迎",⑥表达了他为帮助年轻人实现自我成就的殷切愿望。

顾天云一改中国传统人生观,他不信宿命,只相信通过自己的努力,凭借勤诚俭朴的美德、专心善学的素质、发奋自强的信念、持之以恒的决心,一定能够改变命运的现状,这种可贵的精神值得每一位年轻人自勉。其大作《西服裁剪指南》,既是其工作与思想的结晶,也是这种奋发精神的结果。且先生不满足于"自强",还通过兴办职业教育培训后生,振兴整个红帮实业。透过他立志改变自身命运,劝诫年轻人努力改变自我的背后,更深感他怀有一颗兴盛我国同业、力与国际竞争的赤子之心与鸿鹄之志!

[此单元由宁波大学刘云华博士撰稿]

---

① 顾天云:《西服裁剪指南》,上海市西服业商业同业公会1933年版,第4页。
② 同上。
③ 同上。
④ 同上。
⑤ 同上。
⑥ 同上。

王才运
1879—1931，浙江奉化人

身　　份：服装企业家、红帮裁缝。

简　　历：其父王睿谟年轻时在上海做拎包裁缝，早年东渡日本学习西服技术，手艺高超。王才运13岁时到上海随父学习西服技术，与父亲共同辛勤打拼，积累一定资本后，在浙江路附近开设王荣泰洋服店。在积累了一定的经济与技术基础后，1902年王才运又与同乡王汝功、张理标合伙在南京路西藏路口创建荣昌祥呢绒西服号。1916年原合股投资的荣昌祥业务分开，王才运开始独资经营荣昌祥。"五四"运动爆发后，王才运力倡商界罢市，任南京路商界联合会会长，第二年参与筹组华人纳税会，被选为工部局首批五名华董之一。1925年"五卅"惨案发生后，以上海各路商界联合会会长的身份，与工人、学生商量联合罢市，并为表明爱国之志，毅然弃业，挈眷归里。1927年任鄞奉长途汽车公司筹备主任。1930年任上海中华皮鞋股份公司经理。热心家乡公益，1927年任奉化孤儿院董事兼经济主任，又捐田集资办义庄，出资修建寿通桥。[①] 1931年病逝，终年53岁。

专业成就：其创建的荣昌祥西服号，是20世纪初期上海规模最大、业务最完备、影响力最强的西服名店，是上海早期西服业的第一名店。他还培养了不少在技艺、管理与素质修养等方面都出类拔萃的行业人才，南京路上赫赫有名的"南六家"均为其门生所创，对上海初期西服业整体行业的快速发展具有深远影响。王才运赤手打拼上海滩，一生经历商海沉浮，心怀天下，与国家同呼吸、共命运，可谓红帮群体中的杰出英才。

---

① 金普森、孙善根：《宁波帮大辞典》，宁波出版社2001年版，第45页。

红帮英才——王才运

(一) 革新经营,开创伟业

王才运创建荣昌祥后,经营有方,善于管理,生意蒸蒸日上。他首先以西服为主打产品,快速拓展相关业务。除西服定制外,荣昌祥还销售衬衫、皮鞋、皮鞋罩、领带、硬领、领结、领带夹、袖口钮、吊袜带、礼帽等各种服饰品。[①] 凡是与西服有联系的附件商品,一应俱全,客人在定制好西服后,不需出店门就能购买到与西服相搭配的各种用品。这种连锁效应不但让顾客享受到周到上乘的服务,而且大大刺激消费,提升店铺的营业额。"荣昌祥"店铺宽敞,一层营业厅的面积为200多平方米,经过王才运的精心设计,各种场所与产品陈列有序(图3-8-1):一楼接客量体区装潢得富丽堂皇;二楼商场前半部经营呢绒批发,后半部设立裁剪间、配料间、工场间;三楼前半部为工场,后半部为职工宿舍。王才运对呢绒的备货非常讲究,他通过怡和、孔士、元祥、石利洛等洋行向英国、意大利等国家有名厂商订购呢绒,要求质量过硬、品种多样、花色齐全、货量充足,不但沪上外侨乐于光顾,就连国内南京、北京、天津、青岛、广州、厦门等各大城市的西服商纷纷到沪,从荣昌祥购买上等的呢绒料子,进口呢绒价格昂贵,销售数量又较大,带动"荣昌祥"的销售利润直线上升。王才运还通过精美的橱窗展示吸引顾客,荣昌祥店面的四个大型落地窗,分门别类陈列着店中最新的面料花色、西服款式以及服饰配件,并且根据季节更替和西服面料、款式的流行,店铺有专业的陈列设计人员定期更换橱窗,通过展示新产品不断给人以新鲜感,吸引路人进店定购,达到扩大销售的目的。

图3-8-1 20世纪20年代的荣昌祥(宁波服装博物馆藏)

[①] 王嘉振:《上海西服业鼻祖王才运》,《创业上海滩》,上海科学技术文献出版社2003年版,第254页。

其次,采用职责分明的层级管理制度。20世纪20年代中后期的荣昌祥职工总数达100多人,其规模在上海首屈一指。为了强化科学管理,王才运对传统家族式管理责权全部集于老板一身、责权不清的状况进行了改进,建立起严密的组织管理系统,让店铺施行制度化运行。制度化是一个企业向规范化、有序化变迁的过程,也是其组织发展成熟的过程,建立、健全组织管理系统是企业制度化运行的前提保证。他在总经理和副经理下面分设五个部门,分别为定货部、零售部、批发部、陈列部、财务部(图3-8-2)。每个部门都有1至2个总负责人,他们相当于部门经理,管理4至6个职员,全权负责本部门的业务。定货部1个负责人,他管理4个人,主要负责顾客定制西服,包括接待顾客、量体、试衣等;零售部2个负责人,他们各管理2至3个人,主要负责零售呢绒、衬衫、羊毛衫、领带、领带夹、呢帽、皮鞋等;批发部也是2个负责人,他们各管理2至3个人,负责批发呢绒,客户基本上是各家西服店,同时负责进购、调配呢绒货量;陈列部主要负责橱窗和店铺陈列,1名主设计师设计方案,3至4名设计助理具体实施;财务部有1名会计主任负责总账务,零售部、批发部各有1名会计,他们定时向会计主任报账,定货部的定制收费则由负责人直接交付给会计主任。① 正是这种分设部门、分级管理的方法,使荣昌祥的各项业务都井井有条。

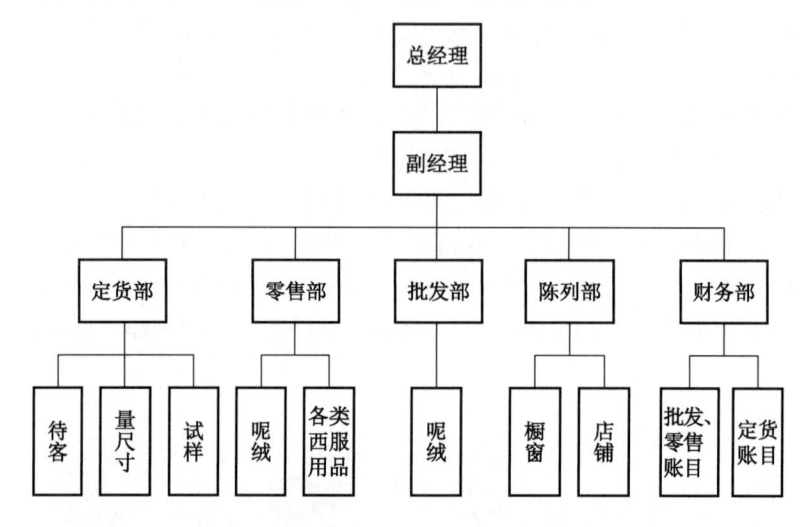

图3-8-2　20世纪20年代中后期上海红帮名店荣昌祥企业组织结构

最后,实施先进的人才培养与引进机制。企业竞争的核心归根结底是人才的竞争,人才是企业最重要、最宝贵的资源,是企业生存与发展不可或缺的决定性因素,人才的质量和数量直接决定了企业在市场上的竞争力。王才运深知人才对于西服店生存与发展的重要性,俗语道"功以才成,业由才广",因此他对人才的培养与引进尤为重视。王才运不但亲自传授门生、学徒西服专业知识,在打烊业余时间还聘请文化教师为他们传授文化知识。1919年冬,他联合南京路同业,共同捐助4000元开办夜校,"与本路同志倡议,附设夜校俾提高本路商店员及学生之智识,众议同全,纷纷捐轮创办之费达四千余元"。夜校聘请专业教师传授店员国文、英语、国民基本常识、地理、公民伦理、基本绘画知识、珠算、财会账务等知识,不但提高店员财会等基本业务能力,还提高他们的整体文化素养,弥补了大部分学徒由于家庭经济原因而文化水平较低的局限。国文常识的熏陶与英语水平的提升,使店员接待中外顾客都游刃有余,给顾客留下了良好的印象,与不少名人建立了长期的客

---

① 被采访人:荣昌祥第二任老板王宏卿之子王汝珍;笔者采访时间:2006年9月3日上午10点;笔者采访地点:上海。

户关系,为店面创下不斐的业绩。王才运非常注重店员待人接物的礼仪培养,他明文制定了18条店规,并且悬挂在店堂明显处,规定店员要和颜悦色、礼貌待客、热情接待、尽心服务,遇外国顾客,须用英语接待,对答如流,要求全体职工共同遵守,这样的服务制度赢得了中外顾客的称赞。王才运在培养自己店中职员专业能力与综合素质的同时,还不惜重金从世界各地引进高级人才。他从日本、朝鲜、海参崴等地,高薪聘请出类拔萃的裁缝到荣昌祥工场做技术指导,使工场师傅融会外来高级技术,工场的整体技术水平得以提升。

20世纪初期,荣昌祥成为上海规模最大、业务最完备、影响力最强的西服名店,堪称上海西服业的第一名店。1916年王才运38岁时,原合股投资的荣昌祥业务分开,王才运开始独资经营,"日与中西人士酬应诚恳周至,营业大振,年三十八,值民国五年,呢绒西服业鼎盛,股东主张分业自立,于是以荣昌祥归,先严自主焉"。1926年的《申报》有文章评论:"遍观沪上西服铺……当首推南京路新世界对面'荣昌祥'。"①从荣昌祥出师的学徒,不仅技艺精湛,在经验管理、素质修养等各方面都出类拔萃,到20世纪30年代,王氏门生几乎垄断了上海南京路上的西服业,成为南京路上赫赫有名的"南六家"。② 王才运善于创新的经营管理举措,不但创造了红帮名店荣昌祥的辉煌,对于家族同乡的迅速崛起,甚至对上海初期西服业整体行业的快速发展,都起到了一定的带动作用,其影响意义深远。

由于荣昌祥声名远播,成为民国时期政界要人青睐的名店。在荣昌祥店中一直流传着一个值得骄傲的故事,据荣昌祥后人王汝珍听父亲王宏卿讲述③,20世纪20年代孙中山先生曾拿一件日本陆军士官服来到荣昌祥,要王才运将这件衣服进行改良。这一说法在时间上与孙中山先生在1922年穿着中山装符合,并且当时孙中山确实居住在上海。在1927年3月28日的《民国日报》上刊有一则荣昌祥的广告(图3-8-3):"民众必备中山装衣服式样准确,取价特廉,中山先生前在小号定制服装,颇蒙赞许。敝号为提倡服装起见,定价特别低廉……上海南京路新世界对面荣昌祥号启。"④由此得知孙中山先生确实到荣昌祥定制过服装,进而推知王才运应为中山装的设计、改良做出过重要贡献。荣昌祥作为红帮名店,一直承担着中山装的定制业务,对中山装的推广,以及我国民主革命的进程都起到了推波助澜的作用,这与王才运的个人影响力也密不可分。

图 3-8-3　荣昌祥有关中山装的广告
(《民国日报》,1927年3月28日)

(二) 领导商界,革命爱国

20世纪初期,在风起云涌的革命年代,王才运始终走在时代的前沿,怀抱爱国之心,拥护革命,民国初年曾为上海光复之役捐款,"民国纪元,光复之役,先严赞成革命,热心赞助"。在之后的爱国运动中,他所起到的领导组织作用更令人钦佩。

---

① 佚名:《制西服之选择》,《申报》,1926年12月16日。
② 陈定桢:《黄浦区服装志》,上海黄浦区服装公司1993年版,第13页。
③ 被采访人:荣昌祥第二任老板王宏卿之子王汝珍;笔者采访时间:2006年9月3日上午10点;笔者采访地点:上海。
④ 佚名:《民众必备中正装衣服》,《民国日报》,1927年3月28日。

早在"五四"运动之初,王才运就与学界采取一致行动,首先停业并提倡商业罢市,由此受到租界当局干涉。罢市七日,民众方称满意,各业才回复原状。王才运为防备以后发生其他意外事件,开始产生筹备发起组织各路店铺团体的想法。1919年7月,工部局骤加房捐,王才运开始联络各界同志,召开会议组织团体群起反对。当时各商店长期遭受帝国主义勒迫,故有团结抵抗横暴的精神,因此总商会马上派交涉员出任调停,并与工部局讨论,为对华商公平起见,提议必须在工部局增设华董。当时南京路商界联合会成立,经民主票选,王才运当选会长,并为联合各路商联会代表。由于南京路商界在上海的实力最强,与上海其他各路商界联合会组合后,成为各路商联的总枢纽。1920年,他组织华人纳税总商会,选举顾问委员五人,我国华人市民参与租界市政之事自此开始,可见他为华商争取利益所做出的巨大贡献。1921年《上海市民公报》第1期刊登了上海公共租界纳税华人会为恭贺华商所取得的权益致词:"上海市民万岁!地方自治万岁!"致词左侧之首,便刊登出王才运的照片,并冠以"争回市民权之原动者"(图3-8-4)。报刊评论王才运为争取市民权力奔走,不遗余力,被上海各联合会推举为副总董,但他功成而不自居,固辞不就,只任联合会候补理事,因此无人不对他的高风亮节与纯朴正气之风加以称赞,"咸以不居名之英雄目之,是上海人无不知其诚实和平"①,时外交部长王儒堂先生称之为"模范的商人"。

图3-8-4 王才运争取市民权报导(《上海市民公报》1921年第1期)

1925年"五卅"惨案发生,血案发生处离荣昌祥不远,王才运亲眼目睹无辜的百姓躺倒在血泊中,义愤填膺,积极联系上海商界总联合会,联合工人、学生共同投入爱国反帝斗争的行列。上海商

---

① 佚名:《争回市民权之原动者》,《上海市民公报》1921年第1期。

界总联合会、华人纳税总商会的代表,在上海总商会经过慎重讨论后,决定在5月31日全市商界罢市,整个上海陷入一团死气沉沉中,反动当局顿时慌忙不堪,无奈接受惩办"五卅"惨案的凶手的民众要求。王才运因此遭到租界巡捕房的搜捕,由于及时转移躲避,才免受其害。

"五卅"惨案后,王才运爱国之心愈加坚毅,他发动商界开展抵制洋货、提倡国货的实业救国运动,由于自己从事的西服呢绒业多为外国进口商品,为表爱国之心,他竟舍万金利,毅然弃商归里,"民十四五月卅日,租界惨案,发生国人愤激抵制英国商品,而先严以所运呢绒,应在抵制之列,遂不惜数万金之岁入,毅然辍其积年经营之商业,舍沪归里"。王才运白手起家,创业之艰辛可想而知,舍弃自己苦心经营的产业是何等痛心之事,但在守业与爱国难两全时,他决然选择大义。从民国纪元光复之役到"五四"运动、"五卅"惨案等各种爱国运动中,他以力所能及之力,不惜个人安危,舍命奔劳,发挥了不可低估的领导作用。在他的人生中,爱国大义重于一切,为此生命尚可不顾,万贯家财身外之物,又何能不舍?

(三) 弃商归里,造福一方

王才运弃商归里后,在旧居旁边建造数楹新宅,他徜徉在田野之间,每日清晨早起呼吸新鲜空气,步行健身,把一切功名利禄抛至云霄,尽情享受乡村生活,"归里后,以旧居湫隘,遂创新宅数楹,徜徉田野间,晨起呼吸新空气,步行习劳苦,为后辈楷模"①。他在上海闯荡三十余年,从一文不名的乡下穷小子到上海众人皆晓的模范商人,经历声名富贵、大风大浪后,在人生的顶峰、正当年之际,将千般荣华嘎然而止,从大上海繁盛摩登之地,归于悠然平淡的乡村山水之间,人生的大起大落,返朴归真,实乃需要大胸怀、大气魄,需要一种人生的境界与超凡的眼光。

洗尽铅华,不变的是他淳朴正气的本质和他对乡亲父老的一片关切热爱之心。王才运早在上海经商时,只要闻讯家乡有难,就不遗余力给予帮助。在他的家乡奉化江口附近,有一座寿通桥,是当地的一个重要交通枢纽,自剡源、禽孝,以及新昌、嵊县赴甬江者必经之地,长十余丈,桥洞下通往船只,旧石口崎岖狭窄,中多间隙,并且每过夏秋,水常横溢,行者一不慎,辄占灭顶。王才运的父亲告知他此桥情况后,王才运捐资二千八百银元进行改造,比旧桥增阔三分之一,过往行旅无不称便。当年奉化又遭三次水灾,沪甬人士争办急赈,王才运进行捐助,并对本村每年都捐资。1923年,他还为家乡贫贱子弟、孤寡弱小者捐田百亩,作为教育经费,"当先王父病时,道及家世常谓,先严曰:昔时孤苦伶仃,幼而失学,以致终身抱憾,今见族人之茕独无依,类余幼年者,恒恻然伤怀,汝宜有以济之,于是,先严尊先王父命,捐田百二十亩,以百亩所获,为贫贱子弟读书之用,并助给孤寡,以五百亩所出,为修理梅房祖堂之经费,十五亩充先祖祀田"。② 至1926年,他首次提出筹建奉化孤儿院,并普劝本族贤达捐助。由于王才运勇于为善,乐于助人,心诚守信,在族人当中威望很高,人人信之,凡有劝募,众人都竭力响应,此事踵而成之。再至1928年夏,国民革命军平定燕京,国政统一,建设万端,于是浙江省道局建筑鄞奉汽车路,将次告成旅沪绅商,集资筹设汽车公司,以利交通,欲于同乡中得声望素著、办事忠实者,总持其事。众人推选王才运为经理,时值盛暑,他奔走筹划,不遗余力。修桥、赈灾、捐资、造路、疏浚河渠,王才运为家乡投入的各种慈善事业,众擎易举! 他优秀的个人品质也成为后辈效仿的榜样,"成业勤俭淳谨,蔼然自成为风尚"③。

---

① 佚名:《王才运哀启》,宁波服装博物馆藏。
② 同上。
③ 同上。

王才运 13 岁随父闯荡上海滩，20 多岁自立门户，以杰出的经商才能使荣昌祥成为上海早期的第一西服名店。他竭其才力，提携同乡优秀青年，振兴西服同业。他为争取华人权力，走在革命斗争的阵营前列，奋不顾身投入爱国运动，发挥了杰出的领导才能；自"五卅"惨案起，他愤而辍业乡居，然创办实业振兴乡里之志未尝忘，为贫幼助学、孤寡寻安、造路修桥等公益事业，不胜枚举，造福一方。王才运生前常谓人"自幼贫失学，若惟恐所行之不当，若夫义所当为见之，既确则赴之，若渴惟恐后时，故平生以树人为职志"[1]，他以忠义仁爱为礼，谦虚贤德，助人为善，情系桑梓，忠效国家，"虽曰未学，吾必谓之学矣"[2]，其所作所为、一言一行，都是后人学习的典范。

[此单元由宁波大学刘云华博士撰稿]

---

[1] 佚名：《王才运哀启》，宁波服装博物馆藏。
[2] 杨柏峻译注：《论语》，中华书局 2009 年版，第 5 页。

许达昌
1895—1991，浙江舟山人

身　　份：服装工艺师、红帮裁缝、"西服王子"培罗蒙的创始人。

简　　历：原名许恩孚，后改名为许达昌，意思就是"不做则已，要做就要把事业做大，做得发达昌盛"。其祖上行医，信奉基督教。出身贫苦，15岁时便离家远赴上海王顺昌西服店学做生意。学有所成后自己创业，于上海四川中路香港路口创办了许达昌西服店，但具体时间说法不一，宁波市政协文史委编撰的论著《宁波帮与中国近现代服装业》与茵芯的论文《西服王子许达昌及其培罗蒙西服号》认为创办于1919年，[①]而季学源、陈万丰主编的《红帮服装史》则认为创办于1928年。[②] 1932年，许达昌西服店迁至静安寺路（今南京西路）"新世界"二楼，1935年迁至静安寺路284—286号，同时更名为培罗蒙西服公司，后发展壮大成为上海的高级西服店之一。1948年与1950年，许达昌先后开设了香港培罗蒙与东京培罗蒙。1969年，许达昌将东京培罗蒙的资产全部转让给其高徒戴祖贻。

专业成就：许达昌创立了"西服王子"培罗蒙，这是一个享誉全国的高含金量的西服业知名品牌，且作为老字号名店被列入国家级非物质文化遗产名录；许达昌本人亦成为上海滩上西装业的"一只鼎"，被美国《致富》杂志称誉为"全球八大著名杰出裁剪大师"之一。

[①] 茵芯：《西服王子许达昌及其培罗蒙西服号》，《浙江纺织服装职业技术学院学报》2011年第1期。
[②] 季学源、陈万丰：《红帮服装史》，宁波出版社2003年版，第83页。

杰出裁剪大师——许达昌

（一）人生"三部曲"

1. 第一部——"王顺昌"阶段

这个阶段大致从1910年至1913年,是许达昌的学艺阶段,主要在上海王顺昌西服店学手艺。

许达昌的家在浙江舟山,当地裁缝普遍都做中装。但具有基督教背景的家庭希望许达昌能够学做西装,于是大概在辛亥革命的前一年,许父便将他送往上海王顺昌西服店"学生意"。"学生意"是当时一种普遍的师徒制学艺方式,学徒要边学技术边做杂务。在王顺昌求艺期间,许达昌既要学习、钻研手艺,又要完成烧饭、打扫卫生等杂活,其生活状态总体上是比较艰辛的。但在师傅与师兄们的帮助下,许达昌勤奋学习,刻苦钻研,勇于实践,很快掌握了制作西装的量、裁、剪、缝等各项技艺。①

这个过程说起来简单,但其实很不容易。尤其是基本功的训练,简直就跟练杂技差不多。比如学徒要练就在热水里捞针、在牛皮上拔针的本领,以达到缝制西服所必备的手上功夫——远超于常人的速度和力度。为此许达昌在王顺昌苦练了三年。

三年学艺出师后,许达昌已经能够独立完成西装制作。这时他面临两个选择:一是留在王顺昌西服店,逐渐成为一位熟练的技师,成为一位被后辈景仰的师兄;二是离开王顺昌西服店,自立门户,自己创业。第一条路比较稳健,第二条路有些冒险。不是说老上海是"冒险家的乐园"么,所以许达昌选择了冒险。这符合他的性格,更符合他要成就一番事业的"达昌"的理想。

2. 第二部——"许达昌"阶段

这个阶段大致从1913年至1935年,是许达昌的创业阶段。先是做"拎包裁缝",后来开设了自己的门店。

"拎包裁缝"是近代上海早期西服经营的一种方式,比如到码头为外国水手做衣服。不仅做,还包括修补。这个"拎包裁缝"的显著特色就是:他们都有一个装满工具与材料的包袱,拎着这个包袱挨家挨户地上门去兜揽生意,故也叫作"包袱生意"。

刚出师的时候,许达昌就是做"包袱生意"的。1924年,他自筹资金在上海南市老西门建了一个小型工场,承接西服加工业务。白天他背着包袱走街串巷招揽生意,晚上就窝在狭小的屋内,勤恳地裁剪制作,完成白天揽到的业务。他每天起早贪黑地干,再加上自身精湛的工艺,这样他的业务逐渐有了起色,也挣到了自己人生的第一桶金。

有了钱,又有了两个选择。一是安于现状,但求生活滋润;二是开拓进取,用这笔资金到闹市区去开门店,自我升级,把生意做大做强。许达昌既然要"达昌",就只有选择后者这条路。

1928年,许达昌正式创办了自己的第一家西服店——许达昌西服店,地址在上海著名的商业街道——四川中路香港路口。② 开业之前,许达昌做了精心准备与铺垫,他花费大量时间、精力亲

---

① 戴祖贻、李瑊:《戴祖贻:"培罗蒙是我的生命"》,《档案春秋》2008年第2期。
② 季学源、陈万丰:《红帮服装史》,宁波出版社2003年版,第83页。

自设计、缝制了若干别具一格的西服与礼服样品,具体有双排扣枪驳领西服、单排扣双开衩西服、弯刀领礼服、晚礼服与晨礼服等样式。在制作西服的工具方面,许达昌毫不含糊。他特地请木匠制作了上等木料的裁剪台和货架,还购置了美国产的胜家牌缝纫机。在制作西服的用料方面,许达昌更不含糊。他不惜血本与河南路上的著名呢绒行和丰呢绒行签订了经销协议,以价格来保障头等面料与优等面料的供应。其店里所有陈列的面料样品都是英国产的轧别丁、海力蒙、板司呢、法兰绒、麦尔登与派力司等,并装在精美的礼盒中以供出样。①

这样,许达昌很快挣到了自己人生的第二桶金,同时在工艺技术与经营管理等方面也积累了更加丰富的经验。

3. 第三部——"培罗蒙"阶段

这个阶段大致从1935年至1969年,是许达昌人生的鼎盛阶段,是其事业的高峰期。

经过多年资金与技术的双重积累,许达昌的培罗蒙终于破茧而出。这是在1935年,许达昌与浙江湖州的丝绸商蔡履新等合伙在上海静安寺路284-286号(今南京西路)经营了一家新店,名为培罗蒙西服公司。在这里,许达昌以高端的市场定位、优质的服务及别出心裁的营销手段,极尽所能将培罗蒙的新样式与高品质展现给顾客,事实证明许达昌成功地做到了这一点。

我们都知道当时的电影皇后胡蝶做衣服经常去鸿翔,而其丈夫做衣服则经常去培罗蒙。巧的是这两家店挨得很近,便于这对伉俪共同购物。《中华日报》经理林柏生等媒体人、民国政府财政部长宋子文等官员也都是许达昌的顾客,此外还有政界、商界、文艺界与体育界的一大批名人。培罗蒙还承揽了当时外交部大使、公使和其他出国人员的一切行装。可以这样说,一开始是培罗蒙以士绅名流、达官显贵来店定制服装为荣,以此借机宣传并扩大影响;到后来,则是各界名流以身着培罗蒙西服来彰显自身的品位,以穿培罗蒙西服为傲。至1948年,培罗蒙已达到员工近百人、缝纫机约30台的规模,人称沪上"西服王子"②。

上海培罗蒙成功后,许达昌又另辟蹊径,于1948年带着几位师傅来到香港开辟市场,凭着精益求精的高质量产品,培罗蒙西服在香港也是风生水起,甚至有外国游客慕名而来。1950年,许达昌在东京富国大楼设立了培罗蒙分店,凭着已经传播开来的声誉及自身实力,同样也获得了成功。

尽管许达昌雄心犹在,但无奈年事已高,且糖尿病发作,只好回香港就医。这样,东京培罗蒙面临着一个继承人的问题。许达昌做出了一个令人敬佩的决定,他不受传统观念习俗的束缚,于1969年将东京培罗蒙的所有资产转让给非亲戚族人的大弟子戴祖贻。戴祖贻果然不负恩师所望,全心全意经营培罗蒙,使得培罗蒙的生意更上一层楼。

(二) 经营——敢为人先

如果说在求艺和创业前期,许达昌身上所表现出的突出品质是精湛的工艺和务实的精神的话,那么在开办许达昌西服店和培罗蒙西服店的过程中,其所表现出的突出品质则是敢为人先的魄力和打破常规的智慧。

1. 饥饿式营销

饥饿式营销是指商品提供者有意调低产量,以期达到调控供求关系、制造供不应求的"假象"、维持商品较高售价和利润率的目的。这种营销手段在如今商业界被广为应用,但在那个时代,许达

---

① 本刊采访中心:《脱颖而出:许达昌顺势而为创办"培罗蒙"》,《上海商业》2014年第2期。
② 季学源、陈万丰:《红帮服装史》,宁波出版社2003年版,第83页。

昌别出心裁的营销方式与之有着异曲同工之妙,可以说也是开创之举。1928年,许达昌西服店创设伊始,每日来访客人无数,但真正下单的客人却寥寥无几。为了打开僵局,揽到足够生存下去的生意,许达昌连出奇招。他先高薪聘请一位能说会道的伙计接待客人,并让伙计告诉每一位来询问的顾客,本店生意来不及做,本来五天交货的,硬说成十五天交货。他本人则将面料铺在桌板上不停地裁剪,裁完以后都扎成壳子(半成品),一件一件挂在店里的醒目位置。如此一来给客人的感觉就是:这家店生意特别好,面料花式新、品种多,出样的西服挺括有气派,生意忙得连交货都来不及。于是,有人抱着试试看的心态来做西服,之后觉得果然不错,便一传十、十传百,许达昌的西服生意就这样做开了。

2. 优质的服务

饥饿式营销是一种比较激进与另类的方式,真正长期稳定的营销根本还是要靠商家的优质服务。许达昌当然明白这个道理,所以从店铺的环境到服装的试样,许达昌都从顾客就是上帝的角度出发,尽其所能提供优质服务。

首先是提供优质的购物环境。在硬件方面,许达昌花重金请来了上海当时最有名的时代装修公司,采用新潮的西式装潢风格对店铺进行了装修。天花板上悬有欧式灯具,泛光照明,自然清晰,方便顾客欣赏观看。试衣镜也是从海外运来的三面镜,顾客试穿时前后左右都可以看到,十分周到、舒心。在软件方面,许达昌和伙计们接待顾客时总是笑脸相迎、态度诚恳,递茶问候一样不缺,从量体、裁剪、试样、缝制等每一个环节入手,细致施展平时所学,力求将最好的服务展示给顾客。

其次是提供优质的试衣环节。西装与中装在造型上的最大区别就是西装更为适体、紧体,宽松的衣服差一些没关系,紧身的衣服差一丝就有关系。解决这个问题的方法之一就是试衣。在这个环节上,培罗蒙有别于其他店铺只试一次样的做法,而增加了二次试样。许达昌不计较这样做会增加成本,他更在乎的是衣服是否贴体,顾客是否满意。结果也不负所望,客人们穿着许达昌为他们定做的西服都感觉衣服和身体浑然一体,挺括、舒适、合体、洒脱,个个赞不绝口。久之这些顾客都成了培罗蒙的老顾客,老顾客又带来了新顾客,店里的生意就这样一天天兴旺起来了。①

3. 高端的定位

当时西装不菲的定制价格决定了其消费对象只能是少部分人,而许达昌也正是看准了这点,从而进行了精准的市场定位。不论是店铺的选址与装修、品牌命名还是西服的样式风格,都尽显高端,迎合了当时社会名流的身份与审美需求。

首先是在选址地段上定位高端。培罗蒙的位置选在当时的黄金地段静安寺路,正应了今天房地产业的一句名言——第一,地段;第二,地段;第三,还是地段!这是非常有策略的做法,对面是跑马厅,附近还有大光明电影院和国际饭店,这些都是高档消费娱乐场所,同样也是社会各界名流出没之处,而且经常有外国人进出。这些往来的行人透过培罗蒙的大玻璃窗,便能看到一楼陈列的西装样品。这样,培罗蒙在地利上占据了极大的优势,拉近了与名流的距离。光有好地段还不够,关键还要会合理利用,睿智的许达昌自然不会错过这个优势。大光明电影院晚九点有夜场电影,这是当时上海重要的夜生活方式,因此培罗蒙夜晚店堂里也是灯火通明,许达昌穿一件烫得笔挺的白色大衣,在店堂内裁制衣服,学徒们站在一旁观看。这样的情景给路过的客人留下了很深的印象,于无形中进行了别出心裁的广告宣传。

其次是在装修上定位高端。许达昌对培罗蒙店铺的装修投入很大,最突出的便是那个双开间

---

① 本刊采访中心:《脱颖而出:许达昌顺势而为创办"培罗蒙"》,《上海商业》2014年第2期。

的西服店,当时上海还没有一家西服店肯花大本钱在寸土寸金的静安寺路开这样大的店面,而且做这样豪华的装修。许达昌的培罗蒙分为三层楼。一楼作为营业部,安装有落地大玻璃窗,展示西装样品;同时专门接待顾客,给人量身、试衣。一楼与二楼之间安装有高级旋转楼梯。二楼作为裁缝工场,后面晒台搭工棚,可容20余名裁缝师傅同时操作。三楼为许达昌自己的宿舍,方便他自己的日常工作。如此的整体装修布局一方面是从顾客的角度进行考虑,让其感到气派、便利、舒适,另一方面又兼顾了自身的工作效率。一流的地段配上一流的装潢,光凭这两点就足以吸引很多人的目光。同时,取培罗蒙这个不中不洋、中西结合的店名,也是许达昌的独到之处,他敢于打破传统上以"仁""泰""亨"等吉祥字眼命名的做法,迎合了近代上海的开放风气。

再次是在风格上定位高端。作为一家西服店,其核心内容还是要拿出好的产品。为此许达昌拿出了新颖的款式、精湛的工艺与上等的面辅料,如此精心制作、质量上乘的培罗蒙西服引领了上海滩的时尚风潮。同时,许达昌还拿出他的拿手戏——精致细密地为每一位顾客量身定制的西装版型,以这个精确的版型为基础,再以英式绅士西装或摩根礼服为蓝本进行裁制,在式样上兼顾时尚与经典。这样积淀下来,逐渐形成了培罗蒙的风格,也就是海派西服的风格——"高大上",按当年流行的说法就是:去亨生做衣服的是小开,去培罗蒙定做西服的是精英。

(三) 技术——创新求精

1. 精工细作

许达昌本人手艺高强。他在王顺昌学徒阶段受过严格训练,在做拎包裁缝阶段继续勤学苦练,练就了非常扎实的基本功。在自己创办实业的过程中,他又不断地从实践中吸取经验,兼收并蓄,融会贯通,在西装的量、裁、试、算、缝等各个环节都达到了炉火纯青的地步。

许达昌对别人的要求也很高。他要求培罗蒙的师傅们的技术精益求精,具体表现在"刀工、车工、烫工、手工"这四工上。一是"刀工",要求做到"粉里粉外"不偏不倚、不差分毫,袖窿、袖山弧度处裁剪要圆顺、无棱角,直线剪裁不曲折、刀刀精准连贯不停顿。二是"车工",要求做到细密、平整无松紧,每寸标准针距为十八针,止口切线要平直窄宽一致,上下片缝纫要不吊、不皱、曲势均匀。三是"烫工",要求做到"推、归、拔、结、沉"各项技术动作熟练、高效。许达昌要求在裁剪和缝制前必须将面料起"水花"(即喷水),并用熨斗烫干进行预缩处理,随后才能推门。推门后衣片必须冷却二十四小时,使其定型后方可覆衬。许达昌还规定熨斗不得直接接触到成品衣料,必须覆盖一干一湿双层烫布才能熨烫,先干后湿使衣服定型,再覆盖湿烫布以去灰、去烫痕。四是"手工",也是培罗蒙的绝活,要求飞针引线手势灵巧,"趟针"平如直线,针距间隔一致,"三角针"三角平行,长短成等腰状,"锁眼"更是针针细密、平整,上下两面光滑,外观轻盈、圆头饱满。

而且光有好的手艺还不满足,许达昌还讲究慢工出细活,力求完美。当时,上海"南六户"商号一般制作一套西服只需五个人工,人称"五工师傅";许达昌则规定培罗蒙用六到八个人工、六十小时完成一套西服的制作,被业内美称为"七工师傅"。如此高起点、高标准、高要求的结果就是,培罗蒙西服的外观达到了一平、二服、三圆、四滑、五挺、六窝、七薄且不壳、不裂、不吊的效果。[①] 所谓种瓜得瓜种豆得豆,许达昌们的收获就是顾客的满意与培罗蒙的壮大。2011年培罗蒙西服制作技艺被列入国家级非遗名录,这应当不是他们预想的收获,而是后人对他们技艺与精神的肯定。

---

① 本刊采访中心:《脱颖而出:许达昌顺势而为创办"培罗蒙"》,《上海商业》2014年第2期。

2. 以人为本

近代中国已经开始有了服装为人服务、服装造型以人体为依据的观点,在上海西装行业,这样的观点更加深入人心。所以,一件好的西服,它应当贴合人体;一件非常好的西服,它应当还能修饰人体。那么,要做一件非常好的西服,许达昌以及培罗蒙的师傅们主要是从纸样、试样与工艺等环节做到以人为本。

首先许达昌从纸样做起,他为顾客们制作了一对一的纸样,即一个顾客一个纸样。他根据客人的体型特征和尺寸,先在纸版上画片开裁,制作成西服各部位的样板,并在这个样板上编号且记录顾客的联系方式及其穿着习惯、详细尺寸与体型特征。在客人穿壳试样后,根据需修改的部位和尺寸,首先在纸样上予以更正,同时对缝制过程中该注意的工序、工艺详尽地标注,尤其是要对一些特殊体型进行针对性修补,从而保证了顾客所定制西服的效果和质量,这是对个人身体特征的极大满足。

其次是不厌其烦的试样。一般西服店只给顾客试一次样,而培罗蒙则采用一次"毛壳"、一次"光壳"二次试样。毛壳试样即为"扎壳子"试样,是在推门后覆衬用线临时缝合起来的半成品,通常只装一只袖子,顾客试穿时对大小、长短的效果感觉并不是很直观。而光壳试样,则是在毛壳试样后即将做成成品前再次给顾客试样,这时西服的口袋、领子已基本做好,顾客试穿时不仅可以弥补初次试样时可能存在的尺寸问题,也可以纠正适体程度上存在的局部缺陷或满足顾客临时提出的个性化改动。二次试样更加精准,同时还保证了顾客的主观能动性,这是对个人气质的极大尊重。

再次是在制作工艺上也从人的需求方面进行优先考虑。在上海的许多外国人喜欢到跑马厅骑马,骑马就要穿马裤。马裤有特殊的技术要求,要便于骑士双腿夹牢马背。培罗蒙的师傅的窍门是,在裤子的大腿内侧加一层麂皮,且要做得平直,同时在小腿部位适当收缩,穿着这样的马裤夹马背时也毫不吃力。

(四)人才——聚贤纳士

1. 人才培养

许达昌自身技艺非常高超,并凭此闯荡出了一番事业。在培罗蒙的发展壮大过程中,他对人才的培育也是不遗余力的,希望这个关系国计民生的事业后继有人。

首先许老师倾尽自己的心血,将自己的一身本领毫无保留地传授给学徒。他要求他们苦练基本功,在熟能生巧的不断重复训练中养成精巧娴熟的裁制技术。同时许老师在生活和工作上都严于律己,以身作则,给店里的员工做了无声的示范。他工作勤奋,除了周日上午做礼拜外,每天都不休息。他没什么爱好,既不抽烟也不喝酒。他经常教导学徒要勤俭耐劳,做事要求进步,做活要勤奋仔细,待人要忠实客气。[①] 也就是说,在许达昌这里,不仅能学到怎么做衣服,还能学到怎么做人。

同时,作为一代宗师,许达昌深知每一位师傅都是既有长处,也有短处。要解决这个问题,最简单的方式就是博采众长。所以,他支持上海市西服业同业公会创办西服工艺职业学校,派自己的徒弟跟随那里的老师王宏卿、顾宏法深造,让他们既掌握许师傅的独门绝技,也掌握众师傅的各种本领,既掌握实践经验,又掌握理论知识,由此培养出了一批优秀的西服事业的接班人,而以戴祖贻、李佩鹤为代表的众门生就是其中的佼佼者。其中戴祖贻是许达昌招收的第一个弟子,东京培罗蒙

---

① 戴祖贻、李瑊:《戴祖贻:"培罗蒙是我的生命"》,《档案春秋》2008年第2期。

就是交给了他(图 3-9-1)。

2. 人才引进

许达昌一方面注重人才培养,同时也非常注重人才引进。当时有一些从哈尔滨来的裁缝,因为他们在哈尔滨时专做罗宋人(当时对俄国人的称呼)的生意,做西服的手艺很有一套。但当时上海的西服店都不敢收留他们,因为他们的工资福利待遇要求很高。唯有许达昌要他们,为了要他们高超的技术,许达昌愿意付高薪。王阿福、庄志龙、吴德才等人都属于这一批人才引进的类型。这些人各有所长,有的擅长西服与礼服的制作,有的擅长风衣的设计,都是足以独当一面的大师。有了这些人的帮衬,可以说培罗蒙是如虎添翼,精英荟萃。其中,王阿福、庄志龙、沈雪海、鲍公海四人更是被业内称为"四大名师",为培罗蒙经营业务的拓展、为"培罗蒙"品牌的进一步发扬光大做出了贡献。①

图 3-9-1 许达昌与戴祖贻师徒(传世照片,宁波服装博物馆藏)

出身贫寒的许达昌为人忠厚,一生勤俭,会赚钱,也会花钱。他的钱要么用于扩大再生产,要么用于慈善募捐和社会公益,都花在了刀刃上。他在西服业同业公会创办工艺职业学校时亦带头捐款,竭力培养红帮裁缝接班人。许达昌自身为西服裁制工艺大家,同时为创建和培育"培罗蒙"这个民族服装品牌贡献了毕生精力,他勇于开拓创新,在工艺技术、经营管理与人才培养等方面都做到了极致。汪道涵先生为其题词"精益求精",赵朴初先生为其题词"剪裁工巧,瞻视端严",不仅是一种赞誉,也是培罗蒙服装、培罗蒙工艺与培罗蒙精神的写照。因此,许达昌被美国《致富》杂志 1981 年 9 月号刊载专文称誉为"全球八大著名杰出裁剪大师"之一,全亚洲只有他一人获此殊荣。他当之无愧。

[此单元由江南大学纺织服装学院丁乾琨撰稿]

---

① 季学源、陈万丰:《红帮服装史》,宁波出版社 2003 年版,第 83 页。

媒介篇——志在娱悦俗人之耳目

报纸、杂志古已有之。但封建时期的报纸、杂志属于官方媒体，以刊载朝廷政事为主要内容，以官员为主要受众，由朝廷设"都进奏院"进行编发，因此有些"政府公报"的意思，比如唐代的"邸报"与宋代的"朝报"。明清时期的"京报"虽然是由民间报房编发，但其内容是根据"邸报"翻印的，因此它仍是封建统治者的传声筒，不能代表群众的舆论。

民国时期允许民间办报，民众获得了较之封建社会难以比拟的话语权，报纸、杂志成为大众媒介。1917年至1922年间，年均出版数已达到271种；[1]1927年至1937年作为近代出版业的黄金十年，年均出版数更是达到1483种以上。[2] 这些报纸、杂志是近代文化解放的主要载体且影响深远，只要识字就可能是受众，只要识字就可能被传播、被影响。1915年陈独秀创办的《新青年》杂志就是新文化运动的主阵地，"德先生""赛先生"就是通过它进入中国，并进而深入人心的。

近代中国最初的媒体人是外国人，大名鼎鼎的《申报》《字林西报》都是洋人办的。而后有了华人办报，比如有梁启超的《新民丛报》、英敛之的《大公报》与徐珂、杜亚泉等人的《东方杂志》。

在这些报纸、杂志中，又有一部分与服装有关，比如林泽苍的《玲珑》、江红蕉的《家庭》与冯武越的《北洋画报》。这些媒体人自身不是服装学的专业学者，但他们是服装学的搬运工。他们创办的这些媒体是传播近代服装新思想的喉舌，是展示近代服装设计新作品的窗口，是普及服装工艺、保藏、洗染与面料等科学知识的工具，为近代服装思想启蒙、艺术启蒙与生活启蒙提供了园地。就思想启蒙而言，《家庭》杂志曾以专刊对近代"变服"问题进行了专题讨论，《妇女杂志》又以读者互动的形式再次进行了深入讨论，人文主义与科学主义思想就是这样逐步被人们所吸收的。就艺术启蒙而言，《玲珑》《良友》杂志发表了大量设计师的创作，也刊载了不少指导服装穿着与配伍的文章。其中《玲珑》简直就是叶浅予的"后花园"，一度每期上都有他的大作。就生活启蒙而言，《妇女杂志》《玲珑》等都刊对服装保藏、面料与卫生知识进行过专门讨论，话题细致到去除污渍的方法、面料的物化性能，以及婴幼儿的服装卫生学知识。同时，《北洋画报》《妇人画报》亦为流行资讯、明星动态辟有专栏专题报道。

在那个没有服装专业教科书的时代，青春少女人手一册的《玲珑》杂志就是她们喜闻乐见的教科书，而林泽苍、江红蕉与冯武越就是这些教科书的策划人与总编辑。往大里说，他们的办刊宗旨是"自主的而非奴隶的""进步的而非保守的""世界的而非锁国的""科学的而非想象的"；[3]往小里说，他们的办刊宗旨是"增进妇女优美生活，提倡社会高尚娱乐"[4]。他们为此而努力，我们今天也看到了他们努力的成果。

---

[1] 叶再生：《中国近现代出版通史》，华文出版社2002年版，第7页。
[2] 同上，第1032页。
[3] 陈独秀：《敬告青年》，《青年》1915年第1期。
[4] 编者：《本杂志目标》，《玲珑》1931年第1期。

曹聚仁
1900—1972，浙江兰溪人

身　　份：记者、作家、学者、大学教授。

简　　历：1904 年至 1911 年在父亲曹梦歧先生创办的育才学堂学习，1913 年在金华第七中学求学，1916 年考入浙江省第一师范学校。1921 年到上海教书，后任爱国女中、暨南大学、复旦大学等校教授，并开始从事写作，以散文创作立足文坛。20 世纪 30 年代初主编《涛声》《芒种》等杂志。1937 年抗日战争爆发后，从书斋走向战场，任中央通讯社战地特派记者，曾报道淞沪战役、台儿庄之捷及东南战役，并主持《正气日报》编务。1950 年赴香港，为多家报刊撰写专栏文章，任新加坡《南洋商报》驻港特派记者。50 年代后期，参与主办《循环日报》《正午报》等报纸。后多次回内地采访，致力于促进祖国统一事业。1972 年病逝于澳门。①

成　　就：一生著述逾 4 000 万字，生前出版成书共近 70 种。有论著《文史讨论集》《国学概论》与《国学大纲》等，散文集《我与我的世界》《今日北京》《上海春秋》《万里行记》《文坛五十年》与《北行小语》等，报告文学集《采访外记》《采访新记》与《鲁迅评传》，辑有《现代中国戏曲影艺集成》等。②

专业成就：《上海春秋》一书以散文、随笔的方式介绍上海的方方面面，被评为"精彩的上海地方史志随笔集"，其中服装一辑，从男装、女装、配饰与行业等方面记录了其时的服装状况，为人们更清楚详尽地了解当时上海服装的历史提供了宝贵的材料。

---

① 曹聚仁：《我与我的世界 浮过了生命海——曹聚仁回忆录》，生活·读书·新知三联书店 2011 年版，第 124-221 页。
② 同上，第 1-4 页。

曹聚仁的"近代服装简史"

笔耕半个世纪的曹聚仁，书写着近代的政治思想文化，以及社会生活的方方面面，书写在其时，同时也是在记录历史。20世纪60年代初，居于香港的曹聚仁，有感于海外人士对上海的误读与求知欲，本着其渊博的文史知识，以及在上海生活的20多年间的所见所闻，开始在香港的《循环日报》上开设专栏，向海外读者展示上海的历史沿革，以及近代以来上海各方面的变化。这些文章后被其家属整理汇编后出版，书名为《上海春秋》，书中对上海准确且详细的描绘，使得本书被推向了史志的高度，被后世评为"精彩的上海地方史志随笔集"与"上海地方史志"。① 书中内容共分为十四辑，其中服装一辑，包括《大帽子》《小帽子》《长袍外褂》《娥眉、裙钗》《旗袍时代的到来》和《云裳时装公司》六篇，描绘了当时上海服装的众多方面，囊括了男装、女装、配饰与行业等各个领域。对上海服饰从清朝到近代，从头到脚，从内到外都做了详细介绍，大到上海新旧服饰的变迁与对照、服饰思想和审美的变化，以及对当时服装行业重要事件的记录等；小至其时流行的具体服装款式、面料、颜色与工艺等各方面。虽说是在描绘上海的服饰变迁，但其时作为时尚中心的上海，其服饰的发展演变都是具有代表性的，故而由小放大，可以折射出近代中国整体服饰的状况。这些文章看似轻描淡写，但却细致入微地记录与呈现了近代服饰的状态与变迁，俨然一部"近代服装简史"。

（一）大帽子与小帽子

"从头说起"一词已然显露了头上装扮的重要性，而曹聚仁的"近代服装简史"也是先从头部装饰——帽子说起，并详细地将帽子分为《大帽子》《小帽子》两个篇幅进行介绍，重点叙述了清朝时期的大帽子——官帽，以及后来的各式小帽子——便帽。

所谓大帽子，是清朝时期民间老百姓对官员所戴之官帽的俗称。其时，帽子从属于服饰等级的需要，对帽子的款式、颜色、面料、装饰及佩戴时间、场合等方面都有详尽的要求，"在那时，什么帽，什么边，都分阶级的""何日换帽，得听官家颁定日期，无论官民人等，一律遵守"。② 曹聚仁不厌其烦地将诸如此类的规章制度与相应的帽子式样详尽地介绍给众人。首先是大帽子的款式，分为暖帽与凉帽，暖帽为"冬春两季戴的"，凉帽为"夏秋两季戴的"，暖帽中又分为各种材质与色彩，有"帽檐是黑色的，中间是一个红帽纬"的，早已成为只有戏曲中才可见到的古董式样；有"帽檐是黑布，帽纬是深紫色的"，那是居丧时所戴的帽式；其中帽檐的材质又有细分，"有缎的，有呢的，有珠呢的（初冬用），有皮毛的"，冬天与新春时节，都是戴皮帽，皮毛中以貂皮为贵，"只有高级官员才可以戴"。凉帽中红纬的叫作纬帽，无帽檐，斗笠形态，"形如喇叭状"。③ 其次是大帽子上的装饰，分为顶珠与翎枝。顶珠为帽子顶部的那颗珠饰，以颜色与材质分等级，文武官一致，由高到低依次为红顶子、蓝顶子（分为明蓝、暗蓝）、水晶顶、白石顶、金顶与无顶，无顶便是"没有顶珠，就是没有品级，'未入流'是也"，所以清朝的官员是"一望而知其职位的"。④ 翎枝是从顶珠上垂下来的孔雀毛，是由帝王赏

---

① 曹聚仁：《上海春秋》，生活·读书·新知三联书店2007年版，第414-416页。
② 同上，第235页。
③ 同上。
④ 同上，第235—236页。

赐而得，是荣誉的象征，"所以从前的履历片上，把赏赐戴花翎也写上的"①，翎枝的等级由高至低依次为三眼花翎、双眼花翎、单眼花翎与单眼蓝翎。顶珠与翎枝间用一根翎管相连，其材质颇为名贵，"有白玉的、翡翠的"②。此外还有从顶珠上垂下的一圈带状丝织品，名为缨，平日里多为红色，居丧时为黑色。

到了民国时期，大帽子"不见了"，取而代之的是各式小帽，此时的帽子不再受制于阶级，而主要随着季节与时尚的变迁而改变，瓜皮小帽、黑绒帽与风帽都时有流行。首先是小帽的材质与色彩，冬春用缎，帽身为黑色，夹里用红布，居丧时夹里为蓝青色布；夏秋用纱，单层无夹里，或是用竹丝为胎。其次为小帽的式样，诸如"平顶、尖顶、硬胎、软胎"③都有时兴。再者是帽上的帽结，有"珊瑚、水晶，或者蓝色、血色的料珠"等丰富材质，而其大小也时有变化，"有时流行大结子，愈大愈神气。也曾流行过小结子，就像一颗樱桃那么小"。④ 除帽结外，帽子额前的装饰也颇有讲究，其时无论达官贵人，或是乡绅人家，均在帽子正中额上"缀一颗红宝石，或是一块碧霞"⑤。进入冬季，小帽的外面再罩上风帽，其样式与材质也均以实用为前提，不再受拘于等级，"本来清代官制，非一二品大员，不能戴大红风帽，一般老百姓，戴的是蓝色风帽，到了民国，当然不拘了"⑥，平民百姓也可以佩戴。

（二）中西并存的女装时代

近代以来，随着舶来品的进入，打破了我国女装一成不变的沉寂模式，西式的不断输入进来，中式的也依然存在，故而此时的女装既"有舶来之风式"，又"有旧存之习俗"，迎来了一个中西并存的女装时代。曹聚仁便向我们展示了这一时期中西式女装和谐共存的局面，并从三种最具代表性的服装样式着手介绍，包括中式的上衣下裙、中西结合式的改良旗袍，以及西式的大衣。

第一，上衣下裙。由先秦时期产生的上衣下裳演变而来，并逐渐成为汉族妇女的代表性服装。首先是"上衣"，"夏为衫冬为袄"，其中单的纱的称为"衫"，皮的夹的称为"袄"，形制上宽博且长，长度"前垂及膝，后垂及股"，宽则几乎可容纳两副身躯。⑦ 到了民国时期，上衣逐渐变得窄短，下摆由臀线提至腰线，且作圆角型，并有"小圆角、大圆角之别"⑧，与此同时，宽博的腰身与袖子均也被收紧。"衣短裙长"的造型在视觉上不仅凸显了腿长，更展示出了身体的曲线。其次为"下裙"，上着衣，下必着裙，而裙子亦有便服与礼服之分。便服裙通常都是黑色的，所用材质依照每家每户的经济水平而有不同，"上中人家，多是丝织品，乡下人家，有穿黑布裙的"⑨。礼服裙一般为红裙，材质上多用"绸或缎做成，加以百裥"⑩，少妇的红裙式样与装饰尤为丰富，"有的装上各色绣花飘带，带配以夹里，垂直下来，以示端庄；有的带端装上小金（铜）铃，前后数条飘带，走一步就丁零作响"⑪。

---

① 曹聚仁：《上海春秋》，生活·读书·新知三联书店2007年版，第236页。
② 同上。
③ 同上，第237页。
④ 同上。
⑤ 同上，第238页。
⑥ 同上。
⑦ 同上，第242页。
⑧ 同上。
⑨ 同上，第241-242页。
⑩ 同上，第241页。
⑪ 同上。

图 4-1-1　上衣下裙(《上海画报》1927 年 3 月 9 日)

老年人的红裙则少有这些花样,且寡居之后便不再穿红裙,"老年的穿黄裙,年轻的穿紫裙"①。女子着裙在当时是礼仪的象征。在当时,"女人,不裙不衫,总算不得大家闺秀似的"②,除了睡觉时间都必须着裙,女孩在"十三岁起就得穿起裙子","妓女是不穿裙子的,这是良家妇女与娼家的区别"③(图4-1-1)。

第二,旗袍。旗袍本是满族服饰,近代以来吸收了新的、尤其是外来的服装潮流与审美进行变化,成为中西结合式的改良旗袍,亦成为最能体现民国时尚变迁的服装样式。曹聚仁笔下的旗袍便是这种改良旗袍,并向我们详述了它的变迁史。曹老师认为旗袍产生于 1914 年至 1915 年,最初以马甲式旗袍的形式出现,即"马甲伸长及足背,以代替原来的裙子,加在短袄上"④。旗袍的下摆最初呈现的是一个往上升的趋势,1919 年上升到脚踝,后来又渐渐加长,在 30 年代时已长及脚背,和最初的长度无异,至 60 年代又出现了超短旗袍;而在旗袍长度变化的同时,旗袍的开衩亦随着旗袍的长短而变化,"忽高忽低,真是年有不同,季有新式"⑤;旗袍的袖子也是忽长忽短,时而长及袖肘,时而短至上臂,最后发展到了无袖,袖身也逐渐缩小、合体;而旗袍的腰身亦"趋向狭窄,显出全身天赋身段来,这就开出其后暴露浑身曲线的倾向"⑥;除形制外,旗袍的装饰也是一大流行因素,花边、镶滚边、亮片等元素各展其彩,闪烁炫目。所以曹聚仁才会这样说:"一部旗袍史,离不开长了短,短了长,长了又短,这张伸缩表也要和交易所的统计图相去不远。怎样才算时髦呢?连美术家也要搔首问天,不知所答的"⑦(图 4-1-2,图 4-1-3)。

第三,大衣。在西式大衣还没有舶来之前,中国女性的外套是披风,颜色限制于天青和元青两色,样式上"作对襟,长可及膝。有两袖,极宽博"⑧,面料上大多用蓝缎,在装饰上由简至繁。到了民国初年,这样的披风式外衣已经不再时兴,此时"有些洋化的女人,模仿西方妇女的外衣,乃有了中式的女装大衣"⑨。这种大衣原是冬季御寒的外衣,后来其样式和使用被逐渐丰富,变成了四季流行的服装样式,有"春秋两季的夹大衣""初暖新寒时节的单大衣"、夏季的薄"绸外衣"

---

① 曹聚仁:《上海春秋》,生活·读书·新知三联书店 2007 年版,第 241 页。
② 同上。
③ 同上,第 242 页。
④ 同上,第 243 页。
⑤ 同上。
⑥ 同上,第 241 页。
⑦ 同上,第 243 页。
⑧ 同上,第 241 页。
⑨ 同上,第 245 页。

图 4-1-2　改良旗袍(《美术生活》1936 年第 33 期)

图 4-1-3　改良旗袍(阴丹士林传世月份牌)

等。① 其中以冬季的皮大衣最为名贵,材质上到灰背、狐皮、紫貂,下至兔毛,这些原都是男装实用的面料,现今变成了"小姐们的宠物"②。且此时的大衣受当时"风气"的影响,已经超出实用范畴,甚至变成装饰品,且价格高昂,然而上海的阔太太和小姐们依然不惜挥霍千金万财去追逐这奢侈的时髦,用曹聚仁的话说,就是都被"'时髦'统治了"③(图 4-1-4)。

(三) 长袍与外褂

曹聚仁对近代男装的记录主要集中于长袍与外褂这一较具有时代特色的服饰上。长袍与褂本是满族服饰,虽说新文化运动中对其去留进行了几番激烈的争论,主张将其废除的呼声不断。但民国政府仍在 1912 年颁布的《服制草案》中将其立为了国家正式礼服之一,更于 1929 年颁布的《服制案》中对其进行了升级,1939 年也依然将其列为常礼服之一。④ 故而这一时期一个特殊的现象就是西装和长袍马褂都是"作礼服看待的"⑤。曹聚仁撰文详述了民国时期长袍外褂的各式面料、用色、款式与穿戴细节等。

首先是外褂的用色与用料。在用色上较为单一,"吉服用绀色,素服用青色"⑥。在用料上则"从纱的到皮的,多至数十种",纱料有"亮纱、

图 4-1-4　大衣(传世仕女画)

---

① 曹聚仁:《上海春秋》,生活·读书·新知三联书店 2007 年版,第 245 页。
② 同上。
③ 同上,第 242 页。
④ 中国第二历史档案馆藏:《修正服制条例》,全宗号 12-6,案卷号 18168,1939 年。
⑤ 曹聚仁:《上海春秋》,生活·读书·新知三联书店 2007 年版,第 239 页。
⑥ 同上。

暗纱之分,又依时序,有单的、夹的、棉的之分";皮料亦有"小毛、大毛之分,从珠皮、银鼠、灰鼠、狐嵌到最名贵的海龙、玄狐、猞猁、紫貂、草上霜、青中央、紫羔之类"。① 其次是外褂的式样。外褂中长及腰际的短款褂名为马褂,马褂的袖子一般短于袍,其式样"有对襟的、有大襟的、有缺襟的",其中对襟方袖的马褂名为"得胜褂",多为行装,在从前"也算是半礼服";大襟右衽的称为大襟马褂,为两袖平直的便服。② 在马褂之外还有马甲,被称为"坎肩""背心""领衣",为无袖形制,内外穿均可,亦有对襟与大襟之分,材质从皮的、夹的到单的均有,色彩多样并以黑色居多,短马褂一寸或半寸,这样穿在里面时便不会外露(图4-1-5)。③

图 4-1-5　长袍与外褂(《光华年刊》1927 年)

(四)时装公司与成衣铺

近代以来,由官办、官督商办为主的服装业经营模式被打破,服装行业在空前自由的氛围中得到发展,民办服装公司、私营服装店纷纷兴起。这些私营服装制造商在上海主要分为两大类,一为走高端路线的时装公司,二是走亲民路线的成衣铺。我们可以从曹聚仁的"近代服装简史"中一览其时服装行业的盛况。

首先是时装公司,多设于霞飞路、静安寺路、同孚路一带,所谓"店多成市",便形成了层次相对固定、品种相对固定的时尚区域。据曹聚仁记载:"当年静安寺路、同孚路(今南京西路、石门二路)一带,都有第一流时装公司……其次,法租界霞飞路(今淮海中路)一带,也有很多时装店,又次,就在四马路、湖北路一带"④。而这些"第一流"的时装公司中,又以"云裳、鸿翔为最著"⑤,云裳创立于民国十六七年,"创办人如唐瑛(交际花)、江一平(名律师)、江小鹣(艺术家),都是上海

---

① 曹聚仁:《上海春秋》,生活·读书·新知三联书店 2007 年版,第 239 页。
② 同上。
③ 同上,第 240 页。
④ 同上,第 245 页。
⑤ 同上。

一流人物,登高一呼,闺秀震动"①,这一点从其时报纸、杂志的报道上便可悉知。而创办人中除了唐瑛、江一平与江小鹣这三位外,还包括徐志摩、陆小曼、胡适、宋春舫、张禹九、张景秋与张幼仪等人。顾客更是囊括了男明星陆洁君、女明星妆蟾珍女士与花界雅秋女士等娱乐圈人士,以及"张啸林夫人、杜月笙夫人、范回春夫人、王茂亭夫人②"等上海名妇人。以上均是对云裳开业之初盛况的描绘,而曹聚仁却还记载了其后续发展:"不过,这些创办人,只能开风气,而不能做事业,云裳公司不久就转手,给本行做去了"③,侧面记录了这个"空前之美术服饰公司"④从繁荣至沉寂的变迁。

其次是成衣铺。所谓成衣铺,便是职业中装裁缝所开设的家庭式小作坊,沿用先辈留传下来的方式和技术来经营加工,主要是为客户缝制长袍、马褂、短袄、衫裤、旗袍、马甲等中式服装。业主本人一般都参与劳动,再带一两个徒弟,雇几个伙计,家属往往也参加辅助劳动,多为"夫妻老婆店"。据曹聚仁描述,"上海成衣铺总有两千多家,成衣匠四万余人,总有二十万人靠此为生,差不多占当时上海人口十分之一"⑤,这一数据与《上海地方志》的统计一致。这些成衣铺不分彼此,一律叫作"苏广成衣铺",并"标出'苏式''广式'来"⑥,然而何谓"苏式""广式",出处不一。若说"苏式"为苏帮的式样,但广东籍裁缝在上海的不是很多,正如曹聚仁的描述,上海的裁缝分为"苏帮、杨帮、宁帮、本帮"⑦,并无"广帮"。兴许"苏广"二字并非是指确切的地域或籍贯,而只是以苏广两地暗喻一种时髦的象征。

从曹聚仁笔下的各式高级时装公司,以及遍布街头巷尾的"苏广成衣铺",均可窥见当时作为全国时尚中心的上海服装业的发达程度。服装业的盛况不仅限于曹聚仁的记载中,20世纪40年代伪上海特别市警察局的行业调查数据也说明了事实确实如此。由此可见曹聚仁所著"近代服装简史"的真实性与科学性。

曹聚仁既不是一位服装制作者,亦不是一位服装业研究者,且不是一位地道的上海人,而在上海生活了二十多年的他却是一位不折不扣的"上海通",还是一位博古通今、服装知识渊博的"上海通"。所以他才可以从上海这个能够代表近代服装发展的时尚中心出发,从外乡人与原住民的双重视角,撰写汇编出一部"近代上海服装简史"。曹聚仁对服装的执着不仅停留在书写,他对自己的着装也是相当执拗,他的最爱是阴丹士林的蓝布长袍,且这"蓝布衫",他一穿就是十几年,甚至穿成一道别致的校园风景线,穿成具有个人特征的标志,正如他所说"蓝布衫永远是我的商标"⑧。

附:曹聚仁语录

摘自曹聚仁著、生活·读书·新知三联书店2007年出版的《上海春秋》,生活·读书·新知三联书店2011年出版的《我与我的世界 浮过了生命海——曹聚仁回忆录》,以及中国广播电视出版社1995年出版的《曹聚仁文选(上)》中的《理发》篇。

---

① 曹聚仁:《上海春秋》,生活·读书·新知三联书店2007年版,第245页。
② 周瘦鹃:《云裳碎锦录》,《上海画报》,1927年8月15日。
③ 曹聚仁:《上海春秋》,生活·读书·新知三联书店2007年版,第245页。
④ 吕弓、梅生:《云裳候星记》,《上海画报》,1927年8月12日。
⑤ 曹聚仁:《上海春秋》,生活·读书·新知三联书店2007年版,第244页。
⑥ 同上。
⑦ 同上。
⑧ 曹聚仁:《我与我的世界 浮过了生命海——曹聚仁回忆录》,生活·读书·新知三联书店2011年版,第236页。

➢ 妇女服装的演变，无合理可言，"时髦"统治了中外妇女，古今都一样。

➢ 一部旗袍史，离不开长了短，短了长，长了又短，这张伸缩表也和交易所的统计图相去不远。怎样才算时髦呢？连美术家也要搔首问天，不知所答的。

➢ 上海这十里洋场，是阔佬聚集之所，一袭衣着，千金万金，在所不惜。这是特殊阶层的享受挥霍，穷小子哪得问津呢！

➢ 上海的女人花样的确很多，我却知道的太少了。

➢ 福州的少女，不像其他城市的妇人那样浓妆艳抹，白花青底的蓝衣旗袍，配以光光头发，显出清秀的风韵。

➢ 在我的心目中，那样朴朴素素的女生，比那些豪华的小姐们更可亲爱些。

➢ 我是穿了一件蓝布长衫去上课的，在那时，几乎成了我的商标。

➢ 说到"女人"，我倒从电发上悟出一个定义来："女人者，反自然主义之动物也。"电发的大道理，就是要把一头发直的长发屈曲起来；本来是直的，要它弯；本来是弯的，要它直；本来是白的，要它红；本来是红的，要它白，反其道而行之，这就行了，她们一切不用脑子，独有这些上面变化最多；这么一说，我的定义，就没有毛病了。

江红蕉
1898—1972，江苏苏州人

身　　份：作家、报人。

简　　历：江红蕉名铸，字镜心，笔名红蕉、老主顾等，是鸳鸯蝴蝶派主要作家与南社社友之一。① "红蕉"之笔名来源于江建霞的《红蕉词》。1915年入读江苏省立第二师范学校，后辍学并前往浙江萧山，受毕倚虹等人影响开始从事小说创作。其作品多在《礼拜六》《半月》《星期》与《快活》等杂志上发表，包括1922年至1923年间在包天笑主编的《星期》周刊上连载、反映1921年上海信交风潮的长篇小说《交易所现形记》。他还主编创办了多种报刊，为1934年但杜宇导演的电影《人间仙子》担任过编剧。

成　　就：江红蕉的文学成果丰富，著有《红蕉小说集》《江红蕉说集》《交易所现形记》与《不可能的事》等，其他主要作品还有《海上明月》《大千世界》《灰色眼镜》《江南春雨记》与《续黑暗上海》等。他还是一位颇有思想的报人，创办了《家庭》杂志与《苏民报》，此外还主编过《新申报》附刊《小申报》等。

专业成就：江红蕉创办的《家庭》杂志为近代服装演变提供了重要的传播平台，所刊登的文章有较多的妇女题材作品，涉及服装的内容较多，其中《家庭》1922年第7期的《装饰号》更像一期服装专刊，刊有大量服装评论文章。

---

① 周家珍：《20世纪中华人物名字号辞典》，法律出版社2000年版，第327页。

江红蕉的《家庭》

《家庭》杂志由江红蕉于1922年1月在上海创刊,出至第12期停刊。江红蕉将其比喻为"一朵娇弱的花"①,并将自己比喻成"一个园丁"②,其他服务于"这朵花"的"园丁"还有毕倚虹、范烟桥、程小青、包天笑、沈家骥、顾明道、徐孟素与汤剑我等。这是一本休闲的家庭生活刊物,其办刊宗旨就是娱乐与消遣,故其十分注重杂志的易读性与趣味性,提出"文字要浅显"的要求,认为"没有了趣味不如买教科书读"。③ 同时,《家庭》杂志明确提出"思想要新"的办刊理念,"但是偏激的我们也不赞成,腐旧的自然要淘汰了。可是新旧两字也没十分准确的标准。今天说新,到了明天,其实已是成为旧了。不过旧的里面不是完全是坏的。如果有好的我们也要保存",④可见其所倡导的尚"新"思想不过于激进,也不过于保守,具有一定理性与科学性。另外,实用性也是该杂志坚持的办刊理念,"材料大都可以实用。譬如一家人家做商店伙计的,给他去谈哲学,无论如何不实用的"⑤。围绕新思想与生活实用性所创办的《家庭》杂志,很少高谈阔论,其中多是与衣、食、住、育儿与医药卫生等相关的文章,亦有小说、诗歌、寓言故事、笑话等文艺作品及家庭生活摄影与美术画作。虽然只有一年的发刊史,但《家庭》杂志对服装及服装新思想的宣扬力度却相当大,正如江红蕉所说,这朵花"虽然开放了未久忽然萎谢了……但是我们可以灌溉他、栽植他,使他重行放葩"⑥。

在衣、食、住等各个领域中,江红蕉尤其注重"衣"。他的《家庭》杂志每期或多或少都有一些关于服装的文章。更特地组织发行过一期"适合人生的需要"的"装饰号"专号,系统地讨论装饰之美的方法与理念。这期专号在发行前两期就开始征稿和"预告",明确提出要专门探讨"个人或家庭的装饰"⑦问题,也就是涉及服装与美容的个人装束问题以及家居布置的家庭装饰问题,其中关于服装与美容的文章占将近三分之二。这些文章的体裁与内容亦极其丰富,包括国内外时装资讯、新型服装式样介绍、服装搭配与选用的技巧与理念、服装个性与美的讨论,以及服装洗涤、晾晒与贮藏知识等,而这些内容可大致归结为思想性的服装评论、艺术性的流行资讯与实用性的服装常识三大方面。

(一) 思想性的服装评论

服装评论的实质是以某种思想观念为依据来评判人们的穿着,语言、文字是其主要载体,报纸、杂志则是其主要平台。《家庭》杂志便是近代服装评论发表的一个重要平台,所刊载的服装评论内容尤为丰富,体现了近代以来百家争鸣的服装思想,这些评论涉及人体与服装的关系、服装设计的基本法则、近代社会新风俗下的"变服"与"变妆"等专业领域。这些针对"变服"问题而展开的评论对近代社会的"变服"具有指导意义。具体而言,这些思想性的服装评论主要讨论服装审美、服装自由与服装流行等问题(图4-2-1)。

---

① 江红蕉:《〈家庭〉杂志好比一枝嫩芽》,《家庭》1922年第12期。
② 同上。
③ 编者:《〈家庭〉杂志宣言》,《家庭》1922年第1期。
④ 同上。
⑤ 同上。
⑥ 江红蕉:《〈家庭〉杂志好比一枝嫩芽》,《家庭》1922年第12期。
⑦ 编者:《本杂志特刊〈装饰号〉预告》,《家庭》1922年第4期。

其一，服装审美。近代以来，人在人与衣服的关系中获得了绝对的自主权利与主要地位，人们开始主张着装应遵循"不被衣服与习惯所拘束，要把发育的身体做主位"①的理念，以人为本的时代审美观念成为新风貌的风向标，服装审美亦从传统的平直、繁复、纤弱与大众化，转化为曲线、简洁、健美与个性化。《家庭》杂志上有诸多关于这一新型审美观的阐述。或是关于服装式样、颜色、图案等如何选用的论述，提出了"服装底美是随姿态而异"②的个性审美观，即"要选择衣服时，先应当看看自己。自己身材的高低，身体的粗细，皮肤色的黑白，年纪的大小，这些都很重要"③。或是关于对人工美与自然美的辩证理解："我们关于装饰上最主张'天然之美'而排斥'人工之美'。但是天然之美的程度不足的时候，不妨用人工之美来补助。"④或是倡导"全体发育平均，肌肉相称，皮肤色泽优美"⑤、"美丽的容貌生在健全的肉体上的，所以注意健康是第一要事"⑥的健美理念，并提出"人们最美之点就是他的肉体，因为人体的外廓富于曲线，那是美术的最要素"⑦等以人体美作为服装美的基础的自然审美观。又或是提出了"服装、化妆、发髻、动作，必须全体调和才是美"⑧的和谐审美观。

其二，服装自由。封建社会限制了人的自由和个性的展现，而近代以来，新文化运动对自由的阐释与宣传则为服装自由观奠定了基础，服装自由的权利很大程度上交还到了人民手上，服装自由观念亦逐渐深入人心。⑨《家庭》杂志中有不少关于服装自由的言论。首先，是主张服装设计的自由，认为自主选择与自由形成的流行才是最适宜的，"不用大举动的提倡什么服装改良，只消各自穿着自己独创的衣服走出来就行了，这么一来其中最好的东西，自然会被一般所采用，形成一种流行品咧"⑩。其次，是主张享受服装的自由，其中《妇女装饰自由谈》⑪一文主张妇女化妆、衣帽、眼镜等必须解除封建主义的束缚，而《男子服饰应改的我见》指出传统中式男装"不便于旅行""不便于操作"等限制行动自由的弊端，进而提出改革的必要性，以及改革的标准——灵巧、美丽与简便。⑫

其三，服装流行。中国古代的流行通常始于上层阶级，但由于等级礼制等各种原因而受到限制，服装流行并未真正形成。到了近代，服装礼制瓦解，人们获得了包括自主穿衣在内的种种自由，这种自由又顺理成章地转化为人们对摩登的追求，而这种追求达到一定的数量便成为流行。"服装与头发的流行是一种自然的势，是一种活的力"⑬，流行观的形成与变化成为近代中国变服的巨大

图 4-2-1 《家庭》杂志插图（《家庭》1922 年第 4 期）

---

① 孟素：《中国妇女裸体美之缺点》，《家庭》1922 年第 7 期。
② 陈知贤：《服色的美》，《家庭》1922 年第 4 期。
③ 杨德芬：《衣服的调和与选色》，《家庭》1922 年第 7 期。
④ 编者：《这一期》，《家庭》1922 年第 7 期。
⑤ 孟素：《中国妇女裸体美之缺点》，《家庭》1922 年第 7 期。
⑥ 孟素：《怎样增进容貌的美》，《家庭》1922 年第 6 期。
⑦ 张枕绿：《妇女装饰与曲线美》，《家庭》1922 年第 7 期。
⑧ 孟素：《中国妇女裸体美之缺点》，《家庭》1922 年第 7 期。
⑨ 袁伟时：《告别中世纪》，广东人民出版社 2004 年版，第 156-157 页。
⑩ PM 生：《发髻装饰之进化》，《家庭》1922 年第 7 期。
⑪ 钏影：《妇女装饰自由谈》，《家庭》1922 年第 7 期。
⑫ 毛吟槎：《男子服饰应改的我见》，《家庭》1922 年第 7 期。
⑬ PM 生：《发髻装饰之进化》，《家庭》1922 年第 7 期。

推动力之一,或者说近代中国变服的成功,很大程度上来自于解除了束缚的人们对于新生事物的效仿。《家庭》杂志还指出了流行的另一特征——时效性,"时代变迁装饰也跟着他变迁,因此在一时代的装饰觉得甚为美观,过了这一时代便不觉其美了,可见得美观也是一个移转的东西啊,我们把十年前的照片到现在取出来瞧瞧,觉得那种装束可笑,可是在当初却是算最流行最时式的咧"①。

(二)艺术性的流行资讯

《家庭》杂志中思想性的服装评论重在开蒙启智,给民众灌输新的服装思潮,指明服饰选择的主体方向,解读什么样的服饰是新的、美的与适合的。而艺术性的流行趋势则是实质性地为大众介绍市面上流行的服装款式,进一步具体解读什么样的服饰是当前所流行的,以及这些服饰品的色彩、面料、款式与发展状况等。《家庭》杂志中所呈现的流行趋势囊括范围尤为广泛,包括国内外时装流行资讯、摩登式样与搭配的介绍,以及最新的配饰与发式的推荐等,且多是站在经济与美观的立场进行分析与介绍,在实用的同时又不失其艺术性。

如《求幸福斋装饰谭》②一文,便将当时的时髦女装一一搜罗,包含"舶来之风式"与"旧存之习俗",更有不少新旧交融的改良服饰,囊括了日常装、礼服与特殊服装等各式款式,以及面料、配饰与化妆品等诸多品类。服装款式上,既有"宜于女子之防寒……造福女界不少"的旗袍、"衣裙为一种同色之材料所制成"的连衣裙、将传统高领废除的"无领之衣"、轻简实用的"斗篷"与"西式皮大衣之反着者"的皮草等日常着装;亦有"网纱为西式"的"新婚行礼时之女礼服及其装扮"与"青缎作地分绣团花之上服及绣花之红裙"组成的"中国女礼服",以及透明而不遮掩里面的时装的特殊服饰——"女子雨衣"等。面料上,既有素雅清爽的"哔叽之衣裙"与"华丝葛之盛行",亦有灿烂美艳的"金花缎"与"印花哔叽"。配饰上,既有我国妇女的"冬令必需品"之女帽与"欧西妇女在夏季人有一具"的"草帽"等各种帽式,亦有"虽好可惜太贵,而又易破损"的丝袜、能使人拥有"亭亭玉立之风致"的"高跟之旅"与各种材质的"女子革履",以及绣花精致的"麻纱手巾""丝织围巾"与"冬令中,女学生界多喜用之"的"四方形绒线所织之大围巾"等各式手帕围巾。除此之外,饰物佩带、戒指、金刚钻发针、项圈、手镯、耳环与眼镜等妇女首饰更是不可少。文中还细致描绘了大袖、女裤脚管与广东妇女之脚管等服装局部,以及粉纸、胭脂花粉等化妆品。

除了上述这种普及型的流行资讯介绍外,《家庭》杂志中更多的是针对某一服饰品类或装扮类型的专门性阐述,包括对欧美流行之新装束的呈现以及流行的发髻、簪花、首饰与钱袋的描绘,多采用图文并茂的形式,思想性与艺术性并重。

首先是对欧美时尚的呈现。如《欧美流行之新装束》③一文,用时装画的形式描绘了八款欧美时装,这些服饰的色彩、纹样、搭配与细节各异,但廓型上却呈现出统一的 H 型造型,这种自然、悬垂与宽松的款式正是其时欧美风靡的 Chanel 形态服饰,是欧美女装总体上保持 X 型轮廓的一个暂时的变异形态,是女装逐步走向简单、舒适与休闲时期的象征。尽管纵观历史这是一个短时期的非主流的流行,但是却被《家庭》杂志抓住了。可以看出其中的每款裙装虽然是收身的直线形态,但留有适度的松量,并在简洁造型的基础上饰有少量蝴蝶结与褶皱,使得服装在简约中体现出摩登、闲适的现代感(图 4-2-2)。

其次是发式。发式有梳发与披发之分,且不同式所呈现的感觉也不尽相同。其一是梳发,《家

---

① 钏影:《妇女装饰自由谈》,《家庭》1922 年第 7 期。
② 何海鸣:《求幸福斋妆饰谭》,《家庭》1922 年第 7 期。
③ 佚名:《欧美流行之新装束》,《家庭》1922 年第 7 期。

庭》杂志上有两篇论述发髻的文章,其中《说髻》①一文叙述了其时发髻的流行状况,"近来时髦女子所梳之髻,花样翻新,千奇百怪,有朝仿西洋式夕仿东洋式者,有今日梳一歪髻,明日梳二圆髻者",同时介绍古往今来的各种发髻,并倡导从历史中吸取养分,不断创新,突破现有的发髻形式。《发髻装饰之进化》②则更多地论述发髻对女子整体形象的装饰作用,以及发髻梳理自由的重要性,认为上海女性美于内地女性"虽有服装的关系,那主要部分我看总在那发髻的巧妙上",然而发髻的流行"且不是大家照一个标准流行着",乃是"各人配了自己的容貌自由,把头发来梳成髻的,并且所用的发饰也不定,如栉、如叉、如轧针、如簪,大形的、小形的、方的、圆的、其他不正形的种种不同,就是装在头发上或纵、或横、或斜,种种的插着,缎带结的装法亦然""将头发称心像意自己爱怎样梳就怎样梳,配着颜面或紧、或宽、或大、或小,种种的变化着,或辅助颜面缺点,或衬托颜面特长",从而装扮出一个"美丽的头部",并用胡亚光绘制的五款发髻插图将这"美丽的头部"直观地呈现出来。除发髻外,垂辫亦是近代颇为流行的一种发式,《家庭》

图 4-2-2 欧美流行之新装束(《家庭》1922 年第 7 期)

杂志上亦有详细介绍:"垂辫现在可算最流行时代了……梳辫而着裙的人,现在却渐渐的多起来了,这个装束也始于南洋闽粤之间,到了如今,十一二岁的小姑娘,头上垂着双辫,却也高系短裙,显出一种活泼可爱之像。"③这根辫子又分为两种形式:"一种是光辫,一种是毛辫,光辫的大约以丝线扎发根,其色不一……其辫以光滑不乱一发丝为贵,毛辫却不同了,不扎把根,随梳随时以短发编露在外,却也好看。"④发髻之上为簪花与各种首饰。第一为簪花,《家庭》杂志上刊有《簪花小志》⑤一文,论述了簪花的品种、发展历史与佩戴方法,以及每一种花的特征、适合的人群及其所代表的寓意等,全面系统地将簪花这一具有中国特色的发饰展现出来。第二为首饰,可见于《古首饰志》⑥一文,将有关的古代的步摇、钗、簪、钿、搔首、花等首饰和盘托出,描绘细致生动,知识性与艺术性并存。其二是披发,此发式不外乎一直一卷,直发多为剪短的自然短发,多盛行于女学生中;卷发亦是近代对头发的一种新型装饰手段,且由南至北,广为流行,"现在北方盛行一种卷发……先流行于广东妇女界,近且及于京津间"(图 4-2-3)。⑦

图 4-2-3 发髻装饰之进化(《家庭》1922 年第 7 期)

---

① 萃珍:《说髻》,《家庭》1922 年第 3 期。
② PM 生:《发髻装饰之进化》,《家庭》1922 年第 7 期。
③ 钏影:《妇女装饰自由谈》,《家庭》1922 年第 7 期。
④ 同上。
⑤ 瑛秀:《簪花小志》,《家庭》1922 年第 2 期。
⑥ 慧静:《古首饰志》,《家庭》1922 年第 7 期。
⑦ 钏影:《妇女装饰自由谈》,《家庭》1922 年第 7 期。

媒介篇——志在娱悦俗人之耳目　259

再者为钱袋,包括灰色白色丝织钱袋、绿丝织品钱袋、红丝织品边钉珠钻钱袋、银制的钱袋与绿白蓝间色线制八十根丝绦钱袋等一系列"今年流行的各种钱袋",并用图片语言代替文字语言,更直观清晰地向读者介绍各式新款钱袋,每一款钱袋的造型、色彩与材质各不相同,相同的是其展现出来的摩登气息(图4-2-4)。如"极美观但价极贵"的银制钱袋,即为一根皮带连接着一大一小两个方形钱袋,袋盖为双层钝角形态,钱袋底端均饰有条状或球状的流苏装饰,袋身为方形几何纹路,且饰有精美图案,大小搭配的双袋形式与银制材料颇为独特前卫,且细节纹路十分精致,彰显奢侈的摩登(图4-2-5)。①

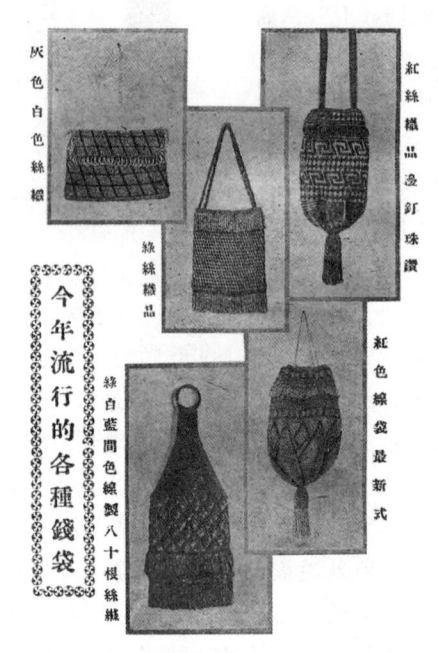

图4-2-4 今年流行的各种钱袋(《家庭》1922年第7期)

图4-2-5 银制钱袋(《家庭》1922年第7期)

(三) 实用性的服装常识

除了高大上的精神与艺术内容,《家庭》杂志还刊有十分接地气的实用性服装常识,这是在对服装本质有了认识与对服装流行有了了解之后的知识普及,主要包含衣料、裁剪与相关用品鉴别等知识,以及服装洗涤、保藏等服装保养知识。这些文章均以浅显易懂的方式,向与服装息息相关的男女老少普及服装的相关知识。

其一是工艺常识。首先是面料选择,提出了"黏身的衣裳应当用软薄的材料,否则皮肤有碍"②的观念,并具体介绍了冬日"做衣裳最好的材料"——木棉,认为"木棉的质地很软,不容易使温度向外散出,所以保体温的力量很大,尤适宜在冬天"③;以及夏季服装最合宜的面料——麻布,因为麻布是最容易将体温"分散出去"④的。其次是服装的裁剪,介绍了男袍、女袄具体的裁衣尺寸

---

① 佚名:《今年流行的各种钱袋》,《家庭》1922年第7期。
② 佩荑:《衣食住》,《家庭》1922年第4期。
③ 同上。
④ 同上。

问题,指导人们依照相对精确的数据和科学的方法来裁剪衣服。① 此外还提出"衣之着法,应当适宜不能过分,也不可以不及,倘使衣服过分小或者紧结带布很有害的"②的服装卫生理念。

其二为服装的保养常识。这是人们日常生活中普遍要面对的问题。首先是洗涤,提出了服饰洗涤的重要性:"衣服虽不必过美观,然而不能不求清洁""衣服不论新和旧,或绸缎和纱布,最要紧是清洁"③。再说明洗涤的原因:"倘使潮湿的连忙放在日光里晒,因为着了潮湿的衣裳易发感冒,并且神经痛的病症也着了潮湿衣裳生的,衣裳上有污渍就容易有微生虫,也就是生病的根源,当然要洗涤的"。在此基础上,再进一步普及非常规的科学洗涤方法,以解决服装上难以去除的各种污迹,④如蜡烛油的除渍法:"于衣上沾洋烛油之地位,放一草纸,再将衣放在脚炉上烘之,移时烛油被热气烘其,均现草纸之上,衣上一无痕迹"⑤;或是在探讨卫生等问题时,将服装列入其中,强调服装换洗与清洁的健康原则等⑥。其次是保藏,服装对于古代中国人来说,是耐用消费品,尤其是品质稍好的衣服常常被收藏起来,不轻易穿着或示人,但人们并不讲究收藏与保护之术,"压箱底"是常见的服装收藏方式。到了近代,国人开始提倡收藏、保藏服装的科学方法。《家庭》杂志便提出"夏季轻薄之衣,入秋既不复需用,即宜妥为收藏"的观念,并介绍了正确科学的保藏方式:"藏时应洗净曝干,并需折叠平匀,洗时亦不能用浆,免发霉或虫蚀之患"⑦等,这些新方法都指引着人们以科学、合理的方式保藏、保养服装,传播了服装保藏的新技术。

江红蕉认为《家庭》杂志并不需要以"研究学问和提倡什么主义来标榜很高大而自夸的意思"⑧,而是要在"给各人家庭里的那男女老少消遣"⑨的同时,传播包括服装观念与知识在内的种种新观念、新知识。于是他提出了"文字要浅、趣味要多、思想要新与材料要实用"⑩的办刊理念。其囊括了服装审美、服装自由与服装流行观念的思想性服装评论便体现着其"思想要新"的理念,包罗了欧美流行之新装束、最时髦之各式女装、发式、簪花、首饰与钱袋的艺术性流行趋势展现着其"趣味要多"的思想,而由服装面料选用、工艺与保养组成的实用性服装常识则展示着其"材料要实用"的宗旨。所有内容均围绕着这些办刊理念而进行,故《家庭》杂志亦成为近代服装新思潮、新流行与新技术传播的重要平台,用润物细无声的方式传输着新理念、新时尚与新知识。由此,江红蕉"对于社会家庭究竟发生了多少好的影响"的目标就实现了。

---

① 瑛秀:《裁衣尺寸的两个例》,《家庭》1922年第1期。
② 佩黄:《衣食住》,《家庭》1922年第4期。
③ 陈知贤:《服色的美》,《家庭》1922年第4期。
④ 孟素:《小常识》,《家庭》1922年第4期。
⑤ 金梦鸥:《小常识——烘去衣上烛油》,《家庭》1922年第6期。
⑥ 黄宋伯:《家庭卫生十则》,《家庭》1922年第8期。
⑦ 芝岩:《贮夏衣》,《家庭》1922年第8期。
⑧ 编者:《家庭杂志宣言》,《家庭》1922年第1期。
⑨ 同上。
⑩ 同上。

林泽苍
1903—1961，福建省古田县人

身　　份：摄影家、实业家。

简　　历：1921年考入上海圣约翰大学经济系，后转入光华大学，时任学校摄影研究会会长。在校时便开始创办实业，1922年创办了三和公司，1925年大学毕业。同年，在上海发起并成立中国摄影学会，创办了《摄影画报》，举办过多次全国摄影展览和比赛。1926年，与高维祥合著《增广摄影良友》（又名《摄影大全》）。1929年，与陈传霖、林雪怀、夏光地等共同发起并成立了上海黑白影社。1932年"一·二八"事变后，到闸北拍摄战地实况，刊载于《摄影画报》《活报》与《泰晤士报》上，揭露了日军暴行；同年，创办了《电声日报》。1948年加入新成立的中国摄影学会，并摄制立体照片，制成立体摄影镜盒，创制了摄影测光仪，为普及摄影术做出了一定贡献。[1]

成　　就：林泽苍是旧上海摄影界的领军人物，被称为"中国摄影教父"。其所创办的《摄影画报》，为国内首创之摄影刊物。[2] 另有《增广摄影良友》（又名《摄影大全》）、《袖珍摄影良友》（与他人合作）、《摄影须知》和《摄影活页手册》等著述，为近代摄影艺术普及做出了杰出贡献。[3]

专业成就：林泽苍在摄影新闻事业中有较大建树，同时也为服装时尚的传播搭建了很好的平台。1931年林泽苍主持创办了《玲珑》杂志，不仅传播了新思想、新知识，而且塑造了新型的都市女性形象，直接为读者提供服饰时尚讯息。1932年又创办了《电声日报》（后改为《电声》周刊），发刊10年共901期，为民国时期出版期数最多的电影杂志，被誉为"民国电影第一刊"，其中不少电影明星的资讯报道间接推动了服饰时尚的传递。

---

[1]《摄影大辞典》编委会：《摄影大辞典》，浙江摄影出版社2000年版，第675页。
[2] 上海摄影家协会、上海大学文学院：《上海摄影史》，上海人民美术出版社1992年版，第61页。
[3] 甘险峰：《中国新闻摄影史》，中国摄影出版社2008年版，第51页。

林泽苍与《玲珑》

作为一位资深摄影家,林泽苍拥有美术的修养,懂得图像的价值,也更懂得如何展现女性的美;作为一位精干的实业家,林泽苍拥有商人的慧眼,熟知读者的心理与需求;作为一位高级知识分子,林泽苍拥有进步的思想观念。这一切特质都使得其所创办的《玲珑》杂志呈现出图像精美、内容丰富、思想前卫、形式丰富的特点,而这些特点是《玲珑》得以在报刊林立、竞争激烈的环境中生存与发展,并且繁荣七年的主要原因。是林泽苍赋予《玲珑》以灵魂,并集结了一批文学、艺术、出版行业的能人共同塑造出她的"血肉",成就了《玲珑》的成功,也造就了《玲珑》对新女性的影响。

1931年,林泽苍在上海创办《玲珑》杂志,至1937年停刊,历时共计七年,亦流行了七年。杂志全称为《玲珑图画杂志》,后更名为《玲珑妇女图画杂志》及《玲珑妇女杂志》。顾名思义,"玲珑"二字除了表示杂志本身巴掌大小的64开小尺寸之外,还暗含其以女性为中心的办刊思路,即"增进妇女优美生活,提倡社会高尚娱乐"①,做"姊妹们的喉咙"②是《玲珑》杂志的宗旨。这本"一九三零年间女学生们人手一册的'玲珑'杂志"③,设有"妇女""儿童""常识""娱乐""幕昧""法律顾问"与"玲珑漫画"等专栏,涵盖女性教育、职业、家庭生活、娱乐活动等各个方面,展示各种身着时代新装的新女性形象,普及各种服装新知识与新思潮。

(一)《玲珑》的新女性

以"增进妇女优美生活"为宗旨的《玲珑》,其首要举措便是塑造"《玲珑》新女性"④,这些女性从中国的娱乐圈到美国的好莱坞,从明星名媛到名不见经传的姑娘,包罗了名媛、名夫人、女学生、明星与职业女性等各种群体。《玲珑》则是为这些来自各个阶层不同身份的新女性穿上了时代新装,而后呈现于封面、封底、首页、尾页以及各大专栏中,用这种直观又有效的方式来倡导女性的独立与内外兼修之美,指导女性塑造时代新形象与新思想。

首先是名媛、名夫人。所谓名媛,是指那些出身名门、才貌兼具、有思想有文化有衣品并经常参与交际的女性,名夫人则多是嫁入豪门后的名媛,是一群可望而不可及的群体。《玲珑》将这些真实又遥远的名媛、名夫人请上杂志封面与内页,将她们包装成智慧与美貌兼修的"玲珑LADY",让这些端庄典雅的"玲珑LADY"给予新时代女性以服饰、装扮与气质方面的启示。如《玲珑》创刊号即1931年第1期的封面便是上海邮票大王周今觉的第六位女儿周淑蘅,她身着一袭摩登的中西合璧式裙装,上身为紧窄收身的灰绿色短袖高领旗袍,嵌着精致的细镶边;下装为蓬松的粉色纱裙,裙前装饰有亮片;佩戴着珍珠项链与几何形耳坠;烫着整齐的黑色短卷发,眉目清秀、妆容淡雅,温柔地凝视着读者(图4-3-1)。⑤周小姐这一招温柔杀,即便是女性也无法抵挡,只能惊叹于她的优雅与美丽。除了周小姐外,还有梁佩琴、何丽明、李国发等上海滩名媛,刘孝珍、许丽娜等北京名媛,以及

---

① 编者:《本杂志的目标》,《玲珑》1931年第1期。
② 赛丽:《玲珑》,《玲珑》1931年第39期。
③ 张爱玲:《谈女人》,《流言》,大楚报社1945年版,第86页。
④ 编者:《本杂志的目标》,《玲珑》1931年第1期。
⑤ 佚名:《邮票大王周今觉之女公子即新嫁娘周淑蘅女士》,《玲珑》1931年第1期。

"刘富宗夫人"①与"郭慧德夫人"②等名夫人,都出现在《玲珑》的封面与内页上。

图 4-3-1　玲珑 LADY 周淑蘅(《玲珑》1931 年第 1 期)

图 4-3-2　清心女校的王如琳(《玲珑》1933 年第 38 期)

其次是女学生。将普通的女学生请到杂志上,也是《玲珑》的一大特色,在新旧交替的时代中,受过新式教育拥有新思想新面貌的女学生,成为其时备受追捧的一个群体,而她们的形象与服饰亦成为其时女性竞相模仿的对象,敏锐的林泽苍便顺应时势将这些女学生形象移至刊中,在树立积极影响的同时也增加了发刊量。这些女学生有"民立女中的校花程静芳女士"③、"圣玛利亚女中的许慈芬女士"④、"中西女塾秦昭华女士"⑤,亦有民立女校、暮雪堂女校、启秀女塾等各个女校的学生,她们自然活泼、朝气蓬勃、时尚个性的形象似一股清流,洗刷着旧时代如林黛玉般柔弱的审美。如《玲珑》1933 年第 38 期封面"清心女校的王如琳女士"⑥,身着一袭淡雅的浅色细镶边旗袍,一头清爽的短发整齐地梳于脑后,眉眼明亮,笑容爽朗,一反封建时代的旧式美女形象,亦引导着新时代女性展现出在层层压迫下消失的自我意识(图 4-3-2)。

再者是明星。其中"电影皇后"胡蝶、"标准美人"徐来、"甜姐儿"黎莉莉与"爱国影星"李绮年等国内女明星,以及葛丽泰·嘉宝与琼·克劳馥等好莱坞女星都是《玲珑》的坐上常客。《玲珑》有意要给读者看这些摩登前卫、性感开放的电影明星,也有意要给读者看这些人的着装,她们有的是华人面孔,有的是欧美面孔,而不论怎么看,这些身着旗袍、高跟鞋、礼服、泳装、运动装等时装的女明星都无不象征着时代的新风貌。如《玲珑》1935 年第 20 期上的李绮年女士,一袭深色暗纹白色镶

---

① 佚名:《刘富宗夫人之新装》,《玲珑》1934 年第 6 期。
② 佚名:《郭慧德夫人》,《玲珑》1935 年第 9 期。
③ 蓬莱照相馆:《民立女中校花程静芳女士》,《玲珑》1932 年第 76 期。
④ 佚名:《圣玛利亚许慈芬女士》,《玲珑》1935 年第 46 期。
⑤ 宝德:《中西女塾秦昭华女士玉影》,《玲珑》1931 年第 39 期。
⑥ 大同:《清心女校王如琳女士》,《玲珑》1933 年第 38 期。

边短袖扫地旗袍,简洁的印花与紧窄的形制将其姣好身姿与优雅气质展露无遗,波浪形的异色镶边则增添了些许少女意味,这是优雅温婉的形象展现(图4-3-3)。①《玲珑》1936年第25期封面的黎莉莉则是性感甜美的化身,一袭红绿相间的几何形印花连体式泳装暴露了身体大部分肌肤,其性感程度不言而喻。更有身着优雅简洁大衣的胡蝶、穿着超短裙的好莱坞女星南锡·卡洛等女明星形象,在展示这些女性时尚性感外形的同时,也在传递一种自由向上、积极乐观的生活态度。②

在名媛、名夫人、学生与明星之外,民国时期还有一群特殊的女性形象广受推崇,这些人便是女运动员。从前女子大多足不出户,运动更是极少。近代女校的兴办使得女性在接受教育的同时开始参与体育锻炼,然而优秀者却凤毛麟角,故而这些女性中的体育尖子生更受关注。如"北平女子垒球掷远第一名周载芬女士"③与"天津运动女杰徐秀琴与徐国治女士"④等,其中游泳运动员因其身形健美与着装暴露更受关注。杨秀琼、杨秀珍、钱行素、吴月娟均是当时颇受欢迎的游泳运动员,面容姣好的多项全能冠军杨秀琼更是被赋予"美人鱼"的美誉,《玲珑》杂志在1933年第44期、1934年第15期和第25期、1935年第40期等封面上均采用杨秀琼的照片,既有身着大衣、衬衫的日常装形象,亦有性感的泳装照(图4-3-4)。这些女运动员在展现其运动技能、健美形象的同时,传播健康的审美意识,使得病态、柔弱的中国标准美女遭到摒弃,健康、活泼的新审美标准开始建立。

此外,还有"陈燕燕女士之便装"⑤、"周淑蘅的新嫁装"⑥、"围在皮裘里的张桂卿女士"⑦、"琼克劳馥之游泳装"⑧、"卡洛朗白之羽帽"⑨及"生在春装里的美姑娘"⑩

图4-3-3 李绮年女士(《玲珑》1935年第20期)

图4-3-4 "美人鱼"杨秀琼(《玲珑》1934年第25期)

---

① 大观公司:《香港女星李绮年女士》,《玲珑》1935年第20期。
② 何佐明:《黎莉莉女士》,《玲珑》1936年第25期。
③ 许祖荫:《北平女子垒球掷远第一名周载芬女士》,《玲珑》1935年第23期。
④ 杨钧:《天津运动女杰徐秀琴与徐国治女士》,《玲珑》1934年第36期。
⑤ 关华石:《陈燕燕女士之便装》,《玲珑》1934年第15期。
⑥ 佚名:《周淑蘅的新嫁装》,《玲珑》1931年第30期。
⑦ 林泽民:《围在皮裘里的张桂卿女士》,《玲珑》1932年第46期。
⑧ 佚名:《琼·克劳馥之游泳装》,《玲珑》1931年第20期。
⑨ 佚名:《卡洛朗白之羽帽》,《玲珑》1935年第33期。
⑩ 孔祥葆:《生在春装里的美姑娘》,《玲珑》1933年第11期。

等玉照,所展现的服饰几乎囊括所有品类,从便装、礼服、婚礼服、西服、裘衣、旗袍、泳衣、内衣、学士服、水手服、骑马装、舞装、睡衣、浴衣等服装到帽子、丝袜、高跟鞋、手筒、长珠链等服饰品。《玲珑》就像一个绚丽的橱窗,不仅将明星、名媛、名夫人与女学生等各种身份的女性恰当包装后完美展现在读者面前,还通过这些"模特"全面地陈列各种令爱美人士垂涎的新鲜服装、服饰品。《玲珑》所呈现的新女性,不仅是思想独立的新女性,更是有颜、有才、集智慧与美丽于一身的都市摩登新女性。

(二)《玲珑》的新装画

新颖、摩登的时装画是《玲珑》的另一大特色,且这些画作多附有简洁明了的设计说明以交代服装的款式特色。《玲珑》创刊年的第17期,时装画便开始出现于《玲珑》杂志上,直到1933年第81期为止,这些画作多刊登于"妇女"专栏上,几乎每期都有(此后《玲珑》上的时装画多为零星发表),也就是说,在这段时间里,作为周刊的《玲珑》是以每周上新的高频率向人们提供新装款式的,这在当时的期刊中极其少见。这多少要归功于叶浅予这位高产的准服装设计师,除了几幅来自唐瑛、挹农或佚名作者的时装画作外,《玲珑》上的其余时装画作都是源于他的笔下(图4-3-5)。他笔下的服装有礼服、学生装、喇叭裤、短大衣、接衫、马甲、旗袍、晚礼服、狐领短外套等,有效仿"欧美在海滨消夏的夫人们"①所穿着的服装,有"照一九三二年的趋势测拟起来②"的时装,有乍暖还寒的春天最适宜的"短式"大衣③,有在"短袖已不时髦"、正"流行长袖长裙"之时设计的《秋之新装》④,亦有"模仿西式便装而拟"的一袭清凉的短袖连衣裙作为《少女夏装》⑤。可见《玲珑》作为一本准时尚杂志,其所使用的服装画的展现形式是丰富而新颖的,其中所含的时尚讯息与服装思想也是丰富而新颖的。

图 4-3-5 叶浅予设计的《秋之新装》(《玲珑》1932 年第 66 期)

(三)《玲珑》的新知识

《玲珑》相当重视服装科学及文化知识的普及,杂志中长期设置"常识"专栏,告诉人们要如何选用及搭配服装,如何更科学地保藏服装,甚至如何制作肥皂、鞋油等相关用品等知识。

如《男子时髦服装的常识》一文,就是一份译自巴黎 ADAM 男装杂志、有关男性服装选用与搭配的指南,以列表的形式罗列了不同场合和不同服装种类及其质料、颜色、款式的组合与选用,详细说明了西装与衬衫、领带、裤、鞋之间的搭配关系,以及相关联的西式礼仪。如早晨出门散步时应穿着二粒或三粒的单排扣西装,所用面料宜用带有显明条子或小点花纹的绵软羊毛料,搭配的领带可采用鲜艳的颜色与花纹。参加婚丧大礼时所着的上装应是一

---

① 叶浅予:《夏季新装》,《玲珑》1931 年第 17 期。
② 叶浅予:《新春的皮大衣》,《玲珑》1932 年第 47 期。
③ 叶浅予:《要打扮,春天便是最好的季节》,《玲珑》1932 年第 50 期。
④ 叶浅予:《秋之新装》,《玲珑》1932 年第 66 期。
⑤ 叶浅予:《少女夏装》,《玲珑》1932 年第 61 期。

粒扣的大领片礼服,可插一枚珠针进行装饰。①

又如《洗乔其纱的良法》②、《洗涤衣渍法》③、《晒藏皮货法》④等文章,则更加比比皆是,它们从原料及种类不同的服装性能出发,运用化学与物理学方法提出,"白地麻纱,着了新的锈渍,可用莠酸着和水溶液,一拭便除"⑤、"皮货衣服,如被水浸湿,不可放在日中晒,只要买几十文皮硝,用沸水荣华,冷后刷于毛上(勿刷皮板),再放于不受太阳面阴干"⑥等科学的服装洗涤与保养方法,打破了肥皂、清水、棒槌加暴晒的传统洗护模式,传播了保藏服装的新观念。

同时,在"儿童""妇女"等专栏中,亦常刊载《儿童的衣服》⑦、《乳部的卫生》⑧、《婴儿夏日卫生》⑨等文章,传播服装卫生学知识,倡导健康的服装设计与选用理念。此外,关于发型、妆容的时尚资讯也是《玲珑》新知识传递的一部分。《玲珑》曾多次连载有关新发型的图文,涉及男性、女性、儿童的发型及短发、长发、卷发等各种发型风格。《玲珑》上亦有少量关于服装服饰文化的文章,如《美国妇女裙子的变迁》⑩、《妇女面饰涂黄考》⑪、《结婚戒指的历史与传说》⑫等,此时的《玲珑》更像一本服饰百科全书,从服饰的历史、文化、变迁,以及穿着、搭配、洗涤与保养等各个方面,传递着服装新知识。

(四)《玲珑》的新思潮

其实,人们爱读《玲珑》,不仅仅是因为它可以帮助人们提高审美情趣、增加知识,还因为它紧跟社会潮流,提出了许多具有一定深度和挑战封建礼教的新观念。《玲珑》提倡人体美,倡导体育,主张女性解放,它对时尚的拥护不是盲目的,而是以人的健美、平等和独立为基础的。所以有"手的美"⑬、"美而贵的腿"⑭、"背面的曲线美"⑮等照片及相关文章,批判道貌岸然的"风化维持者",提出了"假如我们对于双手外露,不认为与风化有关,那么双足不穿袜子,又有什么问题"⑯、"裸腿是种自然朴质的趋向,也可以说是解放的举动……我们中国应该永远追逐着潮流,站在时代的面前呢,还是要重回到女子长裙拂地,大门不出,二门不迈,十七世纪的那种野蛮的风气?"⑰等理直气壮的质疑与掷地有声的论断。

此外,《玲珑》对禁止女性散发、烫发、袒臂、露腿,禁止奇装异服等现象给予关注,对慈善服装表演会和国货服装表演会等活动给了报道和支持。同时,《玲珑》还刊登了不少关于摩登、救亡等问题的文章,引导人们在服装的实用经济与时髦美观之间、在装饰的外在美与人的内在美之间、在个

---

① 董阳方:《男子时髦服装的常识》,《玲珑》1931 年第 7 期。
② 日明:《洗乔其纱的良法》,《玲珑》1931 年第 17 期。
③ 德:《洗涤衣渍法》,《玲珑》1931 年第 39 期。
④ 杨树春:《晒藏皮货法》,《玲珑》1932 年第 51 期。
⑤ 陈锡康:《除去衣服上铁锈、油漆及蓝墨水法》,《玲珑》1931 年第 40 期。
⑥ 杨树春:《晒藏皮货法》,《玲珑》1932 年第 51 期。
⑦ 镕:《儿童的衣服》,《玲珑》1931 年第 17 期。
⑧ 佚名:《乳部的卫生》,《玲珑》1933 年第 2 期。
⑨ 佚名:《婴儿夏日卫生》,《玲珑》1934 年第 26 期。
⑩ 雯:《美国妇女裙子的变迁》,《玲珑》1934 年第 4 期。
⑪ 佚名:《妇女面饰涂黄考》,《玲珑》1935 年第 27 期。
⑫ 露萍:《结婚戒指的历史与传说》,《玲珑》1933 年第 40 期。
⑬ 林泽人:《关于手的种种》,《玲珑》1931 年第 20 期。
⑭ 佚名:《美而贵的腿》,《玲珑》1932 年第 45 期。
⑮ 佚名:《背面的曲线美》,《玲珑》1933 年第 33 期。
⑯ 舒如云:《拥护裸足运动》,《玲珑》1933 年第 24 期。
⑰ 琳君:《取缔妇女裸腿》,《玲珑》1934 年第 27 期。

人与国家之间找到平衡点。于是有人提出,"富有的人,尽管购买时新的衣服穿,到式样旧了除去再买一件是了。但是普通的女子,最好穿素雅的衣服,因为这种衣服虽然不是最时髦,但是不像时新式样的衣服比较容易过时"①;有人提出,"她的外表,固然要是时代的(但不是要很奢侈),因为拘泥于古旧的不一定是美德……她的灵魂,她的脑筋最为重要"②;有人提出,"女子是天生具有爱美性的,所以她们平日穿着的衣服,总是选择了艳丽的色彩,轻柔的质地的舶来品,但是现在是什么时候,看看我们国家的境况,我们能够不俭约吗?"③总之,就是要指引女性真正地摩登起来,既摆脱旧式礼教的束缚,也摆脱新式权威的限制,实现自身的解放,认清时髦的本质,不被虚荣与新潮蒙蔽双眼,不是"商女不知亡国恨,隔江犹唱后庭花",而是与匹夫平起平坐,同样担起天下兴亡的责任。

林泽苍本人是一位摄影家,好像离服装专业比较远,但是他搭建了《玲珑》这个平台,为设计师、评论家、摩登女郎登台唱戏提供了客观条件。由此,"玲珑 LADY"们的时装照,叶浅予们的时装画,有关服装流行、工艺、保藏、洗染、历史与文化的科普介绍性文章,以及涵盖着健美、独立等人文思想的服装评论,纷纷登上了《玲珑》这一艘时尚之舟,直观且有效地向大众传递着时尚信息与新思想,在促进流行、个性等新观念形成的同时也引导着才貌兼修的都市新女性的塑造。综上可见,林泽苍为《玲珑》杂志制定的提高女性生活水平、争取女性权利、普及女性知识、解放女性的目标是在确切实现的道路上。

---

① 陈美珥:《不要穿时新式样的衣服》,《玲珑》1933 年第 16 期。
② 施莉莉:《摩登女子的外表与实质》,《玲珑》1933 年第 19 期。
③ 天闻:《时装与国货》,《玲珑》1932 年第 57 期。

冯武越
1897—1936，广东番禺人

身　　份：摄影记者、作家、报人。

简　　历：名启缪，号笔公。因其父为驻墨西哥公使，他自幼随行游学于海外，为他日后创办以"传播时事，提倡艺术，灌输常识"为宗旨的《北洋画报》打下了良好的根基。1921年春回国。1926年，"天津益世报馆聘为总监察兼撰述，是为武越为记者之始"①。同年7月7日，在天津创办《北洋画报》。

成　　就：冯武越创办了《电影周刊》，独资经营《图画世界》及《京报》副刊《图画周刊》，最令人瞩目的成就是创办了《北洋画报》。1926年创刊的《北洋画报》是近代中国最著名的画报之一，开北派画报之先河，为连续刊行时间最长、出版期数最多、影响深远的北方画报，被称为中国报业的"北方巨擘"。同时，冯武越也是我国进行报刊媒体研究的先驱，发表了不少关于画报的文章，如《画报谈》《画报进步谈》《过去未来》《报纸校对为神圣的工作》等，就办刊理念及技术问题谈了他的观点。

专业成就：冯武越创办的《北洋画报》生动记录了中国20世纪二三十年代社会生活的众生百态，也为近代天津社会时尚的传播提供了宝贵的平台，刊载了大量人物摄影照片，特别是每期报头下的封面人物，如名媛闺秀、影戏名流、女学生、交际花及军政名人等，他们的服饰形象影响了社会大众的着装与时尚潮流。此外，《北洋画报》也刊登与服饰相关的广告、漫画及评论文章，宣传近代变服的新思想与新潮流，以及当地知名的服装店、时兴的面料与流行的款式。

---

① 唐兰、李壮飞：《冯武越先生小传》，《天津商报画刊》，1936年5月3日。

冯武越的"时尚生活画报"——《北洋画报》

冯武越作为《北洋画报》的创办人,直接影响着它的精神命脉。而出身于优越家庭的他自幼饱受中国传统文化的熏陶,后来又游学欧洲吸取了西方的科学文化知识与艺术思想,"能书画,工摄影,长小品文字,具美术天才"①。他中西兼修的文化功底使得《北洋画报》"以发扬艺术为职志,一部分贡献吾国旧有之艺术的作品,一部分输入东西洋美术之创造物"②,十余年间共发行1587期,总信息条目达到47 000余条,刊载各类照片2万余帧,详细记录了民国时期变化着的社会风尚。因此,时人评论"办画报,看画报者,无不知有武越其人""十年来,天津文艺空气之养成,武越实为首功"。③

冯武越自己也经常在《北洋画报》上发表摄影作品和书画文章,并曾多次谈及对于办报的看法。他在《北洋画报》出版一周年的纪念刊上,将画报成功的原因归结为"北画编辑的方法,的确是比较有统系,有精采",因此画报的销路比刚出版的时候超过五倍以上。④《北洋画报》初为周刊,后改为三日刊,最后定为每周二、四、六出版,主要内容与版面都较为稳定,前后没有太大变化。画报一般四开四版,每一类题材都有相对固定的位置而不会轻易地改变,因而当读者翻开画报的时候就可以通过大致浏览迅速掌握其排版规律,在之后的阅读中便能够便捷地寻找到自己感兴趣的内容所在。画报的内容包括时事、社会生活、人物、戏剧、电影、风景名胜及书画等,以照片为主,兼有文字,形式活泼、内容丰富并采用彩页印刷,综合性强,为天津社会各阶层的人们所喜爱。

尽管《北洋画报》的视角甚广,但这些繁杂内容的一个共同点在于都反映了近代天津丰富的都市文化。德国美学家格奥尔格·西美尔认为,都市形态的形成、发展以及大众文化生活观念的改变都离不开货币经济。近代天津是北方重要的商业、贸易和金融中心,经济的发展促进了其现代化都市的形成,租界的设立又将外国的物质、思想及生活方式融入其中。西餐厅、咖啡厅、舞厅、赛马场、高尔夫球场等公共娱乐场所因不断扩大的消费需求而繁荣。

同时,随着人们生活方式的西洋化和思维方式的现代化,包括天津在内的近代国人的服饰也呈西化趋势。《北洋画报》中与服饰相关的内容主要反映于封面人物摄影、服饰专栏评论以及广告漫画中对于新面料、新款式和知名品牌的宣传。

(一)人物摄影传播的服饰风尚

当《北洋画报》出版一周年的时候,冯武越打算为画报扩充地盘,增加副刊,以此来多刊载图画类内容。他在《过去未来》一文中写道:"我们每期刊登十三四幅图画,许多读者还嫌少……我们决定增加副刊,就是要多登图画,想以后读者定必能满意了。"⑤可见冯武越在决定画报内容时对于图片类素材的重视。这一点可以从《北洋画报》每一期报头之下的封面女郎的玉照中看出。这些照片主要有全国各地的名门闺秀、女学生和影戏歌舞明星等,这既是《北洋画报》的特色,也恰好传播了

---

① 吴秋尘:《记冯武越》,《益世报》,1936年4月26日。
② 健庵:《第二年》,《北洋画报》,1927年7月9日。
③ 吴秋尘:《记冯武越》,《益世报》,1936年4月26日。
④ 冯武越:《过去未来》,《北洋画报》,1927年7月6日。
⑤ 同上。

服饰流行的风尚。除了封面女郎之外,后面几版也会刊登一些人物照片,这些形象展现出民国时期多样化的衣着风尚。

公众人物的着装形象往往会受到大众的关注并成为时尚的标准而被模仿。从《北洋画报》大量的肖像照中可以看出,民国时期西式服装开始在他们当中最先流行起来。如1927年3月5日的封面人物电影明星周文珠女士,身着一条飘逸的印花曳地长裙,长发,拖鞋,宠物,营造出一种西式度假的浪漫风格(图4-4-1)。① 1928年1月21日封面人物"名坤伶孟小冬饰西装男子之摄影"②,展现了职业干练的现代女性形象,其穿着三件套西装,束起头发打着领带,炯炯有神的目光穿透黑框眼镜,传达出不输男儿的坚毅神情(图4-4-2)。除了这些影戏明星,乐于接受新思想、新事物的学生群体也是服饰改革的中坚力量,《北洋画报》亦刊登了许多学生穿着西式服装的形象。如1930年1月18日刊"中法大学学生齐伦女士",她身着毛领大衣,留着短发和齐刘海,新潮又兼具可爱。③ 1934年6月12日刊"首都中华中女学生汪爱仙女士",其泳装为紧身条纹背心上衣配短裤,简约清爽的穿着显示出青春的活力(图4-4-3)。④ 同页"七日北平新闻界欢宴粤港新闻考察团后留影"中,男士们基本上都是西装革履,尽显洋派。⑤ 另从《北洋画报》刊登的结婚照中可看出,随着文明结婚的流行,西式礼服也受到年轻伉俪们的青睐。1930年4月10日刊"刘叔庭女士与夏品芳君结婚合影",其中新郎穿白衬衫、深色西装外套和西装裤、黑皮鞋,新娘则穿一身洁白的西式婚纱,并带头纱,手捧鲜花。⑥

图4-4-1 电影明星周文珠的浪漫装束(《北洋画报》,1927年3月5日)

图4-4-2 名坤伶孟小冬男装照(《北洋画报》,1928年1月21日)

图4-4-3 女学生汪爱仙的泳装(《北洋画报》,1934年6月12日)

在西洋服饰迅速流行的同时,中式服装依然受到部分人的青睐。如1926年11月27日刊封面人物"北京交际界老前辈唐宝潮夫人"⑦,她身着立领大袖旗袍,在大襟、袖口和底摆处有镶边装饰,

---

① 佚名:《"浪漫派"的电影明星周文珠女士》,《北洋画报》,1927年3月5日。
② 佚名:《名坤伶孟小冬饰西装男子之摄影》,《北洋画报》,1928年1月21日。
③ 李尧生:《齐如山之女公子中法大学学生齐伦女士》,《北洋画报》,1930年1月18日。
④ 西玲:《首都中华中女学生汪爱仙女士之浴装》,《北洋画报》,1934年6月12日。
⑤ 李尧生:《七日北平新闻界欢宴粤港新闻考察团后留影》,《北洋画报》,1934年6月12日。
⑥ 小隐:《刘叔庭女士与夏品芳君结婚合影》,《北洋画报》,1930年4月10日。
⑦ 孟如:《北京交际界老前辈唐宝潮夫人画像》,《北洋画报》,1926年11月27日。

整体造型雍容大气(图4-4-4)。不仅女子服装存在中西新旧并存的现象,男子着装也是长袍马褂与西装兼容。《北洋画报》中有许多男子西装革履的形象,也不乏长袍马褂的忠实粉丝。如1926年12月11日封面"前总统徐世昌氏最近在津摄影"①中,其穿着长袍、对襟马褂和布鞋(图4-4-5)。又如后面两期的封面"段祺瑞氏最近在津摄影"②和"北京悟善社教统江朝宗氏近影"③中,此两人同样穿着长袍马褂。

图 4-4-4　唐宝潮夫人旗袍照(《北洋画报》,1926年11月27日)

图 4-4-5　"前总统徐世昌氏近照"(《北洋画报》,1926年12月11日)

此外,在此时新旧交替、中西交融的时代背景下,既复古又前卫的中西结合式着装风格也成为一时新潮。如1933年8月17日刊"北大花王马珏与齐纶两女士合影"④中,两位女士均穿着改良旗袍,搭配西式外套和高跟皮鞋(图4-4-6)。此时,西洋服饰品早已渗透于国内市场,许多人即使穿着旗袍,也会搭配西式外套和皮鞋洋帽等,没有显得不伦不类,反而自成一种时尚体系。又如1926年10月27日封面"国庆日北京南苑大检阅中之两贵妇人合影"⑤中,左边张学良夫人穿着长至脚踝的中袖高领旗袍,配上西式礼帽和皮鞋;右边女子更为摩登,穿着西式大衣,另配提包和皮鞋(图4-4-7)。

冯武越的《北洋画报》很注重利用公众人物效应,常常图文并茂地刊载有关影戏明星、名媛闺秀和政界人士的新闻。这些人物为大众所熟悉且代表着上层社交圈,因而他们的言行举止具有公众号召力,他们的着装也必将影响社会上的时尚潮流,为大众所积极效仿。这是一种自上而下式的流行走向,是出现流行现象的早期常见的主要的流行走向。在群龙无首的时候,总得有人站出来,因此公众需要范本,范本需要载体,《北洋画报》就应运而生了。所以,《北洋画报》成为当时天津乃至整个华北地区人人爱读的时尚生活读物,是顺理成章的。从《北洋画报》刊载的各类服饰可以看出,我国近代服饰出现了中西并存、中西融合的现象,与当时多元化的时代背景相契合。辛亥革命开始

---

① 佚名:《前总统徐世昌氏最近在津摄影》,《北洋画报》,1926年12月11日。
② 佚名:《暂时难望再起之段祺瑞氏最近在津摄影》,《北洋画报》,1926年12月15日。
③ 佚名:《北京悟善社教统江朝宗氏近影》,《北洋画报》,1926年12月18日。
④ T女士:《未婚前之北大花王马珏与齐纶两女士合影》,《北洋画报》,1933年8月17日。
⑤ 佚名:《国庆日北京南苑大检阅中之两贵妇人合影》,《北洋画报》,1926年10月27日。

图 4-4-6　北大女学生(《北洋画报》,1933年 8 月 17 日)

图 4-4-7　两贵妇合影(《北洋画报》,1926 年 12 月 11 日)

了一个新的时代,新文化运动开启了一种新的思想,近代国人的服装也随之发生了变革。但这个"变服"是有探索的,有过程的。《北洋画报》所处的时代就是这样一个激烈的运动中的时代,因而出现中式服装与西式服装同框的现象也不足为奇。在这样的社会背景下,新思潮的普及也伴随着新的生活方式的出现。例如越来越多的年轻人选择文明结婚,不仅旧时那一套繁琐的结婚仪式被简化了,西式的婚礼服也开始流行。又如男女平等观使越来越多的女性走出了家庭,走向了社会,女子游泳也成为一种新兴的运动项目,相应地出现了泳装这种旧时女子绝对不可能穿着的裸身的服装。《北洋画报》刊登了不少女子泳装照,也有一些有关女性参加体育运动的报道,这宣扬并展示出现代女性的运动之美,也恰恰是现代都市文化所孕育出的对于女性身体健康之美的弘扬。另外,《北洋画报》也通过走在时尚前沿的潮流资讯,向都市民众尤其是女性群体传达了摩登的审美趣味,体现在发型、服饰、高跟鞋等对身体从头到脚的全面"包装"上。这唤醒了近代女性独立自主的审美追求与审美价值,而不是像过去那样仅仅停留在"为悦己者容"的境界上。于是,这催生了近代女性全新的消费模式,刺激了近代女性的消费需求。她们追求时尚与美丽的过程,在经济行为上是一种消费行为,在思想观念上是一种重新界定女性社会角色、重新界定审美观与价值观的思想重塑,彰显出现代女性主体性和自我意识的苏醒。

(二) 服装评论传播的服饰风尚

冯武越在《画报谈》中指出:"北洋画报之刊行,亦取时事,艺术,科学,六字以为口号,实欲竟图画世界未竟之志也。"[①]他对于艺术、科学的理解与支持,使《北洋画报》成为文人墨客讨论艺术与科学的载体。其典型即为《北洋画报》曾多次刊登"乳的威风""天乳运动"等新闻以及关于内衣问题的连载文章,成为当时反对"束胸"陋习、传播"天乳运动"的主力军。

---

① 冯武越:《画报谈(中)》,《北洋画报》,1926 年 9 月 8 日。

"天乳运动"是20世纪20年代兴起的反对女性束胸的社会活动，旨在解放女性的身心，其核心为人文精神及由此带来的新的审美观、道德观与价值观。在此之前，人们的价值观中认为女性的乳房有失大雅应当在视觉上被削弱，因此女子在穿外衣前普遍会先束胸。束胸用的小马甲亦叫小背心、小坎肩、小半臂，"此物制法与普通背心同，只胸前钮扣甚密，俾能紧束胸部"①。1927年，张竞生在汕头教会关于《论小衫之必要》②的演讲及其反对女子束胸的《裸体研究》③的文章引发了国内关于中国女性内衣问题的大讨论。冯武越的《北洋画报》抓住了这个热点，绾香阁主等纷纷发表文章跟进讨论。其主要观点可以总结为"小坎肩是一种特别的镣铐"④，并"主张中国女子仿用西洋抹胸（可名为乳衣，抹胸稍欠妥）"⑤。这里面包含了两层意义：其一是基于科学，基于人体的生理卫生因素而否定了"小马甲""小坎肩"之类；其二是基于交流，基于近代中国西风东渐的时代潮流，觉得可以借鉴西洋妇女的乳罩为我所用。乳罩的结构是这样的：首先有"两窝""为藏乳之处"（即今天所说的"罩杯"）；同时"有带可以收缩放宽。衣上有两带，藉悬肩上。衣之后面，有扣可以扣紧"；如此便"有托持双乳之利，而无压迫胸部之弊"，故"似可仿用"。⑥ 如此便得出这样一款新式内衣："以能够兜住双乳为限，不可用以压平。"⑦这就是基于近代女性的天乳而提出的新装计划，它纠正了过去束胸的陋习，提倡科学，提倡自然，并将这种提倡落实到女性的身体上，落实到女性内衣的改革上（图4-4-8）。

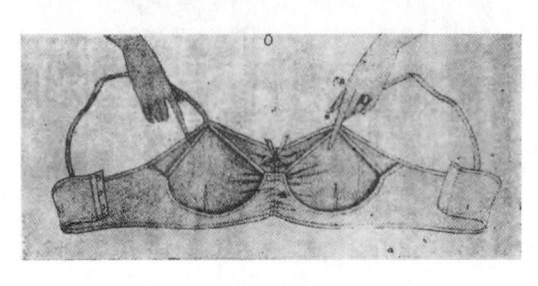

图4-4-8 胸衣构造说明（《北洋画报》，1927年10月19日）

此外，《北洋画报》时而开辟"妇女装束专号"等服饰专栏，通过独家报道和评论文章来传播新时代的服饰风尚。如1928年1月21日第2版"妇女装束专号"中有《妇女装饰之摹仿性》一文，作者发表了关于何为时髦的看法："世间惟妇女装饰，为最富于摹仿性。所谓'时髦''流行'（Latest Fashion）皆不过竞相模仿之结果耳。上海天津各地，每出新装，争相摹拟。其最时髦而尤漂亮者，则且步武欧美"⑧。首先作者提出了"流行"的概念，指出近代社会的服装开始以"时髦"的属性来代替过去所谓"标识"等属性。同时作者又指出了"流行"的传播途径，是从欧美到沪、津等沿海开放城市再到内地。懂得这些关于流行的基本认知，对于服装经营者与消费者都有好处。

变服是近代中国的社会热点之一。冯武越恰恰善于抓住热点，他在《北洋画报》上设置服饰专栏，这本身就体现了他对服装的重视。他在为专栏选定题材时更是具备时尚先锋意识，注重报道欧美最新流行的发型与装束，如"巴黎将近流行之发饰"⑨、"美国国家影片公司明星'四月花'女士之浪漫装束"⑩、"西洋最时髦之女袜"⑪等；同时注重报道国内名媛闺秀的时髦动向，如"天津名闺最

---

① 绾香阁主：《中国小衫沿革图说（下）》，《北洋画报》，1927年6月29日。
② 张竞生：《论小衫之必要》，《幻洲》1927年第8期。
③ 张竞生：《裸体研究》，《新文化》，1926年创刊号。
④ 鹤客：《乳的威风》，《北洋画报》，1927年7月30日。
⑤ 绾香阁主：《小衫应如何改良》，《北洋画报》，1927年8月20日。
⑥ 绾香阁主：《胸衣构造说明》，《北洋画报》，1927年10月19日。
⑦ 绾香阁主：《小衫应如何改良》，《北洋画报》，1927年8月20日。
⑧ 翏公：《妇女装饰之摹仿性》，《北洋画报》，1928年1月21日。
⑨ 佚名：《巴黎将近流行之发饰》，《北洋画报》，1928年1月21日。
⑩ 佚名：《美国国家影片公司明星"四月花"女士之浪漫装束》，《北洋画报》，1928年5月5日。
⑪ 佚名：《1927年西洋最时髦之女袜》，《北洋画报》，1927年7月13日。

时髦之欧化装束"①（图4-4-9）、"津埠某名夫人之西装"②等。这些报道展现了时新的服饰造型，展现了浪漫、时尚、西化或中西融汇等时代的流行标签，为广大的女性读者提供时尚指引，也反映出冯武越自身的艺术修养。

（三）广告漫画传播的服饰风尚

冯武越和他的《北洋画报》从来不玩虚的。既然解放了思想，引导了时尚，那么就要让大家知道如何选择，如何消费。当然，《北洋画报》本身不是服装店，但是它可以为服装店提供广告版面，通过这些版面让供需双方见面。于是，《北洋画报》每期刊登众多服装广告，按照广告的类型、所处的版面位置与内容题材分类。

首先是按广告的类型分为"新品型"和"折扣型"。新品型旨在介绍、宣传服装新品种，直接展示服装店的新款上市信息，以此来吸引目标消费群体。如天津同升和帽庄广告中的"学式便帽"③，实为鸭舌帽，这在当时属于样式新奇的新品型；又如天津美华衣箱皮鞋公司广告中的

图4-4-9　天津名闺最时髦之欧化装束（《北洋画报》，1928年1月21日）

"新式旅行皮包"④，对于用惯包袱、褡裢的国人来说，也是新品型。折扣型旨在通过降价促销手段更好地吸引顾客消费，如天津敦庆隆广告中的"秋货剋庄大减价"⑤，天津老九章绸缎庄广告中的"因改建房屋另设售货处……两处均已开幕各货特别减价，如蒙惠顾无任欢迎"等。

其次是按版面位置分，《北洋画报》中的广告主要有报眼和通栏两类。一般报头位于报纸第一版中央位置，在其左右两侧的即为报眼。报眼的位置十分醒目，因而位于此处的广告会被读者一眼看到，起到极好的宣传效果。如《北洋画报》1928年10月18日第1版中，"北洋画报"报头题图的右侧报眼为中原公司的"秋季大减价继续两星期"⑥广告，其左侧报眼为力古洋行的"印度绸缎庄"⑦广告；《北洋画报》1937年1月30日第1版中，"北洋画报"报头题图的右侧报眼为"中原公司九周年大减价"⑧广告，其左侧报眼为"元隆男女大衣"⑨广告；再如《北洋画报》1937年5月25日第1版中，"北洋画报"报头题图的右侧报眼广告为"中原公司夏季大减价、平津三店同时举行"⑩，其左侧报眼广告为"同升和今年最流行的新美式草帽"⑪。冯武越把《北洋画报》最好的广告位置给了服装店，相信服装店也付出了丰厚的回报。当然，服装店的回报最终是由消费者买单的，这恰恰说

---

① 佚名：《天津名闺最时髦之欧化装束》，《北洋画报》，1928年1月21日。
② 周瑟夫：《津埠某名夫人之西装》，《北洋画报》，1928年1月21日。
③ 天津同升和广告，《北洋画报》，1931年10月27日。
④ 天津美华衣箱皮鞋公司广告，《北洋画报》，1931年10月27日。
⑤ 天津敦庆隆广告，《北洋画报》，1928年10月18日。
⑥ 中原公司广告，《北洋画报》，1928年10月18日。
⑦ 力古洋行广告，《北洋画报》，1928年10月18日。
⑧ 中原公司广告，《北洋画报》，1937年1月30日。
⑨ 元隆广告，《北洋画报》，1937年1月30日。
⑩ 中原公司广告，《北洋画报》，1937年5月25日。
⑪ 天津同升和鞋帽店广告，《北洋画报》，1937年5月25日。

明了服装在老百姓心目中、在实际生活中的位置,说明了近代中国的"变服"是得民心的。通栏广告则是以横贯页面的形式出现,该类型广告具有组合效应,所占面积较大,视觉冲击力强,同样也能给读者留下深刻印象。如《北洋画报》1936年10月24日第1版,通栏竖排在报头的题图左侧,三幅广告自上而下分别是:元隆——"石破天惊、出人意料秋季全部大减价三十天";同升和——"一向以样新出名、始终为廉价先锋,同升和的呢帽人人说好";新新时装绸缎公司——"时服的模范,新装的专家,举行秋季大减价"①。

再次是按题材内容分,有汽车等摩登生活题材和人物题材两类。其实摩登生活本来就是反映人的生活,因而《北洋画报》刊登的许多产品广告中随处可见人物形象元素。人的外在形象又是与服装密不可分的,加入了人物形象的广告自然会体现出衣着部分,因此归根结底这两类题材的区别在于是重点反映服装还是附带体现了人物形象。显而易见,宣传汽车、收音机、火柴等产品的广告是在推销洋派生活用品的同时传播了相应的洋派服饰风尚,而服装店铺广告中的人物形象往往是用来专门展现其服装产品的。《北洋画报》众多的产品漫画里都有穿着洋装的男女形象,如1927年10月29日头版刊登的一幅洋服店的宣传广告,漫画中一位绅士穿着燕尾服、头戴礼帽,目光看向用大号字体印刷的"振兴洋服店",并附有宣传语"一等时兴裁剪样式"。如此,把人们的视线由绅士引向了这家服装店,再引向了这家店的经营强项。下方附有地址"天津法租界梨栈紫阳里旁十二号",希望读者放下报纸马上就去。此外,上海祥记时装公司、寿德记时服庄、海京毛织厂门市部、新新绸缎时装公司等销售服饰及面料的商店,也均会定期在《北洋画报》上刊登有关新货上市和店铺宣传的广告。

冯武越对于《北洋画报》的编辑、审校工作亦十分重视。他视"报纸校对为神圣的工作",认为"报纸为传播消息之利器",见闻翔实的文章,如果出现字句误排,且也没有被校对出来的情况,不仅辜负了作者和编者的心血,也会有损报纸的名声。② 这是《北洋画报》兴旺发达的技术保障。作为《北洋画报》创办人,冯武越自身就具备良好的文艺素养,他的素养决定了《北洋画报》的宽度与高度。又因为他选择人才的好眼光,才使画报先后拥有了吴秋尘、刘云若和王小隐等一流主编,在他们的共同努力下,《北洋画报》持续出刊十余年,成为民国时期广为流传的画报之一。《北洋画报》记录了近代天津社会生活的各个方面,不仅对当时的天津媒体及大众生活影响很大,也为后人提供了还原当时历史的宝贵资料,最主要的是,《北洋画报》实现了创办人冯武越"传播时事,提倡艺术,灌输常识"的人生抱负。

[此单元由江南大学纺织服装学院丁乾琨撰稿]

---

① 元隆、同升和、新新绸缎公司广告,《北洋画报》,1936年10月24日。
② 冯武越:《报纸校对为神圣的工作》,《长沙市新闻记者联合会年刊》,1933年第1-2期,第465-467页。

交际篇——一道不可不看的风景

封建社会可能也有流行,如唐安乐公主的百鸟毛织裙,还差点造成生态危机,因为为此"江、岭奇禽异兽毛羽采之殆尽"①。但是这种流行圈不大,安乐公主的百鸟裙就是自己一件,送给韦后一件,而后有"贵臣富家多效之"②,即基本上都在王室、贵族与官太太的范围。因为在封建社会中存在着严重的官民对立现象,服饰制度尤其是服饰禁忌制度使得一些衣服不能进入民间。任何一部《舆服志》其实就说了两件事:一是官可以穿什么;二是民不可以穿什么。也就是说,民不能模仿官。这样,社会上层与下层之间的流行链条是断裂的。公主穿成这样很美,但不是人人都可以这样穿,所以说到底这个公主并不是真正意义上的流行的引导者。

民国时期的《临时约法》在法理上让每一位国民成为平等的人,理论上人人都可以是流行的引导者,同时也都可以是流行的被引导者。当然流行的引导者永远是社会上层,只不过破除封建服装等级禁忌之后,社会上中下层之间的流行通道被打开了。国母、影后穿改良旗袍,任何一位老百姓也可以穿改良旗袍。

近代中国的服装时尚由社会进步与变革而产生的新兴势力引领。这里没有皇后、没有公主,有的是名媛、闺秀与明星。交际名媛有"南唐北陆"之说,即指上海的唐瑛与北平的陆小曼;大家闺秀以永安公司老板的千金郭安慈为代表;电影明星有胡蝶,体育明星有杨秀琼。她们个个都是才貌双全的"白富美",论貌个个都是天生丽质;论才,陆小曼画得好,杨秀琼游得快,梁赛珍既会演电影又会跳交际舞,还把三个妹妹都带进了娱乐圈。

交际明星引领时尚的方式较之平面媒体更加直观。明星们可以影响到"身边人",这些"身边人"又会影响到她的"身边人",仿佛一颗石子投进水面所激起的逐渐扩大的波纹。当然她们同时也是平面媒体的主角,银屏、沙龙、剧院、舞厅、花园、泳池也都是她们展演的T型台,甚至有一部分明星真的成为时装表演的模特。她们接纳了新思想,引领了新风貌,她们率先穿上了大衣、斗篷、连衣裙与改良旗袍等时髦新装,她们率先脱下小马甲、穿上文胸以支持"天乳运动",她们率先将波浪卷发、改良旗袍、西式大衣、玻璃丝袜与高跟皮鞋集于一身,塑造出完美的摩登女郎形象以彰显整体搭配的格调。她们是先美起来的那一部分人,然后带领大家共同至美。

她们给予流行圈的内容不仅仅是光鲜与奢华。她们也倡导国货,倡导俭约,比如著名影星陈玉梅。她们还为民生、为民族、为社会的发展进步操碎了心,她们踊跃参加赈灾义演与慈善筹款,她们为扶助儿童、为支持国货而站台,她们为抗日救国而参加了红十字队。她们引领了当时的时尚,而从这一层意义上讲,她们甚至是比较崇高地引领了时尚。

---

① [宋]欧阳修:《新唐书·志第二十四·五行一》,中华书局1975年版,第818页。
② 同上。

胡 蝶
1908—1989，广东鹤山人

身　　份：著名女演员。

简　　历：胡蝶原名胡瑞华。1923年报考中国第一家电影学校——上海中华电影学校，并成为第一届训练班学员，在校期间系统学习戏剧、电影理论与表演方面的课程。毕业后在友联公司的电影《秋扇怨》中任主演，后相继主演《梁祝痛史》《铁扇公主》等20余部影片。1928年转入明星影片公司，并主演《白云塔》《火烧红莲寺》等影片。1931年主演中国第一部有声电影《歌女红牡丹》，上映后轰动全国。此后主演的《姊妹花》更是代表了她表演艺术的高峰。

　　　　　1935年与梅兰芳等人出席在莫斯科举行的国际电影节，归途中访问欧洲各国。1946年为香港大中华公司拍摄了《某夫人》《锦绣天堂》等片。1966年正式退出影坛。

成　　就：胡蝶是横跨中国默片时代和有声片时代的影星，是民国时期最优秀的演员之一，更是一位多产的演员，一生中共出演近百部电影，获得多项殊荣，在1933年《明星日报》发起的"电影皇后"评选活动中，高票当选为"电影皇后"；1960年在日本举行的第七届亚洲电影节上，凭借《后门》获得最佳女主角奖，时年52岁的胡蝶跃登"亚洲影后"宝座。

专业成就：在胡蝶所拍的诸多电影中有许多是与时尚发生直接关系的时装片，具有时尚示范作用，直接影响着服饰潮流的形成。身为"电影皇后"的她，更是上海滩时髦女性们关注追逐的目标，她的衣着造型大都以照片的形式刊登于报纸、杂志上，成为大众模仿的对象。她在各类时尚活动中的活跃度进一步扩大了她的影响力，为近代女性提供了许多着装参考，被奉为时尚标杆，指引着服饰的流行方向。

■"皇后"胡蝶

"尽有许多人不知道现任的国民政府主席是谁,但却无人不知道现任的电影皇后是胡蝶女士,上至党国要人,下至贩夫走卒"①;"皇后胡蝶,为整个影坛之权威者。电影海报上,只需列有胡蝶二字之芳名,一般观众,莫不争先恐后,急欲在银幕上一瞻容艺,以为快事"②。胡蝶之所以能够红遍影坛,受到大众如此爱戴,有一大部分是依靠她"美丽的脸蛋"(图5-1-1):"她有着端庄、丰腴、雍华,杨玉环型的古典美,再加上左颊上那颗迷人的酒窝,真有'回眸一笑百媚生'的力量。"③但还有一部分是靠着她"献身电影的热忱"④,以及"永远的努力,和忠于工作"⑤的态度。胡蝶有着专业演员的职业操守与敬业精神,首先是始终听从导演的指挥,她在摄影场中,对于导演是"绝对服从的,即使那是一个怎样平凡的,没名气的导演"⑥。其次是绝对的守时,守时其实是一个人基本的道德修养,但很多明星在成名后都很难做到,她却可以始终如一。且胡蝶"接地气"的亲民形象也是她得以成功的一大重要因素,她虽是万众瞩目的明星,但丝毫没有明星的架子,待人十分诚恳爽直,甚至于"和她在一起,你会忘记她是个拥有千万群众的皇后"⑦。如此有颜值、接地气且"德艺双馨"的演员,真是想不红都不行。

但是胡蝶美归美、好归好、红归红,终究都只是一位电影人,她又是如何与时尚产生了如此密切之联系的呢?逻辑链条是这样的:从电影到电影明星再到电影画报(那是一个拿电影画报当时装杂志看的时代);从电影到明星着装再到服装时尚。这两种关系都是成立的,这是当时的现状。

图 5-1-1 端庄古典的胡蝶(胡蝶私赠周璇传世照片)

电影发展于20世纪初,并在二三十年代被广泛接受,成为一门大众艺术。它被称为是"推动文化之教育工具,导良的、教育的"⑧,尤其是对于服装的传播来说。电影还有一个当时的其他媒介无法比拟的优势,那就是直观,一目了然。对于"大波浪"的烫发,对于高跟鞋,对于西式晚礼服……电影的"搬运"作用毋庸置疑。其中"时装片"对时装的影响更直接,正如王受之在《二十世纪世界时装》中所说:"人们常常一周数次地光顾电影院,观看新影片,去欣赏和体味片中那种自己没有机会尝试的时髦生活方式。电影明星的服饰、举止、化妆、发型等,

---

① 马国亮:《良友人影》,《良友》1934年第85期。
② 梅仙:《胡蝶之与鸿翔公司》,《社会晚报时装特刊》1930年。
③ 佚名:《胡蝶》,《青青电影特刊——二十大明星小史上集》1940年。
④ 同上。
⑤ 马国亮:《良友人影》,《良友》1934年第85期。
⑥ 同上。
⑦ 同上。
⑧ 佚名:《再谈时装片》,《中国电影画报》1941年第7期。

对于观众来说，都有强烈的吸引力，在引导时装潮流方面极具影响。"①于是本就天生丽质的电影明星，再加美轮美奂的时尚装扮，自然让人炫目并试图"追星"（虔诚性模仿），或让人心生妒意也会摹仿（竞争性模仿），更自然而然地影响了服装时尚。

所以说电影明星都具有时尚影响力，但却不是谁都能上升到一个指示潮流的时尚风向标的高度。而胡蝶能够坐拥这个宝座，则自然有着其女王般的时尚装束与影响力。胡蝶的时尚服饰首先是十分稳定的，用现在时尚博主的话来形容就是"车祸造型"少；其次是数量多，作为其时出镜率最高的女明星，所要裁制的新装数量自然也相较最多；再者是造型的多样化，时尚界风云变幻，只有敢于多种风格尝试才能博得关注；另外是质量高，此项主要看出品方，"胡蝶所着的衣服，均由静安寺路鸿翔服装公司承办的，他们出品精美，是任何服装公司都及不来的"②，有"女装大王"的支持，自然更能驾驭时尚女王范。同时，胡蝶的时尚影响力也是不可小觑的，其时尚活动涉及范围广，代言、时装表演、杂志封面与电影节红毯一样都没落下。可见无论是服装造型的稳定性、数量与多变性、质量，还是参与的时尚活动方面，她都保持着第一，才得以稳居时尚风向标之宝座，才得以兼"电影皇后"与"时尚皇后"于一身。

（一）胡蝶的时尚装束

当代社会，各类诸如时尚大典、风尚大奖等时尚界奖项层出不穷，但民国时期此类型的奖项还并未出现，仅有由报刊发起的"电影皇后"与"十大标准女性"等评选活动，在这些选举中胡蝶也占了一席之地。但是若要按照当今的时尚界来给胡蝶颁发一个奖项，那么一定是"最具时尚风范演员奖"。她的时尚风范主要表现于服饰品类与风格的多样化，时而长裙晚礼服女王范十足，时而着各式大衣优雅端庄，时而穿裤装帅气中性，时而网球服散发青春活力，时而穿泳装展现性感，时而改良旗袍加身诠释东方美，各种服饰各类风格都能驾驭。

第一，晚礼服。又称夜礼服、晚宴服与舞会服，属于档次较高的女士礼服。强调对着装者身形气质的展现，其款式多为腰部收窄、下摆宽大、长可及地的长裙。此种礼服是胡蝶最为拿手的，虽然胡蝶的身材不属于修长高挑型，但是她总能选出优雅别致的长裙，既带着雍容高雅，又修饰了身材，展露出其身形的丰满之美。且每个款型质量都很高，如1934年春鸿翔公司特为胡蝶设计制作的五款晚礼服，款款都尽显高贵典雅，成为一个时代的经典影像。③ 其中一款为黑色曳地长裙，裙后摆拖地一尺有余，修身的造型与腰部的装饰将她凹凸有致的身材展露无遗，而深浅双色层层叠叠的荷叶边短袖设计尽显妩媚，完美诠释了东方女性的性感与优雅（图5-1-2）。另一款白色长礼服则散发着温润婉约的气质，小高领设计十分含蓄，袖子处装饰的深色皮草又增添了时尚气息。另外还有由两种面

图 5-1-2　晚礼服（《美术杂志》1934年第2期）

---

① 王受之、冯达美：《二十世纪世界时装》，岭南美术出版社1986年版，第17页。
② 镜头：《鸿翔公司感谢胡蝶》，《影戏生活》1931年第37期。
③ 佚名：《胡蝶女士的春季新装束》，《美术杂志》1934年第2期。

料拼接而成的礼服,也有礼服与各式大衣的搭配。

第二,西式大衣。大衣在19世纪中期与西装同时传入我国,并在20世纪初成为我国日常生活服装之一,并成为摩登女性的时尚必需品,而旗袍加大衣更是当时的经典"绝配"之一。胡蝶自然也备有大衣若干,风格上有优雅经典的,亦有休闲的、华贵的;面料上有格呢的、皮草的和棉质的。其中胡蝶出访俄罗斯时所着的两款大衣的设计最是可圈可点。其一是浅色及膝直筒大衣,设计点在袖子,为袖口收紧的灯笼袖,独特之处在于袖山处也与袖口一样打了密褶,此细节设计颇有时尚感,实为亮点,搭配上同色系领巾、长旗袍与手拿包,整体造型尤为端庄优雅(图5-1-3)。① 其二是一件多层皮草大衣,长度直达脚踝,衣身如流苏般的被分割成一层层,雍容华贵,富有贵妇范。② 若不是胡蝶拥有女王般的气场,很难想象此款厚重又高调的皮草大衣不会被他人穿成土豪范。

图5-1-3　西式大衣(《青青电影》1935年第2期)　　图5-1-4　网球服(《电影画报》1933年第5期)

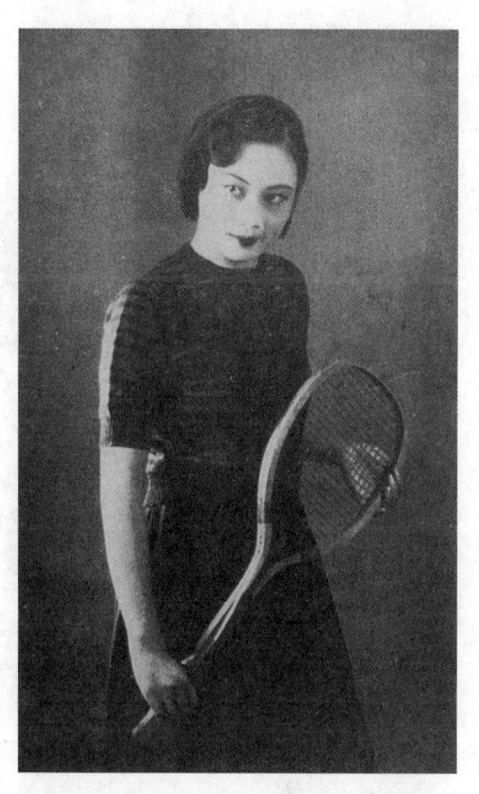

第三,运动服。近代中国引进了西方各项竞技运动,随之也引进了各项运动装。这之间是一个十分简单直接的对应关系:田径——田径服,网球——网球服,游泳——泳装。胡蝶的运动装主要为此三种类型。她的运动装扮从来都是清爽舒适的,任何一款穿在她身上,都有青春洋溢的感觉。如刊登于《电影画报》1933年第5期的网球服(图5-1-4):上装是圆领短袖针织衫,横条纹花样凸显活力,仅及腰线处的短打款式在视觉上拉长了下身比例,更显高挑;下装是简洁的深色A字裙,再配以同色系帽子和网球拍,甜美又有活力。③ 胡蝶的田径服无疑是帅气潇洒的,见于《妇人画报》

---

① 李世芳:《胡蝶在苏俄》,《青青电影》1935年第2期。
② 佚名:《到西伯利亚去的留影》,《胡蝶女士欧游纪念册》1935年。
③ 沪江:《选手:胡蝶女士》,《电影画报》1933年第5期。

1935年第33期(图5-1-5)：白色小翻领短袖运动衫，搭配深色高腰阔腿长裤，上衣别进裤腰中，高腰的款式和着装法穿出了一双大长腿。① 亦有一身白的短袖衫与长裤搭配的造型，均十分中性且帅气。她的泳装无疑是性感的，如《电影画报》1936年第32期中的连体式泳衣，上下身用深浅两色拼接而成，腰部饰有浅色腰带，且为腰线上移的设计，可见胡蝶颇为喜爱能够修饰身材比例的设计。

第四，改良旗袍。虽说胡蝶的西装造像达到了难以计数之多，但同时她的旗袍装束也实在不少。胡蝶之改良旗袍的一大特色是色彩丰富，红、黄、蓝、绿、黑与白，无所不包；其二是喜欢长及脚踝的长旗袍；在纹样上几何形、大花与小碎花等各种图案均有涉及；且喜欢用花边作为滚边；还十分讲究做工。如《申报图画周刊》1930年第60期中，胡蝶穿着一款长至脚踝的浅色长旗袍，在领、襟、摆处均装饰有较宽的深色花边，甚至连衬裙的侧缝与底边都装饰有同样的花边。在《现象》1935年第12期中所着之旗袍是拖地的长旗袍，浅姜黄色的袍身上铺满橘色花朵，再以深褐色滚边，整体色彩十分自然协调，高贵典雅(图5-1-6)。她还有旗袍搭配格纹短大衣、皮草斗篷与羊绒大衣的造型。温柔的东方美人配上婉约的旗袍，岂不是恰到好处？

图5-1-5　田径服(《妇人画报》1935年第33期)　　　图5-1-6　改良旗袍(《现象》1935年第12期)

胡蝶的时尚造型其实远不止于晚礼服、西式大衣、运动装与改良旗袍，更有西式套装、连衣裙、男装、绒线衣、内衣与家居服等各种装束。能驾驭如此多的服饰类型且演绎出各式风情的胡蝶，若真穿越到了当代，也该是能获得"最具时尚风范演员奖"，是实至名归。

(二) 胡蝶的时尚活动

胡蝶不仅是一位电影明星，还是一位既有人缘又美丽的电影明星，更是一位形象美且衣着时尚

---

① 陈嘉震：《女明星与运动》，《妇人画报》1935年第33期。

的著名影星。如此身兼数种优势自是备受爱戴与欢迎,当时社会上"无论何种事业,开幕也、集会也、纪念也,大都要请胡蝶来参加,摄影留真,始称盛典"①。由此,胡蝶一年到头的时尚活动从无间断。她不仅是一些商品的时尚代言人,亦是时装表演台上的宠儿,其玉照多次被刊登于各大画报杂志的封面与内页,还曾代表国家参加国际电影节。所谓电影节红毯就是女星的时尚战场,而胡蝶显然战果颇丰,真可算得上是时尚界的劳模。

首先,是代言于各类广告。过去,商家讲究的是一种在消费者中自然形成的"一传十、十传百"式的声誉。在近代商品社会,生产的目的是为了更大规模的销售并谋取利润,故需要"广而告之"。鸿翔的老板金鸿翔明确指出:"要使鸿翔这块招牌响亮,除了货真价实外,还要靠广告去宣传",而"嘴里说出来的话,比什么广告的效力要大上几倍"②的胡蝶便成为了金鸿翔的首选。最后更发展成为"非鸿翔故不足以成胡蝶之美,非胡蝶亦无以见鸿翔设计之工,相得益彰"③、相互依存的局面。虽说鸿翔与胡蝶其实并不是商业上的雇佣关系,而是自愿的相互信赖且互为帮助的关系,但胡蝶实际上就是鸿翔的代言人。

第一,她"平日服装,均由鸿翔公司设计裁制"④,而鸿翔亦"尤能迎合胡蝶之意旨",且经常给予这位VIP以免费的优惠。胡蝶更为了表达对鸿翔的谢意,在公开表演时自发地为其打广告,而鸿翔又复而为了表示感谢特意设计制作了一套价值几百元的礼服赠与胡蝶,一来二去,大家都能获利,也都乐在其中。胡蝶甚至在晚年写回忆录时都不忘夸赞鸿翔几句:"上海鸿翔时装店……那里有几个老师傅,做工很讲究,现在恐怕很难找到这样做工考究的老师傅了。"⑤第二,胡蝶还为鸿翔拍过许多静态时装照并发表于各大报刊上,而照片上也一定不忘注明"由鸿翔裁制""鸿翔公司设计制造""鸿翔最新时装"等字样。第三,胡蝶还参加过鸿翔公司的时装表演,如在1930年在百乐门举行的"筹募吴兴福音医院经费时装表演宴舞大会"上作为明星表演者参与其中,"此次鸿翔公司举行时装表演,胡蝶为明星代表之一,当然义不容辞"⑥。

除鸿翔以外,胡蝶还是三轮牌泳装的时尚代言人,她为其拍摄的泳装广告既性感又休闲:照片中胡蝶身着此品牌连体泳衣,双手后撑,慵懒地坐着,极简的设计反而凸显胡蝶的大气。且不仅有美照还配有书法:"联华厂出品三轮牌游泳衣穿之服帖雅致余最爱穿之——胡蝶"。她还是力士香皂的代言人,同样也是图文并行的广告:图为大幅的胡蝶头像,文为胡蝶亲笔"力士香皂,芬芳洁白,滋润皮肤,蝶在旅欧图中及家居时均乐用之",且在此处搭配两张旅欧途中的小影。

其次,是参演于各大时装表演。明星效应是时尚圈的永恒主题。20世纪上半叶上海的时装表演,论模特的出身,基本上是电影明星、大家闺秀、交际花三分天下。她们参与到商业性表演中,引导了当时的时尚。这其中自然少不了作为"时尚风向标"的胡蝶。胡蝶不仅为鸿翔走过秀,还参与1933年的国货时装展览会、1934年百乐门的时装新样展与同年的上海慈善筹款时装表演会等一系列服装秀。展示的服装有旗袍、连衣裙、晚礼服及浴衣及男装等。其中胡蝶在1933年国货展览会上的男装扮相在众多女装中真是万红丛中一点绿。其男装为西服式,深色双排扣短款西服搭配白色西装阔腿裤与白色衬衫,打着黑色领带,帅气程度简直可奉为"男神"。⑦

---

① 梅仙:《胡蝶之与鸿翔公司》,《社会晚报时装特刊》1930年。
② 镜头:《鸿翔公司感谢胡蝶》,《影戏生活》1931年第37期。
③ 梅仙:《胡蝶之与鸿翔公司》,《社会晚报时装特刊》1930年。
④ 同上。
⑤ 胡蝶:《胡蝶回忆录》,新华出版社1987年版,第103页。
⑥ 梅仙:《胡蝶之与鸿翔公司》,《社会晚报时装特刊》1930年。
⑦ 邵无齐:《胡蝶女士之男装》,《图画晨报》1933年第50期。

再次，是出镜于各大报刊封面。胡蝶几乎是出镜率最高之封面女郎，其登上报刊封面的种类与数量之多，实为难以计数，主要有《电影新闻》《电影月刊》《艺术风景线》《艺声》《电影画报》与《电影》等电影类期刊，亦有《良友》《玲珑》与《万有画报》等综合性刊物，还有《现象》《社会晚报时装特刊》与《展望》等漫画类、时装类与教育类的杂志等。拍摄杂志封面的质量与数量直接反映了明星的知名度与影响力，而女星在杂志封面上的各种时尚装扮也对当时的服饰风尚产生了直接影响。在《电影月刊》1930年第4期封面上，胡蝶身穿经典复古的枣红色改良旗袍，外披一件黑色皮大衣，手拿小镜子，认真地在"对镜贴花黄"，满满的复古优雅感而又不失时尚范儿(图5-1-7)。在《电影》1939年第48期封面上，胡蝶以一袭西式裙套装造型现身(图5-1-8)。她以一个俏皮的红色发带配以浅灰色印花套装，与之搭配的小外套尤显精神，展现着健康的时尚气息。

图5-1-7　封面图(《电影月刊》1930年第4期)　　　　图5-1-8　封面图(《电影》1934年第14期)

此外作为"皇后"，胡蝶对于服饰时尚的影响亦不止于国内，她将中国服饰以自己的力量传播至国际上，让更多人了解中国服饰并爱上中国服饰，则又是另一种贡献。特别还是在那样一个信息交流相对困难的时期。胡蝶的国际服饰传播之旅始于其参加在莫斯科举行的国际电影节，据说她"此行带有旗袍十三件之多"，可以"开一旗袍展览会"。① 事实也证明中国的服饰在国际上是很受欢迎的，可见于胡蝶后来整理的旅欧文字资料："我们去的时候，为能表现中国的美术，所以多带了几件刺绣衣服，他们看了都非常赞美"②；"我穿的绣花衣服，很受彼邦人士的赞美"③"摄影师见我穿的衣服美丽，便特别请我多换几套衣服，多拍几张"④；"最后他们又称赞我的衣服，问是否是中国货，

---

① 铁：《胡蝶赴俄将开旗袍展览会》，《影戏年鉴》1934年。
② 胡蝶：《胡蝶回忆录》，新华出版社1987年版，第133页。
③ 同上，第151页。
④ 同上，第133页。

我当即告诉他们,这完全是中国货,而且中国的丝绸是最好的"①。胡蝶不仅多着旗袍展现东方美,还有各种连衣裙、晚礼服、运动装与大衣等西式服装造型,让国际友人不仅感受到中国风,也体会到我们与国际接轨的时尚风范。她的游欧之旅还有一个非常重要的意义,便是将欧洲的服饰与服装业状况真实地用文字与图片记录,并呈现给中国大众,做到了真正的中西文化交流。

  胡蝶确实是个非常"有范儿"的女性。首先是"电影皇后"范,她出演的电影数量与质量都是民国时期首屈一指的,不仅容颜好、演技好、观众缘好,工作态度更是认真卖力,是一位对电影有着无限热忱且尤为敬业的女演员。其次是时尚界劳动模范,极为踊跃地参与各种商品代言、时装表演、封面拍摄与时尚传播等时尚活动且一点都不马虎,几乎在每个方面都做到最好,达到极致:代言的均是时尚"大牌",大型时装表演一场没落下,各大主流报纸、杂志封面均刊登过她的照片,更远赴欧洲传播我国服饰文化。再者是女王范,只有拥有强大的女王气场的胡蝶才能够轻松驾驭优雅端庄、青春活力、复古时尚与温柔婉约等各种服饰风格,令她跨越中西、丰富多变的时尚装束,成为大众的衣着模范。各种范儿加身的胡蝶拥有着强大的时尚号召力与影响力,成为当仁不让的"电影皇后"兼"时尚皇后",成为一个时代的"时尚风向标",甚至穿越到今天——今天的时尚圈常常喜欢标榜回归"1930"的镜像,那么"1930"有什么?有外滩,有改良旗袍,有我们的"皇后"胡蝶。

---

① 胡蝶:《胡蝶回忆录》,新华出版社 1987 年版,第 166 页。

阮玲玉
1910—1935,广东中山人

身　　份：著名女演员。
简　　历：阮玲玉原名阮凤根,学名阮玉英。1926 年于中学毕业并考入明星影片公司,开始其电影艺术生涯,主演《挂名夫妻》等 5 部电影。1928 年,离开明星影片公司,转入大中华百合影片公司,主演《情欲宝鉴》等 6 部电影。1930 年,转入联华影业公司,主演《野草闲花》并一举成名,之后又陆续主演多部广受好评的影片,迎来了其事业发展的巅峰期。其间她与张达民、"茶叶大王"唐季珊之间陷入一场名誉诬陷纠纷案。后阮玲玉由于不堪忍受报刊与舆论的攻击,于 1935 年 3 月 8 日服安眠药自杀,时年 25 岁。
成　　就：阮玲玉表演才华横溢,达到了中国无声电影时期表演艺术的最高水平,亦赢得广大观众由衷的倾慕,被称为无冕影后。十年的从影时光中共出演 29 部电影,且佳作颇丰,代表作有《野草闲花》《小玩意》《神女》与《新女性》等。
专业成就：在阮玲玉出演的大量影片中,不乏具有时尚示范与引领作用的时装片。她本人尤其钟爱旗袍,并在生活中以各式经典时尚的旗袍装束示人,成为大众女性的模仿对象。

"旗袍女人"阮玲玉

阮玲玉被称为我国20世纪30年代默片时代中最优秀的女演员,她在银幕中出演的多是与命运做斗争的女工、女学生与知识分子等新女性,这些角色多为悲剧形象,而她也因角色塑造的深入人心,被称为"悲剧女王"。阮玲玉拥有一张清秀的瓜子脸、一双狭长的丹凤眼、白皙的肌肤与半长的卷发,悲时楚楚惹人怜爱,笑起来脸上泛起浅浅的梨涡,亦十分令人心醉,气质优雅端庄又不失清新与灵气,是一位典型的东方美人。其身材修长苗条,且凹凸有致,又被称为当时电影界中"体态美妙第一人"①。而拥有中国美人典范的面貌、气质与身材的阮玲玉,与其最为相符的服装,自然是"最适于中国妇女的服装——旗袍"②。阮玲玉更是一生独爱旗袍,除了在电影中应角色要求以西式女装亮相,在生活中几乎是旗袍装束示人,目前留存的照片资料也多是身着旗袍的形象,她亦因此被称为"旗袍女人"。

旗袍本是清朝满族妇女的服装,形制上大都为平面直筒的造型,特点是两侧线条平直、衣身宽松,并饰有各色繁复滚饰,甚至"连鞋底上也满布着繁缛的图案"③。但是"改良旗袍"却完全是另一回事。它不是主要与我们的先辈发生纵向联系的产物,而是与洋人发生横向联系的产物,是传统旗袍对西洋女装进行模仿并改良之后的女子服式,将原本呆呆笨笨的旗袍进化成了"一袭窈窕有致而富于曲线美的服装"④。改良旗袍产生于20世纪20年代末的上海,这种旗袍的装饰较清末时期简化了许多,女性的身体曲线也略微变得突出,是新式旗袍的雏形。30年代则是旗袍变化最大的十年,属于旗袍的黄金时代。此时旗袍的开衩成为时尚,袖子变得纤细合体,且逐渐变短。裙摆收紧,下摆升高至膝盖,但到了中期,由于高跟鞋的引入及流行,裙摆又逐渐加长,长可及地,被称为"扫地旗袍"。有了胸省和腰省、装袖和肩缝,整体服装结构更趋西化与合体。繁复的装饰工艺简化了许多,镶滚由宽变窄,刺绣逐渐减少,印花布用于旗袍的同时也使刺绣失去了存在的必要。这一时期的旗袍逐渐走向了经典,成为中国近代女性的服装典型,使得之后的旗袍变化始终难以跳出该种廓型,只能在细节与装饰上略作改变。⑤

阮玲玉事业的巅峰期是30年代的前五年,至今留存下来的照片资料亦多摄于这五年间,故其所着之旗袍亦多是此时期流行的款式,反映的是这一时期的时尚。难能可贵的是,阮玲玉的旗袍既跟随着时代的流行趋势,又同时拥有鲜明的个人风格,保留着自己的韵致与优雅。而能够做到兼顾时尚与个人特质,主要是由于阮玲玉个性的鲜明,但设计师与裁制者也一样功不可没,"阮之服装,皆由鸿翔公司所制",故"宽窄长短,恰到好处,而阮之体态美,乃表显于银幕,为万众影迷所赞赏",且阮玲玉"对于鸿翔十分信仰,大有非鸿翔之衣不御之概。鸿翔对于阮玲玉,亦已熟知其身材大小,有所委制,不必问及尺寸,可以思量而得,亦服装界之一佳话也"⑥。鸿翔是走在时尚前沿的中国"大牌",且一向崇尚个性美,故其所制的旗袍自然兼顾时尚与个性。

---

① 逸天:《服装界佳话》,《社会晚报时装特刊》1930年。
② 陈听潮:《旗袍是妇女大众的服装》,《社会晚报时装特刊》1930年。
③ 张爱玲:《更衣记》,《古今》1943年第34期。
④ 佚名:《旗袍的美》,《国货评论刊》1928年第1期。
⑤ 包铭新:《中国旗袍》,上海文化出版社1998年版,第21—35页。
⑥ 逸天:《服装界佳话》,《社会晚报时装特刊》1930年。

阮玲玉的旗袍多为窄腰收身、短袖高领的经典款,旗袍长度与开衩随流行而不断变化;纹样时尚大气,不喜繁复大花或凤鸟图案,尤喜几何形状与植物图案;色彩上鄙强烈而尚清新淡雅。这位"旗袍女人"所着之旗袍可用三个词来诠释:经典、时尚与清雅。

(一) 经典的旗袍款式

阮玲玉所爱的旗袍款式,是经过十几年变化之后,逐渐定型下来的经典款式,亦是最符合其气质的式样。在腰身、领型、开襟、袖型、长度、开衩与装饰上,都恰如其分地既展现了她优美的体态线条,又将其内敛含蓄、端庄典雅的东方气质体现出来。

首先是旗袍的腰身。此时的审美观受西方的影响,以身材玲珑、凹凸有致为美。故而旗袍的腰身一再变窄,30年代时已达到一个高峰,将身形的全部曲线都显露出来。阮玲玉亦偏爱此种窄身式样,纵观其生平的旗袍,竟没有一件是直线形态的,而均是"腰身做得极窄"①的经典款式。如《电影画报》1934年第7期,阮玲玉一袭深色旗袍,袍身紧窄,斜身而立,身体的玲珑曲线展露无遗(图5-2-1)。阮玲玉无疑对于自己的身材是颇有自信的,但更重要的是其思想的开明,她是中国首批抛弃"小马甲"(中式束胸内衣)并"利用乳罩把乳部抬高起来"②的女性。此种保护与支撑乳部的西式内衣,与窄身旗袍一起,变成女性凸显身形的必备服饰品,并被逐渐接受且流行起来,成为时髦女性与新女性的衣着必需品。

再说旗袍的领型。阮玲玉所着之旗袍均是高立领式的。立领本是改良旗袍的标志性经典领型,高领则是由于其内敛温雅的性格所致。其颈部在大部分时候都由高领严密地包裹着,只偶尔能够见到微微露出的最高处的一截玉颈。当代电影《阮玲玉》的扮演者张曼玉说阮玲玉高耸的领子内是一股"藏不住的风骚"(此"风骚"指的是美丽而非轻佻)。领部之下的开襟亦无大变化,主要有斜襟、大圆襟或方斜襟,均属右衽,只是曲线弯曲的方式不同罢了,这也是旗袍的一些经典型开襟,被公认为是最优雅和最具代表性的。其袖型无一例外的均是窄小的短袖,处于上臂的中间位置,性感地露出纤纤玉臂的一大截,但却又恰到好处地保留了优雅。

图5-2-1 窄腰束身旗袍(《电影画报》1934年第7期)

至于旗袍的长度,在笔者搜罗的阮玲玉大量的图像资料中,仅有两幅是短旗袍装束。其一刊于《大亚画报》1930年第219期,其二载于《大亚画报》1931年第285期,两款旗袍均刚好遮住膝盖,露出一小截小细腿。在20世纪30年代的头两年,旗袍的长度仍沿袭20年代末的时尚而及膝,"当时西洋女子正在盛行短裙,中国女子的服装,这时也受了它的影响"③,故以短为美。此种短旗袍亦被夸赞为经济便利,且"可以表示出一种简朴、大方、幽雅、美观等的态度"④。但是,从1932年开始,

---

① 佚名:《旗袍的旋律》,《良友》1940年第150期。
② 反光板:《乳部美》,《开麦拉电影图画杂志》1932年第5期。
③ 佚名:《旗袍的旋律》,《良友》1940年第150期。
④ 章致意:《长旗袍》,《甜心》1931年第9期。

由于高跟鞋的引入与流行,长旗袍又复时兴起来,"因为脚下高了些,就加添了不少美丽的姿态"①。到1934年前后,更出现了长可及地的"扫地旗袍",说是"扫地",但其实是"几到地而又不到地"的长度,搭配上高跟鞋,在"行路时很有一种无可形容的姿势"②。阮玲玉便尤为钟爱此种"扫地旗袍",在其可见旗袍长度的(由于有许多照片是看不见旗袍长度的半身照)图像资料中,这种将鞋子都遮住了的长旗袍占了十之八九之多,且以1934至1935年为最多。30年代的旗袍以高开衩为尚,如《联华画报》1935年第5卷第10期中,阮玲玉着一袭开衩高至大腿的旗袍于海边嬉戏,海风吹起旗袍下摆,其纤细的大长腿便清晰可见。在《大陆画报》1934年第3期中,阮玲玉所穿的旗袍也是高至大腿中部的高度(图5-2-2)。可见温婉含蓄的阮玲玉,看似与世无争,实则却从未脱离时尚世界,是一位走在潮流中的时尚女子。

图5-2-2 高开衩旗袍(《大陆画报》1934年第3期)

关于旗袍的装饰。旗袍的装饰工艺包括镶、嵌、滚、盘、绣、贴等,这些工艺是旗袍的点睛之笔,亦是精髓所在。清末时繁复得无以复加,甚至已不仅限于装饰而是超越了服装形制本身,此后一再简化,到30年代已经变得少而精。阮玲玉之旗袍在领、襟、摆处均饰有镶滚,且样式较多,有简洁大气的单条阔镶边,有细长雅致的"韭菜边"与"一炷香"(此种"细香滚"也是改良旗袍的经典标志之一),亦有粗细结合的双滚边。如《良友》1935年第103期,阮玲玉穿一身深浅颜色相间的印花旗袍,装饰了一窄一宽、一深一浅的两条镶边,从领部、开襟一直延伸至下摆,并搭配了数个盘扣用以固定。此种镶边与盘扣的形态较为传统,既在色彩上与袍身的时尚印花相呼应,又恰如其分地将古典的细节美展现了出来,可见阮玲玉之经典是对传统的沿袭与时尚的诠释。还有由两条细镶边组合而成的双滚边,见于《电影画报》1934年第16期封面(图5-2-3)。也有用入时的花边做的镶滚,尤其摩登。绣与贴的工艺由于印花布的引进和流行,变得越来越少。

图5-2-3 双条细镶滚旗袍(《电影画报》1934年第16期)

(二) 时尚的旗袍纹样

清末旗袍的织物纹样多为提花与刺绣,以写生手法为主,龙狮麒麟百兽、凤凰仙鹤百鸟、梅兰竹菊百花,以及八仙、福禄寿喜等都是常用题材。③ 民国时期旗袍的面料纹样多为印花,且印花纹样深受西方艺术形式的影响,如迪考艺术

---

① 佚名:《旗袍的发展成功史》,《沙乐美》1937年第2期。
② 施兰珍:《长旗袍与短旗袍》,《女朋友》1932年第26期。
③ 包铭新:《中国旗袍》,上海文化出版社1998年版,第21-35页。

(Art Deco)。① 迪考艺术也译作装饰艺术，是盛行于欧美20世纪二三十年代的一种设计风格，倾向于使用直线造型和对称图案，色彩组合鲜明、明快、清新，具有东方情调，风格稚拙。通常采用直线与折线，繁杂的程度大大降低。在纺织品图案上表现为大量的几何图案，如条、格、点等几何纹饰，或是玫瑰、草藤等植物形态抽象化，纹样简单精巧，自然立体。

阮玲玉之旗袍的面料纹样也受迪考艺术的影响颇深，有大量的西式抽象几何形纹样，如竖条纹、斜条纹、交叉条纹、波点与小方块等，亦有梅花、蝴蝶兰、小碎花与各种树叶等具象纹样抽象化运用的"东方意味之几何图案"②，更有各式难以名状的几何形，均是可以打上时尚的标签，走在潮流前线的面料纹样。

首先是几何形纹样。此在阮玲玉的旗袍中最为常见，且元素繁多。其中变化最丰富的是各式各样的条与格，有双细线竖条纹，亦有粗细双线结合的斜条纹，或是阶梯状的斜条纹、细条纹斜向交叉格与粗条纹斜向交叉格，更有如《影迷周报》1934年第3期上发表的富于工业感的螺旋状条纹，此种纹样还出现在同时期的女明星童翩翩的旗袍上，可见其时尚程度。波点也是几何纹样中的重要角色，形态大小与排列疏密不同便能展现出不同的感觉，如《联华画报》1935年第10期上发表的旗袍纹样，由直径约3厘米的小圆点平铺而成，少女气息十足。《电影月报》1928年第1期上，点的元素小了许多，且排列距离较大，有股清新感（图5-2-4）。也有一些难以名状的由多个几何形组合而成的复杂纹样。

图5-2-4 螺旋形几何印花旗袍（《电影月报》1928年第1期）

其次是具象形态抽象化的纹样。兴许是由于当时有"于衣裙上绣或绘龙凤图案者……第为卑俗女子所好"的言论，所以"绣绘动物图案之衣裳，无有着之者，妇女亦仅以植物图案为衣饰"。③ 阮玲玉也同样偏爱植物图案，其旗袍纹样主要由玫瑰、梅花与兰花等花型元素，以及各种叶片形态构成，经过抽象化处理后富有装饰美感。可分为单种元素的简单运用与多种元素的复合运用两种。单种元素的运用是指纯粹地将一种植物形态抽象化后运用。如《中华》1935年杂志第34期上，阮玲玉的旗袍纹样便是一种造型简单的卵形树叶，零散地分布于旗袍上，散发出一股自然清新之感。在《良友》1934年第97期上，阮玲玉着一身浅色旗袍立于柳树下，旗袍上零星绽放着一朵朵深色的五瓣小花，好似从树上凋落的一般。《电影画报》1933年第2期上的旗袍印花同样只用了一个元素——棕榈叶，但由于色彩与方向较为丰富，更因为图案铺设的密度较小，所以形成了完全不同的绚烂多姿的效果（图5-2-5）。多种元素的复合运用可见于《良友》1935年第103期，此款花旗袍的印花可分为两层，上层为一种类似于蝴蝶兰的印花，下面则是抽象的几何形，两种印花相结合呈现出一种迷离与妩媚的气氛。

---

① 包铭新：《中国旗袍》，上海文化出版社1998年，第33页。
② 佚名：《衣之研究》，《国货评论刊》1928年第1期。
③ 同上。

(三) 清雅的旗袍色彩

清朝的旗袍从属于服饰等级的需要,对色彩有严格的规定,如朱、紫、绿等纯度较高的色彩需有官阶品级的人才可使用,而一般妇女只能用黄、白、青、碧等纯度较低之色,故其时以高纯度色为美为贵。到了民国,由于受到新文化的推崇和影响,人们对色彩的观念完全颠倒过来,变得"鄙强烈而崇淡雅"①,民国著名画家兼设计师方雪鸪亦认为高纯度的"大红大绿,是太刺眼的",而推崇"淡蓝浅绿奶黄或粉红"②等低纯度色。阮玲玉亦钟情于此种浅淡的色彩,其中不仅包含随时代潮流的因素,更多的是她个人性格的表现。

色彩即情绪,色彩即情感,性格也是服装在色彩上表达的一个主要内容。阮玲玉的性格"秀丽颖慧,幽娴静默",自幼便"不喜与邻儿作浮跳之嬉,居恒静坐,或助母井臼"③,是个安静的美女子。在当前尚存的几幅彩色照片中,阮玲玉的旗袍色彩又多为清凉的冷色调,由此我们大胆推测这些冷色调服饰体现了其性格的静默与清雅。

图 5-2-5 棕榈叶印花旗袍(《电影画报》1933年第 2 期)

阮玲玉对色彩的选择明确表达了其"静"的性格特征,其色彩搭配亦有鲜明的个人风格,在"静"中更有清新与雅致。在《美术生活》1934 年第 2 期上,她穿着一身浅黄绿色印花旗袍,袖口装饰着草绿色与胭脂红的镶边,旗袍上零星地印着白色与胭脂红组合而成的花朵(图 5-2-6)。浅黄绿色与草绿色的深浅搭配层次丰富,少量的红与白则打破了单一感,将其点缀得如春天一般。又如《中华》1935 年第 34 期的封面,她所穿也是黄色与绿色搭配的旗袍,但与前者的优雅不同,此款以淡黄色为主并装饰少许墨绿的旗袍更多地透着清新。《良友》1934 年第 99 期上阮玲玉的浅绿色斜格纹印花旗袍,色彩与面料纹样既朴素又简洁,却给人一种惊艳的感觉。淡绿的底色上交错着草绿色条纹,而条纹相叠之处的绿色更深一些,各种绿色层层相叠,形成层次丰富的视觉效果。领部、斜襟、袖口及裙摆等处的黑色细镶滚与盘扣则将旗袍的经典分割与细节展现出来。开衩处露出的白色蕾丝内衬多一些纯美(图 5-2-7)。《电影画报》1934 年第 16 期上,她所着的深咖啡色与杏黄色搭配的旗袍,给人一种稳重典雅之感。

图 5-2-6 浅黄绿色印花旗袍(《美术生活》1934 年第 2 期)

---

① 佚名:《衣之研究》,《国货评论刊》1928 年第 1 期。
② 方雪鸪、陈康俭:《夏季的新装》,《新新画报》1939 年第 7 期。
③ 佚名:《阮玲玉女士小传》,《联华画报》1935 年第 7 期。

图 5-2-7　浅绿色斜格纹印花旗袍(《良友》1934年总第99期)

旗袍在民国时期被称为"最好看的妇女服饰","无论身材长短,穿了旗袍便觉得大方而婀娜,并且带一些男子的英爽之气"。① 最好看的妇女服饰经由最好看的女性——电影明星推波助澜式的演绎,席卷了时代风潮,成为当时时髦女性的追逐对象。一袭旗袍的变迁也反映了一个时代的社会风气与时尚演变。

阮玲玉的旗袍,不仅照出了时代的风气与时尚,也将阮玲玉的多面性格显露无疑。每个人都是一个多面体,阮玲玉自然也不例外,且只旗袍一种服饰就能将她性格中矛盾的多面性展现出来,果然不负"旗袍女人"之名。她所着旗袍的款式是其性格中较为保守一面的体现,均属百搭经典款,任何一件都适用于各种场合,"出席盛宴,也不会有人指摘你不体面,在家里下灶烧饭,也没有人说你过于奢华"②。经典是不易过时的,但却仅限于不过时而非引领时尚,其丰富且多变的各式面料纹样却一定可以打上时尚的标签,表现了她对于时尚的追求。各种浅淡素雅的服饰色彩则突出了其清新秀雅的个性。她一生钟情于旗袍,用旗袍书写自己,诠释自己,展示自己。然而她却没有如旗袍般绚烂多姿的人生,而是像一束烟花,在辉煌地绽放后便悄然消逝。

---

① 周瘦鹃:《旗袍特刊·我不反对旗袍》,《紫罗兰》1926年第5期。
② 陈听潮:《旗袍是妇女大众的服装》,《社会晚报时装特刊》1930年。

郭安慈
生卒年不详,广东香山人

身　　份：交际名媛。

简　　历：郭安慈是国府造币厂厂长与永安公司经理郭标的三女儿,原居住在澳洲悉尼,1918年随父母举家迁回上海落户。1928年毕业于上海的贵族学校——中西女塾,毕业后经常出入于各种社交场合。1931年供职于国华银行妇女储蓄部。1932年与新闻界之人才陈君结婚,之后随家人移居美国。[①]

专业成就：1930年当选为"上海小姐",此后积极参与国货大会、慈善展演会与妇女游艺会等各类社会活动,利用其名媛的影响力引导妇女使用国货、参与慈善,并取得了良好的社会效益。她还利用其"上海小姐"的身份为当时的女性提供服装的参考与时尚的引领。

---

① 佚名:《上海小姐新婚南游》,《中国摄影学会画报》1932年第352期。

"上海小姐"郭安慈

郭安慈出身名门望族,毕业于贵族名校,才貌兼备,且"会骑马、会跳舞、会射击、会一切新鲜花样"①,毋庸置疑是一位实实在在的上海名媛。而她能够成为一位名媛,一方面是依托于其强大的家族背景:其父郭标是家族产业永安百货公司中的一员,与永安公司的创始人郭乐、郭泉与郭顺均是堂兄弟关系;而永安集团的第二代领袖郭琳爽则是郭泉之子、郭乐之侄,亦是郭安慈的堂兄;且中国第一家现代百货公司先施公司的开创者——马应彪还是她的外公,马应彪与郭标曾在澳洲合作经营"永生果栏",而郭标则从其生意伙伴而成为了乘龙快婿。故当时上海的两大百货公司——先施与永安,一个是其父家族的产业,另一个则是其母亲的娘家产业。且其妹妹郭婉莹也是时尚圈之人,是中国第一家现代女子时装设计沙龙——锦霓新装社的老板。

但是所有这些关系只是物质与地位的基础,仅给予了她名媛中的"名"之硬件,而要成为一位"名"中之"媛",则还需"才"与"貌"等软件,不仅要兼备,更要做到出众。而想要达到"才",就必然要接受良好的教育,郭安慈便受教于当时在上海享有盛名的贵族学校——中西女塾,它面向上海上流社会的女子,旨在将她们培养成一位"标准女子"与"出色的沙龙和晚会的女主人",对学生的行为举止都有明确规定,如"一进学校大门,必须除去所有艳丽珍贵的服饰和珠宝""要是在走廊里停下说话,必须让到一边"等校规。② 对学生的要求是要"秀外慧中,有严格的教养和坚强的性格","国母"宋庆龄与"第一夫人"宋美龄均由此学校毕业。③ 故当时上海的大户人家都争着将女儿送到这所学校来,中等家庭也愿意节衣缩食供女儿上这所名校,中西女塾的毕业证就是其时女子最好的名片,亦是最好的嫁妆。中西女塾将郭安慈培养成为一位时髦西化、秀外慧中的"标准女子"④。"貌"是她与生俱来的资本,当她"还是一个刚刚发育的小姑娘,已经能看出她日后的醒目与美貌",而岁月迟暮的她"仍旧保持着她的美貌和美女那种安适而活泼的气质",⑤被称为"中西女塾之校花"。⑥

有名有才又有貌的郭安慈,在1930年的名媛选美大会——"上海小姐"选举中,毫无悬念地夺得"上海小姐"称号,还赢得一辆豪华轿车作为奖品。此后,郭安慈以"上海小姐"的身份活跃在上海的社交界与时尚圈,踊跃地参与各种时装表演,频繁地出现在各种慈善活动中。郭安慈不仅热衷时尚事业,对服装也颇有研究,还自行担当设计。她对自己的形象与着装有着高要求,每一次亮相都能让人为之叹服,完美诠释了上海女子的时髦与美丽。

(一)"上海小姐"的时尚活动

"上海小姐"可不仅仅是个光鲜的头衔,她更是上海名媛的代表,不仅要人美衣美多才艺,更要经常出入于社交场中,而且要关心慈善、奉献社会。郭安慈便可称得上是"上海小姐"中的劳模,当

---

① 陈丹燕:《上海的金枝玉叶》,作家出版社2009年版,第14页。
② 同上,第20-22页。
③ 同上。
④ 同上。
⑤ 同上,第15页。
⑥ 卡而生:《郭安慈小姐前中西女塾之校花》,《中国学生》1929年第8期。

时上海的各大活动与集会都少不了她的身影。

第三届国货运动大会暨国货时装展览会便是其中不得不提之盛会。大会于1931年10月9日下午三时至七时在上海大华饭店举行。这是一场在国货运动中具有"重要意义"的大会,已经开展至第三届,旨在提倡市民"服用国货屏绝奢侈以发展本国之产业"①。声势很大,仅国货陈列馆中张贴的提倡国货之标语就有五千余张之多,有"提倡国货是抵制列强经济侵略的根本办法"、"购用洋货是绝大耻辱"②等响亮又直接的口号。而于大会中举办国货时装展览会则是由于政府深知"提倡国货有待于女界之协助者尤多"③。爱时髦是女子的天性,而精美摩登的舶来品"往往迎合吾国闺阁心理",在崇洋媚外的社会风气中,时髦与洋气是同义词,时髦的均是舶来的,摩登女子便自然成为了舶来品消费的主力。④ 由于"吾国内地之女界,每视上海妇女之风尚为转移,即一衣一式之微,亦莫不竞相仿效。上海女界,除下级社会营营于衣食无力追随外,其中流社会具有购买力者,亦固无不唯上级之闺阁名媛马首是瞻,亦步亦趋,唯恐不似,迨至形成一时的风尚,即辗转传播于内地,是故谓上海名媛之一举一动,实际操全国女界服饰之风尚"⑤。所以作为时尚引领者的名媛更是成为了带动消费的关键,故而举办展览会便邀请了"女界先觉"与"闺阁名媛"担当表率,为"全市女界之表率,实行提倡国货,藉树全国风声"。⑥

参加展览会的名媛共有四十余人,所表演的服装涉及晨服、常服、茶舞服、晚礼服与婚礼服等品类。⑦ 当时的规则是几十位名媛中仅有时装优美者可由大会特约摄影师留影并印于国货时装特刊上,而郭安慈的照片不止一次出现在特刊上,这或许是大会给予"上海小姐"的一项殊荣,但更有可能是人美衣品佳的郭小姐获得了摄影师的特别青睐。郭女士表演的是新娘礼服,所用的缎子、乔其纱与塔夫绸面料由美亚丝绸厂提供,而设计与制作均出自鸿翔公司之手(图5-3-1)。⑧ 婚礼服与头纱的色彩均为西式审美中纯洁的白色,脚上踏的是粉色高跟鞋,手捧花则为粉白相间之色,两种色彩的搭配既纯洁又柔美。礼服的长袖连衣裙形制尤为优雅端庄,打成百褶的裙身则增添了时髦气息,微耸的小高领散发着含蓄美,而两米多长的头纱则又有股大气风范。这袭华贵大方的礼服使郭安慈成为会场中当仁不让之焦点。

还有一例。这就是1930年由鸿翔公司赞助时装、由华纯制造厂赞助丝袜的"上海女青年国货展览会"。这次展会被称为是"时代化的服装表演",所邀

图5-3-1 郭安慈女士的缎子、乔其纱与塔夫绸新娘装(《中华》1930年第3期)

---

① 佚名:《签注国货商店》,《上海市国货陈列馆十九年年刊》1930年。
② 佚名:《珐琅标语》,《上海市国货陈列馆十九年年刊》1930年。
③ 铁名:《国货时装展览会》,《上海市国货陈列馆十九年年刊》1930年。
④ 同上。
⑤ 同上。
⑥ 同上。
⑦ 徐进之:《表演服装之种种》,《文华》1931年第15期。
⑧ 云鸿照相馆:《国货时装展览会之婚礼服》,《文化》1930年第15期。

请的模特均是"有美术思想,服装美化,并交际广阔"之女士。① 大会之目的不仅是倡导国人使用国货,而是在于"引起西国妇女采购中国国货之兴趣",更要"指导中国妇女,研究选料,裁剪,式样之方法"。②

除了参与国货大会为国货运动贡献力量,郭安慈还热心参与各种社会慈善活动,如1930年在大华饭店为捐助俄国儿童学校举行的"各国服饰展览会"③。她便是代表我国出席展会的唯一中国人,穿着上衣下裳的中式服装,优雅地伫立于一群穿着各国服饰的外国人中间。其所穿中式上装为直襟、倒大袖之款式,用金线在领口、门襟、衣摆与袖口等处绣上精美的阔镶边。裙子为长及脚踝的阔摆长裙,用同色线在裙身与裙摆处绣了精致纹样。这些图案由于金线的使用均闪着明亮的光,舞台效果尤为夺目、丰富,亦能看出郭小姐欲在各国服饰中突出中式服装美的小心机。在这小心机中,实则隐藏着她为国争光的大抱负(图5-3-2)。

郭小姐不仅积极参与公益性质的时装展览会,对其他形式的时装表演亦十分热衷。如1931年在明园举行的"万国浴美竞艳大会"④,她不仅参与表演,而且从一个参与选美的小姐成长为了一位资深评审人。在1931年的上海妇女游艺会中,她从台前退至幕后,从表演者晋升为服装表演的领导者,组织策划了一场历代妇女服饰展览会,将长袍、上衣下裳、上袄下裤、晚礼服与大衣等各代妇女服饰均搬上了舞台,为游艺会中的妇女进行了一次服装史教育。⑤ 她还从时尚圈跨界影视圈,加入明星影片公司并拍摄了《上海小姐》等影片。⑥

图 5-3-2 郭安慈参加各国服饰展览会(《今代妇女》1930年第22期)

---

① 佚名:《时代化的服装表演》,《上海女青年会国货展览会》1930年。
② 同上。
③ 佚名:《妇女新闻零拾》,《今代妇女》1930年第22期。
④ 张杰:《郭安慈小史》,《玲珑》1931年第20期。
⑤ 佚名:《上海妇女游艺会中之历代服装表演由郭安慈女士领导》,《大亚画报》,1931年4月10日。
⑥ 张杰:《郭安慈小史》,《玲珑》1931年第20期。

(二)"上海小姐"的时髦装扮

参加时装展览所穿之服装是为了表演,是具有舞台性质的,虽然能反映出郭小姐的好衣品,但难以全面地展现她的时髦风范。她的日常着装更加摩登且风格多样,有洋气氤氲的西式裙套装,有优雅温婉的改良旗袍,亦有中西合璧式的连衣裙等。

其一为西式裙套装,见于《良友》1930年第52期。① 此为连衣裙与短外套的搭配,所用面料为黑底白点的印花薄绸(图5-3-3)。连衣裙为上下拼接式,仅及膝下的长度适当性感地露出美丽的小腿线条。上身为纯色,下装则为波点花色,两者并非以简单的直线形态拼接,而是巧妙地运用波浪式造型。此种样式后来在《玲珑》1932年第48期叶浅予的设计中出现,②而郭小姐却早于叶浅予的设计前穿着,可见其时尚眼光之远大。外着与裙子同花色的及腰短外套,长短的层次搭配将身材比例修饰得更完美。同色的丝巾随性地扎系在颈上,搭配精致的大波浪短发与深色鱼嘴高跟鞋。一位洋气氤氲的"上海小姐"便呈现在我们面前。

图5-3-3 郭安慈穿着裙套装
(《良友》1930年第52期)

图5-3-4 郭安慈的改良旗袍(《今代妇女》1930年第13期)

其二为改良旗袍,郭安慈虽身为归国华侨,受的是西式教育,但她亦是十分钟爱旗袍,特别是浅色系旗袍。如《今代妇女》第13期1930年:郭小姐一袭浅色短款改良旗袍,小立领与恰到好处的中袖形制十分端庄得体,及膝的长度将其姣好的小腿曲线展现出来,玻璃丝袜与高跟皮鞋同为浅色,手腕上戴着的鲜花亦为浅色,清新与雅致便在各式浅色中流露(图5-3-4)。③ 又如《图画时报》1930年第702期:亦是一款浅色旗袍,只是此款为端庄优雅的长款,且有深浅之搭配。④ 领口、门

---

① 佚名:《郭安慈女士近照》,《良友》1930年第52期。
② 叶浅予:《春装》,《玲珑》1932年第48期。
③ 兆芳:《名媛选举:郭安慈女士被选为上海小姐及得奖之汽车》,《今代妇女》1930年第13期。
④ 有德:《上海市第一届国货时装大会将于十月九日假大华饭店举行兹将参与大会之名媛介绍于此:(三)郭安慈女士》,《图画时报》1930年第702期。

襟、袖口、开衩与裙摆处都饰有或窄或宽的小碎花镶边，手拿包与高跟皮鞋则为深色。花色、深色与白色相搭配，虽没有了极致的纯粹，却诠释了另一种优雅。

其三为中西合璧式的连衣裙，可见于《中国摄影学会画报》1930年第252期（图5-3-5）。① 值得一提的是这款裙装是郭女士"自制花色与制法"，为自己量身设计的。上身运用旗袍的立领与斜襟元素，所用面料为印花丝绸，收腰与短袖的形制将其富有曲线美的身形完美展现。下身用薄纱层层堆叠成蛋糕裙，上面两层为蝴蝶结造型的褶皱，借鉴了中世纪欧洲裙装上的蝴蝶结装饰，其余的层次则为普通的百褶。裙身为白色，仅在上身有大花朵装饰。此款裙装与唐瑛的"牡丹衣"颇有异曲同工之妙，同为牡丹花图案印花，同为上中下西之造型。只是唐瑛的牡丹衣是全身印花的灯笼袖贴体长裙，走的是中式端庄优雅风，而郭安慈的裙装是少量印花的短袖蓬蓬裙，展示的是欧式清新甜美风，富有"极别致而爽适"②的少女气息。

图5-3-5　中西结合连衣裙（《中国摄影学会画报》1930年第252期）

都说当今的时尚圈不好混，其实早从民国时期就开始了。当时便对时尚圈的名媛明星有颜值、衣品、教育与道德等诸多方面提出要求，不仅要求颜值高、衣品佳、有知识，更要响应社会呼声积极参与各类社会活动，利用其公众人物的影响力为社会做贡献。自带土豪光环的中西女塾毕业生郭安慈在家世与教育两项上毫无压力，且从小就是个美人胚的她没有颜值危机，所以在时尚圈中要拼的便是衣品与社会影响力。首先是衣品，郭小姐的着装虽没有惊艳也并非斑斓夺目，但文雅温婉的她总是能以一袭得体又恰到好处的裙装让人为之叹服，无论是西式、中式，抑或是中式结合的裙装，都能展现出她的好衣品。其次是社会影响力，身为"上海小姐"的她十分热衷于各类社会活动，或是现身国货展览会，身体力行地呼吁广大爱美女性使用国货，"凡舶来的奢侈品固然一概屏绝不用，就是日常用品可以节省的则尽量节省，有国货可以替代的则务必使用国货"③；或是参与到慈善活动中为国争光；或是为女性们科普服装知识；抑或在日常生活中做最美的"上海小姐"，为上海甚至全国各地的女性做一位穿衣的模范与指引者。

---

① 卡而生：《上海小姐郭安慈女士着新装后之摄影》，《中国摄影学会画报》，1930年8月23日。
② 同上。
③ 铁名：《本市第三届国货运动大会宣言》，《上海市国货陈列馆十九年年刊》1930年。

陈燕燕
1916—1999，北京人

身　　份：著名女演员。

简　　历：原名陈茜茜，曾就读于北平圣心女子学校。1930年加入联华影业公司，在暗房当练习生。不久后在《恋爱与义务》《一剪梅》等电影中饰演配角，1932年主演蔡楚生导演的《南国之春》并一举成名。随后她连续出演《共赴国难》《三个摩登女性》与《母性之光》等多部影片，纯洁天真的形象与精湛的演技使其广受关注与好评，被亲切地称为"美丽的小鸟"。随着年龄的增长与形象的变化，她一改往日的戏路，1935年在马徐维邦的《寒江落雁》影片中成功地塑造了悲剧人物，再次引起轰动。此后陆续出演《孤城烈女》《家》与《两地相思》等多部带有悲情色彩的影片，因"悲旦"形象深入人心而被称为"悲剧圣手"。1949年她移居香港，与王豪创办了海燕影片公司，继续从事表演事业。1963年加入香港邵氏兄弟有限公司，参与《为谁辛苦为谁忙》《蓝与黑》等影片的拍摄，直至1972年息影。

成　　就：陈燕燕一生致力于电影艺术事业，一生共参演60余部影片，佳作颇丰且深受观众的崇敬，与顾兰君、袁美云、陈云裳并称为20世纪40年代影坛四大名旦，还被评为"最可爱的女明星"和"我最愿意和她做朋友的女明星"。1957年，因在《金莲花》一片中的出色表现荣获第四届亚洲影展最佳女配角奖。1961年，凭借《音容劫》在第八届亚洲影展上获得最佳女配角奖。1993年，被授予第十三届台湾金马奖纪念奖。其代表作有《南国之春》《三个摩登女性》《母性之光》《寒江落雁》《大路》《家》与《不了情》等。

专业成就：作为红极一时的电影明星，陈燕燕的服饰形象与着装风格均成为公众关注的焦点，而她与其"小鸟"气质相符的"淑女风"着装，也使其成为时尚女性的代表，对公众尤其是年轻的学生群体的服饰选择起到了模范与引导作用，引领着时髦，成为时髦的第一拨人。

"美丽的小鸟"陈燕燕

陈燕燕三个字,在20世纪的影迷心中是带着"温文和柔软度的"①,甚至是"纯洁与天真"的代名词,而她这一形象在观众心中的形成其实是从其初涉银幕时便开始了。她首次主演,便是在蔡楚生导演的《南国之春》中饰演浪漫单纯的李小鸿,更因表演的"天真、无邪与嬉笑自如"②,一跃成为熠熠红星,倾倒了不少观众,特别是学生一族,"一时期,全国青年学生都对陈燕燕开始热恋的憧憬"③,"全国学生疯狂地爱着她,陈燕燕成为时代的宠儿"④。其"美丽的小鸟""南国乳燕"等称谓,则是由于她所饰演的多为玲珑娇小、惹人怜爱的少女角色,有如依人的小鸟而得名。

陈燕燕的服饰风格也一如观众给予她的雅号,清新自然、甜美可爱得似小鸟一般。若依照如今的服装风格来分类,则可以归"淑女风"。所谓"淑女风格"服饰,是指"具有轻柔的女性化的造型,以恰到好处的曲线,体现淑女纯洁真挚的形象,以雅致温馨的色调表现女性娴静温柔"⑤的服装。纵观陈燕燕的服装,亦基本满足淑女风格的各大要素,并将其"淑女风"造型分为头上风采与身上景致两部分进行如下分析。

(一) 头上风采——发型与头饰

都说上海人有"三个头":"噱头""派头"和"花头",而其中的"噱头,就噱在这个头上"。所以头上的装扮自然便成为了重点,而女人的头上功课则尤为复杂,梳、剪、烫一应俱全,用上海话说便是:"女人个'花头经'要比男人多出勿勿少少。"许多美发技巧其实都是舶来的。近代以来,由于受西方文化的渗透,国人"凡日常的各种生活上样样都不免受着些西洋的影响"⑥,头发一项自然也不例外,且变化之大,使人"不能不惊叹伊们发髻形式之巧妙",而真正的巧妙之处在于"大家不用照一个标准流行着,乃各人配了自己的容貌自由""将头发称心像意自己爱怎样梳就怎样梳,配着颜面,或紧或宽或大或小种种的变化着,或补助颜面缺点,或衬托颜面特长",而"一个美丽的头部"⑦才可实现。

开放的社会风气和自由的选择环境是美丽多样化的基础,陈燕燕的头上风采亦尤为丰富,她还善于利用发型衬托其青春浪漫。第一选择是清汤挂面式的短发(她在1932年至1934年间的留影均为此种短发)。陈燕燕在圣心女子学校受的新式教育,是"灌溉有西方新的思想"⑧的新女性,自然也要呼应潮流剪一个学生式短发,可见于《开麦拉》1932年第133期,清爽的学生头将其清新的"小鸟"气息恰到好处地呈现出来。⑨ 1936年,陈燕燕扎起长辫,或是将两股俏皮可爱的麻花辫荡在耳后,凸显其健康蓬勃的少女气息。或是如《联华画报》1936年第1期的封面,将辫子盘在脑后,

---

① 佚名:《陈燕燕小姐面面观》,《青青电影特刊——八大明星上集》1941年。
② 佚名:《陈燕燕小姐记》,《青青电影特刊——八大明星上集》1941年。
③ 同上。
④ 同上。
⑤ 黄世明:《成衣设计——基础篇》,河北美术出版社2008年版,第75—77页。
⑥ PM生:《发髻装饰之进化》,《家庭》1922年第7期。
⑦ 同上。
⑧ 佚名:《陈燕燕小姐面面观》,《青青电影特刊——八大明星上集》1941年。
⑨ 佚名:《陈燕燕泳装照》,《开麦拉》1932年第133期。

多了几分柔美优雅。① 随着年龄增长与荧幕形象的变化，1938年，她将头发烫成波浪式卷发，且应着20世纪30年代末40年代初的流行，造型更为雅致、自然，如《永安月刊》1939年第2期封面，其及肩的"油条式"卷发，整齐又蓬松，梳于耳后，清新的同时又增添了一份成熟与优雅（图5-4-1）。②

"年纪较轻的女子，除梳髻外，还留一绺头发覆于额上，俗称'前刘海'"③，陈燕燕亦是刘海的忠实粉丝，且各种式样均有涉猎。刘海具体可分为"一字式""桃子式""垂丝式"与"燕尾式"等式样。"一字式"又称一刀平，是发梢平齐的刘海造型，亦是刘海最初的流行。《艺声》1936年第3期中陈燕燕的照片便剪着此种刘海，配着小辫乖巧十足。④ 前几年间风靡的平刘海便是此种发式的延续，可见时尚确实是处于不断轮回中。"桃子式"则是将平刘海的两边修剪成圆角之后的发式，相较于平刘海更为柔美。此种刘海是陈燕燕尤为钟爱的一种，高频率地出现于其玉照之中。如《联华画报》1936年第1期的封面，一绺深棕色的秀美刘海覆于其前额，被风吹起缕缕发丝，十分俏皮，符合其清纯美好的气质（图5-4-2）。⑤ "垂丝式"是"桃子式"的2.0版本，抛去了厚重，更加自然轻薄，隐约似半透明般，与当今流行的"空气感刘海"有异曲同工之妙，亦是陈燕燕的喜好，可见于《女人》1935年第1期封面。⑥ "燕尾式"则是"将额发分为两处，修成尖角"⑦的刘海。《艺声》1936年第3期中的陈燕燕留着此式样，微微露出一部分前额，拉长脸部线条，是一种十分修饰脸型的刘海式样。⑧

图5-4-1 陈燕燕的卷发（《永安月刊》1939年第2期）

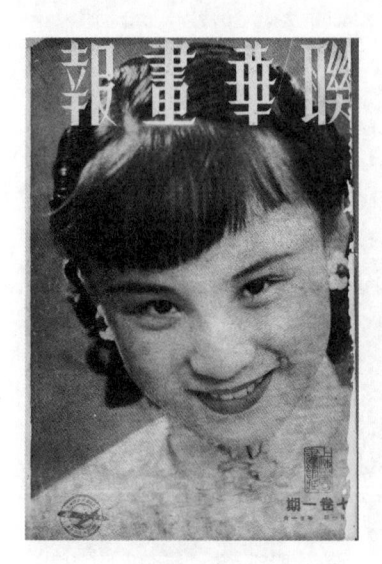

图5-4-2 "桃子式"刘海（《联华画报》1936年第1期）

女性对美的追求总是不遗余力的，头上的风采除了倒腾头发本身之外，作为点缀的头饰自然也不能落下。民国时期的头饰，不仅在选择与使用上获得了自由，还有各式舶来品的加入，一时间琳琅满目："如栉如叉如轧针如簪，大形的小形的，方的圆的，其他不正形的，种种不同，就是装在发上，或纵或横或斜，种种的插着，缎带结的装法亦然。"⑨陈燕燕的头饰多样，包括各式簪花、束发带与头巾等，且在风格上更彰显淑女与青春气息。

其一是簪花，"中国女人最欢喜戴花，从年初一起直戴到年三

---

① 佚名：《陈燕燕》，《联华画报》1936年第1期。
② 佚名：《陈燕燕》，《永安月刊》1939年第2期。
③ 梁惠娥：《浮世衣潮——中国近现代服饰史（妆饰卷）》，中国纺织出版社2007年版，第4页。
④ 佚名：《陈燕燕》，《艺声》1936年第3期。
⑤ 佚名：《陈燕燕》，《联华画报》1936年第1期。
⑥ 佚名：《陈燕燕》，《女人》1935年第1期。
⑦ 梁惠娥：《浮世衣潮——中国近现代服饰史（妆饰卷）》，中国纺织出版社2007年版，第4页。
⑧ 佚名：《陈燕燕》，《艺声》1936年第3期。
⑨ PM生：《发髻装饰之进化》，《家庭》1922年第7期。

图 5-4-3 陈燕燕戴头花（《新影坛》1944 年第 2 卷第 4 期）

十夜"。① 所戴之花的品种十分丰富，有水仙花、仙人掌花、茉莉花、白兰花、黄兰花、香水花、康乃馨、玫瑰与蔷薇等。② 如《新影坛》1944 年第 4 期之封面，几朵茉莉花侧戴于陈燕燕的发上，柔美简洁的花型映衬着她娴静温柔的神态，散发出与其年轻时的天真形象不同的优雅与美丽，"美丽的小鸟"此时已然成长为女神级人物（图 5-4-3）。③ 另有一些花虽生得美丽却没有人戴，如绣球花、荷花、牡丹与桃花等，前者是由于形态太大不宜佩戴，桃花"谁也不肯戴他"，则是"因为大家称呼桃花叫作薄命花，或称他做轻薄花"④。但陈燕燕不拘于此，任性地头戴桃花并置身桃花林中，有些"人面桃花相映红"的美态。在《联华画报》1935 年第 8 期的封面上，陈燕燕于两颊鬓角各戴一串桃花，乖巧得如同邻家女孩。⑤ 簪花除了戴于头上，也常被别于襟上，因为"上海的小姐们大都是不梳头而打辫的，所以花无从戴起只得挂在衣襟上了"⑥。民国时期的女性大都剪了短发，喜欢戴花却无法梳发髻，故而簪花便转移成为颈部装饰，同样衬托着脸庞的美。于是，陈燕燕将两朵嫣红的簪花别于衣襟，借花之美衬其容之娇。⑦ 她曾将一束粉色的小雏菊插于其淡绿色旗袍的斜襟处，配以粉嫩的小脸，清新与淡雅在深深浅浅的粉色系中浮现。⑧

其二是束发带，也称作头环、发卡，原是绕于头顶至耳后一圈，用以固定头发使其整齐的工具，逐渐发展成为美丽的发饰，并且是具有减年龄、添可爱作用的发饰，形态各种各样。陈燕燕尤其喜爱极简风格的束发带。在其 1934 年的一幅玉照中，陈燕燕戴着造型简洁的单色细款束发带，与旗袍的浅色细镶边呼应。⑨ 1937 年《春色》杂志封面上她所佩戴的发带亦是如此。⑩

其三为头巾。头巾本是劳动人民专用物品，是劳作时用以避免太阳直射的工具，时髦女子甚少用之，但后来演化成为一种风格独特的饰品。陈燕燕亦擅于此道，如将一条轻薄柔软的浅色头巾缠绕过她的前额，再在右鬓处打一个结，然后垂于肩部，很有一股"犹抱琵琶半遮面"的含蓄美（图 5-4-4）。⑪

图 5-4-4 陈燕燕头系头巾（《文华》1931 年第 16 期）

---

① 瑛秀：《簪花小志》，《家庭》1922 年第 2 期。
② 同上。
③ 佚名：《陈燕燕》，《新影坛》1944 年第 4 期。
④ 瑛秀：《簪花小志》，《家庭》1922 年第 2 期。
⑤ 佚名：《陈燕燕》，《联华画报》1935 年第 8 期。
⑥ 瑛秀：《簪花小志》，《家庭》1922 年第 2 期。
⑦ 万籁鸣照相馆：《陈燕燕女士》，《中华》1941 年第 101 期。
⑧ 马永华：《陈燕燕小姐》，《电影》1939 年第 52 期。
⑨ 佚名：《王人美与陈燕燕》，《良友》1934 年第 96 期。
⑩ 席与群：《陈燕燕》，《春色》1937 年第 11 期。
⑪ 碧心：《北平名媛陈燕燕女士》，《文华》1931 年第 16 期。

(二) 身上景致——服饰

头上风采固然重要,身上景致也需同步跟上,做到齐头并进。陈燕燕清纯的"小鸟"气质更是从头到脚浑然天成,其装扮从连衣裙、绒线衫到改良旗袍,均呈现着清新可人的淑女景致。

首先是连衣裙。连衣裙几乎可以说是淑女的标配,而一条蓬纱的泡泡裙更是必备单品之一。陈燕燕有一条公主风十足的蓬蓬裙,见于《社会新闻》1935年第8期封面①:她身穿一袭豆绿色的连衣裙,颈上系一条桃粉色的丝巾,且系成可爱蝴蝶结造型,腰上绕一根同色丝带与其呼应,原为对比色的红色与绿色由于明度纯度与比例布局的恰当配置变得尤为和谐;所用面料为富有光泽、蓬松柔软的塔夫绸;袖子是夸张的圆形泡泡袖,腰部收紧,裙摆微微蓬起,形成 X 型的浪漫造型;搭配上俏皮的卷发和美丽精致的脸庞,有着其独特的公主气质与天真,活像一个洋娃娃(图5-4-5)。除了此种造型可爱的裙装之外,一条优雅的西式礼服裙亦不可少,且以粉色系为最佳。陈燕燕有一条水晶粉色的及地长裙,裙身为极窄的曲线造型,裙摆与袖子则通过自然的抽褶形成轻柔的荷叶边形态,富有女人味的浪漫、甜美与温柔(图5-4-6)。② 水晶粉是2016年大热的流行色,被称为年度色,还被冠以"真少女色"之名,而陈燕燕在民国时便通晓此理,将粉色的柔和少女之美发挥到了极致。

图 5-4-5　泡泡连衣裙(《社会新闻》1935年第8期)　　　图 5-4-6　礼服长裙(《中华》1934年第28期)

其次是绒线衫。绒线衫由于面料柔软轻薄又温暖舒适,式样丰富精美,成为20世纪30年代时髦女性的时尚必备。穿上绒线衫的陈燕燕瞬间化身为温暖时尚的"暖女",在1934年的一次报道中,她身着一款设计精致的绒线衫,罩于小波点旗袍之外,衣身为菱形花纹的镂空纹样,领子为曲线多姿的波浪形,衬上她温暖的笑容与明媚的双眸,尤为温暖、清新(图5-4-7)。③

再者是改良旗袍。改良旗袍作为民国妇女的"国服",是无论何等年纪、何种身材、何类气质的

---

① 佚名:《陈燕燕》,《社会新闻》1935年第8期。
② 佚名:《陈燕燕女士》,《中华》1934年第28期。
③ 佚名:《服务联华影业公司之女演员:陈燕燕女士》,《中华日报新年特刊》1934年。

交际篇——一道不可不看的风景　　303

图 5-4-7 陈燕燕身着毛线衫（《中华日报新年特刊》1934 年）

女性都喜爱的服饰。陈燕燕不只是掌握了其中要领，更懂得如何将其穿出属于自己的清纯淑女范。要领一是色彩以雅致的浅色调为主，配色需和谐。陈燕燕的旗袍色彩多为浅绿、淡紫、豆绿、白色、浅粉与淡蓝等浅色调，配色上也以清新为原则。如《现象》1935 年第 11 期封面，陈燕燕一身淡蓝色长旗袍，点缀着星星点点的蓝色小波点，异色镶边所采用的也是与蓝色同样清爽纯净的白色（图 5-4-8）。① 要领二是面料纹样宜简洁，纵观陈燕燕所着之旗袍，均为波点、小碎花、条纹与斜方格等几何形纹样，且陈燕燕简直是位"波点控"，在她带有纹样的旗袍中有近半数的图案均是大大小小的波点。如《大众影讯》1941 年第 36 期中陈燕燕的旗袍便是波点纹样，活泼的小圆点为她增添了不少可爱，营造出甜美的淑女形象。② 要领三是旗袍要贴合身体的曲线，要富有女性化的曲线美。如《永安月刊》1939 年第 2 期封面，她的旗袍便是松量极小的窄身旗袍，将专属于女性的身体曲线显露无疑。③

"美丽的小鸟"陈燕燕不仅翱翔在银幕上，也翱翔在时尚的天空上。无论在银幕上还是在现实中，她都扮演着一位清纯可爱的少女形象。所有服装要素都紧紧围绕着优雅、淑女与清新进行，无论是西式裙装、绒线衫，还是中式改良旗袍，在款式廓型上均以曲线造型为主，色彩上多采用淡雅的浅色调与中明度色调，面料亦多为轻柔类，细节处常采用自然褶、波浪褶等女性化的装饰工艺。更喜用象生花、束发带与头巾等柔美可爱的发饰，再配以陈燕燕清纯的发式与明媚的笑容，整体形象既有少女的甜美可爱又蕴涵着淑女式的优雅，将一种公主的气质在服装上演绎到极致。

"美丽的小鸟"陈燕燕飞进了许许多多少男少女的心。不然，为什么全国的青年学生都在"课余之暇，老是爱瞧陈燕燕的片子，床头书桌，都有一点陈燕燕照相的存留"④。男生们对于照相的存留是因为"热恋的憧憬"，女生们对于照相的存留则肯定是出于这样一种动机：把陈燕燕的形象作为一个范本，模仿她，再试图超越她。至此，一个由点到面的时尚链就形成了。我们今天的时尚起点，不是也来自于当红的陈燕燕们么？

图 5-4-8 陈燕燕的浅蓝色旗袍（《现象》1935 年第 11 期）

---

① 李世芳：《陈燕燕女士》，《现象》1935 年第 11 期。
② 万籁鸣照相馆：《陈燕燕新影》，《大众影讯》1941 年第 36 期。
③ 佚名：《陈燕燕》，《永安月刊》1939 年第 2 期。
④ 佚名：《陈燕燕小姐记》，《青青电影特刊——八大明星上集》1941 年。

陈玉梅
1910—1985，江苏常州人

身　　份：著名女演员。

简　　历：原名费梦敏，其父是名医。1915 年，陈玉梅随父移居苏州，后又到上海，进入邵氏"笑舞台"训练班，16 岁进入天一影片公司。1923 年在《松柏缘》一片中演配角，1926 年在《唐伯虎点秋香》中扮演主角，并一举成名。此后陆续主演了《铁扇公主》《夜光珠》《莲花洞》与《吉他》等电影。1932 年，在影片《芸兰姑娘》中演唱《花弄影》《燕双飞》《节俭歌》与《催眠曲》等插曲，颇受欢迎。1933 年，主演了《生机》《挣扎》等片，戏路开始改变，多为表现革命的新女性。1934 年，陈玉梅与邵醉翁结婚，婚后随夫到香港定居，并告别银幕，安心相夫教子。之后在邵氏的《丹凤朝阳》《水晶心》等电影中担任配音。

成　　就：陈玉梅参演了天一影片公司 1934 年前的大部分影片，是中国电影类型化、商业化发展的见证者与参与者。与胡蝶、阮玲玉同被称为电影皇后。其代表作有《唐伯虎点秋香》《夜光珠》《铁扇公主》《莲花洞》《吉他》《芸兰姑娘》《大学皇后》与《生机》等。

专业成就：陈玉梅不但积极提倡俭约运动，而且踊跃参与到土布运动中，不仅身着土布服装出席土布展览，更带动电影明星参加"土布运动大会"，还发文倡导妇女使用国货。其一系列行动为国货运动的顺利开展起到了重要作用。

"双面女王"陈玉梅

"在胡蝶的微笑之后,在阮玲玉的媚眼之下,而要别竖旗帜、出人头地,实在不容易的事情,而我们的陈玉梅女士倒的的确确和她们两位影星而三了"①。陈玉梅与胡蝶、阮玲玉,同为20世纪30年代的影后,但相比多人共戴的"影后"之头衔,陈玉梅确实另有一个独一无二的头衔"俭约明星",甚至于有人说"陈玉梅的提倡俭约,比她拍影戏还有名"②。确实,在这奢侈成风的现代社会里,"尤其是大都市,尤其是电影界,尤其是女明星,要找一个俭约的人,简直比在瓦碟中找金块还难"③,所以身处大都市与电影界的女明星陈玉梅,"反常地提倡俭约,自然格外容易引人注意"④。

除了"俭约明星"之头衔,她还应被授予另外一顶帽子"双面女王"。每个人都是一个多面体,陈玉梅亦然,且她还拥有着两个看似十分矛盾的双面,一面名为"俭约",另一面叫作"时髦"。所谓时髦"是极好时尚的意思",而时尚又多指"服装修饰娱乐等近于虚荣的奢侈行为而言"⑤。所以时髦一词几乎和"奢侈""大牌"等词对等,与中华民族传统之美德的"俭约",确实难以相关联。但陈玉梅却能将这两个对立面同时安于一身,做到外在时髦,内在俭约,看似矛盾,实则和谐。

(一)"双面女王"之俭约

"明星的生活,本来是极度浪漫奢侈的"⑥,民国时的奢侈是穿着高档的舶来服装、开洋汽车、出入舞厅。如今的奢侈,亦是大牌加身、百万豪车、千万豪宅。所以说,无论是百年之前还是百年之后,明星都是时尚与奢侈的代言人,"节俭"一词与他们难以挂钩。然而,陈玉梅却是其中特立独行之人,她身为上海首屈一指的影片公司"天一"的老板娘,自然是"壕"气十足,但她虽"壕",却不是乱花钱的"土豪",且不仅不"土豪",更是反其道而行之地提倡节俭,发起了俭约运动。"她因鉴于现代社会习尚奢靡,经济衰弱,特提倡俭约"⑦,并落于实处,身体力行。

一方面,以身作则。首先便是杜绝奢侈的生活方式,陈玉梅虽然身为老板娘兼影后,但却"没有半点的放浪,也没有半点儿的布尔乔亚(资产阶级)的典型"⑧,她"个人的生活,完全纪律化,她对于节俭二字,有一种透彻的解释"⑨。女明星们"最爱玩的跳舞、回力球等,她是最反对,影戏如果不是有名的佳片,也不大去看"⑩,"咖啡馆、跳舞厅,绝对找不着她的影子"⑪。她平日里的娱乐活动尤为健康,最爱乒乓球、篮球与足球等球类运动,"乒乓球轻而易举,她最爱打,篮球因为天一本有女子篮球队的组织,她很多练习的机会,唯有足球,她虽然很喜欢,但是自己终觉体力不够"。最值得一

---

① 栖栖:《陈玉梅小史》,《女朋友》1932年第11期。
② 郭索:《陈玉梅的种种》,《电影月刊》1933年第26期。
③ 同上。
④ 同上。
⑤ 吴淇:《对于时髦女子的感想——我的时髦女子观》,《妇女杂志》1931年第11期。
⑥ 郭索:《陈玉梅的种种》,《电影月刊》1933年第26期。
⑦ 栖栖:《陈玉梅小史》,《女朋友》1932年第11期。
⑧ 嘉震:《记陈玉梅》,《金城》1934年第1期。
⑨ 郭索:《陈玉梅的种种》,《电影月刊》1933年第26期。
⑩ 同上。
⑪ 嘉震:《记陈玉梅》,《金城》1934年第1期。

提的便是足球,陈玉梅是足球场中的守门健将,被封为"陈铁门",她还曾发起过一场与男子足球队的比赛,"女子与男子比足球,非但没有见到,连听都少有听见",而陈玉梅有这样的魄力,则"更显得她伟大了"。由此,"'俭约''足球'两桩女明星的难事,都让她独占去了"①。

其次是要倡行俭约的着装。陈玉梅将其奉为"圣旨",极致到"无论在家出门,终是穿着一件士林布旗袍,屏绝绮罗,排除奢侈"②。"阴丹士林"是德语 Indanthrene 的译音,又作"士林蓝""士林布"。蓝色布衣历来是中国平民的首选,且阴丹士林可以做旗袍,也可以做袄、裙,既没有高级衣料的拘束,清洁起来也很方便,且以不褪色而著称(与我们今天的时尚好像相反)。同时,相对于呢绒绸缎等名贵的材料,作为一种棉织物的阴丹士林的价格又相对低廉,十分符合1931年"九一八"事变后建设节约型社会的时代潮流,故而被打上了俭约的标签。穿着此种材质所制的服装之人便同样被冠以节俭之名。纵观陈玉梅所着之旗袍,确实多为阴丹士林布材质,她曾着一袭毫无装饰的短袖士林布旗袍,搭配着两个马尾,用质朴的蓝与俏皮的发型衬其清纯与娇嫩(图5-5-1)。③ 她这一俭约的装扮,与其他女明星的花枝招展相比,更显得干净清爽,这从她们的合照中可见一斑。如《电影月刊》1933年第20期上陈玉梅与胡珊的合照:胡珊烫着大波浪卷发,戴着耳坠,穿着绣花旗袍;陈玉梅着一袭阴丹士林旗袍,一头清清爽爽的头发向后梳,全身未佩戴一件饰品,尤显朴素、清新与舒适(图5-5-2)。④《电影画报》1933年第5期上陈玉梅和王慧娟的合影亦是一华丽一质朴的组合。

图5-5-1　陈玉梅穿着阴丹士林旗袍(《电影画报》1933年第6期)　　图5-5-2　陈玉梅与胡珊(《电影月刊》1933年第20期)

另一方面,竭力劝他人俭约。陈玉梅靠着她公众人物的影响力,运用各种形式带领群众开展俭约运动,"借着自己的地位声誉,来谋求群众的利益"。据说,"她为了提倡俭约,找到了好多麻烦"⑤,如"担任全浙公会俭约运动征求队的队长,道路建设协会征求队的队长,为航空救国在无线电中卖唱,为提倡土布,拍了穿土布衣服的照片,去参加土布展览会"⑥等。首先,既然被推为节俭运动的征求队队长,自然要奋力去征求队员。陈玉梅更是利用其便利的明星身份,首发便"邀请两

---

① 宣传员:《陈玉梅的俭约和足球》,《电影月刊》1933年第24期。
② 化石:《贿选电影皇后,提倡俭约?》,《万花筒》1946年第11期。
③ 佚名:《陈玉梅女士》,《电影画报》1933年第6期。
④ 佚名:《陈玉梅与胡珊》,《电影月刊》1933年第20期。
⑤ 郭索:《陈玉梅的种种》,《电影月刊》1933年第26期。
⑥ 同上。

位大明星加入,一位是胡蝶,一位就是她堂妹胡珊"①。胡蝶与胡珊这对奢侈的两姐妹"一个是穿十八元的网眼丝袜,一个是喜欢邀人家上跳舞场"②,所以当时还有报刊评价陈玉梅此举是"痴心妄想"。但她却实实在在地做到了"一人呐喊,众人响应",使"时髦的胡蝶小姐"也跟着俭朴起来了,"虽还不如陈玉梅那般的布衣,但是比较从前却俭朴多了,并又是高跟鞋也不着"。③ 取得了老牌影后胡蝶的支持后,陈玉梅进一步将俭约运动扩展至百姓中,在报刊上刊登征求俭约运动会员,并规定了相应的入会条件,"庆吊送礼,不得过一元;不用高价烟酒,永远不用劣货;宴客每席价值至多不得过八元;除必需品无代替者外,概用国货……"④,并以其签名照作为入会会员之纪念,发挥其影星魅力以带动广大群众共同节俭,这才是将明星光环用在了正道上,充满着正能量。

同时,陈玉梅还积极响应土布运动,不仅带头参与1932年6月在蓬莱国货市场举行的"土布运动大会",而且踊跃地在报刊上发文提倡使用国货。她发表《提倡国货与妇女俭约运动》一文,开门见山地指出中国民众崇洋媚外是导致国货滞销的原因之一,提出了"经济侵略,比武力侵略还厉害"的观点;而后循循善诱地劝导女性在国难当头之时应将国家利益放于首位:"在这暴风雨的大时代里,刻苦自励,实在比爱美享乐更急切,更重要!"并进一步说明都市较于农村、女性较之男性更为奢侈的状况,从而说明"提倡国货,先要妇女厉行俭约,而都市的妇女,尤其应该力矫时弊,首先实行"。最后极力呼吁全中国女同胞"在这妇女国货年开始的时候,赶快打破奢华的观念,厉行俭约运动"。⑤ 文章字字掷地有声,句句融情入理,在当时引起了积极的反响。虽然当时社会上存在许多质疑的声音,但陈玉梅"一方面以身作则,一方面竭力劝人"⑥的提倡俭约之事实,确是真切地摆在人们眼前。

(二)"双面女王"之时髦

"俭约明星"的前缀是"俭约",所以提倡节俭是不能落下的,生活是不能挥霍浪费的,阴丹士林是要多穿的。然而,"俭约明星"之后缀毕竟是"明星",虽然要厉行俭约,但却不能过于苛刻地要求一个女明星始终着布衣,不赶时髦。难能可贵的是,陈玉梅虽然难以舍弃时装之美,却能做到时髦的同时兼顾俭约,追求美的同时不忘采用国货保障国家利益。奢华的晚礼服采用国货面料裁制,而个性摩登的骑士装、男装、运动装与工装等服装品类则完全不背离俭约的宗旨。

其一,晚礼服。礼服被视为服装美的极致,面料上多选用高档的丝织品,工艺制作和装饰手段亦非常精致与考究,是服装中之贵族。⑦ 作为"俭约明星"的陈玉梅本应与之保持距离,但身为女明星,出入正式社交场合的一袭礼服固然必不可少,且礼服是陈玉梅之真爱,又怎么忍心让她忍痛割爱呢。而她在礼服上的俭约便是坚持采用国货,其中她"摄的最多"(出镜率最高)的一件礼服,面料便是出自民族品牌辛丰织印绸厂。⑧ 此款礼服为窄身阔摆式长裙,是经典的黑白搭配,拥有一"上"一"下"两个设计点。"上"为薄纱制成的层层相叠的大波浪荷叶边,一字领似地围绕于胸背与肩部,但没有过于性感地露出锁骨与香肩,而是搭配旗袍的立领,保留中式的含蓄之美,波点于荷叶领上

---

① 慕维通:《胡蝶胡姗亦俭约?》,《开麦拉》1932年第85期。
② 同上。
③ 佚名:《胡蝶的灯笼旗袍:女明星的大转变》,《开麦拉电影图画杂志》1932年第1期。
④ 佚名:《女性的俭约运动》,《妇女生活》1932年第17期。
⑤ 陈玉梅:《提倡国货与妇女俭约运动》,《妇女国货年纪念特刊》,1934年。
⑥ 栖栖:《陈玉梅小史》,《女朋友》1932年第11期。
⑦ 刘元风:《服装设计学》,高等教育出版社2005年版,第80页。
⑧ 佚名:《陈玉梅》,《大陆画报》1934年第1期。

的运用也显得非常甜美;"下"为似蛋糕般层叠的裙摆,三至四层的波浪形"蛋糕边",蓬松而甜美,既美化了身体线条又起到减龄的作用(图5-5-3)。陈玉梅另有一款出镜率颇高的长礼服,其所用的面料亦是辛丰出品,而且是辛丰织绸厂的招牌——"辛丰缎"。① 款式上为合体收腰的阔摆长裙,在前胸后背与肩部围一圈浅色毛领(图5-5-4)。此设计与上一款礼服的一字领荷叶边设计有异曲同工之妙,只是前者展现的是甜美风格,后者则更为优雅端庄。

其二,个性前卫的骑士装、男装、运动装与工装等(图5-5-5~图5-5-8)。这些服装是真正能够兼顾时髦与俭约的品类,既无需高档的丝质面料,装饰与工艺亦极为简洁,所以颇得陈玉梅之青睐。首先是骑士装。此骑士装并非真正意义上中世纪的骑士之装束,而是融入了骑士风格的近代服饰。陈玉梅干练利落地身着西式短外套,将帅气与优雅

图5-5-3 陈玉梅的晚礼服(《大陆画报》1934年第1期)

完美融合,深色的贝雷帽更是将中性气度演绎得淋漓尽致。② 其次是男装。陈玉梅身着翻领棉质白衬衫与同面料阔腿休闲裤,干净的白棉布尤其质朴;服装虽说为男款,却将陈玉梅的清新可人展现无遗,可见女扮男装不仅能展现中性美,有时还可能将女性气质更明显地凸显出来。③ 再者是运动装。陈玉梅喜爱球类运动是出了名的,"天一"组建有女子篮球队,其所着之运动装便是"天一"女子篮球队队服,上身为深色翻领长袖衫,胸前绘有"天一"两个大字;下装是白色运动长裤,并在左侧胯部位置饰有一颗大五角星;脚上穿着深浅搭配的平底运动鞋;梳着斜马尾,戴着遮阳帽,抱着篮球,十足一位青春洋溢、活力十足的美少女。④ 最后是工装,这种原属于农场与工厂的工作人员穿着的男性服饰,本就具有经济实用的特性,所用材质亦多是耐磨耐脏耐洗的棉麻面料,男性穿着时展现的多是工人气质,与时尚似乎是八竿子打不着的关系,如今却演变成为时髦女性们的宠儿,一波又一波的工装风潮席卷着时尚圈。然而,民国时期敢于挑战工装风的女性寥寥无几,而陈玉梅不仅敢于尝试,更是将"工人装束"穿出了个性休闲风:内搭白色翻领衬衫(这是之前陈玉梅穿过的男装款,一衣多用,足见其俭约),外着黑色背带裤,顺直的短发自然地散落在肩部,全身简约得无任何配饰。但就是这种极简的风格,将身体置于一个宽

图5-5-4 陈玉梅的晚礼服(《辛丰织印绸厂三周年纪念特刊》1934年)

---

① 佚名:《陈玉梅女士御本厂"辛丰缎"之俪影》,《辛丰织印绸厂三周年纪念特刊》1934年。
② 吴印咸:《女骑士装陈玉梅女士》,《电影画报》1934年第11期。
③ 于长缨:《银星陈玉梅女士之男装影》,《商报刊》1933年汇编。
④ 佚名:《陈玉梅的种种》,《电影月刊》1933年第26期。

松舒适的空间中,给人以休闲轻松之感。① 陈玉梅喜欢工装风,同时也是其内心平民气质与平等精神的流露。看到这一点,就更容易理解她推崇俭约、推崇国货的做法。

图 5-5-5 骑士装(《电影画报》1934 年第 11 期)

图 5-5-6 男装(《商报画刊》1933 年)

图 5-5-7 运动装(《电影月刊》1933 年第 26 期)

图 5-5-8 工装(《商报画刊》1933 年)

---

① 于长缨:《影星陈玉梅女士之工人装束》,《商报画刊》1933 年汇编。

陈玉梅具有俭约与时尚的双面性,是既俭约又时髦的"双面女王":一方面,她是以身作则,呼吁群众倡行节俭的"俭约明星";一方面,她又是难以摆脱爱美天性的时髦女郎。但是,她的时髦仍是建立在相对俭约的基础之上的,能用国货则不选择洋货,能使用棉麻则绝不用丝绸,时髦得很俭约,并不存在尖锐的矛盾冲突。然而即便如此,当时的社会舆论对她的行为依然存有颇多质疑,批判其一系列的公益活动均属"炒作"。

可是俗话说得好:"真理是时间的女儿,不是权威的女儿。"陈玉梅的俭约运动用当代眼光来审视,则确实是"更显得她伟大了"①,甚至可以"叩三百个响头"②。她带头倡行的俭约运动,在今日看来确实是极具历史价值与实际意义的。而她参与的公益活动更是体现出她的高尚爱心,她始终认为"一个人在社会上,决不是各个人独立生活的,一个人对于广大群众有利益的事,应该比自己有利益的事还起劲"③。所以,这样一个生活低调的人行起善来却很高调——全国各地高校矗立着的"逸夫楼"那是相当的醒目,邵醉翁是邵逸夫大哥,而她是邵逸夫大嫂,邵家产业自然少不了他们齐心协力的奋斗。我们现在要"先富带后富",陈玉梅则称得上是"先富人"之榜样。

附:"俭约明星"语录

摘自陈玉梅《提倡国货与妇女俭约运动》,刊载于《妇女国货年纪念特刊》1934年。

➢ 见其人,审其衣服,而其国政俗教化之高下,固已昭然若揭,无待足践目击而后知。提倡国货,并不是一件很难的事,我国提倡国货的口号,也不知喊了多少年,但是到了现在,国货工商业的衰弱,和外货的向中国倾销,依然如故,或且更甚于前,这是什么缘故呢?推究原因,实在由于国人奢侈心太重,无形中养成一种崇尚洋货,鄙视国货的观念,这实在是提倡国货的大障碍,也是提倡国货的致命伤!

➢ 经济侵略,比武力侵略还厉害!

➢ 武力侵略,我们决不会把自己的身体,送给敌人去枪杀,至于经济侵略,却在不知不觉中,情情愿愿把金钱送给敌人。

➢ 爱美是人类的一种天性,享乐是人类的一种需求,奢华就是从这爱美和享乐的企图而发生的。可是我们应该明白,在这国难严重,灾祸频仍的时代,是否再容许我们爱美?是否再容许我们享乐?我们应该知道,在这暴风雨的大时代里,刻苦自励,实在比爱美享乐更急切,更重要!所以我们不需要奢华,却需要俭约!

➢ 我们要提倡国货,先要厉行俭约,而俭约运动,应该先从都市做起,都市的妇女,尤其是俭约运动的中心人物。

➢ 别种运动,大概都市推行,比较容易,一到乡村,便觉困难。唯有俭约运动和提倡国货,却适得其反,因为乡村人们的生活,本来很低,用不着再提倡俭约;他们的衣食用品,虽然不能说绝对不用洋货。但是为了生活简陋,用的大部分是国货。至于妇女和男子,妇女是在比男子奢侈,这因为妇女的爱美心比男子重,别的不说,单就服装和化妆品两项而论,妇女的消费,就比男子要大上几倍。越是奢华的妇女,她的服装化妆品等,越是用外国货。所以提倡国货,先要妇女厉行俭约,而都市的妇女,尤其应该力矫时弊,首先实行。

---

① 宣传员:《陈玉梅的俭约和足球》,《电影月刊》1933年第24期。
② 佚名:《胡蝶的灯笼旗袍:女明星的大转变》,《开麦拉电影图画杂志》1932年第1期。
③ 郭索:《陈玉梅的种种》,《电影月刊》1933年第26期。

➤ 去年是国货年,今年又定为妇女国货年,这两个名词,看起来好像有点矛盾,因为妇女也是国民,去年的国货年,妇女当然也包括在内,合璧今年再来一个妇女国货年!但话不是这样说,是想去年国货年所得效果是怎样?老实说,我们认为很失望,很惭愧!今年的定为妇女国货年,可以说,因为去年的国货运动,妇女们太不注意,太不尽责,所以今年再特别把妇女提出来,促起妇女们的注意。

➤ 我希望全中国的女同胞,在这妇女国货年开始的时候,赶快打破奢华的观念,厉行俭约运动,那末提倡国货,自然非常顺利。否则妇女国货年!一眨眼就过去,到了终了的那一天,考察一下成绩,结果依然等于零哩!

梁赛珍
生卒年不详,广东人

身　　份：演员、舞女。

简　　历：1926年从影,参演大亚影片公司的影片《孽海惊涛》。次年转入华剧影片公司,在《情奴》《迷魂阵》《猛虎劫美记》等影片中饰演重要角色。1929年后在海滨、复旦等影片公司主演《海滨豪侠》《太极标》等影片。1931年入明星影片公司,主演《火烧红莲寺》(十六至十八集)、《可爱的仇敌》等无声片及《麦夫人》等有声影片。1934年主演联华公司的有声片处女作《还我山河》,同年从演员转行为舞女。1935年,与妹妹梁赛珠、梁赛珊、梁赛瑚共同主演影片《四姊妹》,被称为"梁家四姐妹"。1937年抗日战争爆发时,梁赛珍作为红十字队的护士在上海积极参与抗日。后带着姐妹们奔赴新加坡工作。1941年出任南洋歌舞团女艺员协会的主席,1948年出任南天酒店七彩龙凤舞宫的总经理。

成　　就：一方面,她是一位敬业且多产的演员,一生共参演了几十部电影作品的拍摄,代表作有《火烧红莲寺》《可爱的仇敌》《四姐妹》《麦夫人》《蛇蝎美人》《还我山河》《谁是英雄》与《情奴》等影片。另一方面,她又是一位业绩颇丰的舞女,因容貌美丽、舞技高超被评为1934年的"沪上舞后"。转战南洋后,又在新加坡被加冕为"舞后",成为一位名副其实的双料"皇后",引领着跳舞行业的繁荣。①

专业成就：舞女本就是推动时尚的主力之一,而"舞后"自然更是主力中的主力,故梁赛珍便是民国时尚圈的引领者。她的服装不仅品类丰富,囊括了舞衣、晚礼服、洋裙、旗袍、大衣、家居服与男装等各式服装类型,而且在设计上尤为个性前卫、摩登时尚。特别是风格各异的舞衣经由她穿着,便掀起了一阵跳舞场的时尚风暴。她撰写过一篇《新女子底服装观念》,用其明星与舞后的双重身份倡导国货运动。

---

① 佚名:《梁赛珍来沪之秘密任务》,《电影》1939年第53期。

梁赛珍的"艺术与生活"

生活作为人类生存过程中所有活动的总和,其实亦包含了艺术的生活。然而,依照如今的观念,"艺术"一词被赋予阳春白雪般高大上的光环,而"生活"一词被打上下里巴人接地气的标签,无形中便被分割到了两端。现代人更是连拍个照都要分艺术照和生活照,艺术照就是要穿得美、妆得美兼专业摄影师掌镜。若说艺术照好像装修精致的房子,那么生活照就是没装修的毛坯房了,可见其中之差别。梁赛珍服饰上的"艺术与生活"也是以其照片作为区分,然而却不是以美不美作为划分之标准,而是以服装用途来区分其"艺术"服装是为了电影或舞蹈等艺术之生活,而她的"生活"服饰便是服务于艺术圈之外的日常之生活。

然而,舞蹈虽属于艺术之一种,但梁赛珍所做之舞女毕竟不比舞蹈艺术家,于她而言只有演电影才是投身艺术,而入跳舞场则是"由于家庭的逼迫,没有办法才出此一举",她"是为了艺术才从事电影生活,但是为了生活的缘故,如今她竟藉了她的电影界的名气过其搂抱生活了"①。她做电影明星的月薪是两百元,然她当舞女的月薪却是原来的三四倍,可见艺术行业确实不好混,故她常说:"吃影戏饭是图名不图利,当舞女名誉虽很不好,但却实惠得多了"②。

虽说转行是因生活所迫,但梁赛珍却非常争气地以"美丽、声誉、地位"与"高超的像马克斯图的几位舞娘一样"的舞技而赢得了 1934 年的"沪上舞后"之头衔③。她还是当时"由影星为舞女的第一个"④,且"影星伴舞风气由她一开,真可说是盛况空前,引动万人注意",再加以她们三姐妹联袂同台,于是引得"舞业大盛"⑤。在舞蹈圈如鱼得水的同时,梁赛珍也并没有退出电影圈,而是带着她的几位姐妹花继续征战银幕。即使当时有报刊批判她"戴着明星的头衔下海伴舞"⑥是"一桩大丧信誉的事"⑦,然而她并不理会,结果更是"大红特红起来,引得上海人个个注意",于是"体育花园行开幕礼啊,金城大戏院登台表演啊,大沪花园明星赈灾游艺会啊",各式盛会与大型活动,"都可见到这几位姑娘"⑧。梁赛珍亦成为了"艺术与生活"名利双收的人生赢家。

工作上的艺术与生活有时难以区分,然而服装上的艺术化与生活化还是容易以服装品类与形制划分,曳地的长礼服、闪亮的舞衣与夸张的衣饰都是艺术化的服装,是为了塑造一个理想化的形象。而日常生活中的着装,则是偏重现实主义的,要在美的同时兼顾行动便利、价格经济、穿着舒适与合于卫生等要求。故我们也依此将梁赛珍的服装分为"艺术化"与"生活化"两种类型。

(一) 梁赛珍的"艺术化服装"

艺术源于生活,但却高于生活,故梁赛珍的艺术化服装是生活化服装的升级版,是以艺术化的

---

① 学习记者:《梁赛珍做舞女的经过》,《电声》1934 年第 3 期。
② 佚名:《拜金主义的梁赛珍》,《电声》1937 年第 3 期。
③ 咏:《梁赛珍女士》,《沙乐美》1937 年第 2 期。
④ 英英:《再话梁赛珍》,《舞风》1938 年革新号第 8 期。
⑤ 佚名:《梁氏三姊妹大闹星州》,《影剧》1943 年第 8 期。
⑥ 王仰樵:《梁氏三姊妹》,《青青电影》1935 年第 9 期。
⑦ 学习记者:《梁赛珍做舞女的经过》,《电声》1934 年第 3 期。
⑧ 王仰樵:《梁氏三姊妹》,《青青电影》1935 年第 9 期。

服装语言,展示她浪漫的理想主义。其艺术化的服装主要包括晚礼服、舞衣与异域风服装几种类型,而与之相搭配的发型、妆容与配饰也均饱含着艺术气息。

其一,晚礼服。晚礼服是女士服装中最奢华的服装样式,亦是服装极致美的展现,多为长款连衣裙形制,亦或是抹胸、低胸与露背等美丽"冻"人的设计。如《初夏晚妆》便是典型的露背长礼服:波浪般的袖型与下摆均用轻薄的纱质面料层层相叠,仙气十足;后领低至高腰处,大尺度地露出完美的背部线条;裙身贴体,裙摆则如鱼尾般绽放开来,将身体的玲珑曲线展露无遗;在若隐若现中将梁赛珍的性感与优雅发挥到极致。① 她的另一款礼服则更多展现的是摩登与个性:首先,其形制不是连衣裙而是上衣下裙式;其次,所用的面料不是高档丝绸而是平价的棉质面料;再者,面料纹样采用了个性十足的格子图案,且运用于全身。上装为荷叶边下摆的收腰短衣,运用了夸张的灯笼袖造型,下装为及地阔摆裙。② 如此,利用服装将人体塑造成一个理想的沙漏形,是艺术化服装的典型。

其二,舞衣。上海的姑娘们总是"不惜以全部的时间与精神,在自己的服装上作功夫",然后穿着其别出心裁、各式各样的装束,到"跳舞场中或影戏院里"展示一番。③ 于是,跳舞场自然而然成为一个"挤满了时髦女子"④的地方,花枝招展胜似T台。梁赛珍能于花团锦簇中做到与众不同,她的俏办法便是三姐妹"一式一样"⑤。试想三位貌美如花、亭亭玉立的姐妹花穿着同样摩登的时装亮相,在视觉上就具有更强大的冲击力,且这种姐妹花齐上阵的形式也因其独特而更加引人关注。如1939年的一幅"梁氏三姊妹"留影中,三人的妆容、发饰、着装与姿态均相同(图5-6-1):俏皮的卷发上戴着镂空发饰,耳坠亦为同系列精致镂空;身穿黑白色搭配的舞裙,裙身为白色,黑色则作为点缀色分布于腰部、裙摆与门襟等处,很好地强调了双排扣、收腰与双层大摆等设计点;服装双肩处的两朵立体大花则运用夸张的设计手法。⑥ 整体造型与动漫中甜美可爱的女仆装极为相似,而美丽的三姐妹更有一种Cosplay即视感。又如1935年的一幅"梁家四姊妹"留影中,她们依然持续着

图5-6-1　梁氏三姊妹(《沙漠画报》1939年第3期)

---

① 佚名:《初夏晚妆梁赛珍》,《小姐》1937年第10期。
② 王瀚泉:《寂寞倚遍栏干:梁大姐赛珍》,《跳舞世界》1937年第8期。
③ 佚名:《流行观　时装大众化的根本办法》,《机联会刊》1934年第92期。
④ 吴淇:《对于时髦女子的感想——我的时髦女子观》,《妇女杂志》1931年第11期。
⑤ 佚名:《梁氏三姊妹大闹星州》,《影剧》1943年第8期。
⑥ 佚名:《梁氏三姊妹》,《沙漠画报》1939年第3期。

甜美风格,蓝色小波点长裙清新可人,大波浪荷叶边袖型十分柔美,而小妹妹赛瑚的黑白条纹洋裙与灯笼袖则更显学生气息。①

除了与妹妹们一同扮演甜美少女,作为大姐的梁赛珍还有着其优雅、性感的另一面。她曾化身为一位优雅的小姐:身穿淡绿色西式长裙,荷叶边的袖型与裙摆增添了不少浪漫;头发盘成端庄的发髻;佩戴着雅致精美的卵形发饰与耳坠;手上套着层层薄纱堆叠的白手套,优雅地扇着扇子,俨然一位端庄秀丽的贵族小姐(图5-6-2)。② 她也曾有意无意地显露性感,一袭白色舞裙几乎包含所有的性感元素:无袖、V领、收腰与超短裙。③ 不仅如此,她在《天津商报每日画刊》上的形象,大胆地穿上了草裙,全身除重点部位外,全都大方裸露着,毫不介意地大跳草裙舞。④ 民国时期便开放至此,实在令人敬畏。

图 5-6-2 梁赛珍舞装
(《现象》1935 年第 10 期)

其三,异域风服装。1937 年"八·一三"事变后,梁赛珍便带着姐妹奔赴新加坡继续发展其舞蹈事业,故其留存有其他女星没有的异域风服饰照,包括马来西亚与印度男装等风格。首先是马来西亚风情服饰,见于《影坛》1935 年第 1 期:上穿抹胸式上衣,赤裸着胳膊与香肩,下着长裙,打着赤脚;裙子式样与中国传统裙装同属围裙式的一片裙,面料纹样是充满了异国风情的几何形图案;而服装之外的配饰更是琳琅满目:头戴十几厘米的夸张珍珠头饰,耳朵上缀着与手肘一般大的圆圈形耳环,颈上缠绕着十多圈珍珠项链,两手戴着十几个各式手环(图 5-6-3)。⑤ 在珠环翠绕与色彩斑斓中演绎着鲜亮的时尚风采。其次是印度男装风,见于《舞场特写》1939 年第 3 期:同色的短衣长裤,外搭印有南国风情图案的马甲,加上当地传统帽饰,颇为靓丽俏皮;⑥另一款"大红丝绒背心"与"大红色的印度男装帽子"的搭配则更为个性帅气。⑦

除了服饰,梁赛珍的发型与饰品也是艺术气息十足。她一度烫着"玉米烫"式的波浪卷发,戴着最是娇柔无瑕的香奈儿王国的国花——白色山茶花,将优雅精致诠释得恰到好处。⑧ 她亦可索性将鲜花连带绿叶都搬到头上,散发着一股清新自然的气息。⑨ 她甚至梳理过一种戏剧化的发型:小珍珠串成的宽发带

图 5-6-3 梁赛珍的异域风服装
(《影坛》1935 年第 1 期)

---

① 佚名:《梁家四姐妹》,《联华画报》1935 年第 5 期。
② 沪江:《梁赛珍女士》,《现象》1935 年第 10 期。
③ 长缨:《电影明星梁赛珍女士之舞影》,《商报画刊》1932 年第 25 期。
④ 张进德:《梁赛珍草裙舞》,《天津商报每日画刊》,1936 年 9 月 28 日。
⑤ 梁秋明:《半裸的南岛美人》,《影坛》1935 年第 1 期。
⑥ 佚名:《现在,吉隆坡的梁赛珍》,《舞场特写》1939 年第 3 期。
⑦ 王大邦:《梁赛珍的新装》,《金刚画报》,1939 年 7 月 6 日。
⑧ 佚名:《梁赛珍女士之长发烫式》,《商报画刊》1933 年汇编。
⑨ 佚名:《电影女演员梁赛珍女士》,《良友》1932 年第 68 期。

两端垂着长至胸前的流苏,好似中国戏曲中旦角所戴之凤冠。① 她还尤为钟爱各式形态夸张的耳坠,而且以几何形态居多,有球形(又有单球、双球与多球)、圆环形、水滴形、卵形与灯笼形等,形状大小不一,材质色彩不同,但都时髦得很。

美丽时髦总是要有代价的,梁家姐妹每年都需斥巨资在服装一项上:"每年必定有四次由上海定制大量的衣服和大批的鞋子,分每季预先寄出,每批数量至少在数万元至十数万元之普。"②她们工作必备的舞衣与礼服都是最为昂贵的服装品类。梁赛珍能够这么大手笔地一次定一大批,可见她真是不差钱。好在其很有爱国思想,能够在奢侈的时候想到国家的利益,"也算是挽回利权,不使金钱外流,为上海一班时装店老板与鞋店老板开些生财之道"③。

(二) 梁赛珍的"生活化服装"

艺术化服装是生活化服装的 2.0 版,反之,其生活化的服装便是艺术化着装的基础版。其艺术化着装相较摩登夸张且有戏剧性,而日常着装却更多地述说着休闲安逸的生活方式。主要包括旗袍、大衣、家居服与男装等品种。

其一,旗袍。旗袍是民国女性最为普遍又最富东方风情的服装,既是礼服又多用于日常穿着。梁赛珍的旗袍装束多出现于日常生活中,她有一身印花改良旗袍,几何形态交织的面料纹样与简洁收身的短袖款式兼顾着个性与随性;而左手书卷右手烟卷,闲适自在地靠于沙发上的姿态则展示了其悠然的生活状态。④ 她亦有一身素雅文艺款的改良旗袍,清新雅致的浅色既年轻又符合其文艺气息,同色细镶滚的弱对比十分雅致随性,无袖款式舒适又清爽,长及脚踝的长度则在文艺中增添了优雅(图 5-6-4)。⑤ 她还有一身极浅极淡的纯色改良旗袍,同样的小立领、无袖、收腰与高开衩,同样散发着文艺气息,近乎纯白的色彩又使其多了些清纯。⑥

图 5-6-4 梁赛珍的旗袍(《健康家庭》1937 年第 3 期)

其二,大衣。纵使时尚潮流瞬息万变,西装翻领大衣却凭着它美丽与实用兼具的特性,从它传入中国开始就一直时髦至今,成为永不过时的经典。其帅气挺拔的风格亦十分适合于个性洒脱的梁赛珍。在 1935 年的"冬装"中,梁赛珍即着西装领呢大衣(图 5-6-5):大翻领的样式利落大气又成熟优雅,显示出一股柔中带刚的独特魅力;厚重的呢料富有质感又不显臃肿,展现了梁赛珍的随性与帅气。⑦ 过了一年,梁赛珍用一袭黑色长款翻领大衣演绎时髦大方的都市女郎风范。⑧ 同时,西式大衣与改良旗袍的组合也是她们姐妹的共同爱好:深浅相间的条纹呢料与内搭的条纹旗袍相得益彰;翻领驳头处的燕尾式造型很有腔

---

① 佚名:《梁赛珍女士》,《新银星》1929 年第 13 期。
② 佚名:《梁氏三姊妹大闹星州》,《影剧》1943 年第 8 期。
③ 同上。
④ 佚名:《二十三年全沪舞后梁赛珍女士》,《美术生活》1935 年第 2 期。
⑤ 薛志英、许久:《夏令生活》,《健康家庭》1937 年第 3 期。
⑥ 何佐明:《梁赛珍女士》,《玲珑》1935 年第 46 期。
⑦ 张进德:《"冬装"梁赛珍》,《天津商报画刊》,1935 年 1 月 22 日。
⑧ 张进德:《歌舞明星梁赛珍倩影》,《天津商报画刊》,1936 年 5 月 13 日。

调;超大的领子设计也成功起到了凸显精致小脸的作用(这正是当代人热衷的);两侧的斜插袋既方便实用,还能凹造型(手插口袋的姿势既能卖萌又能装酷);宽松的套头式造型也尤为独特。①

图 5-6-5　西装领呢大衣(《天津商报画刊》,1935 年 1 月 22 日)

图 5-6-6　家居服(《中华》1933 年第 15 期)

其三,家居服。此为从睡衣演变而来的服饰品类,但相比于睡衣仅用于睡觉时穿着,其穿着范围更广泛。当代的睡衣文化已相对成熟,时尚圈时不时就刮起一阵慵懒睡衣风,时尚达人们也都争先恐后地穿着睡衣出门。然而我国自古其实只有内衣,内衣即睡衣,内衣即家居服。睡衣文化传入我国,是在民国时期欧风东渐中刚发生的新玩意儿,而走在摩登前线的梁赛珍自然也不会落后,她有一张穿着家居服的玉照(图 5-6-6):一袭浅色真丝背心裙,丝绸长裙最是优雅与经典,吊带款式舒适随性又不失性感,慵懒地靠在窗台上翻看杂志,俨然一位享受家庭时光的家居小女人,亦是一位休闲安逸的时尚小女人。② 她还有更超前的家居服:领口、袖口与裙摆处饰有异色细镶边,搭配着与镶边同色的包头帽,好像在做美容或是蒸桑拿。③

其四,男装。在越来越开放的民国时尚圈,女穿男装早已不是什么奇葩事,而是成为一股不可逆转的潮流,更是延续至今演变为一种普遍的时尚穿搭。女性穿着西装能诠释出比男性更为多面的风情,如可可·香奈儿(Coco Chanel)的帅气、奥黛丽·赫本(Audrey Hepburn)的优雅,以及梁赛珍的霸气风范。有时她一袭西装套装,就好像从其男友那里偷来穿在自己身上,却又比男友更加干练霸气(图 5-6-7):上身为裁剪合体的灰色西装,下穿白色高腰阔腿裤,内搭的白色衬衫随性地敞着领口,手上还拿着一顶礼帽。④ 有时,她化身"暖男韩国欧巴":上穿单排扣戗驳领西装,下身是同色同质窄口西装裤,内搭深色高领针织衫;双手随性地插在裤子侧袋,黑色短发梳得整整齐齐。⑤ 有时,她为西装搭配领结,白色西装与黑色领结的鲜明搭配,绅士又优雅(图 5-6-8)。⑥ 如此这般酷帅劲,真可以毫不客气地去抢男明星的饭碗了。

---

① 佚名:《梁赛珠、梁赛珍、梁赛珊》,《弹性姑娘》1936 年第 5 期。
② 佚名:《影星梁赛珍女士》,《中华》1933 年第 15 期。
③ 佚名:《善服新装之梁赛珍》,《影戏生活》1931 年第 13 期。
④ 张寅虎:《梁赛珍》,《青青电影》1935 年第 6 期。
⑤ 佚名:《梁赛珍》,《青青电影》1935 年第 8 期。
⑥ 张建文:《男装丽人——梁赛珍女士》,《电影画报》1933 年第 4 期。

图 5-6-7　男西装（《青青电影》1935 年第 6 期）　　图 5-6-8　男装丽人（《电影画报》1933 年第 4 期）

梁赛珍既是一位懂得生活的"艺术家"，又是一位艺术气息十足的"生活家"。作为"艺术家"的她敢于尝试各种风格各种类型的服装，不论是优雅端庄的晚礼服，还是性感妩媚、夸张甜美的各式舞装，亦或是充满异域风情的他国服装，她都乐于尝试且完美驾驭。作为"生活家"的她则少了浮夸，没有了过多的装饰，展现给我们的是一位生活休闲又安逸的小女人，有时穿一袭清新文艺的旗袍，有时披一件干练大气的西装翻领大衣，男装加身的她则透露着一股优雅的中性气质，巧妙地将女性的柔美与男性的硬朗完美结合，充满了力量感。她能掌握丰满的理想，亦能驾驭骨感的现实，真是一位无畏的奇女子。

附：梁赛珍语录

摘自梁赛珍《新女子底服装观念》，刊载于《新女子》1927 年。

➤ 一般新女子在服装的观念上，莫不尽量地发挥她们的思想力，所以现在新女子的服装，更觉争奇斗胜，花样翻新，几乎将要遗弃她力量和思想上所够不到的地步了。

➤ 自欧化东渐，新女子的服装观察审情度势又变迁了她们的眼光，把鲜丽而雅洁，光致而艳媚的种种加诸身上。但是我们的服装新观念，是否配合西方的舶来品，这是很值得人家费解研究的。

➤ 我们无论如何，只有把自己的目光去考察一切服装的改革，也并不要过分艳丽，也并不要过分妖娆，只要适合身量的风采，那么翩迁的风度，自然的神采焕发。

➤ 有一种姐妹们，并不把服装充分考虑，虽然她的服装是艳媚绝伦的了，不过她身材也未见得婀娜，反而觉着有一种说不出的简陋。有的人虽然是粗淡服装，撤去娇艳，但是她天然风韵，反而觉着一种娉婷窈窕，在楚楚的风致上，增进到十二分。

➤ 女子本是好胜的，更有不惜她们玉洁芳姿，把她们由服装上研究到的成绩，公开的作服装展览,虽然是女界中一个美的大贡献,其实她们把好胜心,无形中又不知传染了几许痴心服装的新女子,结果,只代舶来的服装料,做一个巨大广告。

➢ 我也尝在服装的观念上,研究了许多时,其实现代女子的潮流所趋,将近到了极端的时候,她们观念上深深印着服装的美,所以有颠扑不破的情形,但是无处无地,均感着舶来品的佳构,而不知把国产固有原料,加以勉力的宣扬,我以为服装的展览,能够把国有特长来作为标准,那么才不负新女子三个字。

➢ 更是新女子的服装,很有左右女界服装观念势力,我以为服装观念上,只要鲜丽雅洁,浓艳合度,原料只要合乎时节和色彩上的支配,已是能够在观念上得一个美的佳评。不一定要用舶来的原料,反使得固有国产的种种,永久埋没在新女子服装的观念下,而把舶来品身价,尽量地抬高上去,这是我们新女子的服装观念上,所应该把眼光放远,而努力宣扬的啊。

陆小曼
1903—1965，江苏常州人

身　　份：画家、作家、翻译家、交际名媛。

简　　历：陆小曼也名眉、小龙，笔名冷香人、蛮姑。1910年始就读于北京女子师范大学附属小学，后入北京女中。1915年起在法国人开办的贵族学校北京圣心学堂学习，故精通英文和法文，并被北洋政府外交总长顾维钧聘为兼职外交翻译，从而逐渐名闻北京社交界。1922年于圣心学堂肄业，后结识了诗人徐志摩并与之相恋，并于1926年时结婚，定居上海。1929年参与中国女子书画会的成立筹备工作。1941年在上海大新公司开个人画展，晚年被聘为上海中国画院专业画师、上海美术家协会会员，被全国美协评为"三八红旗手"，曾参加中华人民共和国第一次和第二次全国画展。曾任上海文史馆馆员、上海市人民政府参事室参事。1965年在上海病逝。

成　　就：陆小曼在绘画、戏剧、文学与翻译方面均有所成就。她是个颇有天赋的画家，擅长工笔花卉和淡墨山水，画风清雅淡远，"颇见宋人院本的传统"[①]（刘海粟语）。她还擅长戏剧，并谙昆曲，能演京剧，在北京和上海名噪一时。她拥有深厚的文学功底，著有散文集《爱眉小札（与徐志摩合作）》《小曼日记》、短篇小说《皇家饭店》等，刘海粟评价其："写旧诗的绝句，清新俏丽，颇有明清诗的特色；写文章，蕴籍婉约，很美，又无雕琢之气……而她的新体小说，则诙谐直率"[②]。她精通英文和法文，并被任命接待外宾，充当口语翻译。留有译作《海市蜃楼》《泰戈尔短篇小说选》与《艾格尼丝·格雷》等。[③]

专业成就：陆小曼是民国时期北京的头牌交际花、万众瞩目的社交界明星，与同时期上海的唐瑛被合称为"南唐北陆"，其一衣一行均成为报刊媒体争相报道的对象，其服饰行为经媒体的放大也对当时的服饰时尚与潮流产生了较大影响。参与创建了上海云裳时装公司，并兼任公司的时装模特与导购。

---

① 刘海粟：《我所认识的徐志摩和陆小曼》，《众说纷纭陆小曼》，山西古籍出版社2006年版，第10页。
② 同上。
③ 柴草：《陆小曼传》，百花文艺出版社2002年版，第2页。

"个性先锋"陆小曼

"个性"一词被长久地压迫在中国的层层封建礼教下,成为人们不敢轻易触及的领域。传统的思想文化致力于将人民培养成言听计从、屈卑驯服。女子更是如此,需要做到三从四德、百依百顺,"个性"是万万使不得的思想存在。到了近代,随着西方的思想文化包括个性解放思想与男女平等观念进入中国,"个性"开始在中国萌芽并迅速发展。[1] 辛亥革命又使人们获得了前所未有的民主与民权,并实现了女子参政。新文化运动更是以民主与科学为旗帜,提倡个性解放,并掀起了一股批判中国封建礼教对女性禁锢的妇女解放思潮。"个性"由此突破重围,重新被人们拾回,女性也平等地拥有民主与自由的权利。

受过教育的知识女性自然成为了引领女性个性解放的主力军,而陆小曼能够成为引领女性的"个性先锋",还要得益于其所受的良好教育。陆小曼自小接受的就是西方思想文化的教育,就读的圣心学堂是法国人开办的教会学校,招收的一般是身在中国的外国学生,故其不仅能文善画,能歌善舞,还精通英法两国文字,个性自由直爽。[2] 良好的家庭环境和父母的宠溺造就了陆小曼的骄傲,也成就了陆小曼的勇敢无畏与自由的个性。

陆小曼的个性首先表现在她的情感方式,她因与诗人徐志摩轰轰烈烈的爱情故事而为人所熟知,在爱情观尚不十分开放的民国,陆小曼不惧传统婚恋观的束缚和社会舆论的压力,毫不掩饰地去追求个人幸福,单此爱情观一项就将其个性彰显无遗。陆小曼的个性还表现于她的服饰行为上,或是女扮男装引领中性时尚,或是剪去一头青丝追求个性解放,或是素雅旗袍凸显清新雅致,或是一件绒线背心展现随性超然。作为当时社交名媛中的明星、北京的头牌交际花,其一衣一饰,均体现了她的前卫个性,成为北京名媛淑女们争相模仿的对象,引领着民国服饰之潮流。

(一) 一头短短直直的青丝

蓄发是汉人自古的传统,在"身体发肤,受之父母"的文化中亦是美德,所以剪发的行为于传统思想看来简直是一件大逆不道的事,因而也被许多人嗤之以鼻。但随着时代的变革,女子剪发的风气开始盛行,并被当作一种新潮前卫的行为而大受推崇。

纵观女子剪发的原因,大可归于两类,"一种是要改革装饰,脱去陈旧气味而剪去的;一种是要求装饰简便,免去梳头的麻烦而剪去的"[3]。前者是为了彰显思想的进步,后者追求的是行动便捷。思想家们认为"两原因比较起来……恐怕还是前一种占着多数,后面一种不过是少数而已"[4],可见思想的力量之伟大。于是,一时之间,辫发被视作封建腐朽的遗留,被纷纷剪去。此时女子剪发之盛况从当时的各大报刊文章中可见一斑:"大有青年妇女,非把头发剪去,不足显出青年的精神,脱去陈旧气味的样子,所以剪发的妇女,便一天多似一天了。"[5] 剪发大军中,又"以女学生为最,故青

---

[1] 林吉玲:《20世纪中国女性发展史论》,山东人民出版社2001年版,第20-26页。
[2] 柴草:《陆小曼传》,百花文艺出版社2002年版,第1-4页。
[3] 德馨:《妇女生活与装饰》,《妇女杂志》1928年第2期。
[4] 同上。
[5] 同上。

年会理发肆及观前街各大理发肆,每日各所之女主顾,莫不应接不暇也"①。当时"凡喜时髦爱新装好美观而稍开通之妇女、剪发者已十居其九,尤以京津沪粤为最多"②。周瘦鹃也描述道:"吾国妇女,做邯郸之学步,亦疾发如仇,纷纷断发。而夙号小纽约小巴黎之上海一埠,断发女子,亦几占全国百分之七十,迨青天白日旗涌现于上海之后,则此百分之七十者,日骎骎乎达百分之八九十矣。"③

陆小曼作为北平交际名媛中思想前卫、行为浪漫的女画家,更是顺应了时代的变革,身先士卒地早早断发。断发在当时虽是大势所趋,但陆小曼站在时代的最前沿引领了这场革新,勇敢地否定了原古老的传统。她在顺应时代潮流的同时有着独立的思考,即不烫发,保持自己的那份清爽与独立,一头青丝"只是短短的直直的,像女学生一样,随意梳在而后"④,并"梳着前刘海,这在当时是一种流行的时髦发型"⑤。这点从现存的陆小曼的大量照片中可以得到证实,如云裳时装店开业时,陆小曼就是一头及耳的"短短的直直的"青丝,甚是青春可人。1928年报刊上登出的陆小曼的近影,仍是齐耳的直短发。这一头干净利落的短短直直的青丝吻合她直爽、自由的个性(图5-7-1)。

图5-7-1 陆小曼与徐志摩(《上海画报》,1927年8月12日)

既能引领时代的革新,亦能在潮流中保持个性与思考,不落后于潮流亦不失掉自我,而此种引领与个性正是处于时尚发展迷茫期的民国所需要的时尚态度,也是民国"变服"与"变妆"问题中一个合理而充满个性的解答吧。

(二) 一身翠绿色长袍与酱红色背心

内着一袭翠绿色长袍,外穿一件酱红色背心(即马甲)。长袍与马甲的搭配本是传统的满族男性服饰,民国时亦是男性的日常装扮。这一搭配穿在陆小曼身上,是其前卫的个性使然,也是因为这女扮男装的中性化打扮是民国时期的一大时尚。

这一时尚形成的原因之一与20世纪20年代初旗袍流行的原因相似,即女性试图借助外观上对男性形象的模仿以达到追求男女平权的愿望。于是女子便纷纷穿上了长袍,更有甚者直接将自己装扮成男性。传统的女性化的装扮不便于生产劳作,且为的是凸显女性的柔美,是以惹人怜爱为目标的,有弱化女性的坚毅与能力的效果,而男装可以在一定程度上塑造出硬朗刚强的形象,故为许多主张男女平权的女士所青睐。

中国女权与女学思想的倡导者秋瑾即为其中一员,她十分爱穿男装,并留有大量的身着男装、英姿飒爽的照片,有宽大的男式西装皮鞋,有传统男装长袍马褂,正如其《满江红》中所说的"身不

---

① 一飞:《吴门妇女剪发谈》,《上海画报》,1927年4月21日。
② 舒慧琴:《沪上女子理发经验记》,《上海画报》,1926年11月6日。
③ 周瘦鹃:《香云新语》,《上海画报》,1927年5月15日。
④ 何灵琰:《我的义父母:徐志摩和陆小曼》,《众说纷纭陆小曼》,山西古籍出版社2006年版,第154页。
⑤ 王映霞:《王映霞自传》,黄山书社2008年版,第248—259页。

得,男儿列;心却比,男儿烈"①,她希望拥有男儿的身躯以更好地报效祖国,不得,便将自己的外在形象男性化,以此表达其女权思想,以及对男性压迫的反抗。民国著名女作家萧红也有西装革履的男装照,一生命运坎坷,为了自由和尊严几度离家的她,曾说过:"我一生最大的痛苦和不幸,都是因为我是一个女人。"由此可知她对于身为女性的无奈,与穿男装以提倡男女平权的出发点。这也是一个起点,是很容易做到的一个点,且任重而道远,男女平权、报效国家都有很多的事情需要她们去做,且这些事情更大更难。但无论如何,这都是一个珍贵的起点,没有起点我们就不知道这条路从哪里开始走。而且它的意义也绝非仅仅是一个出发的标记,因为"中性化"将动摇传统妇女花瓶式的社会角色定位,这是当时千万个"陆小曼"的希望,也是近代社会文明进步的价值所在。

　　中性潮流形成的另一大原因是部分女性希望通过女扮男装的方式来增强一种另类的吸引力,这一部分人多为名媛闺秀、交际花、舞女与电影明星。她们利用中性化的着装吸引眼球,夺得关注。陆小曼的着装动机大概也由于此,她"常喜做男人打扮,一件翠绿色长袍,酱红色背心,加一顶瓜皮帽,额前订着一粒大红宝石,这是陆小曼在当时的'新装'"②。将她的着装动机置于此项,是对她的实际情况进行综合分析的结果。陆小曼作为父母的掌上明珠,自小就受到了不亚于男性的关怀与疼爱,接受的也是主张男女平等的西方文化的教育,且作为"校园皇后"的她,走到哪里都有一批人前后追随,或给她拎包,或给她持外衣,陆小曼则高傲至极,对此不屑一顾。③ 分析陆小曼着男装的动机,定不是因为不满其女儿之身,想要靠外表来争取与男性的平等权利,而仅仅是因为时尚潮流,与其前卫个性的驱使。但颜值高就是任性,在跟随时尚的同时不禁又成为时尚的引领者。

　　另有一部分女性着男装是为了职业的需要,如戏剧表演者出于角色的需要着男装反串。最著名的要数女老生孟小冬,她以女性扮男人,却不失神气与威武,并与当时著名的旦角梅兰芳合作演出《四郎探母》,男女角色反串,颇为精彩。陆小曼也有老生扮相的照片,登于1928年《图画星报》第7期,虽穿着宽袍大袖,戴着大帽与长须,却掩不住眉目间的清秀。

(三) 一袭银色丝绸旗袍

　　中国古代将颜色分为"正色"与"间色",并以此来分尊卑、辨等级,因此颜色也被印上等级的标志。所以在封建社会,贵族们无论男女多着纯度高的正色,劳动人民则多着纯度低的间色,由此也形成了以正色为美的审美观念。但近代以来,由于一批像陆小曼般的时尚革新者的努力,一种新型的审美观与价值观产生了,颜色之美并不局限于纯粹的正色,间色之美亦开始被欣赏,并由此发展形成了一种以素雅为美的审美观念。这亦是陆小曼的审美观,身为名媛贵族的陆小曼生活上虽奢华,着装上却素雅,且独爱银色、浅色等间色,不喜传统审美中高大上的正色。可见"正色贵,间色贱"之说在民国已经式微,间色以它独有的淡雅、朴素的气质创造了另一番美,成就了另一种时尚,也造就了陆小曼的清新雅致:"宛如一朵幽兰,幽静而超然⋯⋯"④

　　陆小曼"穿着一袭银色的丝绸旗袍,闪闪发光"⑤的形象成为她的经典定格,且纵观陆小曼的着装,总以间色居多,她说:"我不喜欢浓妆艳抹,也不喜欢花花绿绿的衣服,那太俗气。我喜欢穿浅色

---

① 秋瑾:《满江红·小住京华》,《秋瑾诗文选》,人民文学出版社1982年版,第129页。
② 今志摩:《又见陆小曼,瘦骨惹人怜,一朵交际花的生命史》,《风光》1946年第26期。
③ 柴草:《陆小曼传》,百花文艺出版社2002年版,第3页。
④ 赵清阁:《失去徐志摩的陆小曼》,《申报》,1945年12月6日。
⑤ 王映霞:《王映霞自传》,黄山书社2008年版,第248-259页。

的服装,有一次我穿蓝布旗袍,得到志摩的称赞,他说朴素美有胜于香艳美。"①这点还可从其侄女口中得到证实,"她从不刻意修饰,更不搔首弄姿。平日安居衣饰固然淡雅,但是出门也是十分随便……她很少用化妆品,但她皮肤莹白,之稍稍扑一点粉,便觉光艳照人。衣服总以素色居多……"②。还可见于她存留的为数不多的照片中。她身为云裳时装公司的主角——兼职模特与股东之一,在1927年8月云裳的开幕盛典上,依旧是一袭素色细镶边丝绸旗袍,并没有什么装饰,留着一头学生似的短发,与当时被她请来助阵的好友唐瑛的装扮相比,更是青春逼人,俨然一位妙龄少女(图5-7-2)。后来她与徐志摩同游西湖时所着也是一件深色素旗袍,穿一双深色便鞋。

可见,在万象更新的民国,以高纯度的正色为美的单一的色彩审美,已经无法满足刚从"女人竟没有什么时装可言"③的时代中解放出来的女性。于是,如陆小曼般有思想有个性的时尚革新者们便开始寻求更多的色彩审美,在传统的主

图 5-7-2 唐瑛与陆小曼(《天鹏画报》1927年第13期)

流审美中选择并坚持非主流的审美,且通过千千万万个"陆小曼"的努力,色彩审美最终也由单一变得丰富多彩,间色之"美"也只是若干"美"与"美感"的其中之一,人们的审美在这一时期变得多元化,美丽的概念也相应变得更加广大。

(四)一件白色细绒线背心

绒线衣与西装、大衣、衬衣一样,属舶来品之列。在追求洋气的民国,穿着绒线衣自然成为一种新时尚。个性自由随性的陆小曼对休闲慵懒的绒线衣也情有独钟,"一双平底便鞋,一件毛背心,这便是名著一时,多少人倾倒的陆小曼"④。这种短小无袖的细绒线背心,本身并非是必需的常规服装款式,多搭配在改良旗袍外,更多的具有一种时髦的"点缀"意义,意味着服装需要层次的一步步提升,以及人们对美丽的追求心之切。

由此舶来的可能还有绒线编结工艺,其在19世纪中叶由欧洲传入我国,并迅速在沿海城市传播,发展成为都市"新"女红。"新"女红区别于"旧"女红的最主要特征是,前者脱离了基本的生活需求。传统的家庭女红是男耕女织的社会分工的体现,是女性的责任,承担着一个家庭的穿衣需要。新女红更多的是一种玩票性质的消遣,是家庭妇女甚至小家碧玉与女学生们闲暇时间普遍的一种休闲兼劳作方式,是丰富女性日常生活的手段。所以即使是身为大家闺秀的陆小曼,也一样擅于此

---

① 王映霞:《王映霞自传》,黄山书社2008年版,第248-259页。
② 何灵琰:《我的义父母:徐志摩和陆小曼》,《众说纷纭陆小曼》,山西古籍出版社2006年版,第154页。
③ 张爱玲:《更衣记》,《古今》1943年第36期。
④ 何灵琰:《我的义父母:徐志摩和陆小曼》,《众说纷纭陆小曼》,山西古籍出版社2006年版,第154页。

种新女红,且不仅自己喜穿绒线衣,更是心灵手巧地编织绒线衣并赠与挚友赵清阁。"一件白色细绒线背心",赵清阁一穿就是几十年,因为那是"好友陆小曼亲手所织,上面蕴藉着深厚的友情,穿在身上暖在心里"。① 通过自己的劳动获得亲友的赞美,女红已经从物质需要变成了一种精神追求。这意味着近代新女性的生活方式已经开始慢慢改变,劳动演变成了一种休闲方式,从这一层意义来看,陆小曼们所追求的男女平权已经部分地实现了。

  陆小曼是追求主流时尚的,但她在选择时尚时又是富有个性见解的,她将主流融入了非主流因素,将时尚个性化,使其成为了那个时代引领时尚的个性先锋。一头短短直直的青丝,或穿一件翠绿色长袍、酱红色背心,或穿一袭银色丝绸旗袍,无论是何种服饰何种变化,都不偏离其直率自由、随性超然的自我个性,都有着陆小曼式的休闲雅致。这样一位女子与这样的时尚眼光在今天看来似乎没有多少特殊之处,但将其放于当时的时代背景与社会环境中,却不禁令人心生敬佩。作为旧时代的革新者,她们依然如花瓶一般美丽,但已不仅仅是花瓶;她们依然热衷于女红,但已不仅仅是满足生活必需或拘泥于社会角色分工。她们真正懂得了什么是素雅,也懂得了在"变服"的同时如何"变妆"。在那样一个"拿来"的服饰探索阶段,乱世乱穿衣的鱼龙混杂的年代,真心需要陆小曼这样以身作则的榜样,在追逐时尚、保持多变造型的同时保持个性与自我,拥有自信的内心与强大的勇气。

---

① 赵清阁:《绒线背心的温馨——忆好友陆小曼》,《众说纷纭陆小曼》,山西古籍出版社2006年版,第42页。

唐 瑛
1910—1986，上海人

身　　份：社会活动家、戏剧表演艺术家。

简　　历：唐瑛又名唐棣华，沪上名医唐乃安之女，毕业于上海教会贵族学校——中西女塾。16岁时开始正式进入社交圈，1927年毕业时，嫁给沪上豪商李云书的公子李祖法，婚后频繁出现于各大社交场合。1937年，唐李夫妻因性格不合离异，唐瑛后嫁给北洋政府国务总理熊希龄的侄子熊七公子荣显麟。1948年，随夫迁居香港，后来移民至美国，1986年于纽约逝世。

成　　就：唐瑛中英文兼优，善唱昆曲还会演戏，曾主演过《少奶奶的扇子》，1935年秋，在卡尔登大剧院用英语演出整部《王宝钏》，轰动一时。她是上海交际花之首，并与陆小曼一起并称为"南唐北陆"，被《玲珑》杂志封为"交际名媛"的榜样。[1]《上海画报》刊登了赞美诗对其进行夸赞，诗中将唐瑛之所长与成就一一列举："唐瑛女士美无伦，万美都教集一身。绝代仙才兼国色，经时党化见天人。风流扇子推皇后，云想衣裳厌太真。一部鲜花主任了，介吾画报总花神。"[2]

专业成就：唐瑛拥有独到的时尚眼光，衣着别致、时髦而前卫，每着一款新装亮相便以"唐瑛式"而迅速流行，被称为"上海最会穿衣的女子"。她还将其对时尚的敏感转化为事业，于静安寺路上开设化妆品商店，专售巴黎出产的化妆品，并参与创建了云裳时装公司。

---

[1] 王恺:《唐薇红：我所见证的交际生活》,《三联生活周刊》2006年第6期。
[2] 丹翁:《唐瑛女士赞美诗》,《上海画报》,1927年6月23日。

上海最会穿衣的女子——唐瑛

民国时期"最会穿衣"的时髦人群当属电影明星、留学生、"交际草"与"交际花"。"交际草"是对风尘女子的别称,"交际花"一词现如今也被赋予了某些风尘意味,但在民国初年,却是只有才貌双全的大家闺秀才能配得上这个称谓。"交际花"均是出自名门的名媛淑女,生活条件优越,拥有姣好的面容,受过良好的教育,并有相当的才华,既深谙中国传统文化,又熟知西方的艺术与礼仪。"上海名媛以交际称者,自陆小曼唐瑛始,继之者为周淑萍、陈皓明"①,无论哪一位,均拥有以上所述之特点。当然,光有容貌和学识还不够,还需要有时尚的眼光和时髦的着装才能在时尚圈中立足。而"上海交际社会中之魁首"②——唐瑛,则被称为"上海最会穿衣的女子"。当时的上海有句话如是说:"唐瑛一个人,养活了上海滩一半的裁缝"③,指的就是唐瑛的着装被上海滩的女人们争相模仿的情形。

而要在时尚之都成为最会穿衣的那一位,需要做的功课还实为不少。首先,"装备"必须齐全,据说唐瑛有"十个描金箱子,里面全是衣服……光皮衣就挂了满满一整面墙的大衣橱"④。光齐全还不够,还必须"高端、大气、上档次",与国际潮流接轨,"穿 Celine 的套装、定制的旗袍、背 LV 的手袋、用蜜丝佛陀的化妆品"⑤。其次,要具有独到的时尚眼光与创造时尚的能力,唐瑛"去逛鸿翔百货,看见最新的服装样子,她并不买,而是记下来和家里的裁缝说,改良后再做出来"⑥,她家中"养了一个裁缝,专门给她一个人做衣服"⑦。再者,应有时尚多变的着装风格,不论是优雅含蓄的中式旗袍,还是摩登前卫的西式裙装,或是融汇中西的婚礼嫁衣,都必须"hold 住"。只有这样,才能做到"一衣一饰,胥足为上海闺秀之楷模"⑧。

(一) 一衣一饰,皆为楷模

1. 欲说还羞的中式旗袍

民国时期,曾被一层层的服装束缚着的女人早已不住在自己的宽袍大袖中,而是换上了合体贴身的改良旗袍,在欲说还羞的含蓄中,完美勾勒出女性的多姿曲线。旗袍成为了最能体现东方女性韵味的服装。唐瑛亦醉心于这优雅含蓄的旗袍之美,其所御各式旗袍,花色之多,目不暇接。有青春活泼的"绿色巨花之旗衫"⑨,有娇媚性感的"玫瑰软缎旗袍"⑩,有图案抽象前卫的印花旗袍,更有滚边上饰有"上百只金银线绣的蝴蝶"⑪的奢华旗袍。

现存的黑白照片使我们没有眼福一饱唐瑛旗袍的斑斓世界,但形制的考究与细节的精致却依

---

① 陈定山:《唐瑛与陆小曼》,《春申旧闻》,世界文物出版社 1978 年版,第 80-84 页。
② 周瘦鹃:《香云新语》,《上海画报》,1927 年 5 月 12 日。
③ 唐薇:《唐薇红:上海滩最后的名媛》,《南方都市报》,2011 年 6 月 22 日。
④ 王恺:《唐薇红:我所见证的交际生活》,《三联生活周刊》2006 年第 6 期。
⑤ 唐薇:《唐薇红:上海滩最后的名媛》,《南方都市报》,2011 年 6 月 22 日。
⑥ 王恺:《唐薇红:我所见证的交际生活》,《三联生活周刊》2006 年第 6 期。
⑦ 同上。
⑧ 周瘦鹃:《香云新语》,《上海画报》,1927 年 5 月 12 日。
⑨ 周瘦鹃:《唐瑛女士访问记》,《上海画报》,1927 年 8 月 6 日。
⑩ 周瘦鹃:《紫罗兰庵小宴记》,《紫罗兰》1927 年第 19 期。
⑪ 王恺:《唐薇红:我所见证的交际生活》,《三联生活周刊》2006 年第 6 期。

然可以窥见。虽没有了清代旗装十八镶滚的极致与繁华,但镶滚的装饰工艺被有所选择地运用在旗袍的领、襟、摆、袖等主要部位,由"繁而杂"演变而为的"少而精"的装饰成为旗袍上的点睛之笔,且"民国时喜用较窄的滚边,无论是'韭菜边'还是'一炷香',它们的共同之处就是细"①,故唐瑛所穿旗袍也多为"细香滚"装饰,或是两条细长的与服色相异的平行细镶边,或是由浅及深的渐变色镶边,或是细致的镂空花纹边,又或是极简清爽单条细镶边。一条条或深或浅的镶边都蕴含着唐瑛的雅致含蓄美,表达了这位时尚达人的穿衣经。

唐瑛所着旗袍的另一大特征是袖长,均是刚及手肘的中袖,或许是由于正处于"时装开始紧缩,喇叭管袖子收小了……袖长及肘"②的1930年前夕,不长不短的五分袖子恰到好处地露出纤纤玉手的前臂一截,欲说还羞地使婉约与性感的美均得以保留,高度适当的小立领也拉长了颈部线条(图5-8-1)。看似漫不经心的袖长与领高,却是这位最会穿衣的女子的装扮心得,民国名媛矜持又妩媚的东方美才得以形成。

图5-8-1　唐瑛着改良旗袍(《中国摄影学会画报》1929年第203期)

2. 摩登前卫的西式裙装

西式裙装可以说是舶来品中的明星,是民国时尚女士不可或缺的时尚单品。中国当然也有裙,只是中式裙实际就相当于围裙,是一块围系于腰间的矩形布块。而西式裙装则是较为立体的筒状裙,作为洋气的"外国制造"产物,自然更显摩登。唐瑛亦钟情于西式裙装的新潮前卫,或是大方入时的直筒印花裙,或是朦胧飘逸的雪纺长裙,或是及膝的丝绸绣花裙,又或者是优雅的纯色无袖连衣裙,每一款裙装都使其"洋溢着西洋女性的味道"③。其中"牡丹衣"是唐瑛西式裙的经典之作,裙之名虽为富有中国味道的"牡丹",但形制上却是纯粹的上下一体的西式连衣裙。上装紧窄收身,下裙宽大蓬松,将胸腰臀的曲线展现无遗,裙长及脚踝,半透明的雪纺十分朦胧飘逸。灯笼似的泡泡袖更显柔美。裙身上的大朵牡丹团花图案与小立领则增添了些许东方美,切合了其"牡丹衣"之名。这款融汇了东方纹样与西方款式的"牡丹衣",一时间占据了许多报刊的头条(图5-8-2)。能凭穿衣服上头条,说明她多么会穿。

唐瑛的日常着装亦是艳压群芳,引领时尚。上海联青社举办的以"筹款创设儿童医院"为目的的新装竞赛会,是涵盖了"游戏服、全服、跳舞服、夏服、秋服、冬服、冬季晚服、

图5-8-2　唐瑛的"牡丹衣"(《上海妇女慰劳会剧艺特刊》1927年)

---

① 张竞琼:《从一元到二元:近代中国服装的传承经脉》,中国纺织出版社2009年版,第214页。
② 张爱玲:《更衣记》,《古今》1943年第36期。
③ 王恺:《唐薇红:我所见证的交际生活》,《三联生活周刊》2006年第6期。

午后服、晚礼服、并花女与新人之服"①等各种服装门类的时尚盛宴。"与会者均为名门闺秀",均盛装出席"争妍斗艳,五色纷呈,各如孔雀开屏,顾盼自得,诚奇观也"②。唐瑛先是"衣浅黄秃袖之衣"③登台献唱,弹奏琵琶,后又换礼服一袭融入至琳琅的时装中。其中"御晚礼服者三人,以唐女士为最",所着西式晚礼服为"黑绒白领之外衣内,御一浅紫之衣,有如阳春三月,紫罗乍放者,而足为全军之冠者"④。于百花齐放中艳压群芳,唐瑛的穿衣哲学果然巧妙。在赴周瘦鹃的晚宴时,唐瑛"御玫瑰软缎旗袍,玄缎镂金蛮鞾,上青色长统丝袜,装束绝美"⑤,服装款式与颜色的搭配时髦又不失和谐,其中"蛮鞾"是指外国鞋子。另在百乐门御西式"白纱裳,长裙垂地"⑥翩然起舞,令舞娘之魁首王吉亦不觉自失,"每语人,除唐瑛外,故不做第二人想也"⑦。这让我们不由想起《安娜·卡列尼娜》中安娜以一身黑裙出席舞会,夺取舞会视觉中心的桥段。唐瑛的白与安娜的黑都是意以单调应对斑斓,让那种场合处处可见的色彩斑斓反而成为单色的陪衬。同样,女性的着装以能够吸引异性为一大成功,但是能获得同样深谙穿衣之道的同性的认可则更为莫大的殊荣,可见唐瑛果然是"会穿"。服饰鞋帽之间的搭配有道是整体着装的"会搭",在不同的社交场合对服装的选择有道是与环境"会搭",这两个"会搭"都是唐瑛"会穿"的最有力说明。

3. 融汇中西的文明嫁衣

中国乃礼仪之邦,而婚嫁礼仪作为人生大事,从古至今都是极为讲究的,旧制婚礼仪式繁琐至"六礼",其象征意义远远超出了实用价值。至清末民初,恋爱自由婚姻自主的风气逐渐在社会上弥漫开来,从婚姻需听从父母之命媒妁之言,到男女平权,婚配自择,人们获得了一定程度上的婚姻自主选择权利。旧的婚礼形式也由于过于繁琐、铺张浪费且含有诸多的愚昧、迷信的内容而受到猛烈批判,与此同时,一种"仪节简而易行,用费亦少"的新式婚礼受到推崇,"文明婚礼"与"集团婚礼"成为新人们的新选择。新式婚礼"除婚礼地点不在教堂、不用牧师主婚外,许多礼节大致从西礼中移植过来,虽然杂有中国传统婚礼的某些内容,但精神和形式基本上西化"⑧。是欧风东渐中西方文明催化下的新兴产物,也是对旧式婚俗中的浪费现象与迷信仪式的抨击,更是社会生活趋于文明、合理的进步表现。

新式婚俗中的婚礼服也随之发生变化,融合了中国传统服饰与西方礼服。新郎所着有燕尾服、西服、白衬衫、黑领结、高礼帽与皮鞋等舶来品,也有蓝缎长袍、青缎马褂等传统中装。新娘所着亦是综合了改良旗袍、上袄下裙、西式礼服长裙、花冠头纱、皮鞋与绣花鞋的中西混搭风格。

而作为上海滩时尚之楷模的唐瑛,其嫁衣自然也是紧随潮流的最新式。婚礼仪式时所着为西式礼服裙,"礼服以软缎制,作粉霞色,缀以白罗之边,银色之花"⑨,小立领的款式十分含蓄,蛋糕状的多层裙摆则更添线条美感。所戴"粉霞兜纱"(即头纱),长及地面("委地可二丈余"⑩),手戴白色手套,执鲜花。新郎亦着衬衫领带、西服西裤与之相配(图5-8-3)。仪式结束后的喜宴上,唐瑛则

---

① 周瘦鹃:《新妆斗艳记》,《上海画报》,1926年12月21日。
② 同上。
③ 同上。
④ 同上。
⑤ 周瘦鹃:《紫罗兰庵小宴记》,《紫罗兰》1927年第19期。
⑥ 陈定山:《唐瑛与陆小曼》,《春申旧闻》,世界文物出版社1978年版,第80-84页。
⑦ 同上。
⑧ 万建中、周耀明:《汉族风俗史》第5卷,《清代后期·民国汉族风俗》,学林出版社2004年版,第101页。
⑨ 周瘦鹃:《记李唐之婚》,《上海画报》,1927年10月3日。
⑩ 同上。

穿了一套上袄下裙的中式礼服,为"银绿翠绮之袄"搭配"绣花红裙"①,新郎也相应换上了夜服。仪式与喜宴的礼服一为西式一为中式,简直是对中西合璧的"文明婚礼"的完美诠释。这就是会穿!于是,这种穿法沿用至今——当代的新人在婚礼仪式上多着西式婚纱,但在晚宴时则穿中式礼服。现如今的时尚与潮流,唐瑛却早在百年之前就已把握,说她是民国时尚的风向标、"上海最会穿衣的女子",果真是名副其实。

(二)销售时尚,开启潮流

服装就是唐瑛的事业,是唐瑛示人的名片,成就了唐瑛的时髦与美丽,唐瑛亦造就了服装的时尚,开启了她的美丽事业。她不仅自行改良与设计"唐瑛款"成为流行服饰,更是进军时尚产业,开办了自己的化妆品商店,并参与创建了云裳时装公司。

她的化妆品商店设于上海服装店云集的静安寺路西摩路口,化妆品与服装均是女人必不可少的时尚装备,将化妆品商店设于服装店林立的静安寺路上,使太太小姐们在选购服装时不落下面部的美丽消费,这是选址的巧妙。唐瑛女士"自任经理,其余职员,皆系闺秀"②,这样集美丽与智慧于一身的销售团队也受到了认可与推崇,所以"顾客大都海上名媛,营业颇盛"③,这是选用员工的巧妙。可见唐瑛不仅"会穿"更是会经营。"会穿"于女人来说还不够,还需"会妆",即会化妆,那既然已是"西装",那么与之匹配的必然是"西妆"。所以,唐瑛的化妆品商店"专售巴黎出产之化妆品"④,这也符合当时西洋崇拜的消费观。

图 5-8-3　唐瑛与李祖法的西式婚礼服(《良友》1927 年第 19 期)

唐瑛的美丽事业也涉及服装领域,名著一时的云裳时装公司,她也是股东之一,并且身兼数职,颇具才干,云裳的设计师江小鹣也曾称赞她有"办事之才,为男子所不及云"⑤。从周瘦鹃的《艺苑新谈》中"近方接洽染色与制帽等事,衣匠已聘定多人,盖常为唐瑛女士与去岁时装大会中诸闺秀制衣者"⑥,可知云裳的制衣师傅多是唐瑛所参加的时装大会的服装制作者,故可以推测云裳的制衣匠定是唐女士参与联系聘请的。唐瑛还以其姣好的容貌与高挑的身材兼任店中模特,"唐瑛陆小曼二位女士……亲自招待女顾客,或代试鞋样,或代穿新装"⑦,可见这位最会穿衣的女性还颇具营销才能。

作为上海滩的时尚楷模,唐瑛不仅具有个人的摩登与腔调,还实际行动将自己的"美丽经""穿衣经"与上海滩的女性分享,将美丽转化为产业,将时尚销售,让上海滩的红男绿女美丽起来,也让自己富裕起来。

从古至今,美丽都是女人孜孜不倦一生追求的事业,服装则是美丽女人最好的外包装。但传统

---

① 周瘦鹃:《记李唐之婚》,《上海画报》,1927 年 10 月 3 日。
② 梅生:《陆小曼与唐瑛》,《骆驼画报》1928 年第 58 期。
③ 同上。
④ 同上。
⑤ 周瘦鹃:《艺苑新谈》,《上海画报》,1927 年 7 月 15 日。
⑥ 同上。
⑦ 行云:《杨贵妃来沪记》,《上海画报》,1927 年 8 月 12 日。

的思想文化及道德观念却压迫住了女性对美丽的自由向往。民国时期,女性终于获得了自由选择并创造时装的权利,对美早已"饥不可耐"的女性们开始饥不择食地追求时装,时尚界在日新月异的同时变得混乱繁杂,急需懂得穿衣之哲学、拥有时尚之眼光的人来带领。被誉为"上海最会穿衣的女子"的唐瑛自然成为了引领者之一,并用自己的方式身体力行地传授时尚,引领潮流。她的穿衣哲学细化到了会选细节、会选纹样、会中西结合与会服饰搭配等各方面。能将或中或西或融汇中西的服装风格演绎得颇为极致,更将其包罗万象又精致独到的穿衣哲学诠释得淋漓尽致。并且不停留于自己会穿,更是引领大众如何穿,她的引领方式却不是刻意而为之、亦非以传授为目的的行为,而是先做最好最美的自己,而后自然有人争相模仿与追随。她更是会经营时尚,不仅建立进口化妆品商店,还参与创建时装店,使爱美女性不用费心学习只需轻松购买就能拥有时尚与美丽。在民国风起云涌的服装海洋中,唐瑛用智慧与美丽将时尚修建成一艘大船,让人们不由得争先恐后地想要登船以立于时尚之地。这就是"上海最会穿衣的女子"的穿衣之道。

杨秀琼
1918—1982，广东东莞人

身　　份：游泳运动员。
简　　历：自小随父迁居香港，由于父亲是南华体育会的游泳指导，遂从小跟随父亲学习游泳。① 中学就读于香港尊德女中，1930 年参加全港游泳大赛并夺得 50 米和 100 米自由泳两项冠军。1933 年，在第五届全国运动会上囊括女子游泳五项金牌。1934 年，代表中国队参加菲律宾马尼拉第十届远东运动会并获得四项冠军。1935 年，参加第六届全运会并摘得两项冠军与一项亚军。1936 年，参加在德国柏林举行的奥运会。1937 年与北国第一骑师陶伯龄结婚，后迁居加拿大温哥华。
成　　就：杨秀琼是女子游泳竞赛的全能冠军，在国内各种女子游泳赛事中均摘得桂冠，并代表国家征战远东运动会并获得成功，成为备受关注的体育明星，被称为"美人鱼"。由此鼓励更多女子加入游泳运动，赢得了民众对游泳事业的更多关切，带动了游泳事业的发展。
专业成就：作为一名运动员，杨秀琼与服装的关联主要在于她是近代女子泳衣的形象代言人。杨秀琼所穿着的各式泳装，款式丰富，时髦新潮，常被刊登于各大报纸、杂志上，影响了当时的泳装时尚，促进了泳装销售，推动了泳装行业的发展。她颇有个人风格的日常着装也为时尚界带来一股清新之风。

---

① 佚名：《杨秀琼》，《全国女运动员名将录》1936 年版，第 4 页。

交际篇——一道不可不看的风景

百变"美人鱼"——杨秀琼

1933年10月,民国第五届全运会在南京举行,首次将女子游泳列为正式比赛项目,引起了许多关注。杨秀琼在此次运动会上先后斩获50米自由泳、100米仰泳与自由泳、200米蛙泳四金,又参加4×50米接力赛并获冠军,囊括了女子游泳项目的全部金牌,一举成为当时十分耀眼的体育明星。当时的民国政府主席林森邀其为座上客,宋美龄认其为干女儿,更因容貌美丽、身形健美被赋予"美人鱼"的雅号。1934年5月,她代表中国队参加菲律宾马尼拉的第十届远东运动会,且不负众望再创佳绩,获得了四项冠军,并打破了远东运动会的记录。为国争光的杨秀琼也受到了更多人的爱戴。1935年,民国第六届全运会在刚落成的上海江湾体育场举行,已经声名显赫的杨秀琼因平时社交与商务活动频繁而疏于练习(与今日某些成名运动员的情况颇为相似),但仍收获两金,并再次刷新了自己保持的记录。

杨秀琼其时只是一个十几岁的中学生,但她的风头盖过了众多电影明星,而且在1934年与宋美龄、胡蝶等人一起,在《良友》杂志上被评为民国十大标准女性,可见是何等的受人拥戴。[①] 可为何杨秀琼如此惹人关注呢?若说是游泳项目受人关注,那曾横渡长江的史氏兄弟则应更受欢迎才是;那是由于女子运动受人关注吗?那上海选手钱行素也是一位女子,也曾连续获得过几次第一,却为何没有如此大的影响力呢?[②]

首先,在民国前的封建中国,对女子的基本要求之一是笑不露齿、足不出户,体育锻炼等户外运动极少。正因为如此,所以每年春天女子逛个庙会才会那么高兴,才会那么容易引发与异性的一见钟情。民国时期,封建道德逐步没落,女校开始兴盛起来,女孩走出家门走进校门,接受了西式现代教育,也接受了田径、游泳等现代体育活动与交际舞等现代社交活动(杨秀琼本人即是在香港尊德女校念书)。但这样的女孩在当时仍然是少数,专业表述叫作中小学教育适龄青少年入学率很低,女生更低,而体育成绩出众的女生就更是凤毛麟角。这是杨秀琼得以万众瞩目的原因之一。

相较于其他运动员更受关注,是因为杨秀琼的容貌更胜一筹。爱美、求美之心人皆有之,所以这也在情理之中。一般来说,游泳运动员的身形都十分健美、标准,杨秀琼也是如此。

但同时,杨秀琼还拥有姣好的面容,也就是说她是集运动员的身段与电影明星的脸蛋于一身。游泳游得快的人多了去了,但同时兼有电影明星般美貌的就很少见,这是杨秀琼得以万众瞩目的原因之二。

但是一位美丽的女性运动员也许还不足以引起这么多的关注,还有一个重要的原因是女子游泳项目在那个时代所独具的"诱惑性"。"诱惑"是由于游泳项目的专业运动服十分暴露,虽说民国是一个相对自由开放的时期,但在当时要剪短一些裙长,露出一截小腿,都要小心翼翼地用好几年时间才能实现,那么"光着膀子赤着脚和大腿"[③]的泳装一定有非常强烈的视觉冲击力。据说当时尚有清末遗老遗少在观看比赛中见到泳装女子而主动退场的现象,他们是秉承"非礼勿视"的道德准则行事;但对于大多数普通观众来说,他们是来观赏比赛的,又是来观赏美女比赛的,更是来观赏

---

① 佚名:《标准女性》,《良友》1934年第99期。
② 云裳:《关于杨秀琼》,《妇女共鸣》1933年第11期。
③ 同上。

衣着不再那么含蓄的美女比赛的。这是杨秀琼得以万众瞩目的原因之三。

由此,总结出杨秀琼备受关注的原因便是"一个女子,而又身材容貌都生得美丽,又在万目睽睽之下,光着膀子赤着脚和大腿在水里游泳,而又连得了几次第一"①,且杨秀琼"不但面貌美,体格美,服装也别出心材的美"②,虽然年纪小小,却是个深谙穿衣经的时尚达人,不仅在泳装上有自己的品味,还将各种基础款与最新潮流款都穿出新意,引领了泳装的时尚潮流。她的日常装也毫不逊色,既摩登时尚又风格多变,无论是西式裙装、改良旗袍,还是运动装,各种类型都能驾驭,且穿出了百变的风格。

(一) 清纯可爱的泳装

泳衣与作为现代竞技体育项目的游泳一样,都是舶来品。但即使在西方,泳衣的历史也并不遥远。在希腊、罗马时期,人们都是裸泳,就像希腊古典奥运会都是裸身参赛一样(所以禁止异性参加)。直到17至19世纪才逐渐出现了泳衣,但那还是由连衣裙与灯笼裤所组成,实际上就是贵族日常服装的简化版,所以有专家认为穿这样的泳衣游泳具有一定的危险。20世纪早期的泳衣包括泳帽、长袖泳衣、泳裤、泳袜与泳鞋,也与日常服装的配备几乎一样,主要区别仅在于用拒水材料制作,而且衣裤上均要设计放松量与皱褶,以防止女性出水时泳衣紧贴身体而显露身形(这不奇怪,因为在当时的美国,曾有女性因为路过积水把裙摆提得过高而被拘捕的)(图5-9-1)。但是这样的泳衣与"更高、更快、更强"的现代竞技精神相背离,不仅不会更快反而会更慢。于是,泳衣的改革势在必行。

图 5-9-1　美国妇女游泳衣之变迁(《今代妇女》1930年第13期)

这场改革发生在20世纪20年代,大刀阔斧地将泳裤、泳袜与泳鞋一律取消,只穿一件紧身的连体式泳衣,类似于今日的连体泳衣,但却不是真正意义上的相连,而是在一件裙长包臀的紧身裙里面搭配了一条短裤,而且取消了衣袖。此后又发展出上下逐渐分离的泳衣,欲分还连地用几根细

---

① 云裳:《关于杨秀琼》,《妇女共鸣》1933年卷第11期。
② 高廷章:《替杨秀琼的服装担心》,《十日谈》1934年第36期。

带连接着。这是连体泳衣与"比基尼"间的过渡款式。王受之先生在《20世纪世界时装》中对它进行了详细描述:"上面是乳罩,下面是短裤,这是现代流行的两段式女泳衣的最早模式。但也考虑到当时的穿着习惯,两段没有截然分开,在乳罩与短裤之间还用一个环和几根带子连了起来,在视觉上造成一种整体的感觉。"[1]到了20世纪40年代中期,泳衣被分离成乳罩与三角裤两个部分,且所用面料逐渐减少,并发展成为三点式泳衣,也称"比基尼"泳衣,意思是其视觉冲击力堪比在比基尼岛上进行的核试验。这种泳衣于1946年夏天在法国流行开来,美国则没跟上潮流,因为在美国穿着此种泳衣会以"服饰妨碍风化"被拘留20天。[2] 此时泳衣所用面料也是一减再减,"1905年的女泳衣用十码左右的材料,到1945年只要一码就够了"[3]。我国则在1947年时向大众介绍了此种泳衣,说明民国时期的时尚是紧跟法国而超越美国的。

类型一:连体式(《良友》1933年第77期)  类型二:上下细带相连式(《美术生活》1935年第20期) 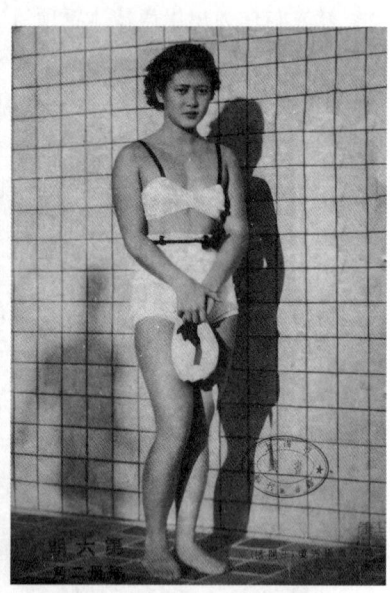 类型三:上下分离式(《女神》1935年第6期)

图 5-9-2 杨秀琼的三种泳衣类型

纵观杨秀琼的泳衣,大致可分为连体式、上下细带相连式与上下分离式三种类型(图5-9-2)。第一种是连体式泳衣,这是20年代末至30年代初最为流行的一种泳衣款式,也是杨秀琼参加各类游泳竞赛时穿着的款式。例如她参加民国第五届全运会时,穿着的是全黑的连体泳衣,而参加远东运动会时则加印了"香港"二字,可以说这种款式是基础款,才会被选择用作比赛服。但杨秀琼却能将简单的基础款穿出新意,或是换个优雅的蓝灰色,在腰间点缀上一条编织细腰带;或是将黑色与青春活泼的黄色搭配,且将两种色彩进行造型分割,大方又时尚。

第二种类型是上下用细带相连的泳衣,这个款式出现于杨秀琼运动生涯的高峰期——20世纪30年代,此种款式与上下分离式泳衣并无本质不同,但为了能在视觉上达到上下相连的效果,用几根带子进行连接,可见虽是暴露程度已经相当大的泳衣,其改革也需小心翼翼地进行。杨秀琼1935年全运会泳池边的留影便是此款!颜色是富有自然活力的黄绿色(可见杨秀琼偏爱此种色

---

[1] 王受之、冯达美:《二十世纪世界时装》,岭南美术出版社1986年版,第15页。
[2] 莎吉:《美国三点游泳衣问世,澈底裸露原始美》,《海天》1947年第1期。
[3] 佚名:《欧美现代的女游泳衣》,《生活》1945年第9期。

彩),上身是V领文胸,下身是高腰短裤,腰部饰有一条咖啡色腰带,上下装之间用金属扣相连接,并配有同色泳帽。在领部、裤子侧边与帽檐处均装饰有红白相间的细条纹,裤子与帽子上还绣有几何形态的红色花朵。红与绿虽是对比色,但由于使用面积与纯度的差异而显得相得益彰,清爽且富有朝气。①

第三种为"上下两部不相连缀"②的泳衣,上下两部分开始正式分离,但此种款式还处于分离式泳衣早期,与三点式泳衣在暴露面积上还存在着很大差别——此款仅将腰部的面料省去,而三点式泳衣所用的面料已经少得不能再减。作为"美人鱼",杨秀琼自然不能没有此款泳衣。乍一看与第二种类型的不同之处仅是中间那几根带子被减去,但仔细比较后发现其文胸的遮盖面积变小许多,几乎与比基尼文胸相差无几,而短裤仍是高腰平角式。颜色为清新纯净的白色,点缀少许黑色,并在腰部与帽子上饰有蝴蝶结。③

杨秀琼的泳装,与其说是性感与诱惑,更不如用清纯与可爱来形容。颜色上喜用黄色、白色等小清新的色彩,装饰上又均是富有少女心的蝴蝶结、红白细条纹与小红花等,而杨秀琼那椭圆的略有些婴儿肥的娃娃脸更是在美丽中带着可爱与稚气。于是这些时尚泳装一经"美人鱼"穿着亮相,商场中便出现各种杨秀琼同款,引得时髦女士们争相购买,据说当时的高档泳装多是供不应求。可见杨秀琼不仅游得快,长得美,连泳衣也是那个时代引导潮流的。

(二) 风格百变的日常装

世人都不自觉地将注意力放到"美人鱼"的各式泳装上,以至于忽略了"美人鱼"风格百变的日常装。仔细观察便能发现杨秀琼不仅颜值高,衣品也非常好。非但各种服装类型均能驾驭,更能穿出自己的风格。

杨秀琼的西式着装格外精彩多变,不同的服饰被其演绎出"大牌范""文艺范"与"公主范"等各种范。"大牌范"的经典:杨秀琼着一袭裙式大衣,简洁大方气质佳。此种上身似大衣下身似裙的裙式大衣在同时期的照片中并不多见,但却是当今服饰的一大时尚,也是当今全球女性争相模仿的时尚楷模——凯特王妃的最爱,可见杨秀琼超前的时尚眼光。杨秀琼所着的此款裙式大衣,其设计也是可圈可点(图5-9-3):小翻领单排扣上衣干练大方;直筒裙裙长仅及小腿,恰到好处地保留优雅又散发一些活力;有腰带的高腰设计既显得腰部更加纤瘦,又拉长了腿部线条而显得更高挑,很好地修饰了身材;横条纹肌理羊毛呢面料,优雅又带有知性风情。④"文艺范"的经典:杨秀琼着胸前装饰荷

图5-9-3 杨秀琼的裙式大衣(《汗血周刊》1935年第15期)

---

① 佚名:《泳池畔之杨秀琼》,《美术生活》1935年第20期。
② 佚名:《一九三五年新式游泳衣》,《中华》1935年第37期。
③ 佚名:《美人鱼杨秀琼》,《女神》1935年第6期。
④ 铁名:《参加全运之香港选手杨秀琼、杨秀珍》,《汗血周刊》1935年第15期。

叶边的浅色灯笼袖上衣,搭配深色斜条纹直筒长裙。① "公主范"的经典:杨秀琼着一袭浅色短袖连衣裙,头戴一顶大檐礼帽,帽子上饰有蝴蝶结。高贵又富有少女气息,俨然一位贵族公主。②

旗袍加身的杨秀琼则变得小家碧玉。在1934年拍摄的一幅"姐妹花"合影中,杨秀琼着一袭高领短袖改良旗袍,印着精致的浅色印花,配以深色短款小马甲,再加上她那俏丽的容貌与呆萌的眼神,俨然一位清纯乖巧的小姐(图5-9-4)。③杨秀琼对于清爽自然的浅色旗袍是格外喜爱,或是浅色小碎花改良旗袍,或是"衣身白绸,镶以红边"的旗袍,又或是"淡红色旗袍",可见她颜色的喜好上也颇有少女情怀。④

而作为运动员的杨秀琼在运动服的穿着上自然也有其个性品味。比如她的一身网球服:浅色短袖翻领上衣搭配黑色阔腿长裤,这阔腿裤正是这两年流行的爆款,再戴个发带,搭个墨镜,帅气十足,仿佛穿越了时空。⑤

杨秀琼穿上泳装是条清纯可爱的"美人鱼",旗袍加身则化身乖巧玲珑的小家碧玉,这些都是与其年龄相符的服饰风格。但年龄却没有就此限制了杨秀琼的服饰风

图5-9-4 杨秀琼的改良旗袍(《礼拜六》1934年第562期)

格,除了"萝莉范",她还能轻松驾驭各种"大牌范""文艺范"与"公主范",不同的服装都能恰到好处地穿出各种风格。她在游泳事业上取得的成功,令人惊叹。但她对时尚事业造成的影响,则令人惊艳。她在带动游泳运动的同时,也掀起了上海的一股泳装热潮,不仅带动泳装时尚,其良好的衣品也影响了服饰时尚。

杨秀琼不仅是一条"美人鱼",还是一条服饰风格百变的"美人鱼",更是一条具有商业雄心的"美人鱼"。1946年有报道说杨秀琼"打算在静安寺路上开一家时装公司,店面已经找到,双方已谈得很接近,定费是金条十五根,约三千万元之谱,其他装修货物,一切广告等等尚不在内。假如房屋谈妥了,那末在十月中便可以开张了。预料以杨秀琼三字来号召,营业当然不至过分'那个'的"。⑥ 此事另有验证,说杨秀琼"筹集一笔资金,到上海来开设时装店,也好过老板娘的瘾"⑦。既然是"美人鱼",就容易常常被人惦记,尤其是被称为"范哈儿"的江湖袍哥出身的川军军阀范绍增捉去当了十八姨太,婚姻自然是不幸福的。也许到上海开时装店,正是杨秀琼的一种挣脱方式。后来范绍增去了郑州,杨秀琼则与胡蝶一样远赴加拿大,挣脱得足够遥远。

---

① 佚名:《杨秀琼小姐》,《小姐》1937年第10期。
② 佚名:《体育家杨秀琼女士》,《家庭周刊》1936年第115期。
③ 冠真:《姐妹花杨秀琼/珍两女士》,《礼拜六》1934年第562期。
④ 佚名:《美人鱼中国小姐杨秀琼莅赣记》,《国术统一月刊》1934年第2期。
⑤ 佚名:《打网球时的杨秀琼》,《春秋》1943年第3期。
⑥ 佚名:《美人鱼做老板——杨秀琼开时装公司》,《文饭》1946年第23期。
⑦ 佚名:《杨秀琼完了》,《风光》1946年第27期。